Christian Immler

# Windows 8.1

Christian Immler

# Das große Franzis Handbuch für

# Windows 8.1

## „Update 1" und „August Update"

- Mit allen Neuerungen von Update 1 bis August Update
- OneDrive - ein ganz spezieller Ort, den es zu kennen lohnt
- Windows-Systemanpassungen und Problembehebung

**Bibliografische Information der Deutschen Bibliothek**

Die Deutsche Bibliothek verzeichnet diese Publikation in der Deutschen Nationalbibliografie;
detaillierte Daten sind im Internet über http://dnb.ddb.de abrufbar.



**Herausgeber:** Ulrich Dorn
**Satz:** DTP-Satz A. Kugge, München
**art & design:** www.ideehoch2.de
**Druck:** C.H. Beck, Nördlingen
Printed in Germany

**ISBN:** 978-6-645-**60362-1**

# Inhaltsverzeichnis

# 1 Windows 8.1 jetzt noch besser

Auf den ersten Blick sieht nichts mehr so aus wie vorher. Die Fenster, die dem Betriebssystem seinerzeit seinen Namen gegeben haben, sind verschwunden. Die neuen sogenannten Apps belegen den vollen Bildschirm. Alles wird einfacher, übersichtlicher und auch bequem auf Tablets und Touchscreen-Computern bedienbar, ohne sich mühsam durch verschachtelte Menüs klicken zu müssen.

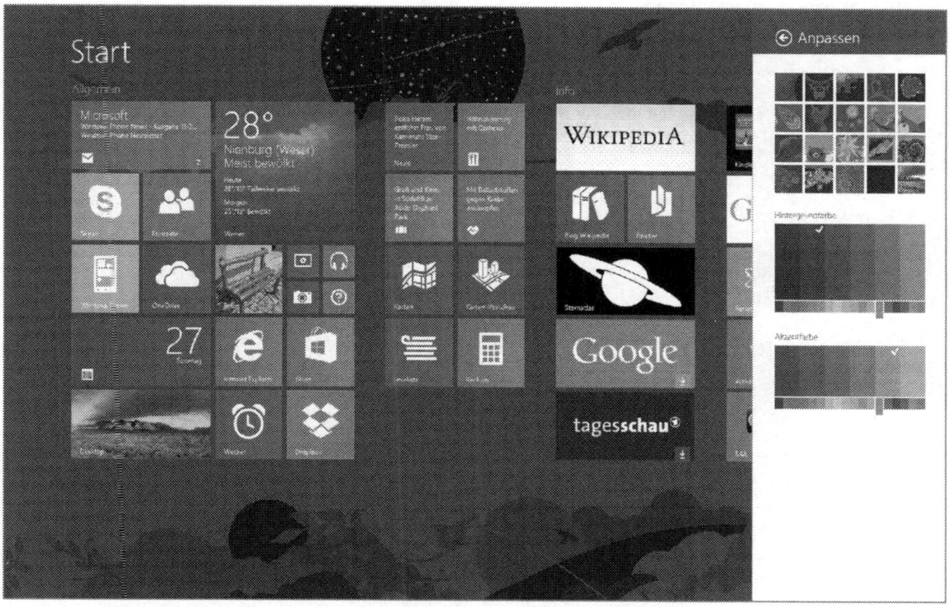


**Bild 1.1:** Die neue Touchscreen-optimierte Benutzeroberfläche von Windows 8.1.

Im ersten Moment wird die neue Benutzeroberfläche von Windows 8 und Windows 8.1 vielen, die Windows seit Jahren kennen, ungewohnt vorkommen – Sie werden aber die Leichtigkeit der neuen Windows-Version bei den ganz alltäglichen Aufgaben schnell schätzen lernen, beispielsweise beim Surfen im Internet, beim Schreiben von E-Mails, beim Betrachten von Fotos oder wenn Sie Musik hören wollen. Und für komplexere Arbeiten gibt es weiterhin noch den klassischen Windows-Desktop.

**Windows 8.1 – die Neuheiten auf einen Blick**

Windows 8.1 ist das erste große Update zu Windows 8. Gegenüber den Service Packs aus früheren Windows-Versionen bietet es wirklich viel Neues. Würde Microsoft nicht unbedingt an seiner noch relativ jungen Produktmarke Windows 8 festhalten wollen, hätte man die neue Version vielleicht sogar als Windows 9 bezeichnet.

Windows 8.1 holt all das zu Windows zurück, was die Nutzer, und allen voran die Medien, an Windows 8 kritisiert hatten. Der Startbutton ist wieder da, und wer will, kann Windows unter Umgehung des modernen Startbildschirms direkt zum klassischen Desktop booten. Die Möglichkeiten zur Personalisierung des Startbildschirms wurden verbessert, hier gibt es neue Kachelgrößen, und das Hintergrundbild des Desktops kann übernommen werden. Weiterhin wurden die Funktionen der modernen Oberfläche erweitert. So gibt es jetzt endlich auch einen Dateimanager, der zudem eine direkte Anbindung an den Cloudspeicher OneDrive bietet. Die PC-Einstellungen beinhalten wesentlich mehr Optionen, die früher nur in der klassischen Systemsteuerung zu finden waren. Einige neue Apps werden vorinstalliert, altbekannte erfahren Verbesserungen, und auch der Windows Store bekommt mit Windows 8.1 ein komplett neues Design.

Dies sind nur die auffälligsten Änderungen. Dazu kommen noch diverse Verbesserungen, die eher im Hintergrund liegen und erst entdeckt werden wollen. In diesem Buch haben wir alle Neuheiten gegenüber dem ersten Windows 8 mit dem neuen Startbutton, dem Symbol für Windows 8.1, gekennzeichnet.

Windows 8.1 erleichtert nicht nur die Bedienung von Windows 8 auf klassischen Computern mit Tastatur und Maus, sondern bringt auch Verbesserungen für Tablets und All-in-one-PCs mit Touchscreen, allen voran für die Surface-Tablets.

## 1.1 Update 2? August-Update? Was denn jetzt?

Im Laufe der Zeit erhielt Windows 8.1 zwei weitere Updates, die aber die Versionsnummer selbst nicht veränderten. Diese Updates – das letzte erschien mit dem Patchday im August 2014 – brachten weitere Erleichterungen auf der Benutzeroberfläche sowie auch technische Verbesserungen. Die Updates wurden von den Benutzern kaum bemerkt, da sie wie die üblichen Sicherheitsupdates im Hintergrund automatisch installiert wurden. Das zweite Update wird voraussichtlich auch das letzte zum mittlerweile schon zwei Jahre alten Windows 8.x sein, bevor im Jahr 2015 die nächste große Windows-Version erscheint.

Update 1 von Windows 8.1, erschienen am 8. April 2014, brachte die neuen Kontextmenüs, den Ausschaltbutton und das Lupensymbol auf den Startbildschirm sowie Titelzeilen und Taskleistensymbole für Windows-Store-Apps. Die Gerüchte, dass das neue Startmenü schon mit diesem Update kommen könnte, hatten sich nicht bewahrheitet.

**Bild 1.2:** Die Neuerungen des ersten Updates auf dem Startbildschirm.

Das zweite Update am 12. August 2014 sollte ersten Gerüchten zufolge sogar eine neue Windows-Version 8.2 bringen. Später hieß es dann auf angeblich »gut informierten« Webseiten Windows 8.1 Update 2. Kurz vor dem Veröffentlichungstermin sprach Microsoft offiziell nur von »August-Update«. Tatsächlich sind lediglich ein paar Patches vom einstmals erwarteten Update übrig geblieben. Der Patch KB2975719 ist sogar nicht einmal ein als wichtig gekennzeichnetes Update und enthält ein paar kleinere Verbesserungen, die aber längst nicht jeder Anwender von Windows 8.1 benötigt. An der Benutzeroberfläche ändert sich nichts:

- **Verbesserte Unterstützung von Touchpads** – Neue Einstellungen in den PC-Einstellungen unter *PC und Geräte/Maus und Touchpad* ermöglichen, das Touchpad auf einem Notebook eingeschaltet zu lassen, wenn eine Maus angeschlossen ist. Außerdem können Doppeltippen und Ziehen sowie Rechtsklicks auf Touchpads ausgeführt werden. Die Einstellungen werden nur angezeigt, wenn ein Touchpad genutzt wird, das keinen eigenen Treiber verwendet. Die Treiber der Gerätehersteller boten schon vor dem Update deutlich mehr Konfigurationsoptionen.
- **Unterstützung des Rubelsymbols** – Unicode-Zeichen 20BD in der Zeichentabelle.
- **Miracast-Empfänger** – Ein Windows-8.1-PC kann jetzt auch als Empfänger für Medienstreaming nach dem Miracast-Standard dienen. Bisher konnte Windows 8.1 nur Daten z. B. auf Beamer senden.
- **Vereinfachte Anmeldung bei SharePoint Online** – Hier gibt es jetzt den von vielen anderen Diensten bekannten Schalter *Angemeldet bleiben*, der bei späteren Anmeldungen die Fragen nach Zugangsdaten verringert.
- **Blockierung veralteter ActiveX-Steuerelemente** – Das trägt zur Sicherheit im Internet Explorer bei. Die ActiveX-Technologie wird wegen ihrer Sicherheitsprobleme von anderen Browsern nicht unterstützt und auch nur noch von wenigen Webseiten verwendet.

**Probleme mit den Update-Patches**
In seltenen Fällen kann es zu Problemen mit den Patches 2982791, 2970228, 2975719 und 2975331 aus dem August-Update kommen. Wenn Schriften im OTF-Format (OpenType-Font) installiert sind, die nicht im Standardverzeichnis *fonts* liegen, kann es passieren, dass diese nicht sauber dargestellt werden. In einigen Fällen kann Windows sogar mit einem Bluescreen- und Stoppfehler (0x50) abstürzen.
Sollten derartige Probleme auftreten, können Sie die Update-Patches einzeln über die Systemsteuerung unter *Programme/Programme und Features/Installierte Updates* finden und deinstallieren. Bei einem Bluescreen-Absturz empfiehlt Microsoft auf der Supportseite *support.microsoft.com/kb/2982791/de-de* im Abschnitt *Bekanntes Problem 3*, den Computer im abgesicherten Modus neu zu starten, die Datei *system32\fntcache.dat* sowie Registry-Einträge für betroffene Fonts zu löschen und dann die Update-Patches zu deinstallieren.

## 1.2 Die Oberfläche mit den zwei Gesichtern

Windows 8.1 besteht für den Benutzer aus zwei völlig getrennten Oberflächen, der modernen, touchoptimierten neuen Oberfläche, die einige sicher schon vom Windows Phone kennen, und dem klassischen Windows-Desktop im Windows-7-Stil, der aber auch einige Neuerungen bekommen hat.

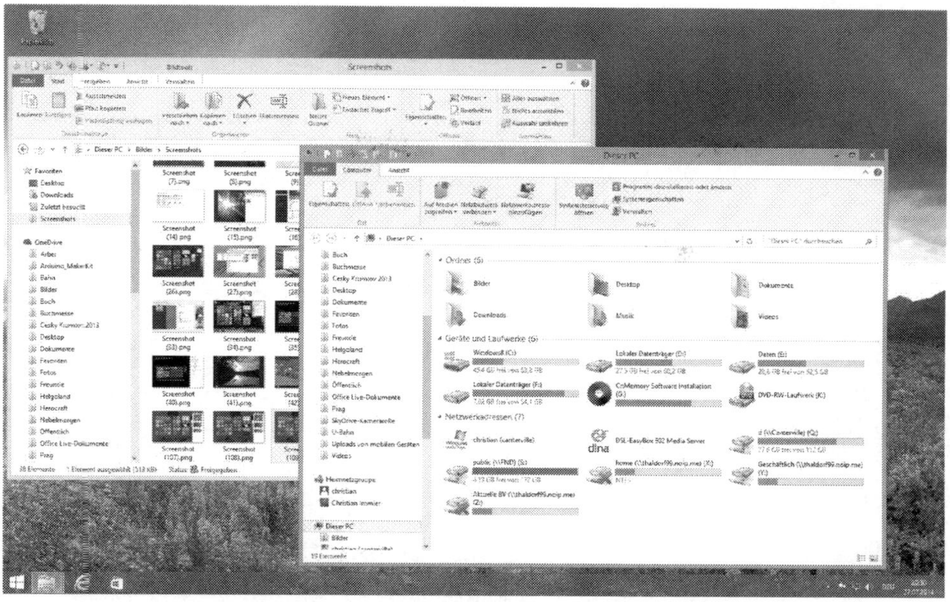

**Bild 1.3:** Moderne Oberfläche (oben) und klassischer Desktop (unten).

**Übrigens, die Sache mit dem Namen**

Die neue Benutzeroberfläche hatte in den Vorabversionen von Windows 8 den Codenamen Metro erhalten, abgeleitet von der englischen Bezeichnung für U-Bahn. Die meisten U-Bahn-Netze auf der Welt verwenden ein ähnlich augenfälliges, klares Design mit prägnanten Farben und einheitlicher Schriftart für Stationsnamen, Linienpläne und Hinweisschilder. Microsoft hatte offenbar nicht bedacht, dass der deutsche Metro-Konzern in den vergangenen Jahren bereits mit zahlreichen U-Bahn-Fanseiten und sogar Verkehrsbetrieben Rechtsstreitigkeiten wegen Markenverletzungen angezettelt hatte. Kurz vor der Veröffentlichung von Windows 8 ließ man bei Microsoft den Namen Metro wieder fallen.

Windows 8.1 setzt konsequent auf klare Farben und Schriften. Alle Glanz- und Transparenzeffekte aus Windows 7 sind verschwunden.

Der neue Startbildschirm zeigt die Programme, die jetzt wie auf Smartphones als Apps bezeichnet werden, in Form sogenannter Kacheln. Diese Kacheln bieten mehr als die früheren Desktopsymbole. Sie können sie anklicken, um die jeweilige App im Vollbildmodus zu starten, die Kacheln zeigen aber auch von sich aus Informationen in Echtzeit an, wie zum Beispiel neue E-Mails, Termine oder die Wettervorhersage. Den Startbildschirm erreichen Sie jederzeit mit der Windows-Taste auf der Tastatur oder durch Antippen des Windows-Logos auf Geräten mit Touchscreen. Windows-Phone-Anwendern ist dieses Bedienkonzept bereits bekannt.

**Bild 1.4:** Das Windows-Logo als Touchbutton auf dem Microsoft-Surface-Tablet.

### 1.2.1 Ordnung auf dem gekachelten Startbildschirm

Am Anfang sind einige solcher Kacheln auf dem Startbildschirm vorinstalliert, mit neuen Apps kommen weitere dazu.

Seit einem Update legt Windows 8.1 nicht mehr automatisch bei jeder Installation einer App eine Kachel an. Neu installierte Apps tauchen in der Apps-Liste mit dem Hinweis *NEU* auf.

Sie können die Kacheln auf dem Bildschirm beliebig umsortieren, wobei das Spaltenraster vorgegeben ist. Klicken Sie auf eine Kachel, und ziehen Sie sie mit gedrückter Maustaste an die gewünschte Position. Die anderen Kacheln machen dabei automatisch Platz. Auf Touchscreens lassen Sie einfach länger den Finger auf der Kachel, bis sie sich aus dem Verband löst und frei bewegen lässt.

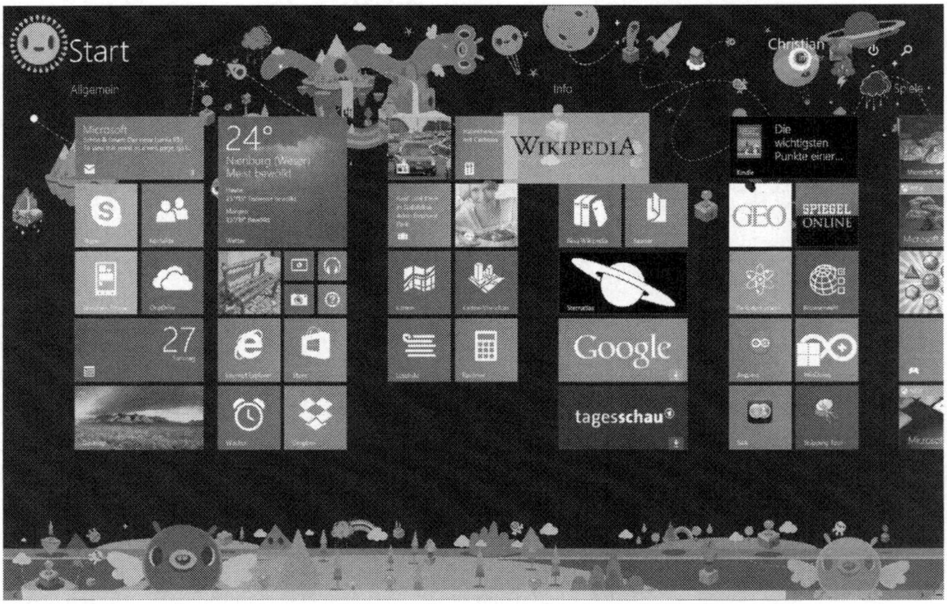


**Bild 1.5:** Kachel auf dem Bildschirm verschieben.

### Kachelgrößen und Live-Kacheln

Die Kacheln auf dem Startbildschirm können in verschiedenen Größen dargestellt werden, wobei viele Apps auf größeren Kacheln zusätzliche Informationen darstellen. Windows 8.1 bietet für die meisten Apps vier Kachelgrößen an.

Klicken Sie mit der rechten Maustaste auf eine Kachel, erscheint ein Kontextmenü, in dem Sie die Kachelgröße wählen können.

**Bild 1.6:** Größe einer Kachel auf dem Startbildschirm ändern.

Über den Menüpunkt *Live-Kachel deaktivieren/aktivieren* legen Sie fest, ob eine Kachel Live-Daten anzeigen soll oder nur das App-Symbol.

Mit dem Menüpunkt *Von »Start« lösen* entfernen Sie eine Kachel vom Startbildschirm, ohne die App selbst zu entfernen. Der Menüpunkt *Deinstallieren* entfernt die App komplett vom PC.

Auf Geräten mit Touchscreen erscheint anstelle des Kontextmenüs am unteren Bildschirmrand eine Symbolleiste mit den gleichen Funktionen, wenn Sie eine Kachel länger festhalten.

### Apps in Gruppen anordnen

Bereits beim ersten Start sind die Apps in senkrechten Gruppen angeordnet, die durch etwas breitere Zwischenräume voneinander getrennt sind. Ziehen Sie eine App auf dem Bildschirm ganz nach rechts oder zwischen zwei bestehende Gruppen, wird eine neue solche Gruppe angelegt.

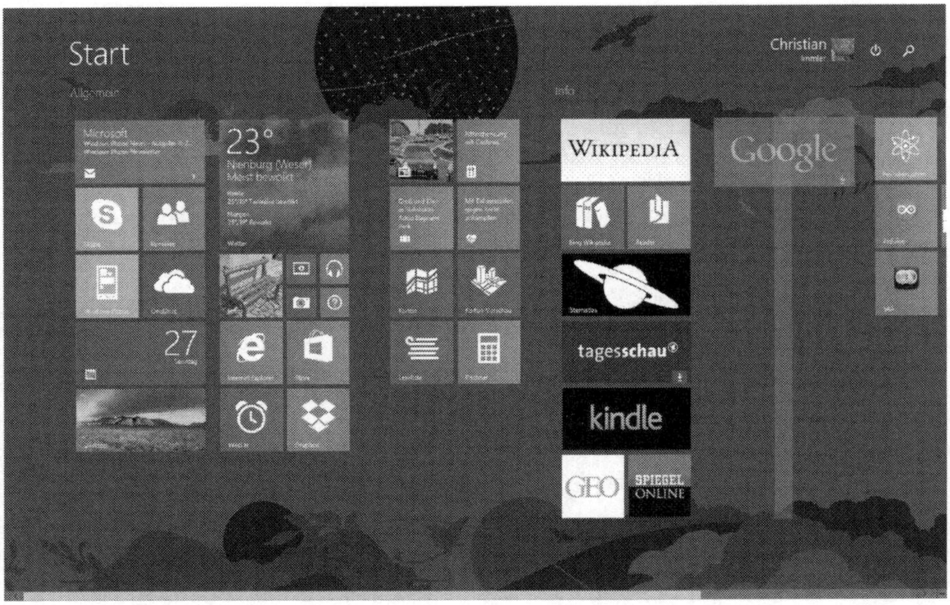


**Bild 1.7:** Neue App-Gruppe anlegen.

Klicken Sie mit der rechten Maustaste oberhalb einer Gruppe, können Sie jeder Gruppe zur besseren Übersicht einen eigenen Namen geben.

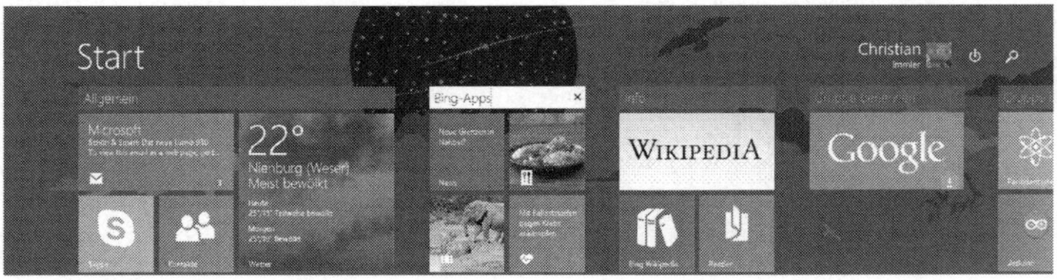


**Bild 1.8:** Einer App-Gruppe einen Namen geben.

Auf Touchscreens können Sie den gesamten Bildschirm nach rechts und links verschieben, um jede App zu erreichen. Auf Geräten ohne Touchscreen drehen Sie dazu das Mausrad.

Ein Klick in die untere rechte Bildschirmecke oder Drehen des Mausrads bei gedrückter `Strg`-Taste verkleinert die Darstellung des Startbildschirms, sodass alle Kacheln zu sehen sind, auch wenn es irgendwann so viele sind, dass sie auf dem Bildschirm nur noch durch horizontales Verschieben erreichbar sind.

Auf Touchscreens können Sie auch einen Multitouchzoom durchführen. Berühren Sie den Bildschirm mit zwei Fingern und bewegen diese aufeinander zu, wird das Bild verkleinert. Diese Geste funktioniert auch in vielen grafischen Apps.

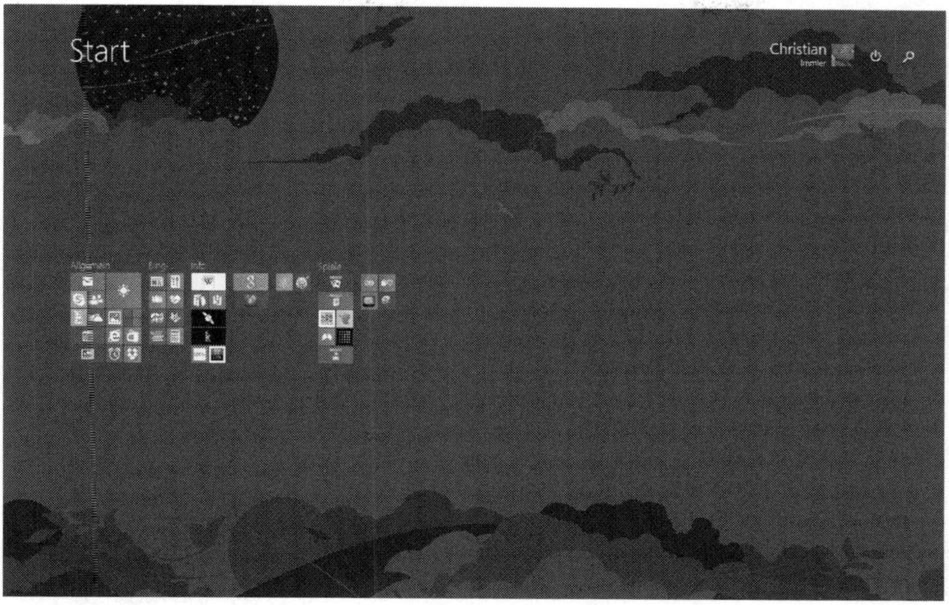


**Bild 1.9:** Überblick über den gesamten Startbildschirm.

## 1.2.2 Die Apps-Liste verdrängt das alte Startmenü

Das seit Windows 95 bekannte Startmenü in der unteren linken Bildschirmecke gibt es seit Windows 8 nicht mehr – weder auf der modernen Oberfläche noch auf dem klassischen Desktop. Mit Windows 8.1 erscheint wieder ein Windows-Logo, wenn man mit der Maus in die untere linke Bildschirmecke fährt. Ein Klick darauf schaltet zwischen der modernen Oberfläche und dem klassischen Desktop um.

Links unten auf dem Startbildschirm, unterhalb der Kacheln, erscheint, wenn Sie die Maus bewegen, ein kleiner Pfeil. Tippen Sie darauf, öffnet sich eine Liste aller installierten Apps und auch der Programme für den klassischen Windows-Desktop. Auf Geräten mit Touchscreen schieben Sie einfach den gesamten Bildschirm nach oben, um diese Liste anzuzeigen. Mit dem Pfeil unten links in der Apps-Liste kommt man wieder zurück zum Startbildschirm mit den Kacheln.

**Bild 1.10:** Der kleine Pfeil unten links führt zur Apps-Liste.

Im vorderen Teil der Liste erscheinen alle neuen Windows-8.1-Apps alphabetisch sortiert, daneben befinden sich – nach Gruppen geordnet, die weitgehend dem alten *Zubehör*-Menü entsprechen – die klassischen Windows-Programme.

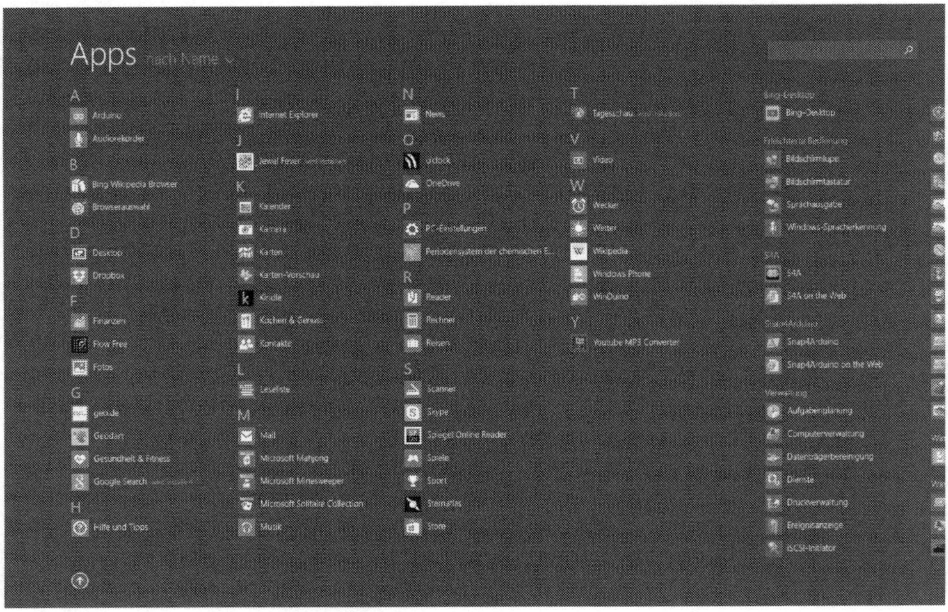


**Bild 1.11:** Die Liste aller installierten *Apps*, nach Namen sortiert.

Klicken Sie oben neben *Apps* auf das Sortierkriterium *nach Name*, können Sie die Apps-Liste auch nach Kategorien, zuletzt installierten oder häufig verwendeten Apps sortieren lassen. Bei sehr langen Apps-Listen hilft die Suchfunktion im Suchfeld oben rechts, eine bestimmte App zu finden.

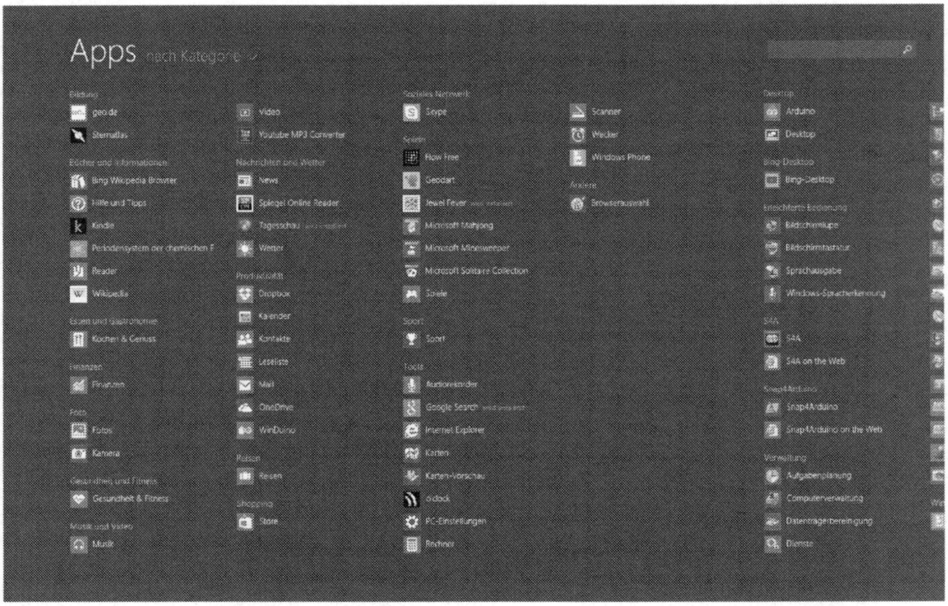


**Bild 1.12:** Die Apps, sortiert nach Kategorien.

Die Anwendungen der Kategorie *Verwaltung* müssen über die Einstellungen gesondert eingeschaltet werden, bevor sie in der Liste auftauchen (siehe nächsten Abschnitt).

### 1.2.3 Verborgene Funktionen in der Bildschirmecke

Hinter den Bildschirmecken des Startbildschirms verbergen sich weitere interessante Funktionen. Fahren Sie mit der Maus in die linke obere Bildschirmecke, erscheint ein Vorschaubild der zuletzt verwendeten App. Diese können Sie mit einem Klick direkt wieder aufrufen. Eine senkrechte Bewegung der Maus oder ein senkrechter Fingerstrich auf dem Touchscreen zeigt eine Liste aller noch im Hintergrund laufenden Apps. Mit dem Tastenkürzel [Win]+[Tab] lässt sich diese Seitenleiste ebenfalls einblenden, und man kann auch gleich zwischen den laufenden Apps umschalten.

Die Tastenkombination [Alt]+[Tab] zur Umschaltung zwischen laufenden Apps funktioniert wie in früheren Windows-Versionen.

Die Tastenkombination [Alt]+[F4] beendet wie in früheren Windows-Versionen eine App wirklich. Diese wird dann auch in der Liste nicht mehr angezeigt. Auf Geräten mit Touchscreen berühren Sie den Bildschirm am oberen Rand und ziehen die App nach ganz unten. Damit wird sie ebenfalls beendet. Diese Methode funktioniert auch mit der Maus. Auf Geräten mit Maus und Tastatur erscheint eine Titelleiste am oberen Bildschirmrand einer App. Hier können Sie diese mit einem Klick auf das x rechts oben beenden.

#### Die Seitenleiste Charms

Fahren Sie mit der Maus in die rechte untere oder obere Bildschirmecke, erscheinen am rechten Bildschirmrand die sogenannten Charms, eine Symbolleiste mit weiteren wichtigen Funktionen. Auf Touchscreens wischen Sie vom rechten Bildschirmrand ins Bild. Alternativ können Sie auch die Tastenkombination [Win]+[C] drücken.

**Bild 1.13:** Die Charms am rechten Bildschirmrand und die Uhr erscheinen beim Berühren einer der rechten Bildschirmecken.

Die Charms bestehen aus fünf Symbolen, die je nach App, aus der heraus sie aufgerufen werden, teilweise unterschiedliche Möglichkeiten bieten. Alle Charms lassen sich auch leicht mit einem Tastenkürzel aufrufen.

| *Charm* | *Funktion* | *Tastenkürzel* |
|---|---|---|
|   | Blendet ein Suchfenster ein, in dem Apps, Einstellungen oder Dateien auf dem PC gesucht werden können. Beim Eingeben der Zeichen erscheinen bereits die ersten Suchergebnisse. Mit diesem Suchformular kann auch innerhalb einer App gesucht werden. Wählen Sie die gewünschte Kategorie oder App für die Suche aus. | Win + F |
|   | Mit diesem Charm lassen sich Inhalte einer App per Mail verschicken oder über andere Kommunikations-Apps weitergeben. Diese Funktion ist nur in Apps nutzbar, die Inhalte zum Teilen anbieten, nicht auf dem Startbildschirm. | Win + H |
|   | Ruft den Startbildschirm auf. | Win |
|   | Ruft die Geräteliste auf, um z. B. Inhalte aus Apps zu drucken. | Win + K |
|   | Ruft das Einstellungen-Menü der App auf. Ganz unten werden dort immer globale Einstellungen angezeigt. | Win + I |

Die Suche funktioniert nicht nur auf dem Startbildschirm, sondern auch innerhalb der Apps, die in der Liste unter dem Suchfeld angezeigt werden. Auf dem Startbildschirm können Sie, anstatt die Charms aufzurufen, auch einfach oben rechts auf das Lupensymbol klicken, um das Suchfeld zu öffnen.

## 1.3 Mehrere Apps jetzt auch parallel einsetzen

Windows 8 bot bereits die Möglichkeit, eine App als Seitenleiste auf dem Bildschirm darzustellen, in Windows 8.1 wurde diese Funktion noch erweitert. Jetzt können sogar mehr als zwei Apps gleichzeitig genutzt werden.

**Bild 1.14:** Zwei Apps auf einem Bildschirm (OneDrive und Taschenrechner).

Greifen Sie eine App am oberen Bildschirmrand und ziehen Sie sie an den linken oder rechten Bildschirmrand. Die App läuft dann auf dem halben Bildschirm, die andere Hälfte bleibt leer. Klicken Sie in die leere Hälfte und starten Sie dort eine weitere App. Verschieben Sie die Trennlinie, um einer App mehr Platz zu gewähren. Ein Doppelklick auf die Trennlinie schiebt diese zurück zur Mitte. Für beide Apps steht wieder jeweils ein halber Bildschirm zur Verfügung.

Jede App wird durch Herunterziehen oder mit der Tastenkombination [Alt]+[F4] oder mit einem Klick auf das x-Symbol in der oberen rechten Ecke beendet. Diese Symbole erscheinen, wenn man mit der Maus an den oberen Bildschirmrand fährt. Auf dem leeren Teil des Bildschirms kann dann eine neue App gestartet werden. Ein Doppelklick auf die Trennlinie stellt, sofern eine Seite leer ist, der anderen App wieder den vollen Bildschirm zur Verfügung.

## 1.4 Sechs Wege, den Computer auszuschalten

Seit es kein klassisches Startmenü mehr gibt, gibt es dort auch keinen Menüpunkt zum Ausschalten des Computers mehr. Windows 8.1 bietet aber trotzdem mehrere Möglichkeiten, den Computer auszuschalten.

Das ist neu in 8.1 & Updates

- Die einfachste Methode ist der Ausschalter am Gehäuse oder auf der Tastatur, der wie schon in früheren Windows-Versionen den Computer kontrolliert herunterfährt, statt einfach den Strom abzuschalten.
- Der Startbildschirm zeigt rechts oben ein Ausschaltsymbol. Mit einem Klick darauf können Sie den Computer herunterfahren oder neu starten.

**Bild 1.15:** Ein-/Ausschalter oben rechts auf dem Startbildschirm.

- Klicken Sie mit der rechten Maustaste auf das Windows-Logo in der unteren linken Bildschirmecke. Das Systemmenü wird eingeblendet, in dem Sie unter *Herunterfahren oder abmelden* Menüpunkte zum Energiesparen, Herunterfahren und zum Neustart finden.
- Fahren Sie mit der Maus in eine der rechten Bildschirmecken, ohne zu klicken. Damit werden die sogenannten Charms am rechten Bildschirmrand eingeblendet. Klicken Sie auf *Einstellungen* oder nutzen Sie das Tastenkürzel [Win]+[I]. In der Seitenleiste erscheint ganz unten ein Ausschalter.

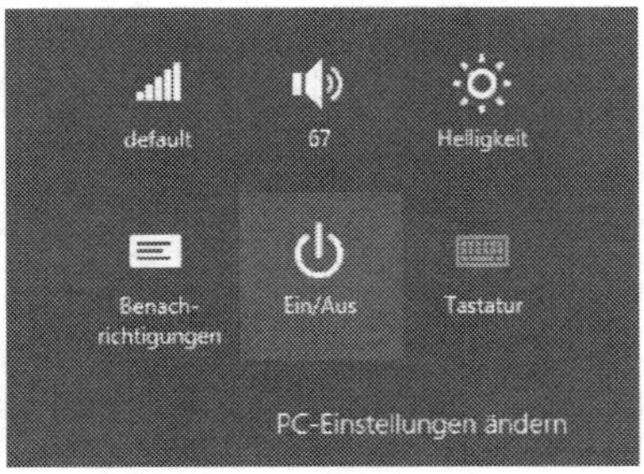


**Bild 1.16:** Ein-/Ausschalter in der Seitenleiste der Einstellungen.

- Das Tastenkürzel [Strg]+[Alt]+[Entf], der schon aus früheren Windows-Versionen bekannte »Affengriff«, blendet ein Menü mit Systemfunktionen ein. Hier finden Sie ganz unten rechts ein Symbol zum Ausschalten.
- Klicken Sie auf dem Startbildschirm oben rechts auf Ihren Benutzernamen und wählen Sie dann im Menü *Abmelden*. Auf dem Anmeldebildschirm finden Sie ganz unten rechts ein Symbol zum Ausschalten.

## 1.5 App-Shopping im neuen Windows Store

Windows 8 beinhaltete erstmals einen eigenen Store, aus dem nach dem Vorbild der App-Stores auf Smartphones Apps heruntergeladen und installiert werden können. Der Windows Store stellt die einzige Möglichkeit dar, die neuen Apps zu installieren. Dabei sorgt der Name »Store« bei vielen Anwendern für Verwirrung – die meisten Apps sind nämlich kostenlos. Anwendungen für den klassischen Desktop werden weiter wie gewohnt installiert. Zur Nutzung des Windows Store ist die Anmeldung mit einem Microsoft-Konto erforderlich.

Der Windows Store erhielt für Windows 8.1 ein komplett neues Design, um ihn übersichtlicher zu machen – sicherlich Ansichtssache. Auf den ersten Blick fällt auf, dass jetzt zu den Apps in den Listen Kurzbeschreibungen angezeigt werden und nicht wie früher nur App-Logos. Außerdem ist oben rechts ein Suchfeld hinzugekommen.

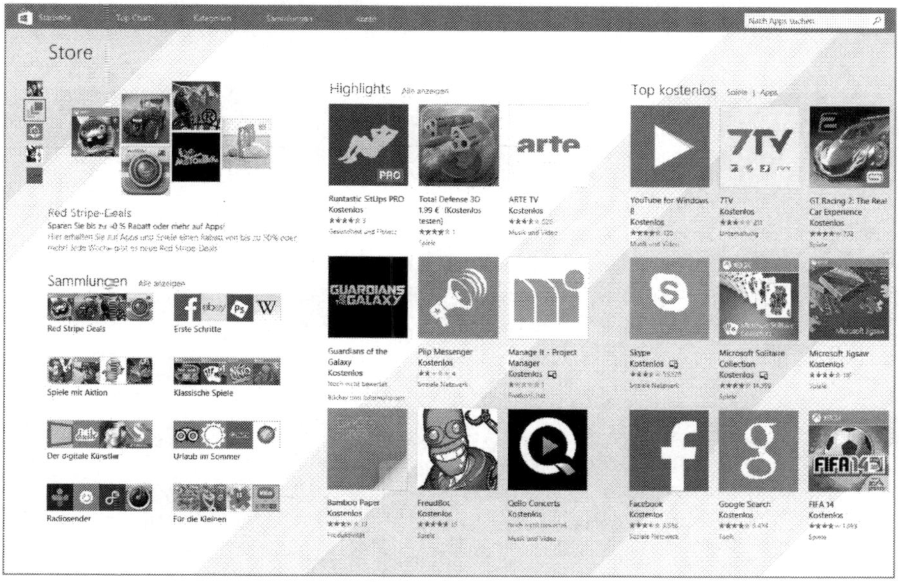


Bild 1.17: Der Startbildschirm des neuen Windows Store.

Die Apps im Windows Store sind nach Themen sortiert, im regelmäßigen Wechsel werden bestimmte Apps auf der Startseite vorgestellt.

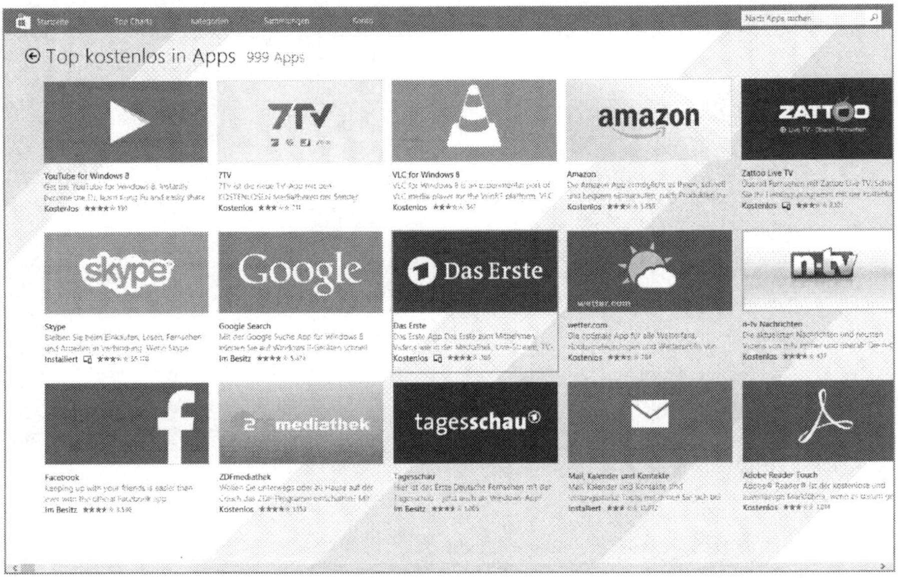


Bild 1.18: Übersicht der Apps einer Kategorie.

Das neue Menü am oberen Bildschirmrand blendet im neuen Windows Store eine Liste der Kategorien ein, in denen Sie nach Apps zu bestimmten Themen stöbern können.

Bild 1.19: Die Kategorienliste im Windows Store.

**Scrollen in langen Listen**
In langen Listen scrollen Sie mit dem Mausrad nach rechts und links. Auf Geräten mit Touchscreen verschieben Sie den Bildschirm einfach mit dem Finger. Viele moderne Notebooks ohne Touchscreen unterstützen Multitouch auf dem Touchpad. Hier können Sie mit zwei Fingern von oben nach unten über das Touchpad streichen, um durch lange Listen zu scrollen.

Ein Klick auf eine der Kategorien zeigt eine Liste aller Apps dieser Kategorie an. Wählen Sie eine davon aus, werden Screenshots sowie eine detaillierte Beschreibung angezeigt.

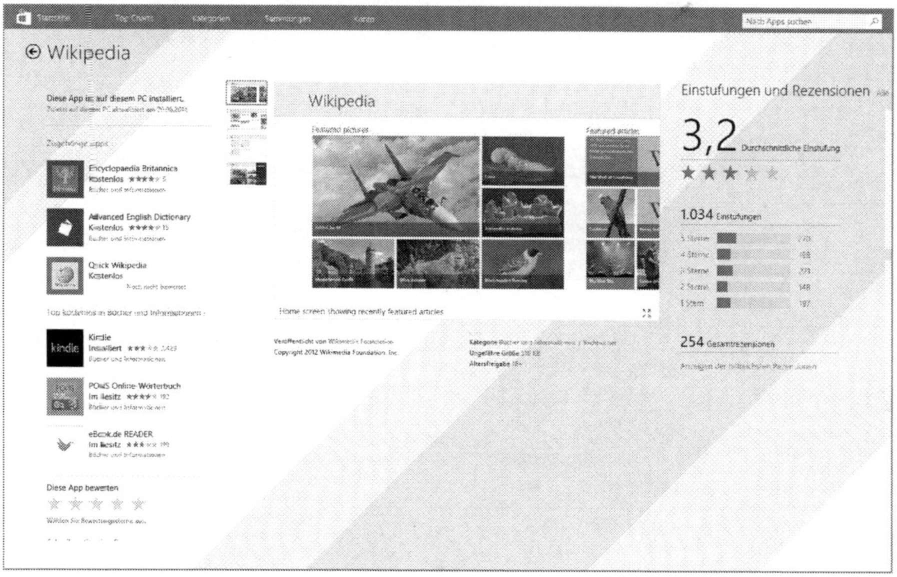


**Bild 1.20:** Detailansicht einer App im Windows Store.

Ein Klick auf *Installieren* installiert die App auf dem Startbildschirm. Im Gegensatz zu Anwendungen in früheren Windows-Versionen oder auf dem klassischen Desktop brauchen Sie sich um Verzeichnisstrukturen oder weitere Einstellungen keine Gedanken zu machen. Mit einem einzigen Klick wird die App ohne weitere Nachfragen installiert.

Im Gegensatz zu Windows 8 erscheinen neu installierte Apps in Windows 8.1 nicht automatisch auf dem Startbildschirm, sondern zunächst nur in der Liste *Apps*; dort sind sie als neu markiert. Klicken Sie mit der rechten Maustaste auf die App und wählen Sie unten in der Symbolleiste *An »Start« anheften.*

Das ist neu in 8.1 & Updates

Sollten Sie einmal eine kostenpflichtige App aus dem Windows Store nutzen wollen, brauchen Sie diese seit Windows 8.1 nicht mehr für jeden PC einzeln zu erwerben. Windows-Store-Apps können auf bis zu 81 Windows-8.1-PCs oder -Tablets gleichzeitig verwendet werden, solange diese mit dem gleichen Microsoft-Konto angemeldet sind.

## 1.5.1 Gezielte Suche nach Apps im Windows Store

Mit zunehmender Zahl an Apps im Windows Store sind längst nicht mehr alle in den Listen enthalten. Sie können nach Stichwörtern suchen, um passende Apps zu finden. Geben Sie den Suchbegriff einfach in das Suchfeld oben rechts ein. Der Umweg über die Charms-Leiste wie in Windows 8 ist in Windows 8.1 nicht mehr nötig.

Das ist neu in 8.1 & Updates

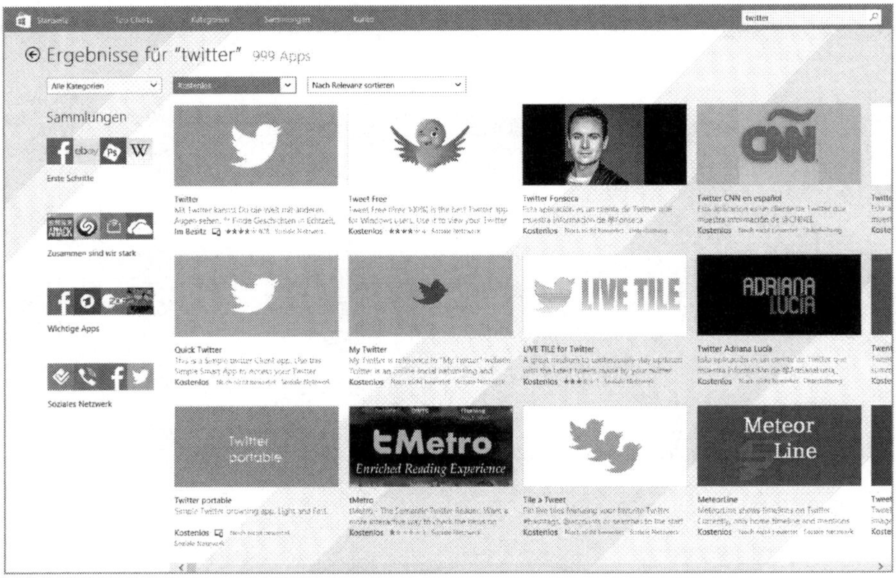


Bild 1.21: Suchen im Windows Store.

## 1.5.2 Durchführen automatischer App-Updates

Viele der Windows-8-Apps werden häufig aktualisiert. Die Installation einer neuen Version ist nicht mehr wie bei früheren Windows-Programmen mit großem technischem Aufwand verbunden, sondern heute genauso einfach wie auf einem Smartphone.

App-Updates werden jetzt automatisch durchgeführt, Sie müssen sich um gar nichts mehr kümmern. Sie brauchen sich auch keine Gedanken um Verzeichnisstrukturen, Datensicherung oder Neustarts zu machen. Die Updates werden installiert, und danach stehen die Apps sofort wieder zur Verfügung.

Möchten Sie aus irgendeinem Grund keine automatischen Updates durchführen, öffnen Sie innerhalb des Windows Store den Charm *Einstellungen* und wählen hier *App-Updates*. Auf dem nächsten Bildschirm können Sie die automatischen App-Updates ausschalten.

Bei ausgeschalteten App-Updates zeigt die Kachel des Windows Store auf dem Startbildschirm mit einer Zahl an, wenn Updates verfügbar sind. Sie brauchen jetzt nur noch den Windows Store zu starten und auf die Update-Meldung zu klicken. Die verfügbaren Updates werden angezeigt. Wählen Sie die gewünschten Updates oder einfach gleich alle aus und klicken Sie auf *Installieren*.

# 1.6 Klicken, antippen oder wischen

Die neue Oberfläche wurde mit dem Ziel entwickelt, Windows auf Tablets und Touchscreens besser bedienbar zu machen.

## 1.6.1 Feine Unterschiede in der Bedienung

Die meisten Aktionen auf der neuen Windows-8.1-Oberfläche lassen sich sowohl mit der Maus wie auch auf dem Touchscreen durchführen. Es gibt nur einige kleine Unterschiede:

- Auf ein Bildschirmobjekt, eine Live-Kachel oder einen Menüpunkt zu tippen, löst direkt eine Aktion aus. Mit der Maus klickt man auf das betreffende Objekt. Den von früher bekannten Doppelklick gibt es auf der neuen Oberfläche nicht mehr.
- Ein Bildschirmobjekt zu berühren, länger festzuhalten und zu verschieben, funktioniert auch mit der Maus, indem man das Objekt anklickt und mit gedrückter linker Maustaste verschiebt.
- Längeres Antippen eines Objekts öffnet eine Symbolleiste oder ein Kontextmenü. Mit der Maus erreicht man das Gleiche mit einem Klick der rechten Maustaste auf das Objekt.
- Eine Wischbewegung über den Bildschirm verschiebt den gesamten Bildschirminhalt. Auf Computern ohne Touchscreen werden am unteren oder seitlichen Bildschirmrand Bildlaufleisten angezeigt, die man mit der Maus verschieben muss. Zum vertikalen Scrollen werden auch Mausrad und Zweifingergesten auf dem Touchpad von Notebooks unterstützt.
- Eine Wischgeste vom linken Bildschirmrand in Richtung Bildmitte wechselt zwischen geöffneten Apps. Die Tastenkombination [Alt]+[Tab] bewirkt das Gleiche.
- Eine Wischgeste vom rechten Bildschirmrand in Richtung Bildmitte öffnet die Charms-Leiste. Das Gleiche erreicht man mit der Tastenkombination [Win]+[C] oder indem man mit der Maus in die rechte untere Bildschirmecke fährt.
- Eine Wischgeste vom rechten Bildschirmrand in Richtung Bildmitte schließt die geöffnete App. Das Gleiche erreicht man mit der Tastenkombination [Alt]+[F4] oder indem man mit der Maus auf das Schließen-Symbol in der rechten oberen Bildschirmecke klickt.
- Eine Wischgeste vom unteren Bildschirmrand in Richtung Bildmitte öffnet in den meisten Apps eine Symbolleiste mit weiteren Funktionen. Mit der Maus erreicht man das Gleiche mit einem Rechtsklick auf einen freien Bereich in der App, jedoch nicht auf ein Objekt.

Windows 8.1 unterstützt Multitouchgesten mit mehreren Fingern auf dem Touchscreen. Diese lassen sich mit der Maus nicht darstellen. So kann man auf Fotos oder Webseiten durch gleichzeitige Berührung mit zwei Fingern, die man dann auseinanderzieht, zoomen. Eine Drehbewegung mit zwei Fingern dreht den Bildinhalt, soweit die jeweilige App diese Funktion unterstützt.

### 1.6.2 Windows frisch auf dem Surface serviert

Microsoft brachte zu Windows 8 erstmals eigene Tablets unter der Marke Surface auf den Markt. Die früher als Surface bezeichneten interaktiven Tische werden jetzt unter dem Namen Pixelsense weiter vermarktet. Im September 2013 wurden die neuen Modelle Surface 2 und Surface Pro 2 vorgestellt, die pünktlich zum Start von Windows 8.1 auf den Markt kommen. Im Sommer 2014 wurde das Surface Pro 3 angekündigt, das mit seinem 12-Zoll-Bildschirm ein klassisches Notebook ersetzt.

Die Tablets der Surface-Serie verfügen über einen ausklappbaren Ständer an der Rückseite und eine Schutzabdeckung für den Bildschirm, die als Tastatur magnetisch mit dem Tablet verbunden werden kann und so das Gerät zu einem vollwertigen Netbook macht.

**Bild 1.22:** Das Tablet Microsoft Surface 2. (Foto: Microsoft)

Das Surface 2, Nachfolger des Surface RT, läuft mit einem Nvidia-Tegra-4-Prozessor mit 1,7 GHz und nutzt 2 GB RAM. Der Bildschirm hat mit 1.920 × 1.080 Full-HD-Auflösung, und auch die Auflösung der Kameras wurde erhöht. Die Hauptkamera hat jetzt 5 Megapixel, die Frontkamera 3,5 Megapixel. Es wird zwei Versionen mit entweder 32 GB oder 64 GB internem Speicher geben. Die Anschlussmöglichkeiten wurden mit WLAN (n), Bluetooth 4.0, USB 3.0, einem microSDXC-Kartensteckplatz sowie dem Anschluss eines Xbox-360-Controllers über einen speziellen USB-Dongle ebenfalls erweitert.

Das Gehäuse besteht aus einem helleren Metall im Vergleich zum Vorgänger, und der Ständer auf der Rückseite rastet in zwei verschiedenen Neigungswinkeln ein.

Das neue Surface Pro 2 verwendet einen Intel-i5-Haswell-Prozessor und eine »echte« Windows-8.1-Version, auf der sich neben den Apps aus dem Windows Store auch beliebige klassische Windows-Programme nutzen lassen. Bauform und Größe entsprechen dem Surface 2. Hier werden vier im Speicherausbau verschiedene Gerätevarianten angeboten: Modelle mit 4 GB RAM und 64 oder 128 GB Flash-Speicher sowie Modelle mit 8 GB RAM und 256 oder 512 GB Flash-Speicher. Die Tastatur gibt es in zwei verschiedenen Varianten – als berührungsempfindliches »Touch Cover« sowie als »Type Cover« mit echten Tasten und 1,5-mm-Hub. Beide Versionen verfügen in der Mitte über ein Touchpad, wie man es von Notebooks kennt.

Das Surface Pro hat, neben Tastatur und Fingergesten auf dem Touchscreen, zusätzlich noch einen Stift zum Zeichnen in Notizen und Präsentationen. Das Touch Cover der neuen Surface-2-Serie soll ein flüssigeres Schreiben im Vergleich zum Vorgänger ermöglichen. Touch Cover und Type Cover verfügen jetzt beide über eine automatisch abschaltbare Hintergrundbeleuchtung, sind dünner als ihre Vorgängermodelle und werden in verschiedenen Farben angeboten. Ein neues Power Cover ist ein externer Zusatzakku, der die Laufzeit um das 2,5-fache verlängern soll. Nur für das Surface Pro 2 ist eine Dockingstation angekündigt mit 1 x USB 3.0, 3 x USB 2.0, Netzwerk, Audio und Mini-Display-Port für bis zu zwei Monitore.

Das neue Surface Pro 3 ist trotz seines größeren 12-Zoll-Bildschirms das dünnste und leichteste Tablet der Surface-Pro-Familie. Es ist in verschiedenen Versionen angekündigt, von 64 GB SSD und 4 GB RAM bis zu 512 GB SSD und 8 GB RAM. Alle Varianten verfügen über USB 3.0, microSD-Kartenleser und einen Mini-Display-Port-Anschluss. Mit einem speziellen Stift kann man auf dem Bildschirm schreiben und zeichnen.

**Bild 1.23:** Das Tablet Microsoft Surface Pro 3. (Foto: Microsoft)

Auch die beiden Modelle der ersten Surface-Serie können auf Windows 8.1 aktualisiert werden.

## 1.7 Lieb gewonnene Funktionen gestrichen

Leider gehen mit jeder neuen Windows-Version auch einige von Anwendern lieb gewonnene Funktionen verloren. Hier die wichtigsten Windows-Funktionen, die nach dem Update von Windows 8 auf Windows 8.1 nicht mehr vorhanden sind:

- In der Fotos-App werden keine Fotoalben von Flickr und Facebook mehr angezeigt.
- In der E-Mail-App können Fotos nicht mehr automatisch auf OneDrive hochgeladen werden, um große Mailanhänge zu vermeiden.
- Die Chat-App *Nachrichten* fehlt und wird durch Skype ersetzt.
- Die Bing-App fehlt und wird durch die neue globale Suche auf dem Startbildschirm ersetzt.
- Die Bibliotheken werden im Explorer nicht mehr angezeigt, dafür persönliche Standardverzeichnisse. Die Bibliotheken können aber trotzdem weiter verwendet werden.
- Der Windows-Leistungsindex in der Systemsteuerung unter *System und Sicherheit/System* fehlt.
- Die Möglichkeit, Daten aus älteren Datensicherungen von Windows 7 wiederherzustellen, fehlt.
- Der OneDrive-Ordner kann nicht mehr auf ein anderes Laufwerk verschoben werden.
- Der Windows Messenger und die OneDrive-Anwendung für den klassischen Desktop können in Windows 8.1 nicht mehr genutzt werden.

Wie schon Windows 8 enthält auch Windows 8.1 keine eingebaute Möglichkeit zum Abspielen von DVDs. Hierfür ist externe Software nötig.

# 2 Geradewegs durch die Installation

Die Installation von Windows 8.1 ist noch einfacher geworden als bei allen früheren Windows-Versionen. Nutzer von Windows 8 bekommen im Windows Store die neue Version Windows 8.1 als Update angezeigt und können sie von dort ohne Datenverlust direkt installieren, ohne eine Installations-DVD oder einen neuen Produktschlüssel zu benötigen.

Das ist neu in 8.1 & Updates

## 2.1 Voraussetzungen für das neue Windows

Die Systemvoraussetzungen für Windows 8.1 sind vergleichbar mit denen von Windows 7 und Windows 8:

- Prozessor: 1 GHz oder schneller
- RAM: 1 GB (32 Bit) oder 2 GB (64 Bit)
- Festplattenpartition: 16 GB (32 Bit) oder 20 GB (64 Bit)
- Grafikkarte: mindestens 1.024 x 768, DirectX 9 oder höher

Bevor Sie Windows 8.1 installieren, sorgen Sie mit dem bisherigen Betriebssystem dafür, dass eine mindestens 20 GB große Festplattenpartition komplett frei ist oder dass sich ein entsprechend großer unpartitionierter Bereich auf der Festplatte befindet. Tatsächlich benötigt das Betriebssystem etwa 9 GB auf der Festplatte.

### 2.1.1 Besser die 32- oder doch die 64-Bit-Version?

Viele Anwender stellen sich die Frage, ob die 64-Bit-Version oder die 32-Bit-Version die bessere Wahl ist. Ob sich die 64-Bit-Version überhaupt installieren lässt, hängt natürlich von der Hardware ab und kann mit dem Windows-8-Upgrade-Assistenten überprüft werden (*windows.microsoft.com/de-de/windows-8/upgrade-to-windows-8*).

Die 64-Bit-Version unterstützt mehr als 4 GB RAM und läuft auf High-End-PCs auch schneller. Dafür kann es Kompatibilitätsprobleme mit älterer Software geben, und für einige Geräte sind möglicherweise keine Treiber verfügbar. Auf »normalen« und auch auf älteren PCs kann daher die 32-Bit-Version noch die bessere Wahl darstellen.

## 2.2 Auf jeden Fall eine saubere Neuinstallation

Anders als bei Windows 8 werden die Installations-DVDs für Windows 8.1 in zwei verschiedenen Varianten, als Update und als Vollversion, angeboten. Das Update ist nicht zu verwechseln mit dem Update aus dem Windows Store für Nutzer von Windows 8. Mit der Update-DVD lässt sich Windows 8.1 auf einem PC installieren, auf dem vorher Windows XP, Vista oder Windows 7 lief.

Dabei können alte Daten aber nur von Windows 7 übernommen werden. Die Vollversions-DVDs ermöglichen eine Installation auf einem neuen PC oder auf einer Festplatte, auf der sich bisher kein Windows-Betriebssystem befand. Die beiden Windows-8.1-Updates – Aktualisierungen gegenüber der Originalversion Windows 8.1 – werden automatisch über den Windows-Update-Service nachinstalliert.

Booten Sie den Computer mit der Installations-DVD. Damit die Installation von der DVD funktioniert, muss im BIOS des Computers die Option, von CD-ROM/DVD zu booten, aktiv sein.

1. Nachdem Sie mit der Windows-8.1-DVD gebootet haben, erscheint als Erstes eine Maske, in der Sie Installationssprache, Uhrzeitformat und Eingabesprache auswählen können. Lassen Sie hier alles auf *Deutsch* stehen. Damit legt Windows 8.1 automatisch auch die Tastatursprache fest, sodass Sie nicht mehr wie in alten Windows-Versionen während der Installation mit der englischen Tastaturbelegung arbeiten müssen.
2. Im nächsten Schritt haben Sie alternativ die Möglichkeit, sich Computerreparaturoptionen anzeigen zu lassen, um ein beschädigtes Betriebssystem zu retten. Halten Sie schon aus diesem Grund eine Windows-8.1-DVD immer in Reichweite Ihres Computers bereit – für den Fall der Fälle.
3. Geben Sie jetzt den Produktschlüssel ein, den Sie mit Ihrer Windows-8.1-Version erhalten haben. Danach müssen Sie noch den Lizenzvertrag bestätigen.
4. Jetzt kann die eigentliche Installation beginnen. Wählen Sie im Installationsassistenten die Option *Benutzerdefiniert*, damit Ihre bestehende Windows-Installation nicht beschädigt wird. Hier können Sie eine vorhandene Partition auswählen und bei Bedarf neu formatieren oder aber im freien Bereich der Festplatte eine neue Partition anlegen, in der Windows 8.1 installiert werden soll.

**Parallelinstallation zu einem bestehenden Windows**
Verwenden Sie für die Installation von Windows 8.1 eine freie Partition auf der Festplatte oder eine zweite ganz leere Festplatte. Damit bleibt Ihr bestehendes Windows-System einschließlich aller eigenen Daten erhalten. Bei der Installation auf einer bestehenden Windows-Partition würde alles verloren gehen.

Windows 8.1 installiert automatisch einen Bootmanager, mit dem Sie in Zukunft bei jedem Start des Computers das gewünschte Betriebssystem auswählen können. Während der Installation können Sie nicht mehr benötigte Partitionen formatieren oder auf einem freien Festplattenbereich eine neue Partition zur Installation anlegen.

5. Jetzt startet die eigentliche Installationsprozedur. Nachdem alle Betriebssystemdateien auf die Festplatte übertragen wurden, erfolgt automatisch ein Neustart. Nach dem Neustart werden Sie aufgefordert, eine Hintergrundfarbe für den neuen Windows-8.1-Startbildschirm sowie einen Namen für den PC festzulegen.
6. Danach gilt es noch, ein paar Grundeinstellungen vorzunehmen. Wenn Sie gleich loslegen wollen, können Sie auch einfach die Express-Einstellungen verwenden. Später lässt sich noch alles ändern.

## 2.3 Browserwahl nach EU-Richtlinie

Microsoft verteilt auch in Windows 8.1 automatisch ein Update, das den von der EU aufgrund wettbewerbsrechtlicher Entscheidungen geforderten Browserwahlbildschirm implementiert.

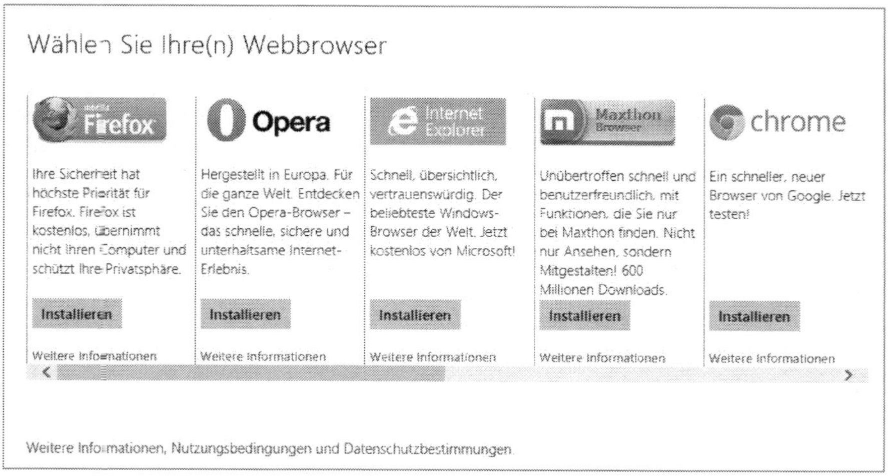
Wählen Sie Ihre(n) Webbrowser
Firefox
Ihre Sicherheit hat höchste Priorität für Firefox. Firefox ist kostenlos, übernimmt nicht Ihren Computer und schützt Ihre Privatsphäre.
Installieren
Weitere Informationen
Opera
Hergestellt in Europa. Für die ganze Welt. Entdecken Sie den Opera-Browser – das schnelle, sichere und unterhaltsame Internet-Erlebnis.
Installieren
Weitere Informationen
Internet Explorer
Schnell, übersichtlich, vertrauenswürdig. Der beliebteste Windows-Browser der Welt. Jetzt kostenlos von Microsoft!
Installieren
Weitere Informationen
Maxthon Browser
Unübertroffen schnell und benutzerfreundlich, mit Funktionen, die Sie nur bei Maxthon finden. Nicht nur Ansehen, sondern Mitgestalten! 600 Millionen Downloads.
Installieren
Weitere Informationen
chrome
Ein schneller, neuer Browser von Google. Jetzt testen!
Installieren
Weitere Informationen
Weitere Informationen, Nutzungsbedingungen und Datenschutzbestimmungen

**Bild 2.1:** Die Browserwahl für europäische Windows-Nutzer.

Beim nächsten Start nach dem Update erscheint – wenn der Internet Explorer noch Standardbrowser ist – ein weißer Bildschirm mit der Aufforderung, sich für einen Webbrowser zu entscheiden. Zur Auswahl stehen neben dem Internet Explorer auch Google Chrome, Firefox, Opera und der Maxthon-Browser, die in zufälliger Reihenfolge angeordnet werden. Scrollt man nach rechts, tauchen noch ein paar weniger bekannte Browser auf.

Die Browserwahl kann auch später noch jederzeit über eine neue Kachel auf dem Startbildschirm aufgerufen werden. Der ausgewählte Browser gilt nur für den klassischen Desktop. Die App-Version des Internet Explorer bleibt erhalten. Bevor ein Browser ausgewählt wird, wird zunächst der Internet Explorer von der Taskleiste auf dem klassischen Desktop entfernt.

Das Browserwahl-Update mit der Nummer *KB976002* kann nicht deinstalliert werden und wird nur europäischen Nutzern angeboten. Auf Windows RT wird das Browserwahl-Update nicht installiert, da es hier außer dem Internet Explorer keine weiteren Browser gibt.

## 2.4 Live-ID mutiert zum Microsoft-Konto

Wie in früheren Windows-Versionen müssen Sie jetzt auf dem PC ein neues Benutzerkonto einrichten. Windows 8 bot erstmals die Möglichkeit, ein Benutzerkonto mit einem Microsoft-Konto zu verbinden.

**Microsoft-Konto, früher Windows Live ID**
Microsoft-Konto ist die neue Bezeichnung für die bisher bekannten Windows Live IDs. Nur der Name ist anders, die Funktionalität ist geblieben. Wer eine Windows Live ID hat, z. B. eine Hotmail-Adresse, hat jetzt automatisch ein Microsoft-Konto.

Die Nutzung eines Microsoft-Kontos zur Anmeldung bietet diverse Vorteile. Benutzereinstellungen können zwischen PCs online synchronisiert werden, außerdem haben Sie sofort Zugriff auf Kontakte, Termine und Statusmeldungen von Freunden, die bei Hotmail oder Windows Live angemeldet sind. Windows 8.1 kann Ihre Dateien und Fotos auf OneDrive nutzen, und die eigene Hotmail-, MSN-, Live- oder Outlook.com-E-Mail-Adresse wird in der Mail-App eingetragen. Zum Download von Apps aus dem Windows Store ist ohnehin ein Microsoft-Konto erforderlich, sodass Sie das am besten gleich zur Anmeldung verwenden.

Haben Sie bereits ein Microsoft-Konto, geben Sie jetzt die E-Mail-Adresse und Ihr Passwort an, um sich anzumelden. Wenn nicht, klicken Sie auf *Möchten Sie sich nicht mit einem Microsoft-Konto anmelden.* In diesem Fall legen Sie wie in früheren Windows-Versionen ein lokales Benutzerkonto an. Später können Sie über die PC-Einstellungen dieses Konto mit einem Microsoft-Konto verbinden.

## 2.5 Wichtige Social-Network-Verknüpfungen

Microsoft hat längst erkannt, dass Facebook das wichtigste soziale Netzwerk ist, und daraufhin seine eigenen Windows Live Spaces abgeschaltet. Dafür wird die Möglichkeit geboten, Facebook-, Flickr-, Google- und Twitter-Konten mit dem Microsoft-Konto zu verbinden. Zusätzlich werden auch noch weitere, weniger verbreitete Netzwerke angeboten. Die Neuigkeiten aus diesen Netzen können dann direkt mit der Anmeldung über das Microsoft-Konto angezeigt werden, ohne dass die entsprechenden Webseiten aufgerufen werden müssen. Damit stehen Facebook-Statusupdates auch direkt in der Kontakte-App von Windows 8.1 zur Verfügung.

Sie können bei der erstmaligen Nutzung der jeweiligen Windows-8.1-App die Verbindung mit dem entsprechenden Dienst autorisieren oder direkt über Ihre persönliche Profilseite bei Windows Live, *profile.live.com*.

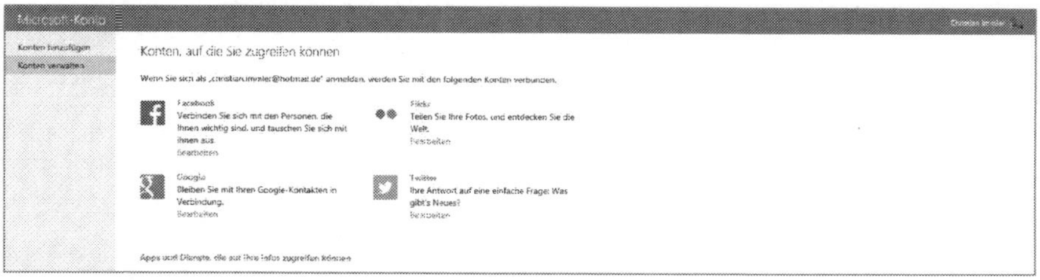
Konten, auf die Sie zugreifen können
Verbinden Sie sich mit den Personen, die Ihnen wichtig sind, und tauschen Sie sich mit ihnen aus.
Teilen Sie Ihre Fotos, und entdecken Sie die Welt.
Bleiben Sie mit Ihren Google-Kontakten in Verbindung.
Ihre Antwort auf eine einfache Frage: Was gibt's Neues?

**Bild 2.2:** Facebook und weitere Dienste mit dem Microsoft-Konto verbinden.

## 2.6 Windows 8.1 vier Mal ganz anders

Windows 8.1 ist in »nur« vier verschiedenen Versionen lieferbar, die sich im Funktionsumfang mehr oder weniger unterscheiden. Für private PC-Nutzer wird die Auswahl, verglichen mit Windows 7, recht einfach, da nur zwei der Versionen im Handel erhältlich sind. Die beiden Windows-8.1-Updates werden für alle Versionen angeboten.

Windows 8.1
Windows 8.1 Pro
Windows 8.1
Pro Pack

**Bild 2.3:** Die beiden im Handel erhältlichen Versionen Windows 8.1 und Windows 8.1 Pro sowie das Windows 8.1 Pro Pack.

### 2.6.1 Windows 8.1 – für private Anwender

Die Windows-8.1-Version, die für die meisten Anwender infrage kommt, heißt einfach und schlicht »Windows 8.1«. Der Zusatz »Home« fällt weg. Diese Version enthält alle wichtigen neuen Funktionen von Windows 8.1, die neue Oberfläche und auch den klassischen Desktop, auf dem Programme, die für ältere Windows-Versionen entwickelt wurden, weiterhin installiert werden können.

### 2.6.2 Windows 8.1 Pro – für professionelle Anwender

Windows 8.1 Pro, die Version für professionelle Anwender, bietet zusätzlich einige Funktionen, die Privatanwender kaum vermissen werden:

- Laufwerkverschlüsselung Bitlocker to Go
- EFS-verschlüsseltes Dateisystem
- Start des Betriebssystems von einem virtuellen Laufwerk (VHD)
- Anmelden in domainbasierten Windows-Netzwerken
- Unterstützung von Gruppenrichtlinien
- Einsatz als Remote Desktop Host
- Hyper-V-Virtualisierung

Das Windows Media Center ist standardmäßig in keiner Windows-8.1-Version mehr enthalten, es kann aber über das Windows 8.1 Pro Pack kostenpflichtig nachinstalliert werden.

Eine ausführliche Übersicht über alle Unterschiede der verschiedenen Windows-8.1-Versionen finden Sie bei *wp.me/p1b7oZ-sl*.

### 2.6.3 Windows 8.1 Enterprise – für Unternehmen

Die Version für große Firmenkunden entspricht im Funktionsumfang weitgehend der Version Windows 8.1 Pro, ist aber nur über Firmenlizenzverträge im Software-Assurance-Programm von Microsoft erhältlich.

### 2.6.4 Windows RT 8.1 – für Tablets und Netbooks

Diese Version läuft nur auf Geräten mit ARM-Prozessor, das sind vorrangig Tablets und einfache Netbooks. Da bisherige Windows-Versionen noch nie auf ARM-Prozessoren liefen, lassen sich auf Windows 8.1 RT auch keine klassischen Windows-Programme installieren, sondern ausschließlich Apps aus dem Windows Store. Windows 8.1 RT ist ebenfalls nicht im freien Handel erhältlich, sondern nur vorinstalliert auf entsprechenden Geräten.

## 2.6.5 Herausfinden, welche Version installiert ist

Haben Sie einen PC oder ein Tablet mit Windows 8.1 und möchten wissen, welche Version installiert ist, drücken Sie die Tastenkombination [Win]+[Pause]. Anschließend wird die verwendete Version angezeigt. Im gleichen Fenster erfahren Sie auch, ob ein 32-Bit- oder ein 64-Bit-Betriebssystem installiert ist. Auf Geräten, auf denen diese Tastenkombination nicht zur Verfügung steht, wie z. B. auf dem Surface RT, klicken Sie mit der rechten Maustaste auf das Windows-Logo unten links und wählen im Systemmenü *System*.

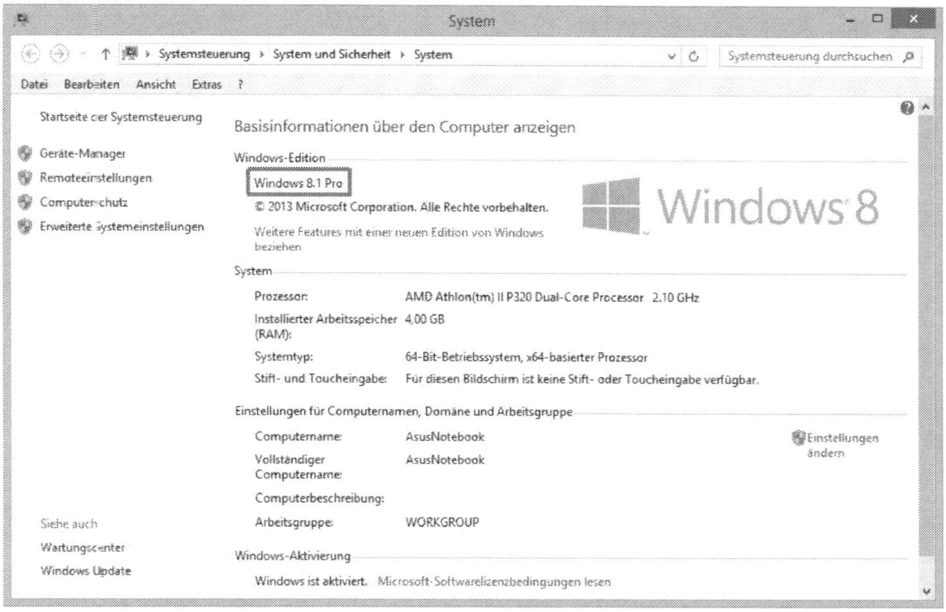


**Bild 2.4:** Anzeige der Windows-Version in den Basisinformationen über den Computer.

**Windows-8.1-N-Versionen**

Bereits im Vorfeld von Windows 7 gab es seinerzeit lange Diskussionen mit der EU-Kommission, ob die Bündelung von Windows mit dem Internet Explorer und dem Windows Media Player zulässig sei oder gegen europäisches Wettbewerbsrecht verstoße. Zeitweise sah es sogar aus, als würden die europäischen Versionen von Windows 7 keinen Internet Explorer enthalten. Windows 7 wurde in Europa dann doch mit der gleichen Ausstattung wie in der restlichen Welt verkauft. Das gilt auch für Windows 8 und Windows 8.1.

Auf Drängen der EU-Kommission gibt es bei Windows 8.1 zusätzlich für EU-konforme Behörden und öffentliche Einrichtungen Versionen mit dem Zusatz »N«. Diese enthalten keinen Windows Media Player, bieten aber sonst den normalen Funktionsumfang von Windows 8.1.

# 3 Apps und klassische Programme

Windows 8.1 kennt zwei verschiedene Arten von Programmen, die neuen Apps, die im Vollbildmodus laufen und sich besonders einfach auf Touchscreens bedienen lassen, sowie die klassischen Programme, die wie in früheren Windows-Versionen in einem Fenster auf dem klassischen Desktop laufen und per Tastatur und Maus bedient werden. Diese sind nicht zur Steuerung per Touchscreen optimiert.

## 3.1 Internet Explorer gleich in zwei Varianten

Zum Surfen im Internet liefert Windows 8.1 die neue Version 11 des Internet Explorer gleich in zwei Varianten mit: als neue Windows-8.1-App und als Browser für den klassischen Desktop. Der Internet Explorer im neuen Windows-8.1-Stil startet im Vollbildmodus. Am unteren Bildschirmrand ist die Browserleiste zur Eingabe von Internetadressen zu sehen, wie man sie sonst oben im Browserfenster kennt.

**Bild 3.1:** Der Internet Explorer im neuen Windows-8.1-Design.

Klicken Sie in diese Zeile, können Sie eine Internetadresse eingeben. Oberhalb der Browserleiste erscheinen Vorschläge aus häufig besuchten Webseiten und den letzten Suchanfragen.

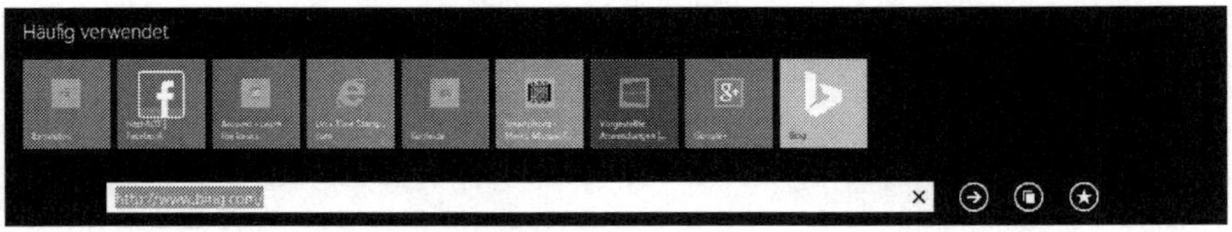


**Bild 3.2:** Symbole häufig besuchter Webseiten.

Diese Leiste enthält Schaltflächen zum Vor- und Zurückblättern sowie Neuladen der Seite.

Tippen Sie auf das Sternsymbol, erscheinen alle Favoriten. Hier können Sie die aktuelle Seite als Favorit im Internet Explorer speichern. Mit dem Pinsymbol können Sie eine Webseite als Lesezeichen direkt auf dem Startbildschirm ablegen.

**Bild 3.3:** Webseite als Lesezeichen auf dem Startbildschirm anheften.

Hier brauchen Sie nur noch einen Namen einzugeben und auf die blaue Schaltfläche zu klicken. Das Lesezeichen erscheint als neue Kachel auf dem Startbildschirm.

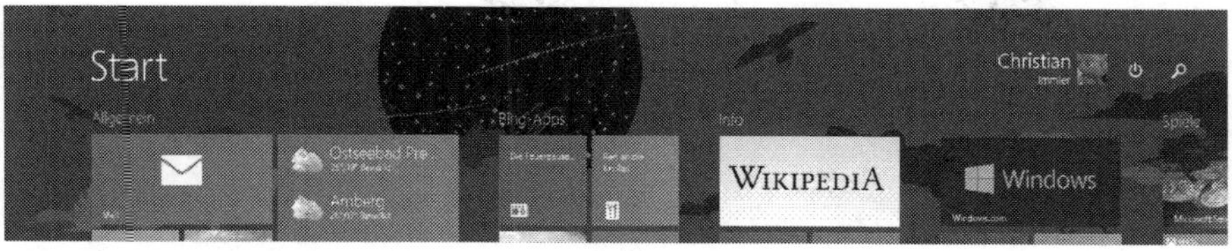


**Bild 3.4:** Die neue Kachel mit dem Lesezeichen.

Mit einem Rechtsklick auf die Kachel können Sie sie später, wenn gewünscht, wieder vom Startbildschirm entfernen.

Ein Klick auf die Webseite – nicht auf einen Link – blendet die Adressleiste im Internet Explorer wieder aus, sodass der gesamte Bildschirm zur Darstellung der Seite zur Verfügung steht. Ein weiterer Rechtsklick oder das Tastenkürzel [Win]+[Z] blendet die Leiste wieder ein, und zusätzlich erscheint am unteren Bildschirmrand eine neue Leiste, die die ehemaligen Registerkarten im Browser ersetzt. Alle Browserfenster erscheinen im Vollbildmodus und nicht mehr auf klassischen Registerkarten.

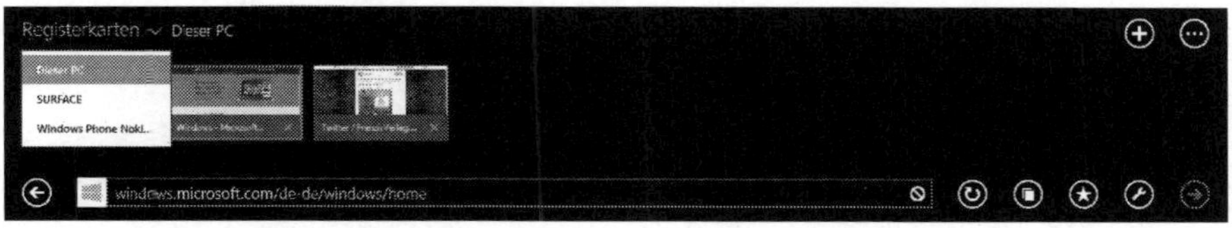


**Bild 3.5:** Liste geöffneter Registerkarten.

Auf Touchscreens erreichen Sie diese Leiste mit einer Wischbewegung vom unteren Rand nach oben ins Bild hinein. Wird stattdessen die Leiste häufig verwendeter Webseiten angezeigt, wischen Sie ein zweites Mal mit der gleichen Geste.

Bei vielen geöffneten Registerkarten belegt die Liste nicht mehr mehrere Zeilen, sondern kann jetzt per Wischgeste oder mit dem Mausrad horizontal gescrollt werden. Beim Internet Explorer 10 war die Zahl gleichzeitig geöffneter Registerkarten noch auf 10 begrenzt. Im Internet Explorer 11 können es theoretisch 100 sein.

**Versehentlich geschlossene Registerkarten wiederherstellen**
Haben Sie eine Registerkarte versehentlich geschlossen, klicken Sie auf das Symbol mit den drei Punkten ganz rechts. Damit können Sie eine geschlossene Registerkarte wieder öffnen.

Das Registerkartensymbol ganz rechts unten in der Liste häufig verwendeter Webseiten schaltet auf die Ansicht der Registerkarten um.

Mit dem Plussymbol ganz rechts öffnen Sie eine neue Registerkarte. Zwischen den Registerkarten wechseln Sie, indem Sie einfach eines der Vorschaubildchen anklicken.

Mit den x-Symbolen rechts unten in den Vorschaubildern schließen Sie nicht mehr benötigte Registerkarten.

Haben Sie mehrere Computer mit dem gleichen Microsoft-Konto angemeldet, werden die geöffneten Registerkarten zwischen diesen Geräten synchronisiert. Klicken Sie auf den kleinen Pfeil neben den Registerkarten und wählen Sie den Computer, dessen Registerkarten Sie sehen möchten.

Klicken Sie mit der rechten Maustaste auf einen Link, erscheint ein Menü, in dem Sie diesen Link in einer neuen Registerkarte öffnen können. Auf Touchscreens tippen Sie länger auf den Link.

### 3.1.1 Zwei Webseiten nebeneinander anzeigen

Der Internet Explorer 11 bietet die Möglichkeit, zwei Webseiten nebeneinander auf dem Bildschirm anzuzeigen. Klicken Sie dazu mit der rechten Maustaste auf einen Link und wählen Sie im Menü *Link in neuem Fenster öffnen*. Mithilfe der Trennlinie können Sie die Breite der Fenster verändern. Ziehen Sie die Trennlinie bis zum Bildschirmrand, verschwindet ein Fenster. Über die Registerkartenleiste bleibt es weiterhin verfügbar, bis Sie es auch dort schließen.

**Bild 3.6:** Zwei Internet-Explorer-Fenster nebeneinander.

### 3.1.2 Bessere Bedienung mit neuen Touchfunktionen

Mit Windows 8.1 wurde der Internet Explorer noch mehr auf die Bedienung mit Touchscreens optimiert. In vielen Situationen war es früher nicht eindeutig, ob eine Berührung mit dem Finger ein Element anklicken oder es überfliegen sollte.

Das ist neu in 8.1 & Updates

Tippen Sie kurz auf einen Link, wird er geöffnet. Halten Sie den Finger länger darauf, erscheint am unteren Bildschirmrand eine Symbolleiste, über die Sie diesen Link in einer neuen Registerkarte oder einem neuen Fenster öffnen oder in die Zwischenablage kopieren können.

Per Wischgeste über den ganzen Touchscreen kann man jetzt ganz einfach vor- und zurückblättern. Dabei bleibt die zuletzt besuchte Seite im Speicher, sodass sie beim Wischen scheinbar sofort und ohne Ladezeiten aufgebaut wird.

Außerdem unterstützt der neue Internet Explorer 11 Drag-and-drop-Funktionen aus HTML5. Für das Ziehen und Ablegen muss ein Objekt etwas länger mit dem Finger gehalten werden.

**Der Internet Explorer 11 im HTML5-Test**
Der Internet Explorer 11 schneidet im HTML5-Kompatibilitätstest bei *html5test.com* mit 372 von 555 Punkten zwar deutlich besser ab als sein Vorgänger Internet Explorer 10 mit nur 320 Punkten, er liegt aber immer noch weit hinter aktuellen anderen Browsern wie Chrome 36 mit 509 Punkten und Firefox 30 mit 467 Punkten.

### 3.1.3 Neue komfortable Einstellungsmöglichkeiten

Der Internet Explorer im Windows-8.1-Stil bot früher nur die grundlegenden Browsereinstellungen, greift aber auf die gleiche Datenbasis zurück wie der Internet Explorer auf dem klassischen Desktop. Die meisten Einstellungen, die Sie dort vornehmen, gelten dann auch in der neuen Windows-8.1-Version des Browsers.

In Windows 8.1 wurden diverse Einstellungsmöglichkeiten hinzugefügt. Sie brauchen kaum noch auf den klassischen Desktop zurückzuschalten. Fahren Sie mit der Maus in die untere rechte Bildschirmecke und öffnen Sie die Charms-Leiste. Alternativ können Sie die Tastenkombination [Win]+[C] verwenden oder auf Touchscreens von rechts in den Bildschirm wischen. Klicken Sie auf das Symbol *Einstellungen* und wählen Sie *Optionen*.

Das ist neu in 8.1 & Updates

**Bild 3.7:** Die *Optionen*-Leiste im Internet Explorer 11.

Ganz oben können Sie die Adressleiste und die Registerkarten immer anzeigen lassen, was allerdings einen Teil des Bildschirms belegt und daher standardmäßig ausgeschaltet ist. In diesem automatischen Modus erscheinen die Registerkarten nur als Symbole und nicht als Vorschaubilder, um nicht ganz so viel Platz zu belegen.

Viele Webseiten sind in der Breite festgelegt und skalieren sich nicht auf die volle Bildschirmbreite moderner Bildschirme. Mit dem Zoomregler vergrößern Sie die Darstellung. Damit werden Schrift und Bilder größer, die Breite ist also besser ausgefüllt, dafür passt in der Höhe nicht mehr so viel Webseiteninhalt auf den Bildschirm.

Das ist neu in 8.1 & Updates

Die Startseite im Internet Explorer oder auch mehrere Registerkarten als gleichzeitig aufzurufende Startseiten sind frei einstellbar. Über die Schaltfläche *Anpassen* unter *Startseiten* können Sie eine oder mehrere Adressen eingeben, die als Startseiten auf einzelnen Registerkarten geöffnet werden sollen. Einfacher ist es, die gewünschte Seite zu öffnen und dann auf *Aktuelle Webseite hinzufügen* zu klicken. Die geöffnete Seite wird automatisch zu den Startseiten hinzugefügt. Klicken Sie eine Seite in der Liste an, können Sie sie aus der Liste der Startseiten entfernen.

Bild 3.8: Eine Webseite, hier Bing, als Startseite festlegen.

Werden Sonderzeichen und fremdsprachige Buchstaben auf einer Webseite nicht korrekt dargestellt, liegt das in den meisten Fällen an einer ungültigen Codierung im Quellcode der Seite. Hier können Sie im Internet Explorer nachhelfen und manuell eine andere Codierung einstellen. Klicken Sie dazu auf die Schaltfläche *Auswählen* im Bereich *Schriftarten und Codierung* am unteren Ende der Seitenleiste. Wählen Sie eine zur Sprache der Webseite passende Codierung aus. Die Einstellungen für die Standardschriftarten weiter oben werden von den meisten modernen Webseiten ignoriert.

## 3.1.4 Verbesserte Übersicht im Downloadmanager

Hatten Sie im Internet Explorer 10 eine Datei von einer Webseite heruntergeladen, konnten Sie diese direkt aus dem Browser öffnen oder – weiter nichts. Der Internet Explorer 11 enthält jetzt eine Übersicht aller heruntergeladenen Dateien mit einer Anzeige der Größe und der Downloadquelle.

Klicken Sie unten rechts neben der Adressleiste auf das Schraubenschlüsselsymbol und wählen Sie im Menü *Downloads anzeigen*. In der Liste können Sie jedes ausführbare Programm direkt öffnen, um es zu starten bzw. zu installieren.

- *Dateipfad öffnen* öffnet das Downloadverzeichnis im Explorer auf dem klassischen Desktop.
- *Datei löschen* löscht die heruntergeladene Datei.
- *'-'-Symbol* entfernt den markierten Eintrag aus der Liste, ohne die Datei zu löschen.
- *Liste löschen* leert die Downloadliste, ohne die Dateien zu löschen.

**Bild 3.9:** Die Anzeige der Downloads im Internet Explorer 11.

Während ein Download noch läuft, erscheint an dieser Stelle eine Schaltfläche, um entweder den Download abzubrechen oder um ihn anzuhalten, damit er später fortgesetzt werden kann.

## 3.1.5 Im InPrivate-Modus anonym durchs Internet

Die Verlaufsliste, Cookies, Temporärdateien und andere Spuren, die der Internet Explorer auf dem PC hinterlässt, bieten jedem, der Zugriff auf den Computer hat, freien Einblick auf alle Seiten, die Sie zuletzt besucht haben.

Der Internet Explorer 11 verfügt jetzt auch im Windows-8.1-App-Modus über diverse Datenschutzfunktionen, die bisher der Desktopversion vorbehalten waren.

### InPrivate-Browsen

Möchten Sie nicht, dass ein anderer Benutzer des Computers oder ein Webseitenbetreiber im Internet sieht, dass Sie bestimmte Webseiten besucht haben, können Sie für diese Seiten den InPrivate-Modus des Internet Explorer nutzen. Zum InPrivate-Surfen wird immer eine neue Internet-Explorer-Registerkarte gestartet. Klicken Sie in der Registerkartenleiste rechts auf das Symbol mit den drei Punkten und wählen Sie im Menü *Neue InPrivate-Registerkarte* oder drücken Sie die Tastenkombination Strg + Umschalt + P.

InPrivate ist aktiviert
„InPrivate-Browsen" trägt dazu bei, dass Internet Explorer keine Daten über Ihre Browsersitzung speichert. Hierzu zählen Cookies, temporäre Internetdateien, Verlaufsinfos und andere Daten.
Schließen Sie dieses Browserfenster, um das InPrivate-Browsen zu deaktivieren.
Häufig verwendet

**Bild 3.10:** Neue Registerkarte für das InPrivate-Browsen öffnen.

In diesem Modus speichert der Internet Explorer keine temporären Dateien oder Cookies. Die besuchten Seiten werden auch nicht in die Verlaufsliste eingetragen. Außerdem werden im InPrivate-Modus alle Erweiterungen deaktiviert, damit diese ebenfalls keine Möglichkeit haben, Daten an Dritte zu übertragen.

**Datenschutz im Internetcafé**
Wenn Sie in einem Internetcafé auf Webseiten surfen, auf denen Sie eigene Daten angeben, beispielsweise wenn Sie bei eBay bieten, Facebook nutzen oder Webmail abrufen, sollten Sie grundsätzlich im InPrivate-Modus surfen, damit niemand später Zugriff auf Ihre Benutzerdaten hat.

Besonders beim Surfen auf Internetseiten mit zweifelhaften oder jugendgefährdenden Inhalten sollte man auch zu Hause den InPrivate-Modus einschalten, um den Computer, der möglicherweise von jüngeren Familienmitgliedern verwendet wird, frei von Spuren dieser Webseiten zu halten. Registerkarten im InPrivate-Modus werden mit einem blauen InPrivate-Symbol in der Adressleiste deutlich gekennzeichnet.

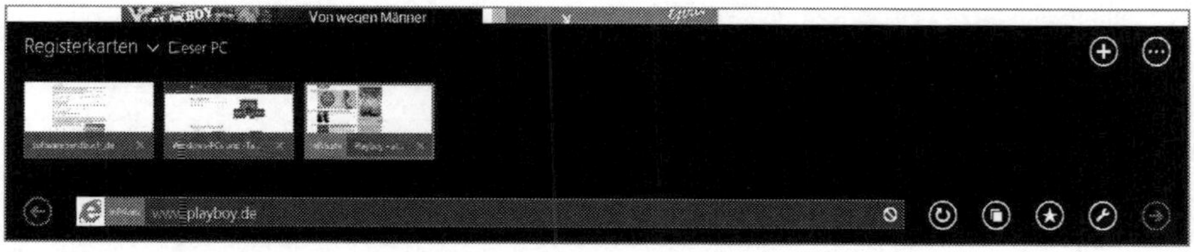
Von wegen Männer
Registerkarten
Dieser PC
www.playboy.de

**Bild 3.11:** Internet-Explorer-Registerkarte für das InPrivate-Browsen.

Alle weiteren Registerkarten, die über Links aus einer InPrivate-Registerkarte heraus geöffnet werden, laufen ebenfalls im InPrivate-Modus.

**InPrivate und Jugendschutz**
Wenn die Jugendschutzfunktionen von Family Safety aktiv sind, kann der InPrivate-Modus nicht genutzt werden. Dies ist als Sicherheit für Eltern gedacht, damit die Kinder nicht im InPrivate-Modus unerkannt zweifelhafte Webseiten besuchen, die von den Jugendschutzfunktionen nicht erfasst werden.

### Private Surfspuren sicher beseitigen

Die Spuren, die Sie beim alltäglichen Surfen im Internet Explorer ohne InPrivate-Modus hinterlassen haben, können Sie jederzeit auch wieder löschen. Allerdings finden Sie nach dem Löschen der Verlaufsliste die früher besuchten Seiten selbst nicht mehr, wenn Sie die Namen nicht wissen.

Wählen Sie zum Löschen der Surfspuren in der Charms-Leiste *Einstellungen* und dann *Optionen*. Klicken Sie dort auf *Auswählen* im Bereich *Verlauf*.

Das ist neu in 8.1 & Updates

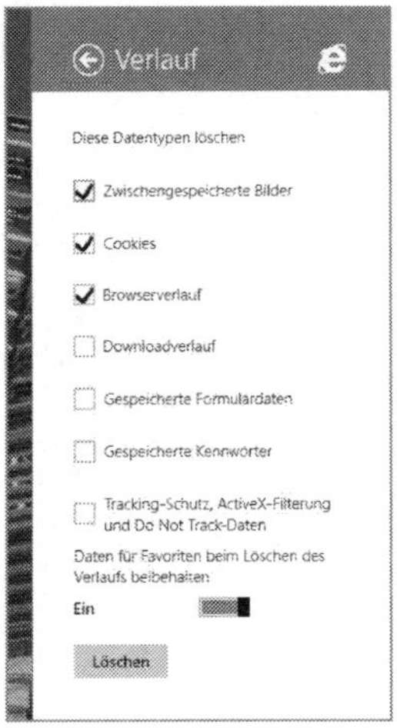


**Bild 3.12:** Private Daten und Browserverlauf löschen.

Hier eine Auswahl verschiedener Datentypen, die gelöscht werden können:

- *Zwischengespeicherte Bilder*: Der Internet Explorer speichert wie jeder Browser Grafiken, kleine Mediendateien und ganze Webseiten in einem temporären Cachespeicher, damit diese bei einem erneuten Besuch schneller aufgerufen werden. Diese Daten können gefahrlos gelöscht werden.
- *Cookies*: Cookies enthalten Informationen zum Besuch einer Seite, zum Beispiel Anmeldedaten in Shops und Communitys, persönliche Einstellungen für interaktive Seiten, aber auch statistische Daten der Benutzerverfolgung, die für Werbetreibende

und Spione interessant sind. Nach dem Löschen von Cookies müssen eventuell persönliche Einstellungen auf bestimmten Webseiten neu vorgenommen werden.

- *Browserverlauf*: Die Verlaufsliste der zuletzt besuchten Webseiten im Browser.
- *Downloadverlauf*: Die Verlaufsliste der zuletzt heruntergeladenen Dateien im Browser.
- *Gespeicherte Formulardaten*: Daten, die in Anmeldeformulare eingegeben wurden und beim erneuten Anklicken dieser Formulare automatisch vorgeschlagen werden.
- *Gespeicherte Kennwörter*: Gespeicherte Passwörter beim Besuch kennwortgeschützter Webseiten. Sollte jemand anderer Zugriff auf den Computer haben, sollten Sie nie Kennwörter speichern und eventuell versehentlich gespeicherte Kennwörter immer löschen.
- *Tracking-Schutz, ActiveX-Filterung und Do Not Track-Daten*: Enthalten persönliche Listen darüber, welche Webseiten Daten aufzeichnen und weitergeben dürfen und welche blockiert werden. Werden diese Daten gelöscht, verhält sich der Tracking-Schutz wieder wie nach der ersten Installation des Internet Explorer.

Der Internet Explorer bietet in der Windows-8.1-App-Version zwar keine Möglichkeit, nur bestimmte Cookies zu löschen, der Schalter *Daten für Favoriten beim Löschen des Verlaufs beibehalten* sorgt aber dafür, dass Anmeldecookies für Webshops und personalisierte Webseiten, die als Favoriten gespeichert sind, behalten werden, selbst dann, wenn Sie die übrigen Cookies, die Werbe- und Spionagezwecken dienen, löschen lassen. Speichern Sie also Webseiten, bei denen Sie Anmeldecookies nutzen, einfach als Favorit, und diese Cookies gehen nicht mehr verloren.

Das ist neu in 8.1 & Updates

## 3.1.6 Auch für den Anbieter unerkannt bleiben

Möchten Sie nicht nur selbst auf dem PC keine Spuren hinterlassen, sondern auch für die Anbieter unerkannt bleiben, können Sie mit dem Tracking-Schutz (DNT = Do Not Track) im Internet Explorer Inhalte bestimmter Drittanbieter blockieren.

Viele Webseiten beziehen heute Informationen aus mehreren Quellen, nicht nur vom eigentlichen Seitenbetreiber, sondern auch von Dritten. Vielfach handelt es sich dabei um Werbung oder um Statistikmodule, die das Surfverhalten der Besucher beobachten.

Der Tracking-Schutz weist den jeweiligen Webserver an, Skripte von Drittanbietern auf Webseiten, die das eigene Surfverhalten ausspionieren, zu blockieren. Dabei werden nur »heimliche« Aufrufe blockiert. Klicken Sie eine der betreffenden Webseiten direkt an, können Sie sie ganz normal besuchen. Der Tracking-Schutz ist also kein Webfilter. Die Technik basiert auf der Kooperation der Werbeanbieter, deren Skripte die vom Browser zurückgemeldeten Benutzerwünsche respektieren müssen. Wenn ein Webserver die DNT-Einstellung des Browsers ignoriert, ist der Tracking-Schutz wirkungslos.

Die Einstellungen für den Tracking-Schutz finden Sie unter *Datenschutz* in den Einstellungen des Internet Explorer. Klicken Sie hier auf *Listen für den Tracking-Schutz hinzufügen*, bevor Sie *Websiteinhalte von Diensten blockieren ...* einschalten können.

Das ist neu in 8.1 & Updates

Die Internet Explorer Galerie liefert vorgefertigte Listen zum Tracking-Schutz, die große im Datenschutz tätige Unternehmen kostenlos anbieten. In Deutschland verwenden Sie am besten die Liste des Fraunhofer-Instituts für Sichere Informationstechnologie.

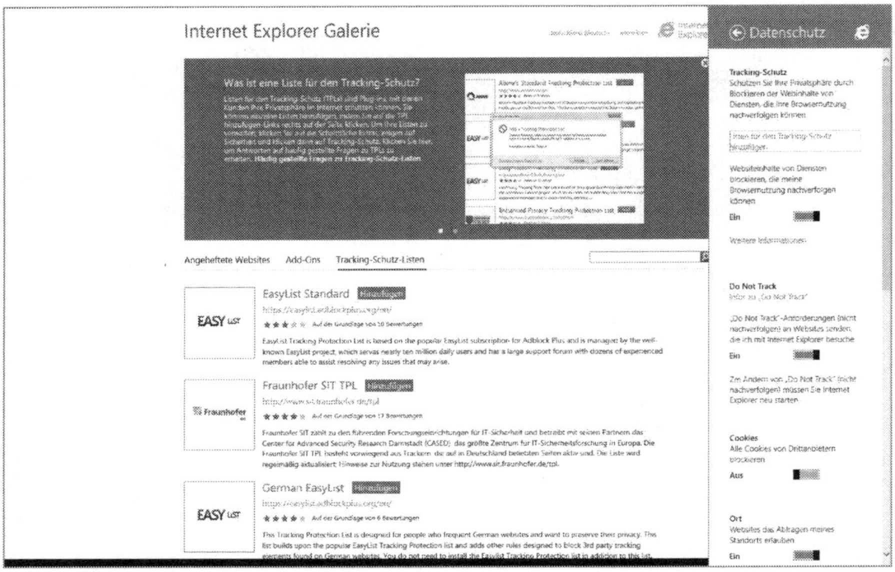


**Bild 3.13:** Liste für den Tracking-Schutz aus der Internet Explorer Galerie herunterladen und installieren.

Nach der Installation der Liste wird der Schalter *Websiteinhalte von Diensten blockieren ...* automatisch eingeschaltet. Der Schalter *Do Not Track* ist seit dem Internet Explorer 10 standardmäßig aktiviert, was zu heftigen Diskussionen führte.

In den Datenschutzeinstellungen des Internet Explorer können Sie den voreingestellten Tracking-Schutz auch ganz abschalten. Deaktivieren Sie dazu den Schalter *Nicht nachverfolgen.*

Auf der Seite *donottrack.us* können Sie testen, ob der Tracking-Schutz des Browsers von anderen Webseiten erkannt wird.

**DNT (Do Not Track) – ein Politikum im Internet**

Das Verfolgen von Benutzeraktivitäten, um personalisierte Inhalte anzuzeigen, ist an sich eine nützliche Technologie, die nur von den Medien immer häufiger in schlechtes Licht gerückt wird, da sie von Werbetreibenden gern missbraucht wird.

Als Microsoft mit der Release Preview von Windows 8 den Tracking-Schutz standardmäßig aktivierte, nahm die beim W3C (World Wide Web Consortium) für dieses Thema zuständige Arbeitsgruppe öffentlich Stellung: Ein Nutzer soll selbst entscheiden, ob er Tracking wünscht oder nicht. Ein Browser dürfe standardmäßig keinen »Do Not Track«-(DNT-)Header übertragen. Wenn Browser standardmäßig einen DNT-Header senden, werden Werbeanbieter ganz schnell dazu übergehen, dies nicht mehr zu beachten. Webseiten mit offensichtlich illegalen Spionageinteressen werden den Tracking-Schutz ohnehin ignorieren.

Nach Aussage des W3C steht es Microsoft natürlich frei, den Internet Explorer auch weiterhin einen DNT-Header senden zu lassen. Das entspreche aber nicht dem W3C-Standard. Sollte Microsoft dennoch behaupten, W3C-konform zu arbeiten, sei das dann ein Fall für die Aufsichtsbehörden.

Die »Digital Advertising Alliance« (DAA), die Interessenvertretung der Werbetreibenden, will DNT generell nur akzeptieren, wenn es nicht voreingestellt ist. Andernfalls könnten sich Anbieter von Werbung entscheiden, die DNT-Header des Internet Explorer einfach zu ignorieren.

Mit der Auslieferung der RTM-Version von Windows 8 an Hardwarehersteller bestätigte Microsoft, dass trotz aller Kritik der Tracking-Schutz im Internet Explorer voreingestellt bleibt, solange Benutzer bei der Einrichtung die Express-Einstellungen verwenden. Bei der benutzerdefinierten Einrichtung des Internet Explorer werden die Benutzer gefragt, ob sie DNT aktivieren möchten oder nicht. Dies gilt auch für Windows 8.1. In allen anderen Browsern ist DNT standardmäßig noch ausgeschaltet.

## 3.1.7 Kennwörter im Passwortmanager ablegen

Es gibt täglich mehr Passwörter, die man sich im Internetalltag merken muss. Viele Anwender verwenden deshalb immer wieder das gleiche Passwort für mehrere Webseiten, was ein deutliches Sicherheitsrisiko darstellt. Mithilfe eines Passwortmanagers im Browser kann man überall unterschiedliche Passwörter verwenden, ohne sie sich merken zu müssen, da sie im Browser gespeichert werden. Allerdings hat jeder, der Zugriff auf den PC erlangt, damit auch sofort Zugriff auf sämtliche gespeicherten Anmeldedaten.

Der Internet Explorer 11 beinhaltet einen Passwortmanager, der automatisch erkennt, wenn Sie auf einer Webseite Anmeldedaten eingeben.

**Bild 3.14:** Meldung des Passwortmanagers bei der Eingabe von Zugangsdaten einer Webseite.

Bei jeder Webseite können Sie entscheiden, ob die eingegebenen Anmeldedaten für zukünftige Besuche gespeichert werden sollen oder nicht. Besuchen Sie später eine

Webseite, deren Anmeldedaten im Passwortmanager gespeichert sind, erfolgt die Anmeldung automatisch. Nach einem Klick auf die Schaltfläche *Nicht für diese Website* werden die Anmeldedaten nicht gespeichert, und der Passwortmanager wird bei zukünftigen Besuchen dieser Webseite auch nicht mehr fragen, ob die Daten gespeichert werden sollen. Webseiten, die Benutzerdaten als Cookies speichern, sind unabhängig vom Passwortmanager. Ob *Nicht mehr nachfragen* aktiv ist, hat keinen Einfluss auf solche Cookies.

In den Einstellungen des Internet Explorer unter *Konten* sehen Sie alle gespeicherten Benutzernamen und können diese auch einzeln löschen. Die Passwörter sind, anders als in anderen Browsern, beispielsweise Firefox, nicht zu sehen.

## 3.2 Suchen und Finden auf dem Startbildschirm

Windows 8.1 beinhaltet eine neuartige Suchfunktion, mit der sich sowohl Dateien und Apps als auch Inhalte innerhalb von Windows-8.1-Apps suchen lassen. Auch Suchergebnisse im Internet werden gefunden. Tippen Sie auf dem Startbildschirm direkt den Suchbegriff ein, erscheint am rechten Bildschirmrand ein Suchfeld, das nach kurzer Zeit lokale Suchergebnisse auf dem PC und weitere Suchvorschläge anzeigt.

Auf Geräten mit Touchscreen ohne Tastatur wischen Sie von rechts in den Bildschirm, um die Charms-Leiste anzuzeigen. Tippen Sie dort auf das Suchsymbol. Sie können die Suche vom Startbildschirm aus und auch aus vielen Apps heraus direkt mit dem Tastenkürzel Win+F aufrufen.

**Bild 3.15:** Die Suchleiste am rechten Bildschirmrand.

### 3.2.1 Vereinfachte Suche über das Suchsymbol

Da viele Benutzer diese Suchfunktion offenbar nicht gefunden haben, wurde mit dem ersten Windows-8.1-Update oben rechts auf dem Startbildschirm ein Suchsymbol hinzugefügt, das nichts anderes tut, als ein Suchfeld zu öffnen, wie es auch beim Tippen eines Suchbegriffs auf dem Startbildschirm automatisch passiert.

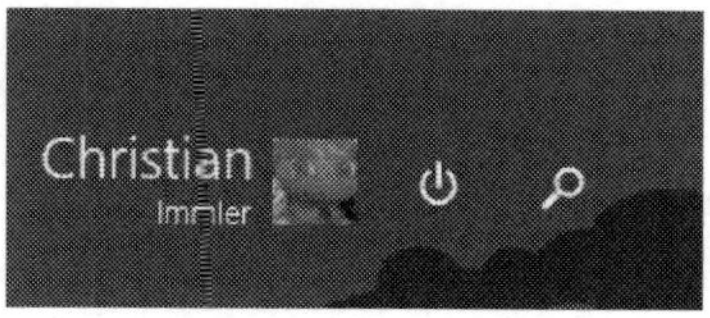


**Bild 3.16:** Neues Suchsymbol oben rechts.

Wählen Sie direkt eines der Suchergebnisse, um eine lokale Datei zu öffnen oder eine App zu starten. In der Auswahlliste *Überall* ganz oben können Sie die Suchergebnisse auf Einstellungen, Dateien, Webbilder oder Webvideos einschränken.

Klicken Sie auf das Lupensymbol neben dem Suchfeld, öffnet sich eine neue Seite mit Suchergebnissen, die in übersichtlicher Ordnung Apps, Einstellungen, Dokumente, Fotos und Webergebnisse anzeigt. Nach welchen Kriterien die in den Suchergebnissen angezeigten Fotos ausgewählt werden, bleibt jedoch oft ein Rätsel – haben sie mit dem Suchbegriff doch oft gar nichts zu tun.

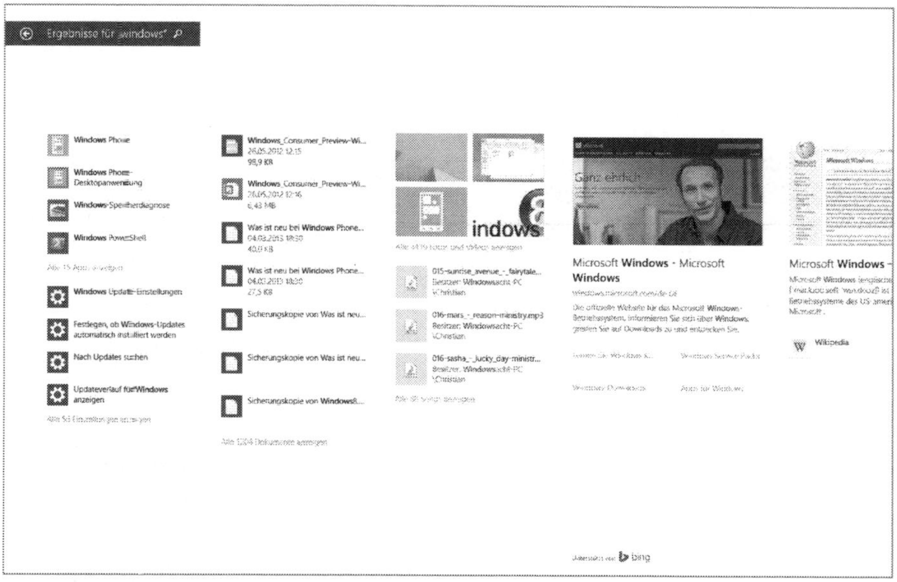


**Bild 3.17:** Die Ergebnisse zum Suchbegriff »windows«.

Diese neue Suchfunktion ersetzt die Bing-App aus Windows 8. Diese ist in Windows 8.1 nicht mehr nötig und deshalb weggefallen. Scrollen Sie den Bildschirm weiter nach rechts, erscheinen neben den wichtigsten Suchtreffern noch eine Liste ähnlicher Suchabfragen sowie Links zur Suche nach Bildern im Internet. Wie in der früheren Bing-App erscheinen beim Weiterscrollen nach rechts immer noch weitere Suchergebnisse.

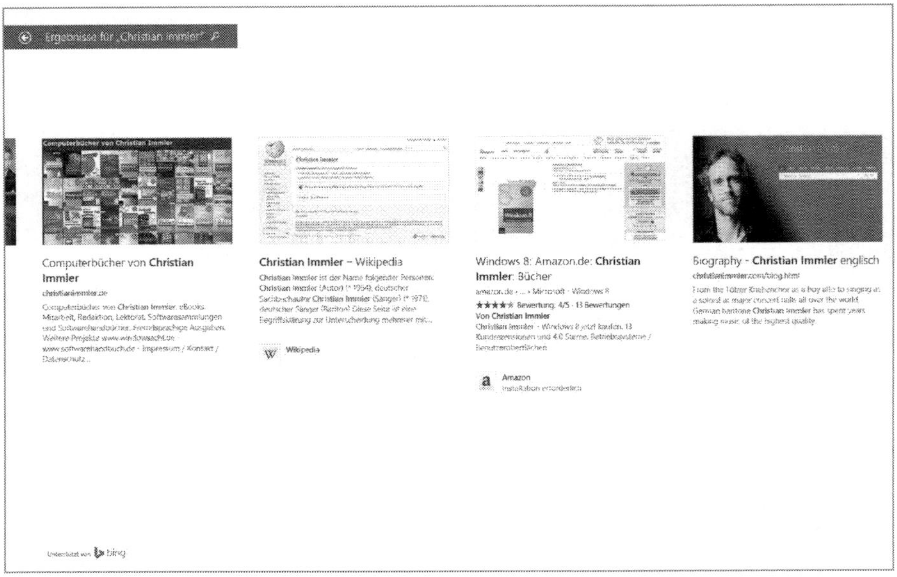


**Bild 3.18:** Interessant, wer sonst noch den gleichen Namen trägt.

## 3.3 Tastenkürzel für einen besseren Workflow

Die Windows-8.1-Oberfläche wurde speziell zur Bedienung auf Touchscreens entwickelt, bietet aber auch auf klassischen PCs die Möglichkeit, Programme zu starten, da es kein Startmenü auf dem klassischen Desktop mehr gibt. Tastenkürzel mit der `Win`-Taste erleichtern die Bedienung der neuen Oberfläche bei Verwendung einer Tastatur.

Mit der Maus lassen sich die typischen Touchscreen-Gesten nur unvollständig nachahmen. Die Tastenkürzel für den klassischen Desktop funktionieren auch auf der neuen Windows-8.1-Oberfläche. Dort springen sie automatisch auf den klassischen Desktop und starten dann die jeweilige Funktion.

| *Tastenkürzel* | *Funktion* |
|---|---|
| `Win` | Schaltet zwischen aktueller App und Startbildschirm um. |
| `Win`+`↑` | Maximiert das aktuelle Fenster auf Bildschirmgröße. |
| `Win`+`↓` | Minimiert das aktuelle Fenster in die Taskleiste. |
| `Win`+`Umschalt`+`↑` | Vergrößert das aktuelle Fenster auf Bildschirmhöhe, die Fensterbreite bleibt bestehen. |

| *Tastenkürzel* | *Funktion* |
|---|---|
| Win + Umschalt + ↓ | Stellt die ursprüngliche Fenstergröße wieder her. |
| Win + ← | Dockt das aktuelle Fenster an den linken Bildschirmrand an. |
| Win + → | Dockt das aktuelle Fenster an den rechten Bildschirmrand an. |
| Win + Umschalt + ← | Verschiebt ein Fenster vom rechten auf den linken Monitor, ohne Position und Größe zu verändern. |
| Win + Umschalt + → | Verschiebt ein Fenster vom linken auf den rechten Monitor, ohne Position und Größe zu verändern. |
| Win + Pos1 | Minimiert alle Fenster mit Ausnahme des aktuellen in die Taskleiste. |
| Win + . | Blendet den klassischen Desktop kurz ein. |
| Win + . | Stellt eine App im Seitenbalken des klassischen Desktops dar. |
| Win + – | Aktiviert die Bildschirmlupe und vergrößert die Ansicht. |
| Win + - | Schaltet auf Normalgröße zurück. Die Bildschirmlupe bleibt aktiv. |
| Win + Enter | Schaltet die Sprachausgabe ein. |
| Win + Leertaste | Schaltet Eingabesprache und Tastaturlayout um. |
| Win + Tab | Schaltet zwischen Apps um. |
| Win + Pause | Öffnet die Systemsteuerung und zeigt die Basisinformationen über den Computer an. |
| Win + 1 | Startet die erste Anwendung (von links) in der Taskleiste, üblicherweise den Internet Explorer. Win + 2 und folgende Zahlen starten weitere Anwendungen. |
| Win + C | Blendet die Charms (Symbolleiste rechts) ein und aus. |
| Win + D | Blendet alle Fenster auf dem klassischen Desktop ein und aus. |
| Win + E | Öffnet ein Explorer-Fenster auf dem klassischen Desktop. |
| Win + F | Startet die Suchfunktion nach Dateien, Fotos, E-Mails etc. |
| Win + H | Blendet die Seitenleiste *Teilen* ein. |
| Win + I | Öffnet die Einstellungen des Startbildschirms bzw. die App-Einstellungen. |
| Win + K | Zeigt die Geräteleiste an. |
| Win + L | Sperrt den Computer mit dem Sperrbildschirm. |
| Win + O | Schaltet den Orientierungssensor (wenn vorhanden) ein und aus. |
| Win + P | Startet den Präsentationsmodus. |
| Win + Q | Startet die Suchfunktion nach installierten Apps. |
| Win + R | Öffnet das Dialogfeld *Ausführen* auf dem klassischen Desktop. |

| Tastenkürzel | Funktion |
|---|---|
| Win + T | Schaltet zwischen den Fenstern auf dem klassischen Desktop um oder von der modernen Oberfläche auf den klassischen Desktop. |
| Win + U | Schaltet die erleichterte Bedienung ein. |
| Win + V | Durchblättert Mitteilungen vorwärts. |
| Win + Umschalt + V | Durchblättert Mitteilungen rückwärts. |
| Win + W | Startet die Suchfunktion nach Einstellungen. |
| Win + X | Systemmenü des klassischen Desktops. |
| Win + Z | Blendet die Symbolleiste unten ein und aus. |

## 3.4 Einfacher E-Mail-Austausch mit der Mail-App

Windows 8.1 liefert eine neue Windows-8.1-App zum Lesen und Schreiben von E-Mails mit. Beim ersten Start wird das zum Microsoft-Konto, das zur Anmeldung verwendet wird, gehörende E-Mail-Konto eingerichtet. Die Kachel auf dem Startbildschirm zeigt dann immer neue E-Mails direkt an.

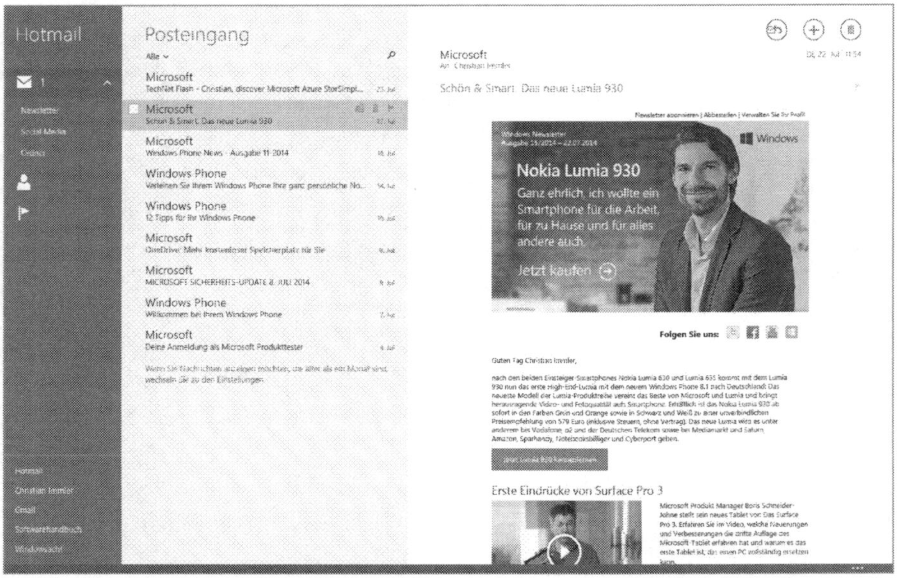


**Bild 3.19:** Die Mail-App in Windows 8.1.

Die Mail-App zeigt in einer Touchscreen-freundlichen Oberfläche eine Liste der neuesten E-Mails. Tippen oder klicken Sie auf eine E-Mail, erscheint diese in der rechten

Bildschirmhälfte. Oben rechts finden Sie Schaltflächen zum Beantworten der angezeigten E-Mail. Hier können Sie diese auch löschen oder eine neue schreiben.

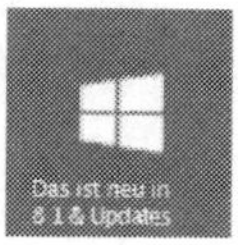


Die E-Mail-App, die auf den ersten Blick sehr simpel wirkt, bietet noch weitere versteckte Funktionen. Ein Rechtsklick oder das Tastenkürzel [Win]+[Z] blendet am unteren Bildschirmrand eine Funktionsleiste ein, mit der Sie unter anderem E-Mails in andere Ordner verschieben können. Noch einfacher wird es, wenn Sie unten rechts auf die drei Punkte in der blauen Leiste klicken. Diese Funktionsleiste wurde in Windows 8.1 um wichtige Funktionen wie Aufräumen und Junk-E-Mail erweitert.

**Bild 3.20:** Die Funktionsleiste unten.

### 3.4.1 Wie man ein weiteres Mailkonto hinzufügt

Die Mail-App bietet die Möglichkeit, neben dem Hotmail-Konto noch weitere E-Mail-Konten zu nutzen. Seit Windows 8.1 können neben Google-Mail- und Exchange-Konten auch Yahoo!- und IMAP-Mailkonten sowie natürlich weitere Hotmail-Konten – auch Live, MSN und Outlook.com – verwendet werden.

1. Um ein neues E-Mail-Konto in der Mail-App hinzuzufügen, fahren Sie mit der Maus in die rechte untere Bildschirmecke und klicken dann auf das Symbol *Einstellungen*.
2. Klicken Sie danach in der Seitenleiste rechts auf *Konten*.
3. In der Seitenleiste sehen Sie das bereits vorhandene Hotmail-Konto. Klicken Sie hier auf *Konto hinzufügen*.
4. Im nächsten Schritt können Sie wählen, ob Sie ein Hotmail-Konto, ein Google-Konto, ein Outlook-/Exchange-Konto oder ein anderes E-Mail-Konto, das per IMAP genutzt wird, hinzufügen möchten.
5. Bei Hotmail-, Google- und Yahoo!-Konten brauchen Sie nur E-Mail-Adresse und Passwort einzugeben. Bei Exchange-Konten reichen diese Daten häufig auch. Nur wenn die automatische Erkennung nicht funktioniert, geben Sie Server- und Domainnamen manuell ein.

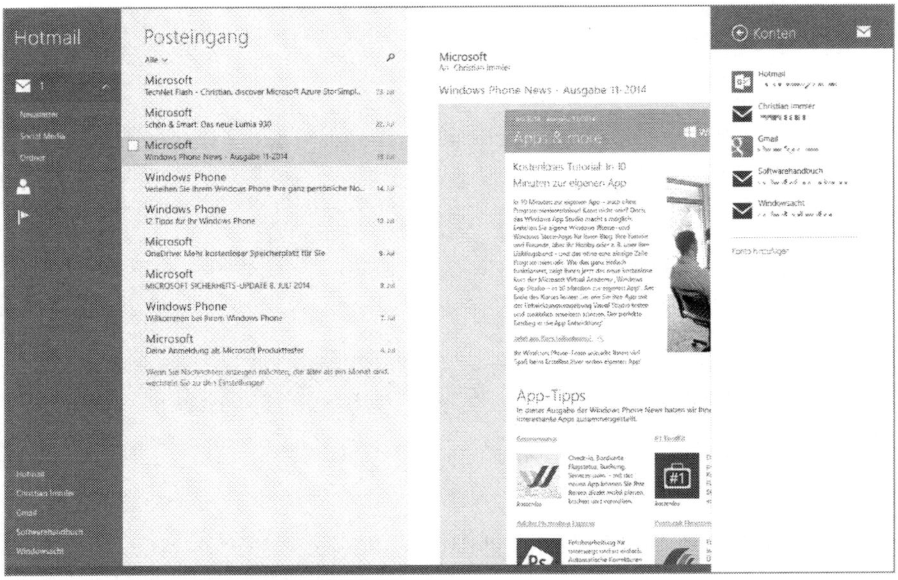


Bild 3.21: Das Seitenmenü *Konto hinzufügen* in der Mail-App.

Bild 3.22: Google-Konto hinzufügen.

6. IMAP-Konten der großen Mailanbieter werden ebenfalls automatisch eingerichtet. Bei E-Mail-Adressen auf Firmenservern oder eigenen Domains bei Webhostern müssen Sie die Daten manuell eintragen.

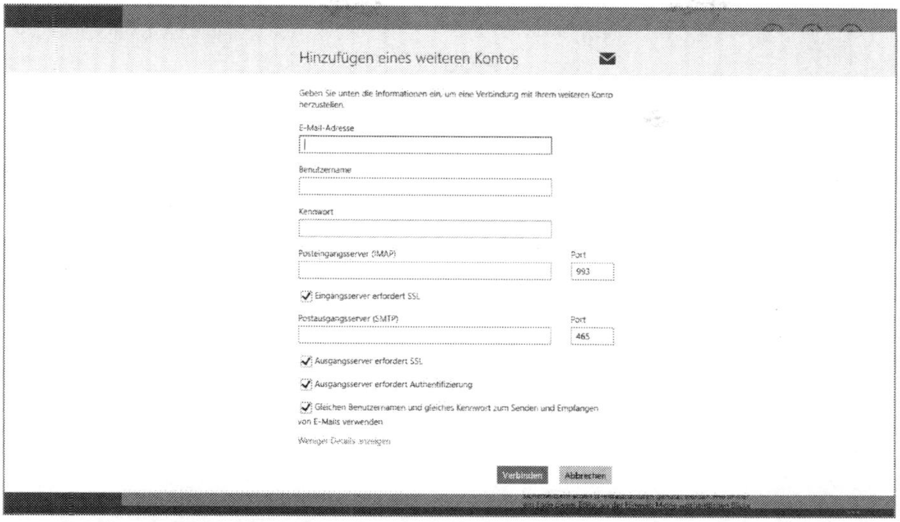


**Bild 3.23:** Anderes E-Mail-Konto hinzufügen.

7. Klicken Sie danach auf *Verbinden*, wird das Konto hinzugefügt, eine Verbindung zum Mailserver wird hergestellt, und die dort liegenden E-Mails werden abgeholt. Je nach Anzahl und Größe der E-Mails, die auf dem Server liegen, kann das Abholen einige Zeit dauern. Danach werden alle Mails im Posteingang angezeigt.

## 3.4.2 Neue Mails verfassen und direkt senden

Sobald Sie ein E-Mail-Konto eingerichtet haben, können Sie die erste E-Mail verfassen und senden.

1. Klicken Sie oben rechts auf das Plussymbol für eine neue E-Mail oder drücken Sie einfach das Tastenkürzel [Strg]+[N]. Es öffnet sich ein Bildschirm für eine neue Nachricht.

2. Schreiben Sie in die Zeile *An:* die E-Mail-Adresse des Empfängers. Beim Tippen einiger Buchstaben erscheint sofort eine Auswahl passender Kontakte aus dem Adressbuch, sodass Sie die E-Mail-Adresse nicht komplett einzutippen brauchen.

3. Tragen Sie dann in der Zeile *Betreff hinzufügen* eine Überschrift für die neue E-Mail ein und schreiben Sie im Hauptfenster anschließend den Text der E-Mail.

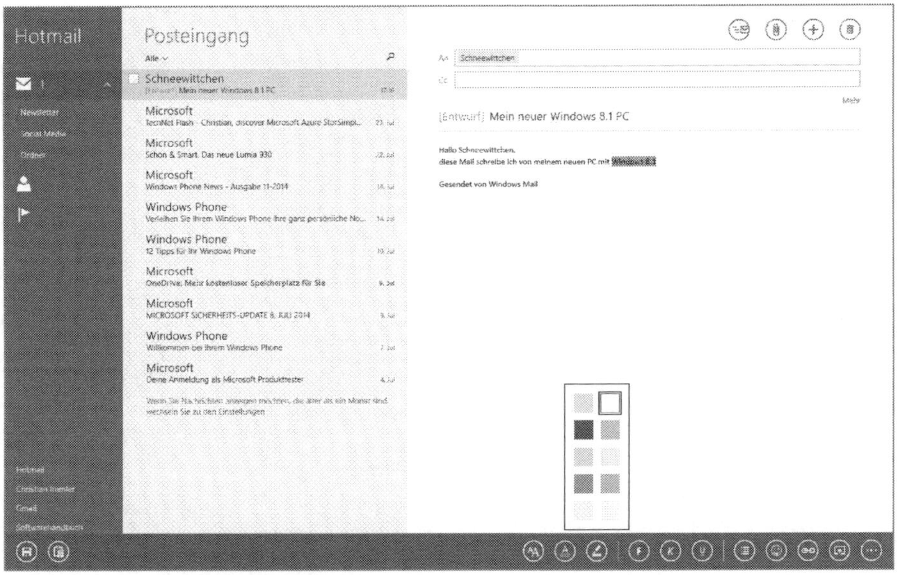


**Bild 3.24:** Eine neue E-Mail schreiben.

4. Markieren Sie einen Textbereich in der E-Mail, erscheint unten eine Symbolleiste, in der Sie den markierten Text formatieren können. Hier stehen verschiedene Schriftarten, -größen und -farben zur Verfügung.
5. Um die E-Mail zu versenden, klicken Sie oben rechts auf die Schaltfläche *Senden.*

**Betreffzeile sinnvoll verwenden**

Tragen Sie in die Betreffzeile etwas Sinnvolles ein, sodass der Empfänger sofort weiß, worum es in der Mail geht. Die Betreffzeile ist auch ein wichtiges Kriterium für Spamfilter-Software. Schreiben Sie hier vollständige deutsche Wörter und nicht nur »Hey« oder Ähnliches, wenn Sie möchten, dass Ihre E-Mail auch ankommt.

### Smileys für E-Mails und Chat

Persönliche Gefühle in schriftlicher Form auszudrücken, ist nicht jedermanns Sache. Besonders in fremdsprachigen E-Mails ist es sehr schwierig, eine einfache Gefühlsregung so auszudrücken, dass auch ein Gegenüber aus einer ganz anderen Kultur sie richtig interpretiert. Was man in einem gesprochenen Satz über Gestik, Mimik und Betonung darstellt, kann man in einer E-Mail mit sogenannten Smileys oder Emoticons sagen. Dieses waren ursprünglich einfache Zeichenkombinationen aus Satzzeichen und Klammern, die um 90 Grad gedreht ein Gesicht ergeben, das eine bestimmte Stimmung ausdrückt. Besonders bekannt sind das lachende Smiley :-) sowie das zwinkernde ;-) und das traurige :-( Gesicht.

Die E-Mail-App in Windows 8.1 bietet in der unteren Symbolleiste ein Symbol *Emoticons*, das Hunderte grafischer Emoticons nach verschiedenen Themen geordnet zur Auswahl anbietet.

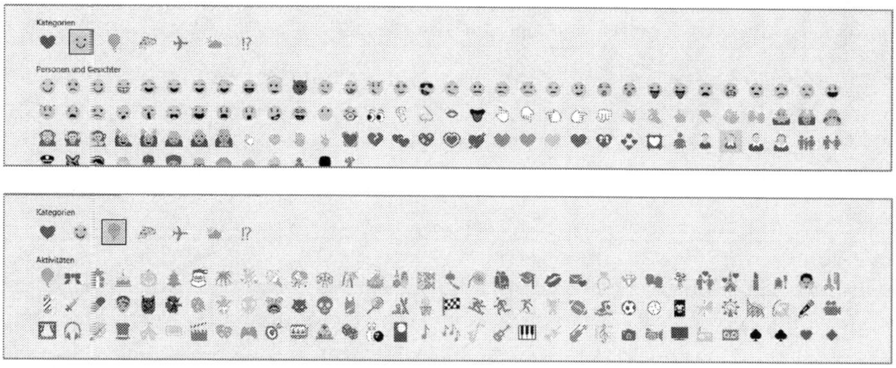


**Bild 3.25:** Emoticons und grafische Symbole für E-Mails.

Bleiben Sie mit dem Mauszeiger kurz über einem der Symbole stehen, erscheint eine knappe Beschreibung. Beachten Sie, dass nicht jedes E-Mail-Programm beim Empfänger diese Emoticons problemlos anzeigen kann.

## 3.4.3 Eingegangene Mails direkt beantworten

Wenn Sie eine E-Mail lesen, können Sie sie gleich auch ganz einfach beantworten, indem Sie oben rechts auf das Symbol *Antworten* klicken oder die Tastenkombination [Strg]+[R] drücken.

**Bild 3.26:** Antwort auf eine gesendete E-Mail.

Automatisch erscheint ein neuer Bildschirm, in dem bereits der Absender der E-Mail als neuer Empfänger eingetragen ist. Den Originalmailtext sehen Sie ebenfalls in diesem Fenster.

Ist eine E-Mail an mehrere Empfänger gerichtet, können Sie die Antwort mit der Option *Allen antworten* an den Absender sowie an alle Empfänger der Originalmail schicken.

*Weiterleiten* funktioniert ähnlich wie *Antworten*, jedoch mit dem Unterschied, dass die E-Mail nicht an den Absender, sondern an beliebige andere Adressen verschickt werden kann.

### 3.4.4 Fotos und andere Daten versenden und teilen

Der Begriff »teilen«, ein neues Modewort, das in jeder Software vorkommt, bedeutet sowohl »versenden« wie auch »veröffentlichen«. Teilen wird häufig im Zusammenhang mit dem Versand von Fotos auf unterschiedlichen Kommunikationswegen verwendet, beispielsweise über E-Mail, Twitter, Blogs und Facebook.

Windows 8.1 verfügt über eine globale Teilen-Funktion, die in der Fotos-App und einigen anderen neuen Windows-8.1-Apps genutzt werden kann. *Teilen* ist eines der Symbole in der Charms-Leiste am rechten Bildschirmrand. Diese erscheint, wenn Sie mit der Maus in eine der rechten Bildschirmecken fahren oder das Tastenkürzel [Win]+[C] drücken.

1. Rufen Sie die Charms-Leiste z. B. aus der Anzeige eines Fotos heraus auf, können Sie dieses direkt per E-Mail verschicken. Klicken Sie hier auf das Teilen-Symbol, erscheint in der Seitenleiste eine Liste aller Apps, die die Teilen-Funktion unterstützen, darunter auch die Mail-App.
2. Zuletzt verwendete E-Mail-Empfänger werden ebenfalls vorgeschlagen und brauchen nur noch angeklickt zu werden. Welche Apps in der Seitenleiste *Teilen* angeboten werden, können Sie in den PC-Einstellungen festlegen.
3. Wählen Sie diese App in der Liste aus, öffnet sich in der rechten Bildschirmhälfte eine neue E-Mail, die das Bild bereits als Anhang enthält. Sie müssen noch den Empfänger und eine Betreffzeile sowie bei Bedarf einen Mailtext eintragen.

Verwendet der Empfänger ebenfalls Windows 8.1, braucht er nur auf das angehängte Foto zu klicken. Die Mail-App wird auf einen schmalen Bildschirmbereich links reduziert, und das Foto wird im größeren rechten Bildschirmteil in der Fotos-App angezeigt. Hier stehen auch direkt die neuen Bearbeitungsfunktionen zur Verfügung.

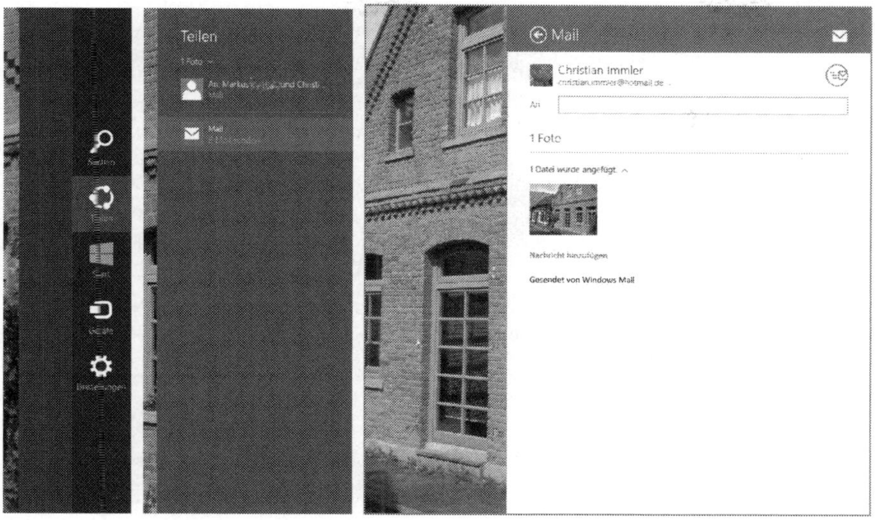


**Bild 3.27:** Foto per E-Mail versenden.

**Bild 3.28:** E-Mail mit Foto beim Empfänger.

## 3.4.5 Eingegangene Mails ordentlich archivieren

Je mehr E-Mails man bekommt, desto schwieriger ist es, die Übersicht zu behalten. In klassischen E-Mail-Programmen werden eingehende Mails in Ordner sortiert, damit sie später leichter zu finden sind. Hotmail bietet über Favoriten und Markierungen eine noch bessere Übersicht auf den ersten Blick.

Die Leiste am linken Bildschirmrand zeigt bei Hotmail-Konten verschiedene Symbole an:

- Der Briefumschlag ganz oben steht für den Posteingang, in dem eingehende Mails so lange liegen, bis sie verschoben oder gelöscht werden. Die Zahl zeigt die Anzahl ungelesener E-Mails.
- Das Kontaktsymbol zeigt alle E-Mails von Favoritenkontakten. Tippen Sie darauf, um in der Kontakte-App Favoriten zu markieren, deren E-Mails automatisch hier angezeigt werden.
- Das Fähnchen zeigt markierte E-Mails. Klicken Sie in der E-Mail-Liste bei wichtigen Mails auf das Fähnchen rechts, um die Mail in diesem Bereich anzuzeigen.
- Der Bereich *Newsletter* versucht, automatisch Newsletter bei eingehenden Mails zu finden und separat abzulegen. Im Posteingang verschwinden die Newsletter dann.
- Unter *Neuigkeiten aus sozialen Netzen* finden Sie die Bestätigungs-E-Mails für Kontaktanfragen, Statusmeldungen oder Nachrichten aus sozialen Netzen, die mit dem Hotmail-Konto verbunden sind.
- Ein Klick auf *Ordner* zeigt die Ordnerstruktur des Mailkontos. Bei E-Mail-Konten anderer Anbieter, die diese neue Art der Markierung nicht unterstützen, sind nur die Ordner zu sehen.

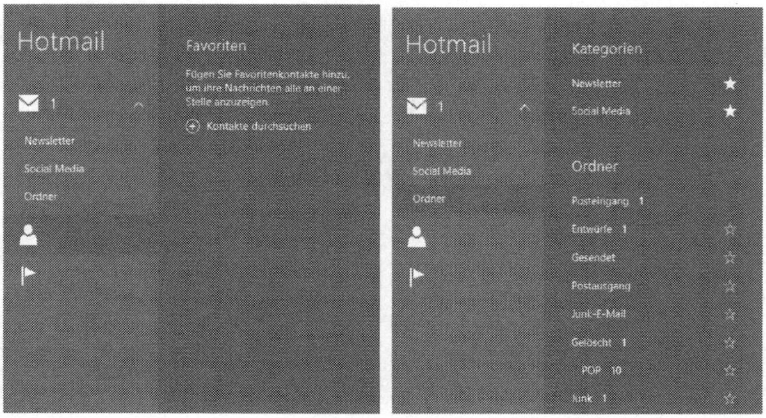


**Bild 3.29:** Favoriten und Ordner in einem Hotmail-Konto.

Möchten Sie mehrere E-Mails in einen anderen Ordner verschieben, blenden Sie die Symbolleiste am unteren Bildschirmrand mit einem Rechtsklick ein. Aktivieren Sie das Symbol *Auswählen.* Markieren Sie jetzt die Kontrollkästchen bei allen Mails, die verschoben werden sollen. Klicken Sie dann auf das Symbol *Verschieben* und wählen Sie den gewünschten Ordner aus, um die E-Mails zu verschieben.

Mit der Funktion *Aufräumen* lassen sich erwünschte Newsletter, die nicht gleich als Junk markiert werden, abhängig von ihrem Alter löschen, um mehr Übersicht zu gewinnen und Speicherplatz zu sparen.

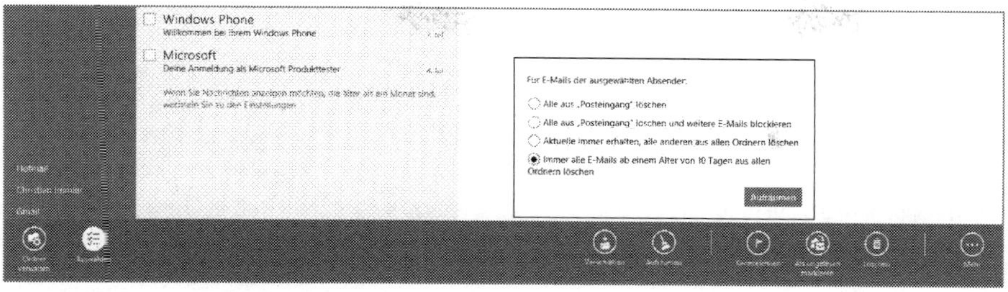


**Bild 3.30:** E-Mails aufräumen.

Markieren Sie eine E-Mail und klicken Sie in der unteren Symbolleiste auf *Aufräumen*. Wählen Sie jetzt nur noch aus, welche gleichartigen E-Mails gelöscht werden sollen.

### 3.4.6 Microsofts Webmaildienst Outlook.com

Microsoft hatte seinen Webmaildienst Hotmail im Jahr 2012 rechtzeitig zum Start von Windows 8 gründlich modernisiert, mit vielen neuen Funktionen versehen und an das Windows-8-Design angepasst. Outlook.com, der Nachfolger von Hotmail, bietet im Browser eine ernst zu nehmende Alternative zu Mail-Apps, die auf dem PC vorhanden sind oder erst installiert werden müssen.

Outlook.com kann mit den Userdaten des Microsoft-Kontos genutzt werden, die auch zur Anmeldung bei Windows 8.1 verwendet werden. Neben den neuen E-Mail-Adressen *@outlook.com* lassen sich auch vorhandene Microsoft-Konten mit E-Mail-Adressen von Hotmail, MSN und Live in Outlook.com nutzen.

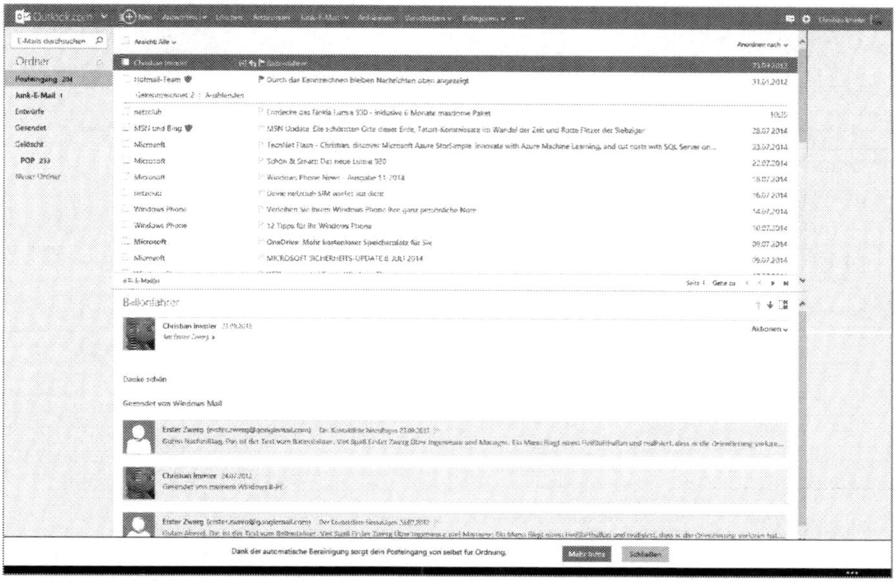

**Bild 3.31:** Der Posteingang in Outlook.com.

Outlook.com lässt sich in jedem Browser nutzen und bietet im Vollbildmodus des neuen Internet Explorer eine vollwertige Mail-App mit deutlich mehr Funktionen als die Standard-Mail-App aus Windows 8.1. So bietet Outlook.com nicht nur die Möglichkeit, E-Mails in starre Ordner zu sortieren, sondern auch variable Kategorien einzurichten. Filterregeln ermöglichen die automatische Sortierung nach beliebigen Kriterien, und eigene Aufräumfunktionen helfen, den Posteingang übersichtlich zu halten.

Beim Schreiben neuer E-Mails und beim Beantworten eingegangener E-Mails sieht Outlook.com der Windows-8.1-Mail-App zum Verwechseln ähnlich. Auch hier gibt es die Möglichkeit, den Text zu formatieren und Dateien anzuhängen. Das Adressbuch des eigenen Microsoft-Kontos steht in Outlook.com ebenfalls zur Verfügung.

**Bild 3.32:** E-Mail in Outlook.com beantworten.

## 3.5 Umsonst telefonieren und chatten mit Skype

Skype ist eine der beliebtesten Telefon- und Chatplattformen im Internet. Im Jahr 2011 kaufte Microsoft Skype, im November 2012 ersetzte Skype den damaligen Windows Messenger, und seit Windows 8.1 ist Skype fest ins Betriebssystem integriert und ersetzt die Chat-App aus Windows 8.

Skype hat zurzeit über 45 Millionen aktiver Nutzer in aller Welt, die kostenlos miteinander telefonieren und chatten. Zusätzlich bietet Skype verschiedene Möglichkeiten, weltweite Telefongespräche zu normalen Festnetzanschlüssen und Handys zu führen – und das zu deutlich günstigeren Preisen als bei den klassischen Telefonanbietern.

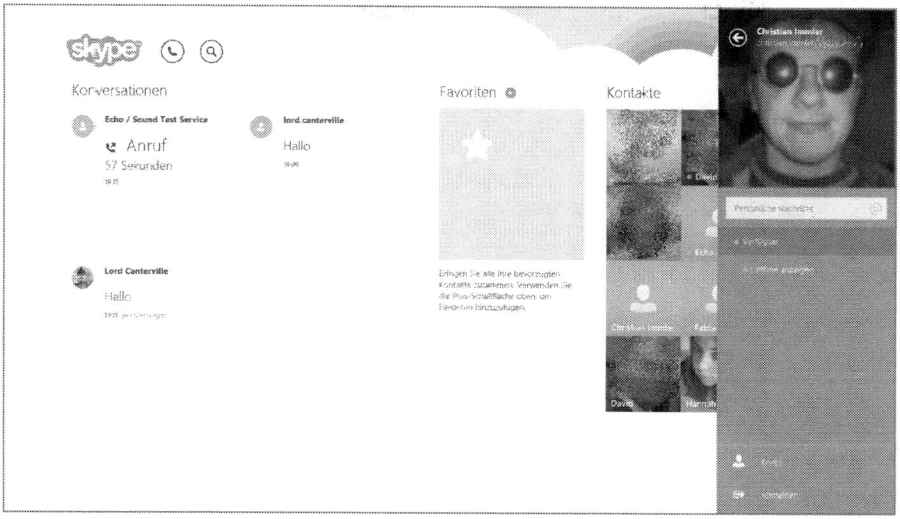


Bild 3.33: Startbildschirm und eigenes Profil in Skype.

Skype meldet sich automatisch mit dem eigenen Microsoft-Konto an und findet sofort alle Freunde aus früheren Versionen des Windows Live Messenger. Über das Lupensymbol können Sie auch andere Personen nach Namen, Skype-Namen oder E-Mail-Adresse finden. Um per Skype zu kommunizieren, muss die andere Person in die eigene Kontaktliste aufgenommen werden und dem auch zustimmen. So wird Spam effektiv verhindert.

Klicken Sie auf die gefundene Person und dann auf *Zu Kontakten hinzufügen.* Geben Sie anstelle des Standardtexts besser einen kurzen persönlichen Text ein. Die Kontaktanfrage wird der Person als Skype-Nachricht zugestellt. Erst wenn diese sie bestätigt, erscheinen Sie beide gegenseitig in den Kontaktlisten und können miteinander kommunizieren.

**Facebook-Chat**
Die Skype-App unterstützt automatisch den Chat über Windows Live/MSN mit dem angemeldeten Microsoft-Konto. Haben Sie Ihr Microsoft-Konto mit Facebook verbunden, können Sie mit Skype auch mit Ihren Facebook-Freunden chatten.

Die Skype-Kontaktliste zeigt bei jeder Person den Onlinestatus an – also ob diese Person für Chats und Anrufe verfügbar ist oder nicht. Standardmäßig zeigt Skype immer den grünen Status *Online* an, wenn das Programm läuft. Sie können Ihren eigenen Status jederzeit mit einem Klick auf Ihr Profilbild rechts oben neben Ihrem Skype-Namen ändern. Tippen Sie hier auf das Foto, um ein neues, persönliches Foto hochzuladen und als Profilbild zu verwenden.

### 3.5.1 Lautsprecher und Mikrofon klarmachen

Um mit Skype zu telefonieren, benötigen Sie einen Lautsprecher und ein Mikrofon oder – noch bequemer – ein Headset. Die meisten modernen Notebooks haben bereits Lautsprecher und Mikrofon eingebaut. Wählen Sie in der Charms-Leiste *Einstellungen* und dann im Seitenbalken *Optionen.*

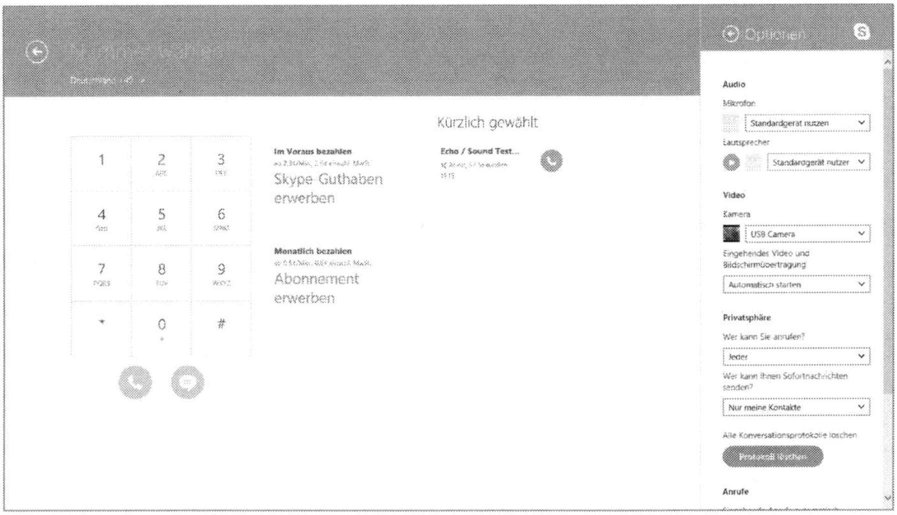


**Bild 3.34:** Skype-Einstellungen im Seitenbalken rechts.

Hier wählen Sie die zu verwendenden Audiogeräte und die Kamera aus. An den Pegelanzeigen und dem verkleinerten Kamerabild sehen Sie, ob die Geräte funktionieren. Wählen Sie unter *Privatsphäre,* wer Sie anrufen und wer Ihnen Nachrichten schicken darf. Um Spammer auszuschließen, schalten Sie am besten beide *Privatsphäre*-Optionen auf *Nur meine Kontakte.*

**Audiofunktionen mit einem Testgespräch prüfen**
Ob die Audiogeräte wirklich funktionieren, lässt sich am besten mit einem Testgespräch überprüfen. Skype hat dazu einen Echo/Sound-Testservice in die Kontaktliste eingetragen. Wählen Sie diesen Kontakt aus und klicken Sie auf das Telefonsymbol. Nach einer Ansage sprechen Sie selbst ein paar Worte in normaler Lautstärke. Diese sollten nach einer kurzen Pause gut verständlich zu hören sein. Ist das nicht der Fall, optimieren Sie Ihre Audiogeräteeinstellungen.

### 3.5.2 Telefongespräche mit Skype führen

Skype-Nutzer können untereinander kostenlos telefonieren. Die gesamte Kommunikation läuft dabei über das Internet und nicht über das klassische Telefonnetz. Wählen Sie eine Person in der Kontaktliste und klicken Sie auf das Telefonsymbol. Bei der angerufenen Person ertönt ein Klingelton, und auf dem Bildschirm erscheint eine Benachrichtigung mit dem Namen des Anrufers. Mit einem Klick kann der Anruf angenommen oder abgelehnt werden.

Während des Gesprächs ist das Profilbild des Gesprächspartners oder bei Videogesprächen das Kamerabild zu sehen. Mit dem roten Telefonhörersymbol beenden Sie die Verbindung jederzeit.

Über das Menüsymbol unten blenden Sie rechts auf dem Bildschirm ein schmales Chatfenster ein, um während des Gesprächs Texte oder Weblinks zu übermitteln.

Das Mikrofonsymbol schaltet das Mikrofon stumm, wenn Sie während eines Gesprächs vor Ort Rücksprache nehmen wollen oder während eines längeren Monologs des Gesprächspartners eigene Hintergrundgeräusche über das Mikrofon vermeiden wollen.

**Ruhezeiten in Skype**
Skype ist in Windows 8.1 ständig online und kann bei Anrufen auch klingeln, wenn sich der PC im Stand-by-Modus befindet. Möchten Sie während der Nacht oder auch zu bestimmten Tageszeiten Ruhe vor Skype haben, legen Sie in den PC-Einstellungen unter *Suche und Apps/Benachrichtigungen* Ruhezeiten fest, in denen keine App lautstarke Benachrichtigungen von sich geben darf.

### 3.5.3 Kostenpflichtige Skype-Dienste nutzen

Neben den beliebten kostenlosen Diensten bietet Skype auch kostenpflichtige Dienste an. Dazu gehören unter anderem Anrufe zu Festnetz- oder Mobiltelefonen in Deutschland und auf der ganzen Welt, der SMS-Versand sowie Gruppenvideokonferenzen. Diese Dienste werden wie bei einem Prepaid-Handy über vorausbezahltes Skype-Guthaben abgerechnet.

Tippen Sie auf dem Skype-Startbildschirm auf das Telefonsymbol oben links, wird eine Telefontastatur eingeblendet. Klicken Sie hier auf *Skype-Guthaben erwerben*, um online ein Guthaben von 10 Euro (zuzüglich 15 % luxemburgische MwSt.) zu kaufen. Standardmäßig ist die automatische Aufladefunktion aktiviert, die jedes Mal weitere 10 Euro auflädt, wenn das Guthaben unter 2 Euro gefallen ist. Möchten Sie das nicht, deaktivieren Sie den Schalter.

Mit etwas Guthaben können Sie über die Telefontastatur Festnetztelefone und auch Handys in vielen Ländern der Welt anrufen. Für Gespräche innerhalb Deutschlands lohnt sich Skype bei Minutentarifen von 2 Cent ins Festnetz kaum, Gespräche in Mobilfunknetze, die nur mit 5,1 Cent berechnet werden, sind dagegen günstiger als bei den meisten Festnetzanbietern.

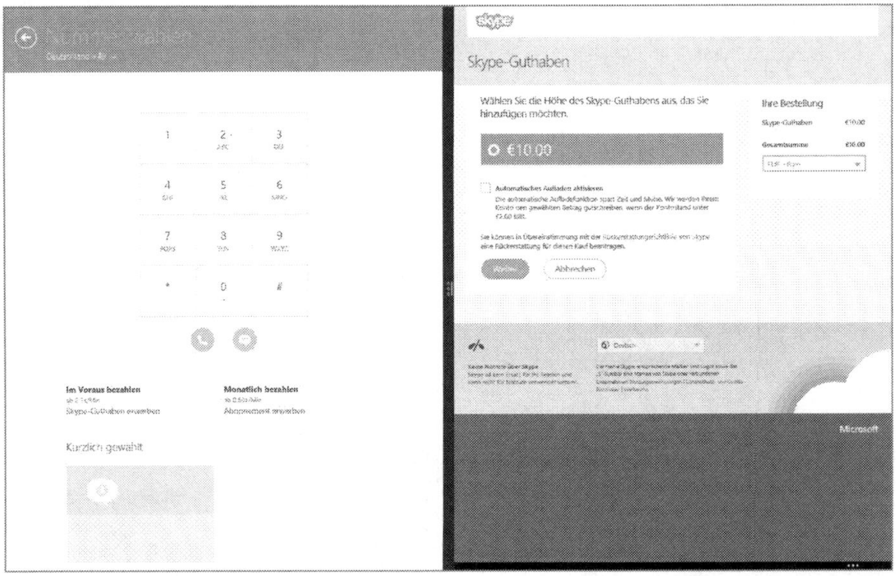


**Bild 3.35:** Skype-Guthaben erwerben.

Verbindungen ins Ausland sind bei Skype deutlich günstiger als bei den meisten Telefonanbietern. So kosten z. B. Festnetzgespräche nach Israel, üblicherweise eines der teuersten Länder beim Telefonieren, ebenfalls nur 2 Cent pro Minute. Eine Übersicht aller Tarife ins Festnetz finden Sie bei *www.skype.com/de/rates*. Für Vieltelefonierer können selbst die günstigsten Skype-Tarife nicht günstig genug sein. Ähnlich wie die meisten Telefonanbieter bietet Skype Minutenpakete und auch Flatrates an.

**Keine Notrufe über Skype**
Skype ist kein vollständiger Ersatz für ein normales Telefon. Die Notrufnummern 110 und 112 sind über das Skype-Netz nicht erreichbar. Sie sollten also immer zusätzlich ein Festnetztelefon oder ein Handy in Reichweite haben.

## 3.6 Kontakte und Kalender spielen Tiki-Taka

Windows 8.1 verfügt über eigene Apps für Kalender und Kontakte. Diese erinnern stark an Smartphone-Apps und gleichen diesen auch in der Funktionalität weitgehend.

### 3.6.1 Mehr als nur Adressen und Termine verwalten

Die Kontakte-App zeigt zentral alle Kontaktdaten einer Person an. Von hier aus können Sie direkt eine E-Mail schreiben oder per Skype mit dieser Person Kontakt aufnehmen. Die Facebook-Pinnwand, aktuelle Twitter-Meldungen sowie Fotoalben der Person sind ebenfalls direkt verfügbar.

**Bild 3.36:** Die Kontakte-App in Windows 8.1.

Kalender und Kontakte werden über das Microsoft-Konto mit dem eigenen Kalender und dem eigenen Adressbuch im Microsoft-Konto synchronisiert. Wie auf einem Smartphone kann man weitere Konten, z. B. Google-, Outlook- oder auch Facebook-Konten, verbinden und auch von dort Kontakte ins Adressbuch übernehmen. Alle Daten, die man auf dem PC bzw. Tablet in diese Apps einträgt, werden automatisch mit den jeweiligen Onlinekonten synchronisiert und stehen dann auch auf Smartphones oder anderen PCs zur Verfügung.

Mit einem Klick in die Leiste am oberen Bildschirmrand schalten Sie den Kalender zwischen Terminliste, Tages-, Wochen- und Monatsansicht um.

Haben Sie mehrere Kalender in Ihrem Microsoft-Konto eingerichtet, wählen Sie über die Charms-Leiste unter *Einstellungen/Optionen* für jeden Kalender aus, ob und in welcher Farbe er in der Kalender-App angezeigt werden soll. Auf diese Weise lassen sich die Termine mehrerer Kalender in einem Kalender zentral darstellen.

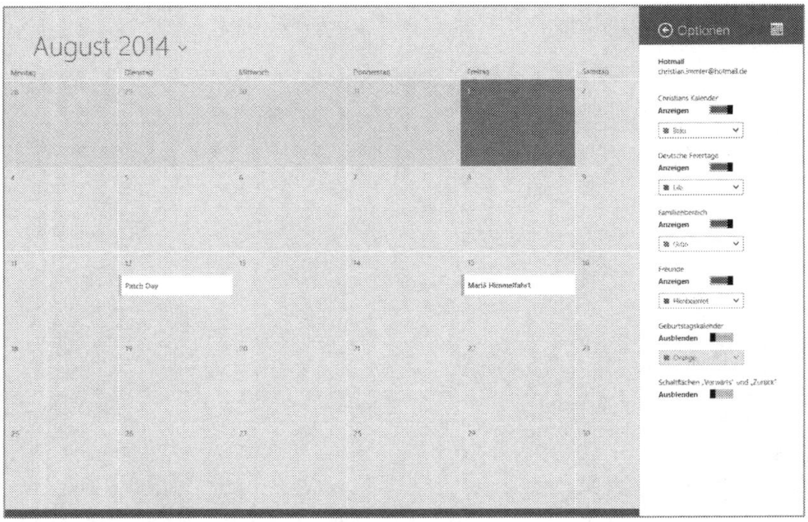


Bild 3.37: Der Kalender in der Monatsansicht.

## 3.7 Auf dem schnellsten Weg von A nach B

Windows 8.1 liefert eine eigene App für den Kartendienst mit, *Bing Karten*. Dieser Dienst braucht nicht im Browser aufgerufen zu werden. Auf Tablets mit GPS-Empfänger wird die eigene Position genau ermittelt und auf der Karte angezeigt. PCs greifen zur Lokalisierung auf die IP-Adresse zurück, die sich aber auf den Einwahlknoten des Internetproviders bezieht, der sich oft viele Kilometer entfernt in der nächsten Großstadt befindet.

Bild 3.38: Die App *Bing Karten* bietet eine Kartenansicht und eine Luftbildansicht.

### 3.7.1 Schnelle Routenplanung mit Bing Karten

Die Schaltfläche *Wegbeschreibung* oben rechts oberhalb des Suchfelds schaltet auf die Routenplanung von Bing um. Geben Sie hier Start und Ziel ein oder übernehmen Sie den Startpunkt aus der aktuellen Position. *Bing Karten* zeigt einen Routenvorschlag. Klicken Sie in der Liste auf einen Wegpunkt, zoomt die Karte automatisch an die entsprechende Stelle.

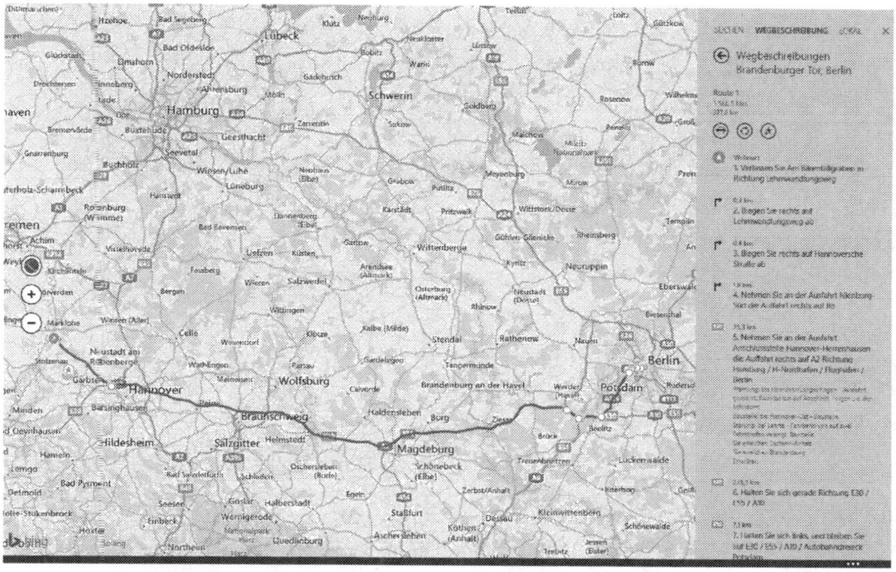


**Bild 3.39:** Von Nienburg nach Berlin: Routenplanung mit *Bing Karten*.

Die neue App *Bing Karten* bietet eine deutlich übersichtlichere und auch detailliertere Darstellung der Wegepunkte in einer Seitenleiste am rechten Rand.

## 3.8 Xbox Music auf den Spuren von iTunes

Die neue Musik-App *Xbox Music*, die in Windows 8.1 komplett neu gestaltet wurde, vereint ähnlich dem Zune-Player früherer Windows-Versionen einen Onlinemusikshop und einen Medienplayer für lokale Musik.

Die Musik-App zeigt die eigene Musik aus den Verzeichnissen der *Musik*-Bibliothek unter *Sammlung* an. Diese können Sie wie in früheren Windows-Versionen auf dem klassischen Desktop einrichten und verwalten.

Bild 3.40: Die Musik-App in Aktion.

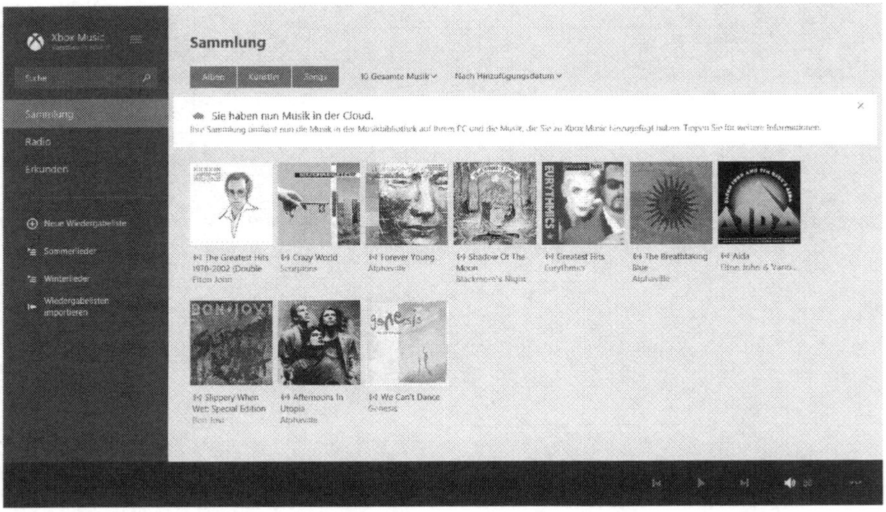


Bild 3.41: Eigene Musik in der Musik-App.

## 3.8.1 Eigene Titel mit der Musik-App abspielen

Beim Abspielen eigener Musiktitel erscheinen am unteren Bildschirmrand eine Symbolleiste mit Steuerelementen sowie Informationen zum aktuell abgespielten Titel. Die Musik läuft weiter, wenn Sie zu einer anderen App oder auf den klassischen Desktop wechseln. Ein Klick auf eines der Alben zeigt die komplette Titelliste an. Nun können Sie das ganze Album oder auch einzelne Titel abspielen.

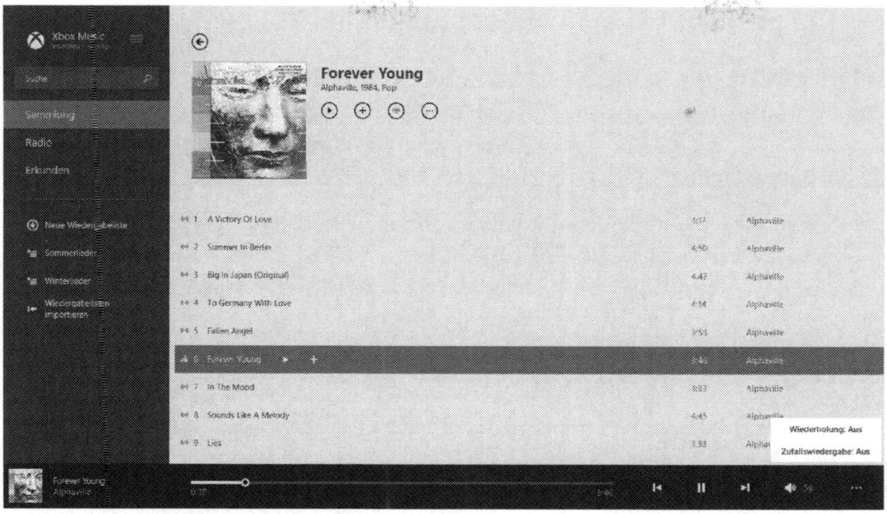


**Bild 3.42:** Ein Album in der Musik-App abspielen.

Ein Klick auf *Sammlung* links oben in der Musik-App öffnet jederzeit die eigene *Musik*-Bibliothek auf dem PC. Darin haben Sie einen Überblick über alle Musiktitel, die Sie von unterschiedlichen CDs kopiert oder aus dem Internet auf den PC übertragen haben. Die Musik-App selbst bietet leider keine Möglichkeit, Musik zu importieren. In der Sammlung können Sie die Titel direkt abspielen. Die Musikstücke werden automatisch nach Interpreten und Alben sortiert. Voraussetzung ist nur, dass die Musiktitel in einem der Verzeichnisse liegen, die der Bibliothek *Musik* zugeordnet sind.

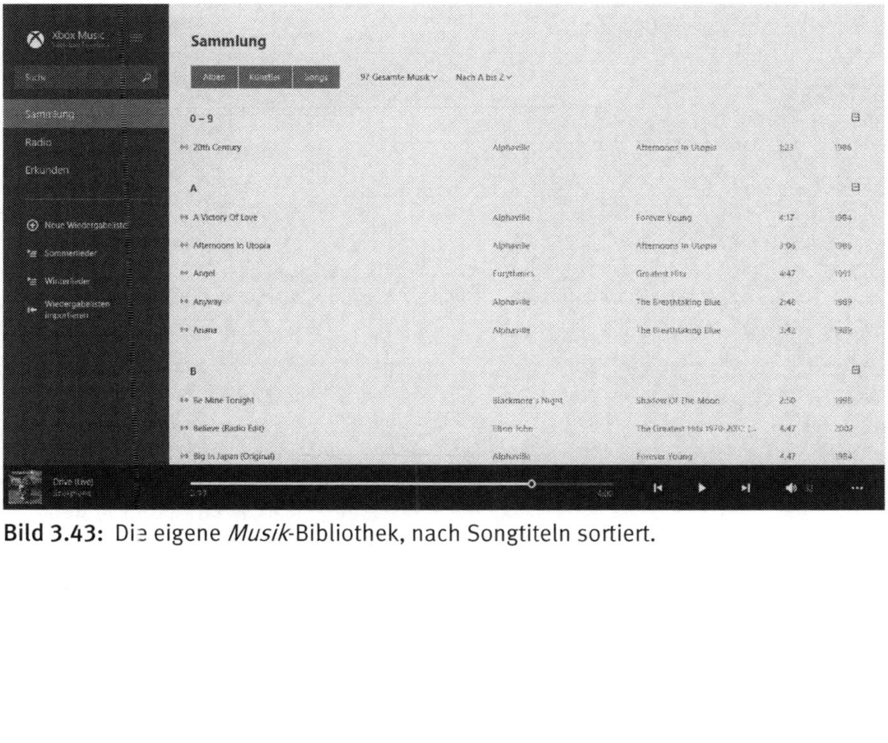


**Bild 3.43:** Die eigene *Musik*-Bibliothek, nach Songtiteln sortiert.

## 3.8.2 Ausgesuchte Titel in Wiedergabelisten ablegen

In der Musik-App haben Sie die Möglichkeit, eigene Wiedergabelisten zu verschiedenen Themen oder Anlässen oder auch mit Titeln, die Sie gern und häufig hören, zu erstellen. Mit einem Klick auf *Neue Wiedergabeliste* erzeugen Sie eine neue leere Wiedergabeliste, die als Erstes einen Namen braucht.

Mit dem Plussymbol fügen Sie den aktuell gewählten Titel einer Wiedergabeliste hinzu. Diese Wiedergabelisten sehen Sie links in der Seitenleiste. Hier werden automatisch Wiedergabelisten aus der Musikbibliothek des Windows Media Player angezeigt, und Sie können auch Wiedergabelisten aus iTunes importieren.

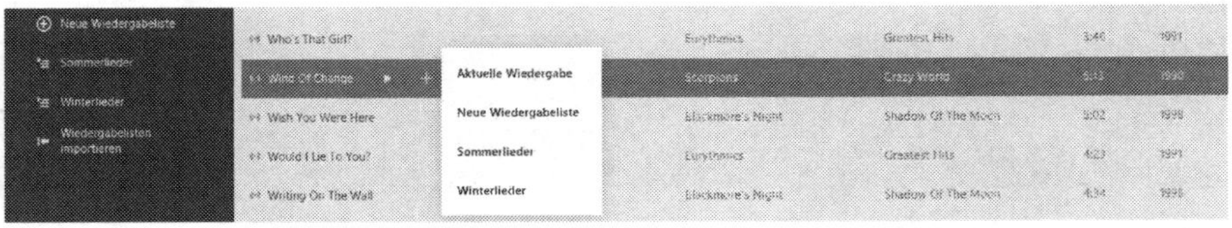


**Bild 3.44:** Einen Musiktitel einer Wiedergabeliste hinzufügen.

Klicken Sie in der Symbolleiste am unteren Bildschirmrand auf das Symbol mit den drei Punkten. Hier können Sie die *Zufallswiedergabe* einschalten. Dann wird die starre Reihenfolge der Titel aufgelöst, und alle Lieder des Albums oder der Wiedergabeliste werden in zufälliger Reihenfolge abgespielt.

Die Ansicht der Wiedergabelisten zeigt bei jeder Wiedergabeliste die Anzahl der Titel sowie die Gesamtabspielzeit an. Jede Liste kann im Ganzen abgespielt werden oder auch einzelne Titel daraus. Außerdem ist es möglich, Wiedergabelisten komplett an die aktuelle Wiedergabe anzuhängen; so können Sie sich ein Musikprogramm für einen längeren Zeitraum zusammenstellen.

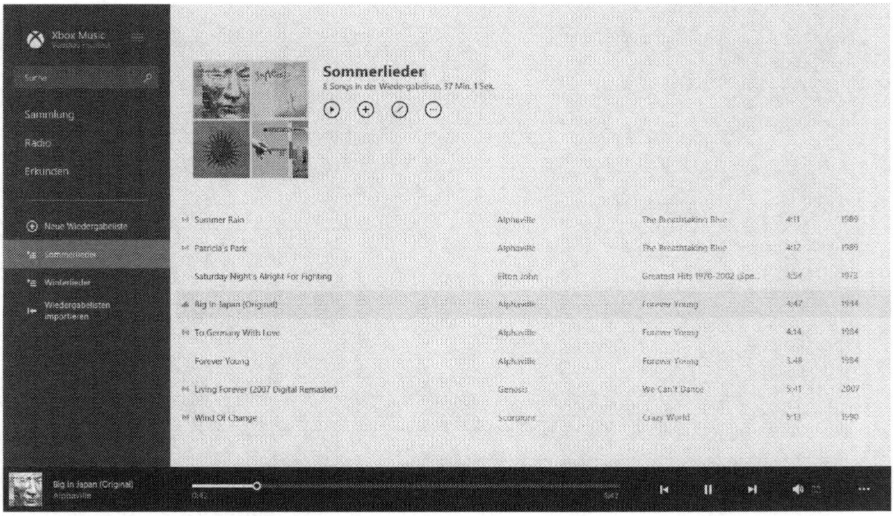


**Bild 3.45:** Eine eigene Wiedergabeliste.

### 3.8.3 Musik auch vom klassischen Desktop abspielen

Beim ersten Aufruf einer Musikdatei auf dem klassischen Desktop mit einem Doppelklick erscheint eine Auswahl, die abfragt, ob Musik in Zukunft mit der App *Xbox Music* oder dem klassischen Windows Media Player abgespielt werden soll.

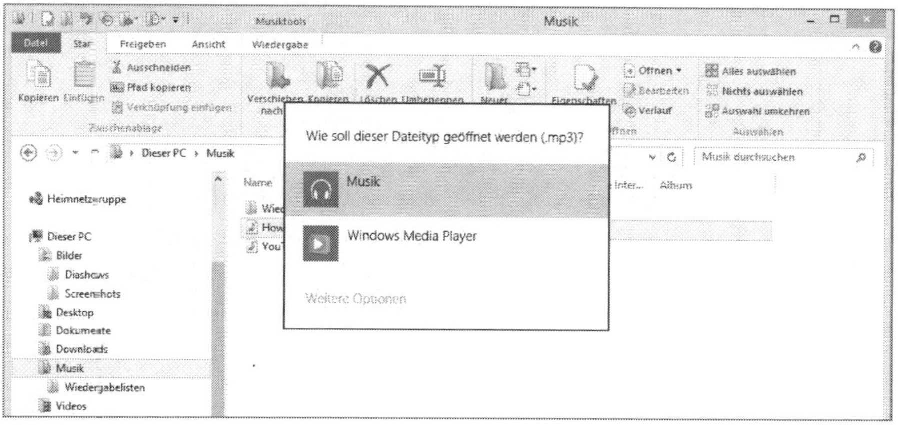


**Bild 3.46:** Musikdatei vom klassischen Desktop abspielen.

Um weitere Musikdateien auszuwählen, kommen Sie über das Symbol *Datei öffnen* direkt in das jeweilige Verzeichnis der abgespielten Datei. Welche App beim Aufruf einer Musikdatei vom klassischen Desktop gestartet wird, können Sie später in der Systemsteuerung noch verändern.

### 3.8.4 Webradio und Musik aus dem Xbox-Musikshop

Ein Klick auf *Künstler erkunden*, das dritte Symbol unterhalb des Albumnamens in der Albumansicht, zeigt eine Liste aller Alben, die im Xbox-Musikshop erhältlich sind. Hier können Sie einzelne Titel oder ganze Alben per Download kaufen. Viele Titel können Sie nach einer Werbeeinblendung online sogar kostenlos anhören.

Zum Kauf von Musik im Xbox-Musikshop sind nicht mehr wie früher die sogenannten Microsoft Points erforderlich, eine Art Prepaid-Guthaben, das vorab online erworben werden musste. In der aktuellen Version von *Xbox Music* ist eine direkte Bezahlung einzelner Titel oder Alben per Kreditkarte möglich. Aus dem Xbox-Musikshop gekaufte Alben und einzelne Lieder erscheinen ebenfalls in der *Musik*-Bibliothek.

**Bild 3.47:** Albumliste und Diskografie eines Künstlers in der *Xbox Music*-App.

*Xbox Music* enthält ein neues Webradioangebot, mit dem man sich Onlineprogramme nach eigenem Geschmack zusammenstellen kann. Klicken Sie dazu im Bereich *Radio* der *Xbox Music*-App auf *Sender starten* und geben Sie einen Künstlernamen ein. *Xbox Music* stellt automatisch ein Webradioprogramm mit Titeln dieses Künstlers und ähnlichen zusammen.

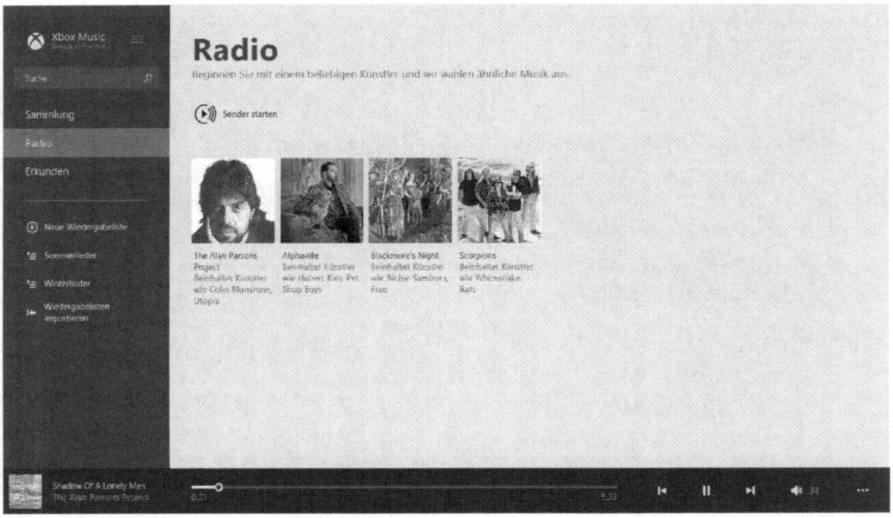


**Bild 3.48:** Webradio in *Xbox Music*.

In den Profilen von Künstlern und in Onlinelisten von Alben finden Sie ebenfalls die Schaltfläche *Sender starten*. Auch hier können Sie solche Webradioprogramme automatisch zusammenstellen lassen, die dann auf der Seite *Radio* abgelegt werden.

## 3.9 PDF- und XPS-Dokumente im Reader lesen

Erstmals liefert eine Windows-Version einen eigenen Betrachter für E-Books und andere Dokumente im PDF-Format mit. Der Windows Reader stellt lokal auf dem PC gespeicherte PDF- und XPS-Dokumente wie auch Dokumente von OneDrive dar. Ein Rechtsklick in der App oder das Tastenkürzel [Win]+[Z] blendet am unteren Bildschirmrand eine Funktionsleiste ein, die verschiedene Ansichtsvarianten bietet, ähnlich wie man sie aus bekannten PDF-Betrachtern kennt.

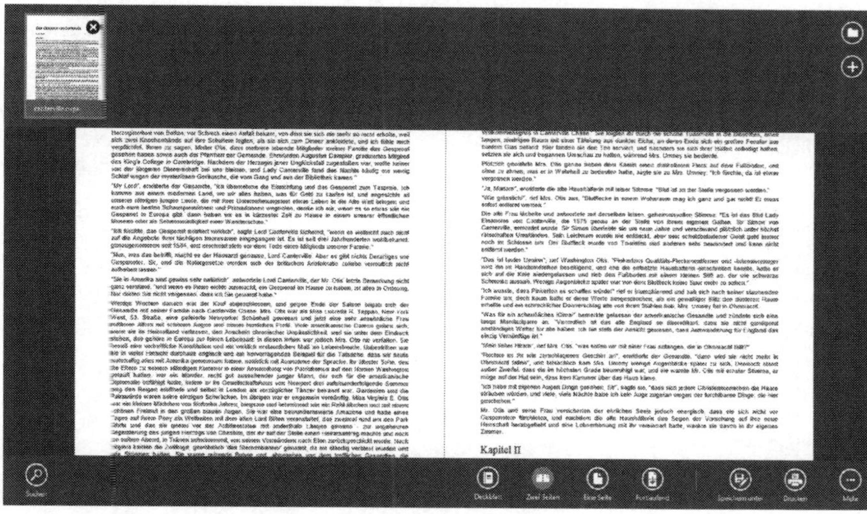

**Bild 3.49:** Anzeige eines PDF-Dokuments im Reader.

## 3.10 Taschenrechner mit Einheitenkonverter

Taschenrechner lagen früher auf allen Schreibtischen herum. Seit jedes Handy einen Rechner hat, werden sie immer seltener. Auf einem PC oder Tablet ist der Rechner deutlich komfortabler zu bedienen als auf einem Handy. Windows 8.1 enthält erstmals einen Taschenrechner als App für die moderne Oberfläche, und dieser bietet auch noch interessante Zusatzfunktionen.

### 3.10.1 Standardansicht oder wissenschaftlich?

In der Standardansicht zeigt der Taschenrechner nichts besonders Neues, die Bedienung erschließt sich jedem schnell. Anstatt auf den Bildschirm zu tippen oder zu klicken, können Sie auch die Tastatur zur Eingabe von Zahlen und Formelzeichen nutzen. Die [Enter]-Taste entspricht dem Gleichheitszeichen.

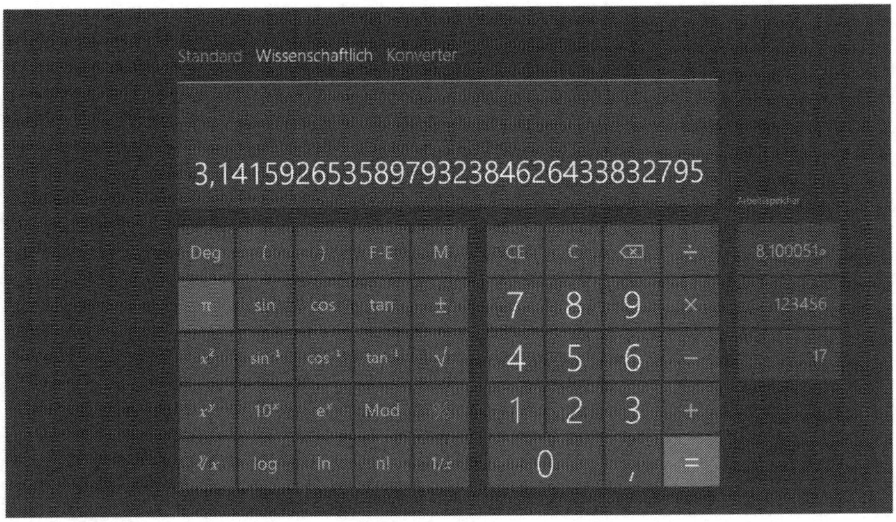


Bild 3.50: Der Taschenrechner in der wissenschaftlichen Ansicht.

In der wissenschaftlichen Ansicht hält der Taschenrechner die wichtigsten mathematischen und trigonometrischen Funktionen bereit. Durch mehrfaches Drücken der Taste *Deg* links oben schaltet man zwischen Altgrad (*Deg*), Bogenmaß (*Rad*) und Neugrad (*Grad*) um.

**Mehrere Zwischenablagen im Taschenrechner**
Jeder klassische Taschenrechner hat einen Zahlenspeicher, der über die Taste [M] genutzt werden kann. Der Taschenrechner von Windows 8.1 bietet die Möglichkeit, gleich mehrere Zahlenwerte zu speichern. Tippen Sie auf die Taste [M], wird der aktuell angezeigte Zahlenwert rechts neben der Tastatur in der Spalte *Arbeitsspeicher* abgelegt. Auf diese Weise können Sie mehrere Zahlen speichern und mit einem Klick wieder zurück in die Anzeige bringen, um damit weiterzurechnen. Mit einem Rechtsklick auf einen Wert lässt sich der aktuell angezeigte zur Speicherzelle hinzuaddieren oder davon subtrahieren. Wird die Liste der gespeicherten Werte irgendwann zu unübersichtlich, klicken Sie mit der rechten Maustaste neben den Taschenrechner und dann in der Symbolleiste am unteren Bildschirmrand auf *Speicher leeren*.

## 3.10.2 Taschenrechner als Einheitenkonverter

Taschenrechner werden erfahrungsgemäß häufig dafür genutzt, Maßeinheiten ineinander umzurechnen. Rechnet man Meter in Zentimeter noch im Kopf, wird es bei Knoten in Kilometer pro Stunde schon schwieriger, und die Formel zum Umrechnen von Grad Fahrenheit in Grad Celsius kennt kaum noch jemand auswendig. Der neue Taschenrechner in Windows 8.1 bietet eine eigene Seite namens *Konverter*, auf der sich wichtige Einheiten komfortabel umrechnen lassen. Am unteren Bildschirmrand werden in Echtzeit auch noch Umrechnungsergebnisse in weiteren wichtigen Einheiten angezeigt.

**Bild 3.51:** Der Einheitenkonverter im neuen Taschenrechner.

## 3.11 Wecker, Zeitgeber und Stoppuhr in einem

Der neue Wecker in Windows 8.1 beinhaltet einen Wecker, einen Zeitgeber (Countdown) sowie eine Stoppuhr. Alle drei Uhren bestechen durch ihr funktionales Design und sind ohne weitere Erklärung zu bedienen.

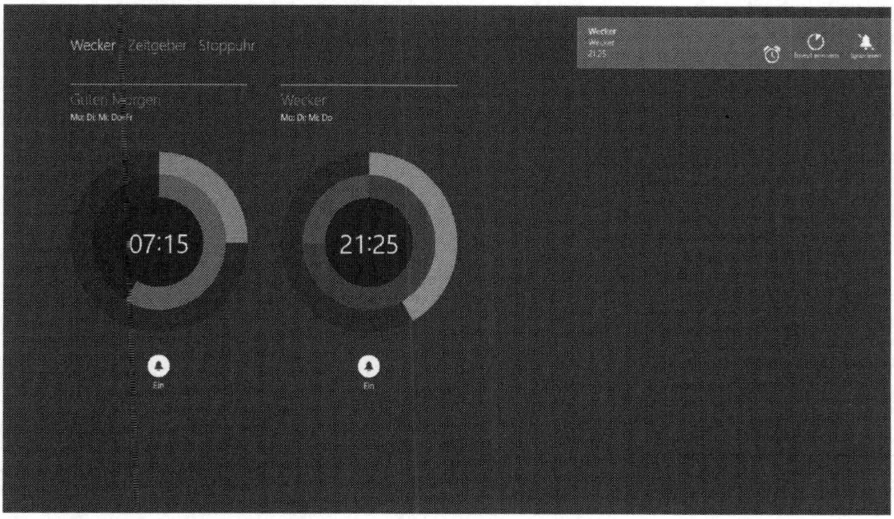


**Bild 3.52:** Der neue Wecker in Windows 8.1.

Mit dem Plussymbol rechts oben können mehrere Wecker und Zeitgeber parallel eingerichtet werden. Der Wecker kann nur klingeln, wenn der PC auch aktiv ist. Wird der Sperrbildschirm angezeigt, erscheint standardmäßig eine Benachrichtigung des Weckers. Dies können Sie über die Charms-Leiste in den Einstellungen des Weckers unter *Berechtigungen* abschalten.

## 3.12 Wettervorhersage lokal und weltweit

Die neue Wetter-App in Windows 8.1 zeigt einen Wetterbericht am aktuellen Ort oder einem frei wählbaren anderen Ort auf der Welt direkt auf einer Kachel auf dem Startbildschirm. In der App selbst können Wetterberichte für mehrere Orte parallel angezeigt werden. Wählt man die größtmögliche Größe der Kachel, lassen sich die Wetterberichte von drei Städten gleichzeitig auf der Kachel anzeigen.

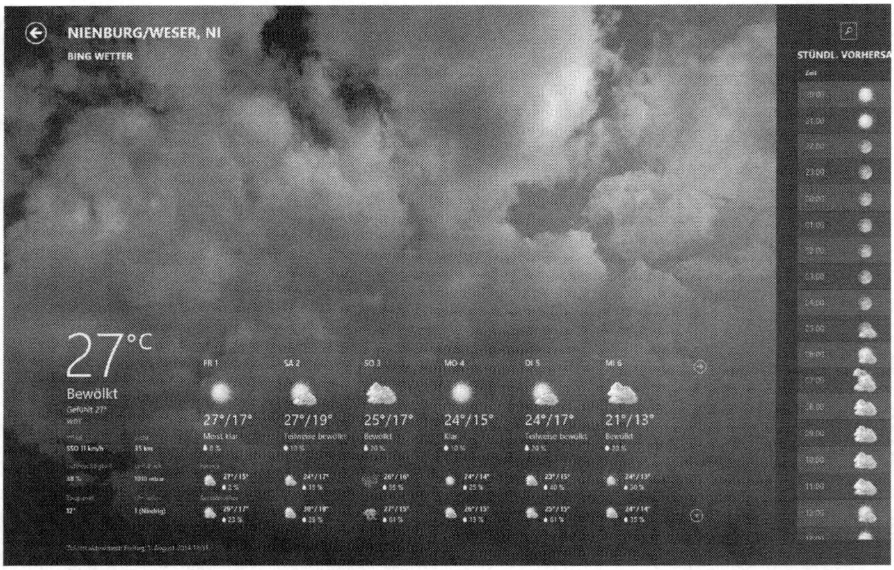


**Bild 3.53:** Wettervorhersage mit der Wetter-App.

### 3.12.1 Wetterdaten von verschiedenen Anbietern

In der neuen App werden die Wetterdaten von drei verschiedenen Anbietern bezogen, die sich teilweise deutlich unterscheiden. Hier kann man sich als Benutzer aussuchen, welcher Wettervorhersage man glauben möchte. Das tatsächliche Wetter hält sich leider an keine dieser Prognosen, die oft auch in sich nicht schlüssig sind. So zeigt die App manchmal Regenwetter an, obwohl die in der gleichen App integrierte Niederschlagskarte in derselben Region keinerlei Niederschlag zeigt.

Schieben Sie den Bildschirm nach rechts oder drehen das Mausrad, erscheinen eine Liste mit verschiedenen Wetterkarten sowie historische Wetterdaten für den ausgewählten Ort. Ein Klick auf eine Wetterkarte zeigt eine Wetteranimation für die kommenden Stunden, ähnlich wie man es von diversen Wetterseiten im Internet kennt.

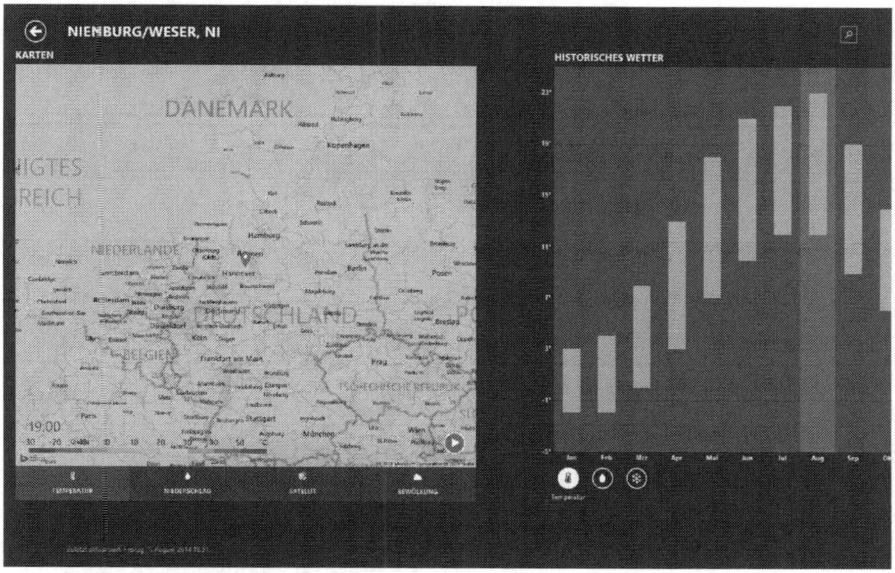


**Bild 3.54:** Animierte Wetterkarte in der Wetter-App.

Ein Klick mit der rechten Maustaste blendet am oberen Bildschirmrand eine Symbolleiste ein. Mit deren Hilfe können Sie neue Orte auswählen, die in der Wetter-App angezeigt werden sollen. So haben Sie jederzeit im Blick, an welchem Ihrer Lieblingsaufenthaltsorte das Wetter am besten ist.

Alternativ können Sie den Bildschirm auch ganz nach rechts scrollen und finden dort ebenfalls die wichtigsten Funktionen, unter anderem *Meine Orte*, *Wohnort* und *Wetterkarten*.

Ein Rechtsklick auf einen der Orte blendet eine Symbolleiste mit weiteren Funktionen ein. Der Ort im linken Bereich wird auf der Kachel auf dem Startbildschirm angezeigt, bei einer großen Kachel mit Vorhersage für den nächsten Tag. Hier können Sie auch automatisch Ihren jeweiligen Standort suchen lassen. Dann sehen Sie das aktuelle Wetter dort, ohne die Wetter-App starten zu müssen.

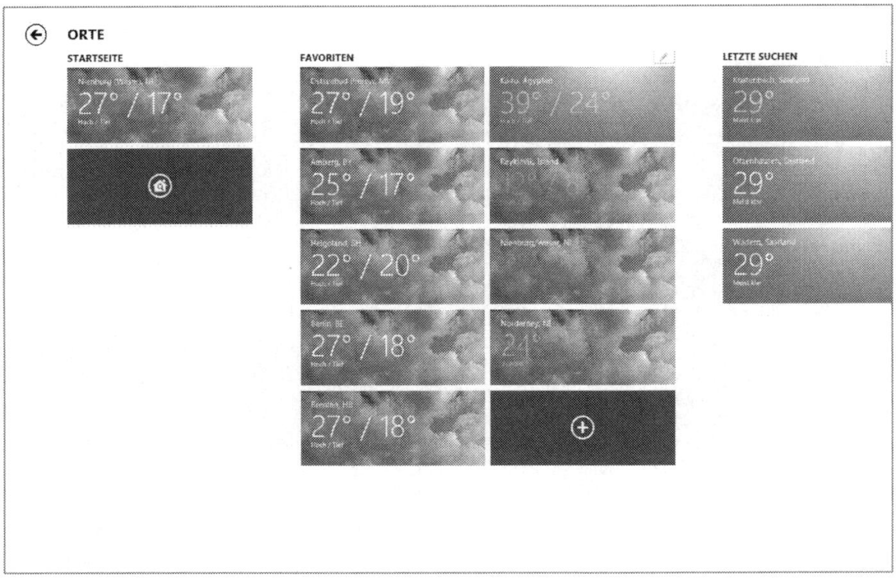


**Bild 3.55:** Weitere Orte in der Wetter-App anzeigen.

Das Symbol *Wetter weltweit* in der Symbolleiste am oberen Bildschirmrand zeigt eine Weltkarte mit dem Wetter an ein paar wichtigen Orten. Ein Klick in eine Region zoomt die Karte heran und zeigt dort noch wesentlich mehr Orte an.

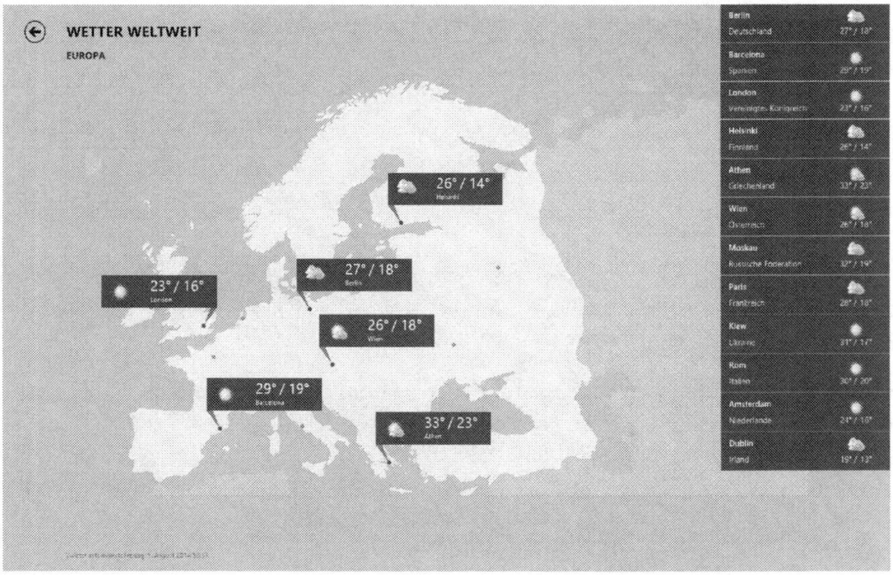


**Bild 3.56:** Das Wetter in Europa.

Klicken Sie auf eine der Städte, um den detaillierten Wetterbericht für diese Stadt zu sehen.

# 3.13 News des Tages frisch auf den Tisch

Die *Bing News*-App zeigt aktuelle Nachrichten des Tages aus verschiedenen Quellen und zu verschiedenen Themen an. Ein Artikel des Tages kann auch direkt auf der Live-Kachel dargestellt werden. Klicken Sie dazu mit der rechten Maustaste auf die Kachel *News* und wählen Sie im Kontextmenü *Live-Kachel aktivieren.*

**Bild 3.57:** Die Live-Kachel mit aktuellen Nachrichten des Tages.

Die Nachrichten sind thematisch nebeneinander angeordnet. Auf dem Touchscreen scrollt man zum Durchblättern horizontal mit einer Fingergeste, auf dem PC mithilfe des Scrollbalkens ganz unten oder einfach mit dem Mausrad.

## 3.13.1 Nachrichten nach Stichwörtern durchsuchen

Neu in Windows 8.1 ist ein Suchfeld oben rechts in der App *Bing News*, mit dem man alle verfügbaren Nachrichten nach einem bestimmten Stichwort durchsuchen kann.

**Bild 3.58:** Die *Bing News* mit dem Artikel des Tages.

Die Nachricht des Tages wird automatisch auf den PC heruntergeladen und kann dann z. B. auf einem Tablet unterwegs offline gelesen werden. Auch andere Artikel können, nachdem sie einmal geöffnet wurden, offline gelesen werden, wenn in den Einstellungen der News-App der Schalter *Offline lesen* aktiviert ist.

Ein Klick auf eine Nachricht zeigt diese bildschirmfüllend im Volltext an. Einige Nachrichtenanbieter liefern ihre Nachrichten bisher noch nicht im Windows-8.1-optimierten Format. Stattdessen werden dann Webseiten angezeigt.

## 3.13.2 Newskategorien für die Startseite festlegen

Die neue App zeigt direkt neben der Nachricht des Tages einen Bereich *Erste Schritte*, in dem Sie über den Link *Personalisieren* festlegen können, welche Nachrichtenkategorien auf der Startseite erscheinen sollen. Ziehen Sie die Bereiche einfach in die gewünschte Reihenfolge und schalten Sie uninteressante Nachrichtenkategorien ab.

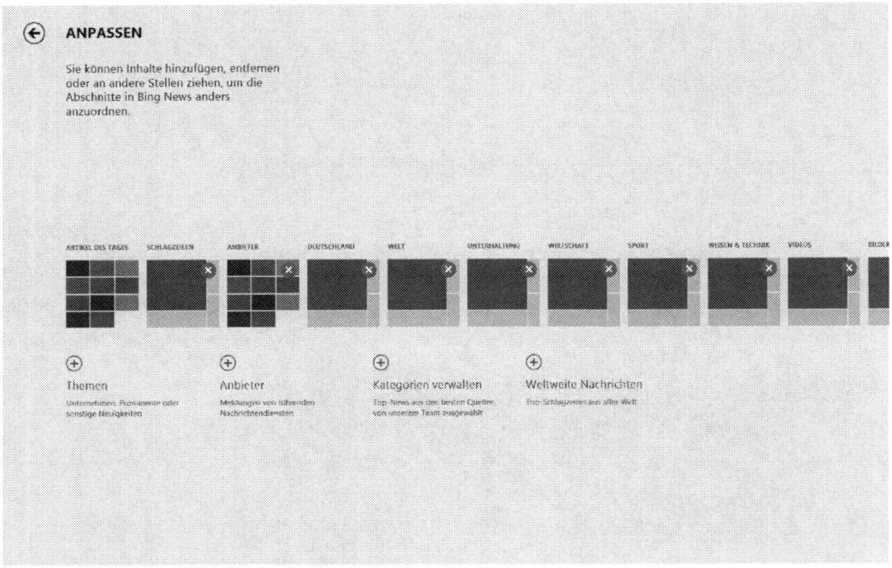


**Bild 3.59:** Nachrichten personalisieren.

Sie können den Bereich *Erste Schritte* abschalten, um Platz auf dem Bildschirm zu gewinnen. Alle Funktionen sind auch im Bereich *Nächste Schritte* verfügbar. Diesen finden Sie, wenn Sie den Bildschirm ganz nach rechts scrollen.

Im Bereich *Anbieter hinzufügen* wählen Sie die Nachrichtenquellen zu allen verfügbaren Themengebieten aus. Hier können Sie auch die Adresse eines RSS-Feeds mit interessanten News eintragen, dessen Nachrichten dann automatisch hinzugefügt werden.

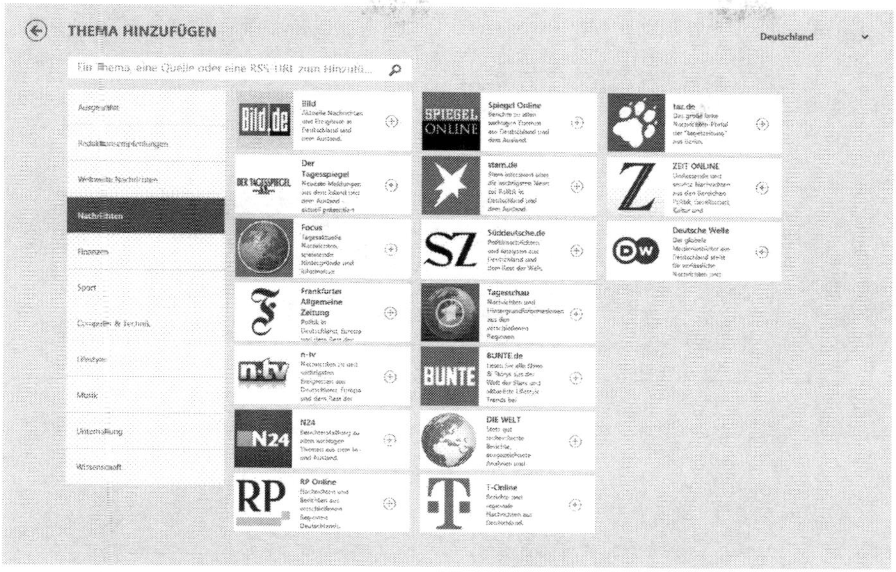


**Bild 3.60:** Nachrichtenanbieter für die ausgewählte Kategorie hinzufügen.

Über den Link *Themen* im Bereich *Nächste Schritte* können Sie frei wählbare Themen selbst hinzufügen, über die Sie aktuell informiert werden möchten. Die App *Bing News* stellt dann in diesem persönlichen Bereich aktuelle Nachrichten aus den verfügbaren Quellen zusammen. Am rechten Bildschirmrand können Sie ganz einfach weitere Themen hinzufügen.

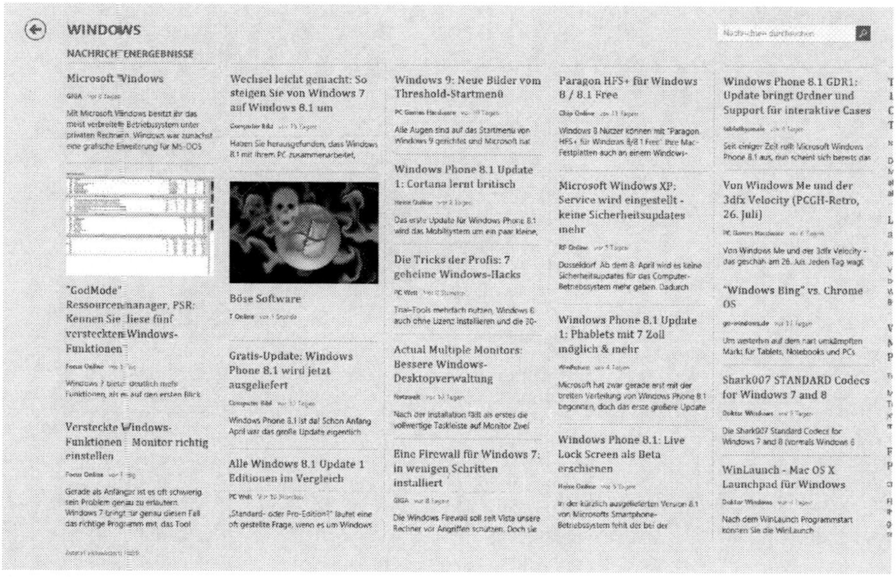


**Bild 3.61:** Nachrichten zu frei wählbaren Themen.

Die ausgewählten Themenbereiche lassen sich über den Link *Personalisieren* an einer gewünschten Position auf dem Startbildschirm ablegen.

Ein Klick mit der rechten Maustaste blendet oben eine Symbolleiste ein, in der Sie auf ein persönlich angepasstes Nachrichtenangebot umschalten können.

**Bild 3.62:** Symbolleiste aufrufen per Rechtsklick in die News-App.

## 3.14 Reiseziele werben mit Text und Bild

Die App *Bing Reisen* ähnelt im Aufbau den *Bing News*. Hier werden interessante Reiseziele mit Texten, Fotos und interaktiven 360-Grad-Panoramabildern vorgestellt.

**Bild 3.63:** Ausgewählte Reiseziele in der App *Bing Reisen.*

Neu in Windows 8.1 ist ein Suchfeld oben rechts in der App *Bing Reisen*, mit dem man alle verfügbaren Inhalte nach einem bestimmten Stichwort durchsuchen kann. Der Bereich *Lokale Reiseziele* zeigt sehenswerte Reiseziele im Umkreis des eigenen Standorts.

Die verschiedenen Module der App sind nebeneinander angeordnet. Auf dem Touchscreen scrollt man zum Durchblättern horizontal mit einer Fingergeste, auf dem PC mithilfe des Scrollbalkens ganz unten oder einfach mit dem Mausrad. Besonders sehenswert sind die interaktiven 360-Grad-Panoramabilder, in denen man sich per Touchscreen oder Maus am jeweiligen Ort umsehen kann.

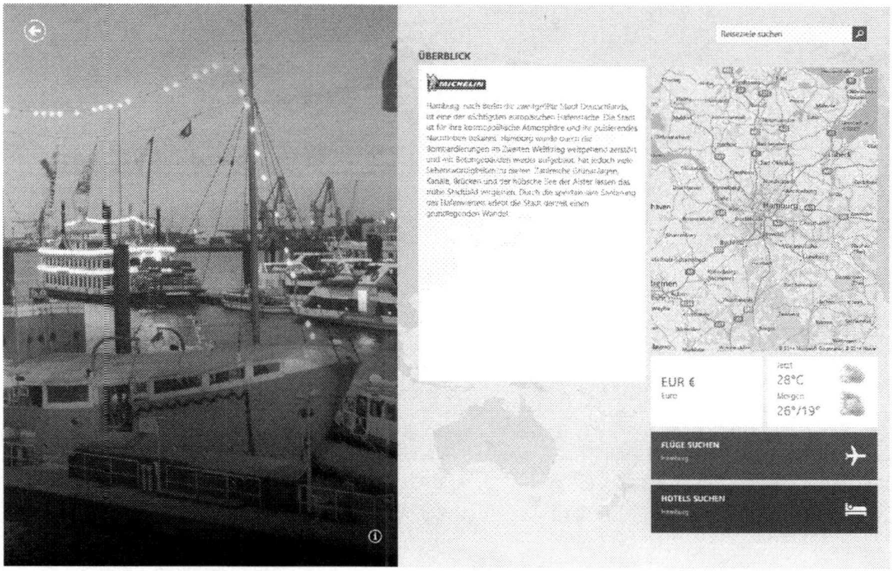


**Bild 3.64:** Beschreibung eines ausgewählten Reiseziels in den *Bing Reisen*.

Scrollen Sie ganz nach rechts, können Sie sich eine Liste aller Reiseziele anzeigen und diese nach Regionen filtern lassen. Außerdem gibt es hier noch eine Flugsuche.

## 3.15 Kochrezepte für die bewusste Ernährung

Die App *Bing Kochen & Genuss* ist neu in Windows 8.1 und liefert ein ansprechend bebildertes Kochbuch mit zahlreichen Rezepten, die sich nach Themen, Regionen, wichtigen Zutaten oder auch besonderen Ernährungsplänen, z. B. »vegan«, filtern lassen.

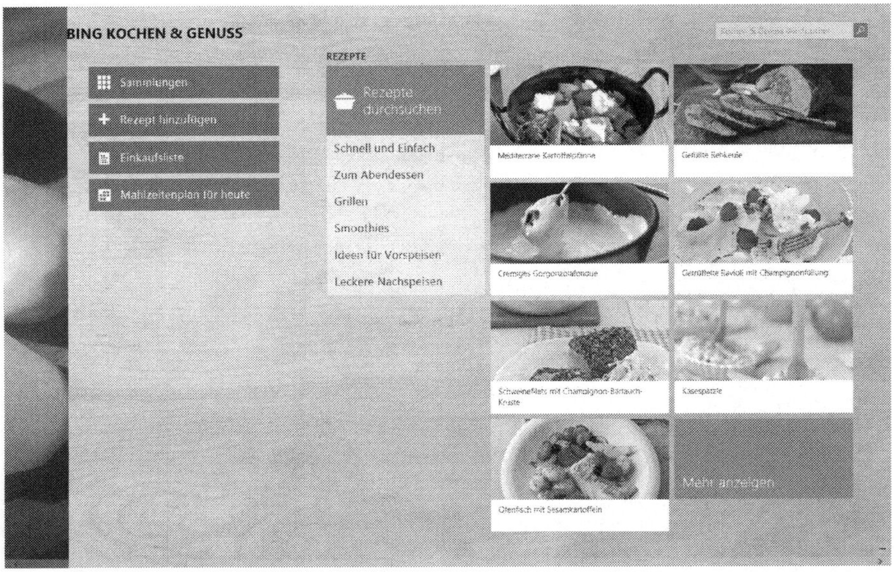


**Bild 3.65:** Die App *Bing Kochen & Genuss*.

Wie alle neuen Medien-Apps lässt sich auch diese über ein Suchfeld oben rechts nach beliebigen Stichwörtern durchsuchen. Ein Rechtsklick blendet zusätzlich am oberen Bildschirmrand eine Symbolleiste mit den wichtigsten Themen ein.

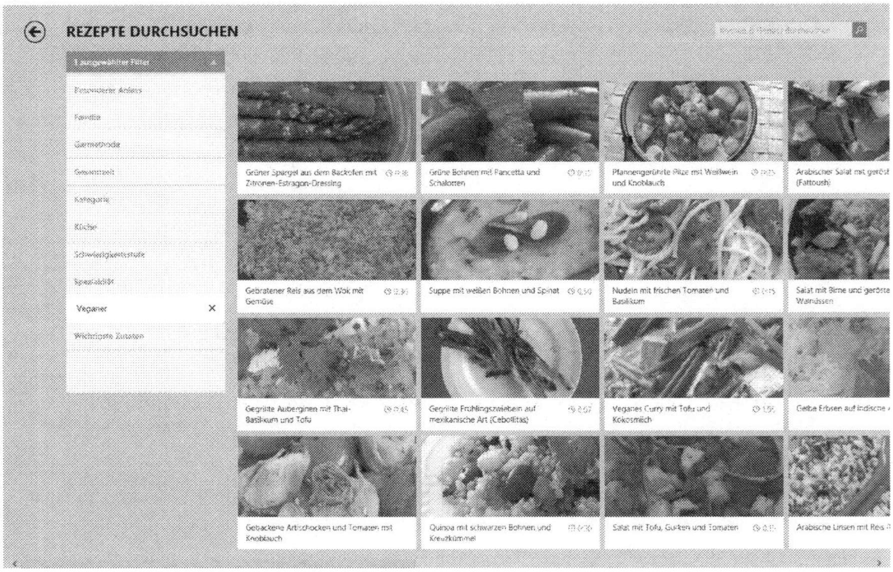


**Bild 3.66:** Die Rezepte lassen sich nach verschiedenen Kriterien filtern.

Zusätzlich zu den aus ähnlichen Apps bekannten Funktionen können Sie hier eigene Rezeptsammlungen mit Lieblingsrezepten aus der umfangreichen Sammlung zusammenstellen. Noch interessanter ist es, eigene Rezepte in die App mitaufzunehmen. Dazu gibt es ein komfortables Formular, in dem Sie die Zutatenliste, Zubereitungshinweise und Fotos eintragen.

### 3.15.1 Berührungslose Bedienung in der Küche

Eine App wie diese nutzt man weniger am Computer im Büro als viel eher auf einem Tablet direkt in der Küche. Dabei müssen Sie nicht mit schmierigen Fingern versuchen, den Touchscreen zu bedienen. Die App *Bing Kochen & Genuss* bietet innerhalb der Rezepte einen berührungslosen Modus zur Steuerung an. Nutzen Sie ein Tablet oder Notebook mit Frontkamera, reicht eine horizontale Handbewegung vor der Kamera, um zwischen den Seiten eines Rezepts zu blättern.

## 3.16 Nachrichten aus der Welt des Sports

Die Sport-App ähnelt den Apps für Reisen und News. Hier werden aktuelle Sportnachrichten aus aller Welt in einem Touchscreen-freundlichen Format angezeigt.

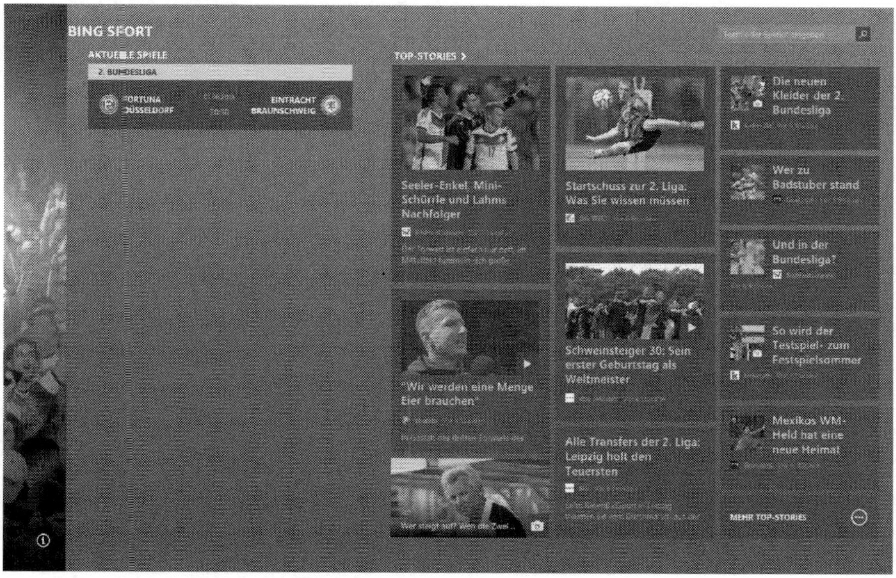


**Bild 3.67:** Die *Bing Sport*-App mit dem Artikel des Tages.

Neu in Windows 8.1 ist ein Suchfeld oben rechts in der App *Bing Sport*, mit dem man alle verfügbaren Inhalte nach einem bestimmten Stichwort durchsuchen kann.

Ausgewählte Topnachrichten aus dem Sport werden auf der Live-Kachel angezeigt.

Scrollen Sie ganz nach rechts, lassen sich die Inhalte nach Sportarten oder Teams filtern. Hier gibt es für wichtige Themen, wie z. B. die Bundesliga, eigene Spezialseiten mit ausführlichen News, Tabellen und Livetickern.

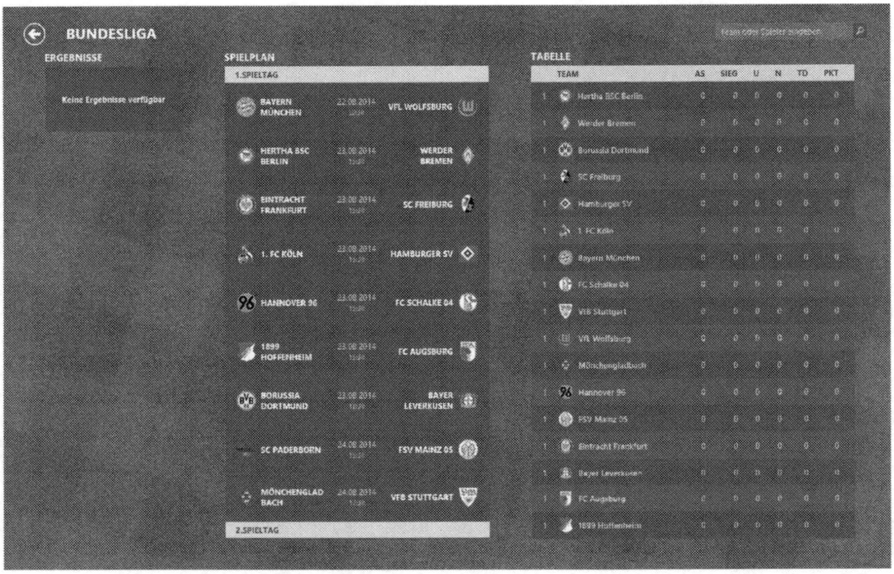


**Bild 3.68:** Die deutsche Bundesliga in der App *Bing Sport*.

## 3.17 Börsenkurse und News aus der Finanzwelt

Für manche lebenswichtig, für andere das Langweiligste überhaupt – Finanznachrichten und Börsenkurse. Diese App liefert aktuelle News und jede Menge Zahlen und Kurstabellen aus der Finanzwelt im Stil der anderen Nachrichten-Apps von Windows 8.1.

Neu in Windows 8.1 ist ein Suchfeld oben rechts in der App *Bing Finanzen*, mit dem man alle verfügbaren Inhalte nach einem bestimmten Stichwort durchsuchen kann.

Ausgewählte Topnachrichten sowie wichtige Kurse und Börsenindizes werden im Wechsel auf der Live-Kachel angezeigt.

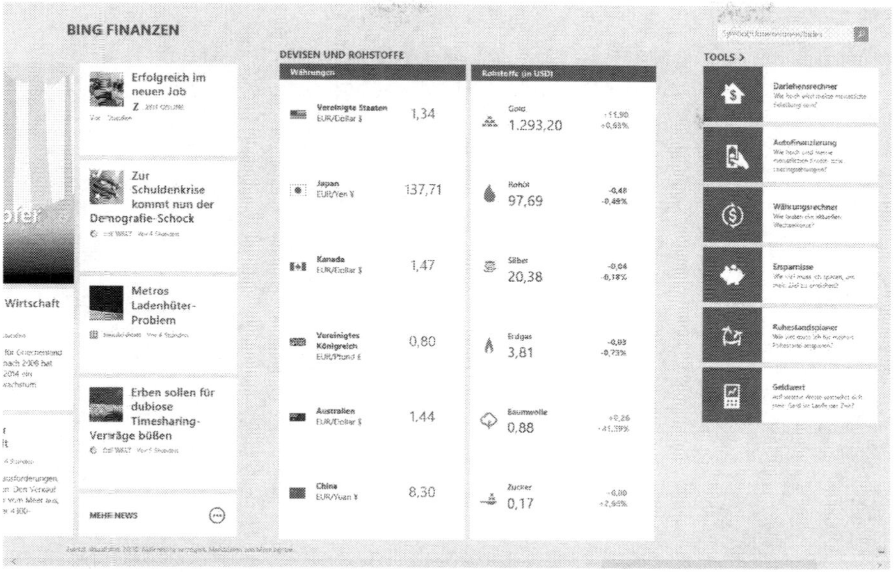


Bild 3.69: Währungsrechner und nützliche Tools in der Finanzen-App.

Die Watchliste der wichtigsten Kurse lässt sich frei konfigurieren, beispielsweise wenn man selbst Aktien hat, deren Wert man beobachten will. Scrollen Sie zum rechten Rand der App, finden Sie noch weitere Listen mit Weltmärkten sowie Tops und Flops der großen Börsen.

Am rechten Rand verstecken sich diverse auch für »Normalbürger« interessante Funktionen der App, ein Währungsrechner für Kurse aller wichtigen Währungen der Welt, der beliebige Preise in unterschiedliche Währungen umrechnet, sowie verschiedene interaktive Kredit- und Finanzierungsrechner.

## 3.18 Gesundheit, Fitness und noch etwas mehr

Die App *Bing Gesundheit & Fitness* ist neu in Windows 8.1 und liefert ein multimediales Fitnessprogramm. Hier können Sie die Ergebnisse der eigenen Übungen eintragen und sich auch Informationen zu verschiedenen Krankheitssymptomen holen.

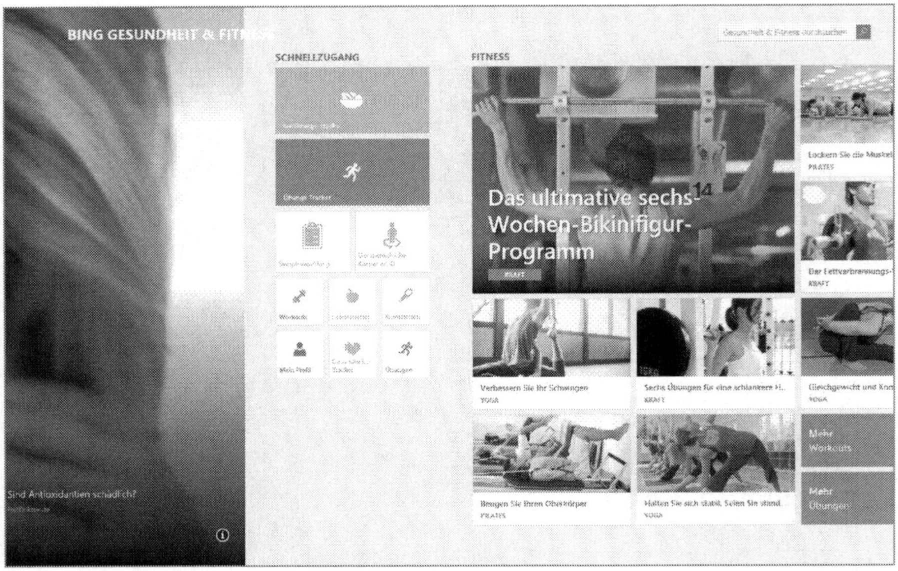


**Bild 3.70:** Die App *Bing Gesundheit & Fitness.*

## 3.18.1 Kalorienverbrauch und Gewichtsabnahme

Bei den Übungen geht es – typisch amerikanisch – nur um Kalorienverbrauch und Gewichtsabnahme. Weitere gesundheitsrelevante Übungsergebnisse werden kaum beachtet. Die Datenbank der Lebensmittel wurde im Vergleich zur ersten Version mittlerweile auf den gegenüber den Amerikanern deutlich gesundheitsbewussteren europäischen Nutzer abgestimmt und enthält nicht mehr nur die Fertiggerichte der großen Schnellrestaurantketten.

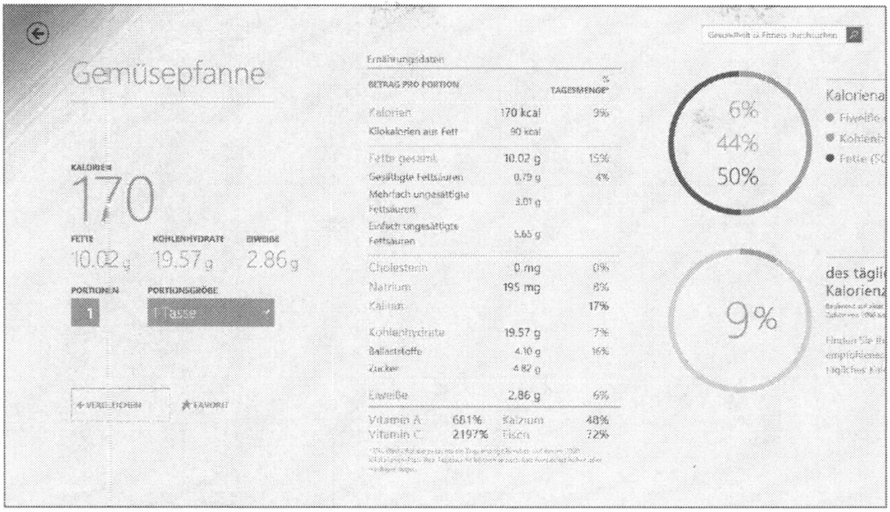


**Bild 3.71:** Ein typischer Eintrag aus der Lebensmitteldatenbank.

## 3.19 Artikel aus verschiedenen Quellen sammeln

Die verschiedenen Bing-Nachrichten-Apps haben meist keine eigene Funktion zum Speichern von Lesezeichen. Haben Sie unterwegs auf dem Tablet einen interessanten Artikel gefunden und möchten ihn zu Hause auf dem PC weiterlesen, artet das in eine mühsame Suche aus. Die in Windows 8.1 neue *Leseliste* bringt die Lösung.

Blenden Sie innerhalb der jeweiligen App oder auch im Internet Explorer die Seitenleiste *Teilen* ein Wischen Sie dazu auf einem Touchscreen von rechts ins Bild und tippen Sie auf das Teilen-Symbol, fahren Sie mit der Maus in eine der rechten Bildschirmecken, um die Charms-Leiste einzublenden, oder drücken Sie die Tastenkombination [Win]+[H].

Wählen Sie in der Seitenleiste *Teilen* die App *Leseliste* und klicken Sie danach rechts oben auf das Symbol *Zur Leseliste hinzufügen.*

**Bild 3.72:** Artikel aus einer Nachrichten-App zur Leseliste hinzufügen.

Starten Sie später die App *Leseliste*, finden Sie dort alle auf diese Weise gespeicherten Lesezeichen chronologisch geordnet.

Klicken Sie auf eines der gespeicherten Lesezeichen, wird dieses in der jeweiligen App geöffnet. Die Leseliste bleibt am linken Bildschirmrand als schmaler Seitenbalken stehen. So können Sie schnell zwischen den gespeicherten Artikeln wechseln.

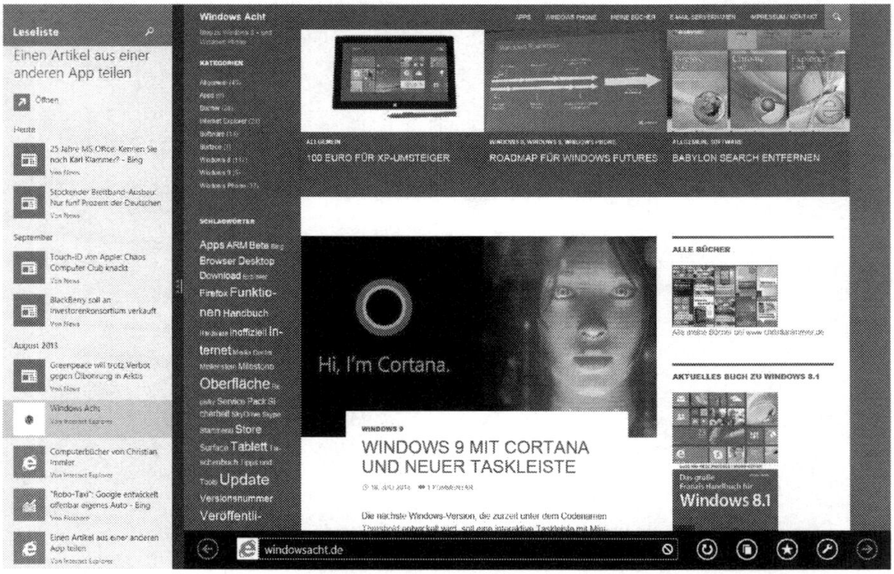


**Bild 3.73:** Die *Leseliste* als Seitenbalken.

Klicken Sie mit der rechten Maustaste auf eines der Lesezeichen in der Leseliste, erscheint ein Papierkorbsymbol, mit dem Sie diesen Eintrag entfernen können.

## 3.20 Xbox Games gegen den tristen Büroalltag

Was wäre Windows ohne die kleinen Spiele, die seit Jahren Millionen Nutzern ihren Büroalltag versüßen? Windows 8.1 integriert Microsofts Spieleplattform *Xbox Games*, früher Xbox Live, die auch auf der Xbox One, der Xbox 360 und auf Windows Phones genutzt werden kann. Spiele werden aber keine mitgeliefert, diese müssen über den Windows Store heruntergeladen werden.

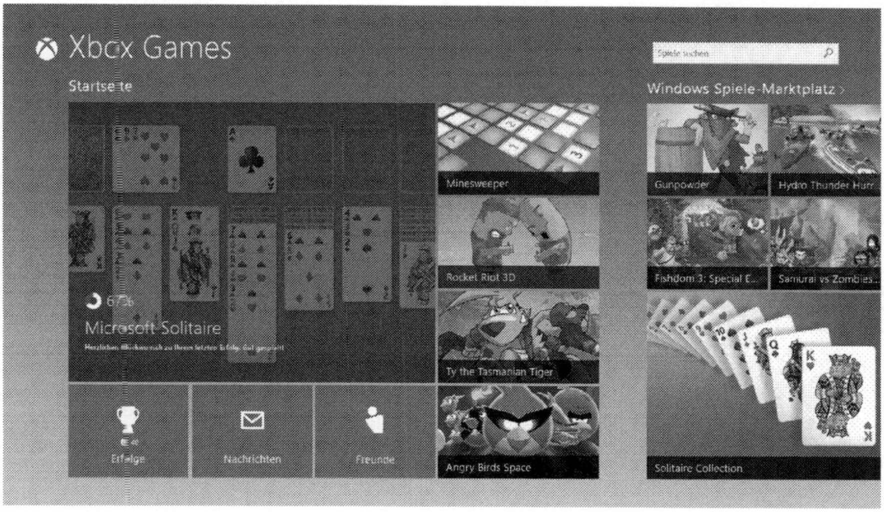


**Bild 3.74:** Auswahl interessanter Xbox-Spiele.

### 3.20.1 Anlegen eines persönlichen Spielerprofils

Bei der Anmeldung an Microsofts Onlineplattform Xbox.com bekommt man sein persönliches Spielerprofil, das mit dem eigenen Microsoft-Konto verknüpft ist. Über dieses Profil können Sie in den Spielen Erfolge sammeln und auch andere Spieler zu Gemeinschaftsspielen einladen. Zum eigenen Spielerprofil gehören ein Gamertag, der persönliche Spielername sowie ein Avatar, die persönliche Figur, mit der man im Spielernetzwerk auftritt.

Die Möglichkeit, den Avatar direkt in der *Xbox Games*-App interaktiv nach Lust und Laune zu verändern und neu einzukleiden, ist leider entfernt worden.

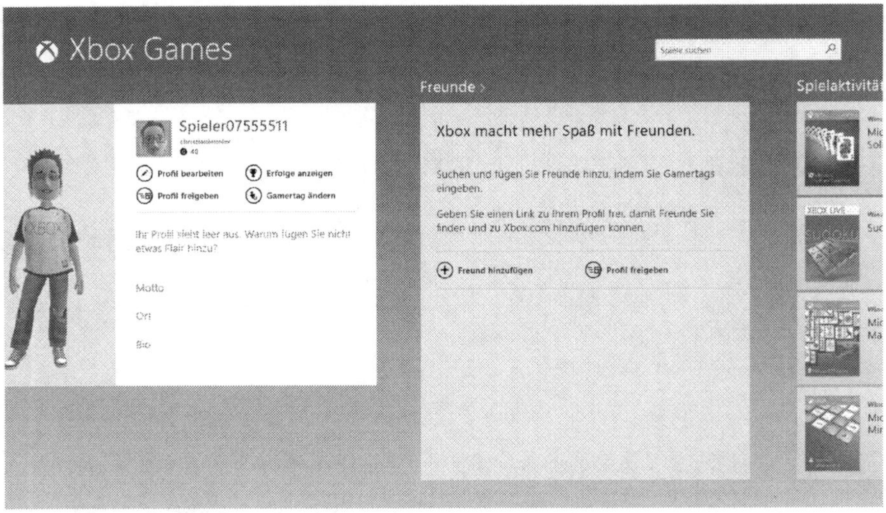


Bild 3.75: Profil, Freunde und Spielaktivitäten in *Xbox Games*.

### 3.20.2 Varianten der Xbox.com-Mitgliedschaft

Bei Xbox.com gibt es zwei Varianten der Mitgliedschaft. Für die meisten Gelegenheitsspiele zwischendurch genügt eine kostenlose Mitgliedschaft. Die kostenpflichtige Xbox-Live-Gold-Mitgliedschaft lohnt sich für alle, die regelmäßig mit der Spielkonsole Xbox 360 spielen. Nur Xbox Live Gold bietet die Möglichkeit, online Multiplayer-Spiele zu spielen und per Videochat mit anderen Spielern zu kommunizieren. Im Marketplace der Xbox 360 gibt es Spiele und Bonusmaterialien, die nur Xbox-Live-Gold-Spielern angeboten werden. Die Anbindung der Xbox-Live-Spiele an Facebook und Twitter steht ebenfalls nur Xbox-Live-Gold-Mitgliedern zur Verfügung.

## 3.21 Interessante Apps, die man kennen sollte

Der Windows Store bietet eine Vielzahl kostenloser Apps für den neuen Windows-8.1-Desktop. Wir stellen ein paar besonders interessante und häufig heruntergeladene Apps hier kurz vor. Stöbern Sie einfach selbst im ständig wachsenden Angebot des Windows Store, und Sie werden immer wieder spannende Apps finden.

### 3.21.1 Wikipedia

Wikipedia liefert eine optisch ansprechende Windows-8.1-App, die Zugriff auf Wikipedia-Artikel in allen Sprachen bietet.

**Inoffizielle Wikipedia-Apps**
Vorsicht! Im Windows Store sind neben der offiziellen Wikipedia-App noch einige inoffizielle zu finden, deren Funktionsumfang oft stark eingeschränkt ist, die dafür aber Geld kosten oder voller Werbung sind. Installieren Sie lieber die offizielle Wikipedia-App.

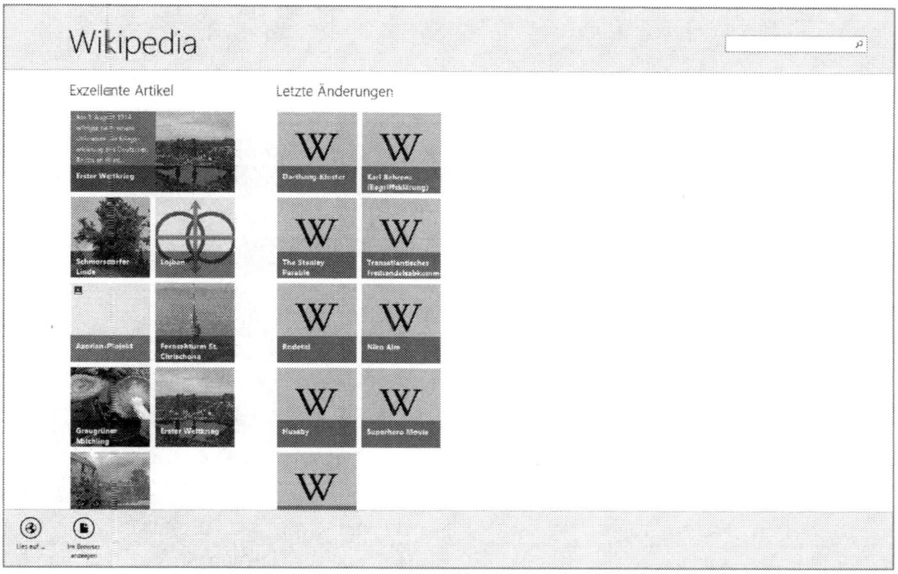

**Bild 3.76:** Die Wikipedia-App für Windows 8.1.

Die App zeigt auf der Startseite ein paar *Exzellente Artikel* zu aktuellen Themen sowie die neuesten Änderungen in der Wikipedia an. Ein Klick auf einen der Artikel zeigt diesen in einer übersichtlichen, Windows-8.1-gerechten Darstellung an. Mit dem Mausrad oder einer Fingerbewegung auf dem Touchscreen scrollen Sie horizontal durch den Artikel. Vertikales Scrollen ist nicht nötig.

Die blauen Links führen zu weiteren Wikipedia-Artikeln, die ebenfalls in der App auf die gleiche Weise dargestellt werden.

Die aktuelle Wikipedia-App bietet oben rechts ein eigenes Suchfeld, da die Verwendung der globalen Suchfunktion aus Windows 8 offenbar vielen Benutzern Schwierigkeiten bereitete oder sie sie gar nicht erst gefunden haben.

Das ist neu in 8.1 & Updates

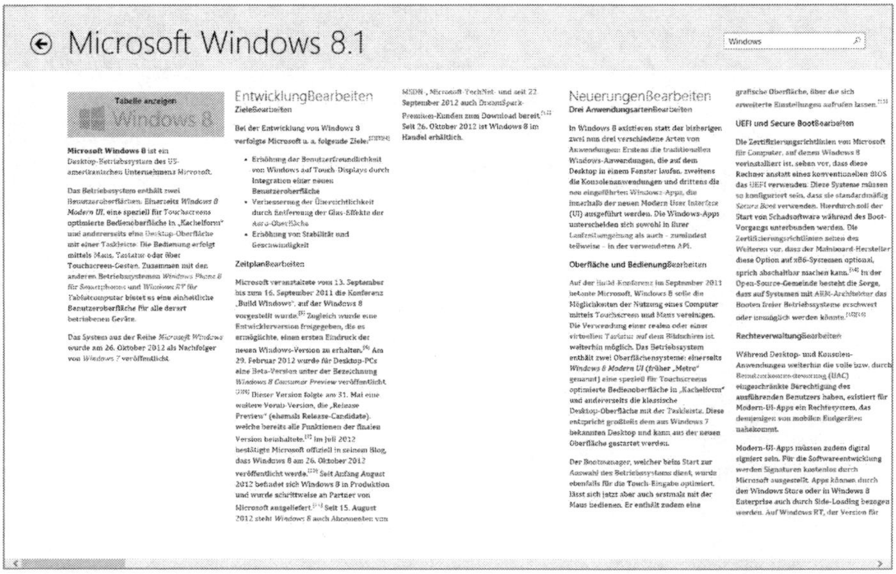


Bild 3.77: Ein aktueller Artikel der deutschen Wikipedia.

## 3.21.2 Google Suche

Eine der am häufigsten heruntergeladenen Apps aus dem Windows Store ist die Google Suche. Trauen die Windows-8.1-Nutzer der Bing-Suche nicht genug zu? Die App *Google Search* bringt ein großformatiges Google-Suchfeld auf den Bildschirm. Geben Sie hier einen Suchbegriff ein, erscheint die bekannte Google-Suche mit den Suchoptionen unter anderem für Bilder und News sowie mit dem direkten Zugriff auf die Google Maps.

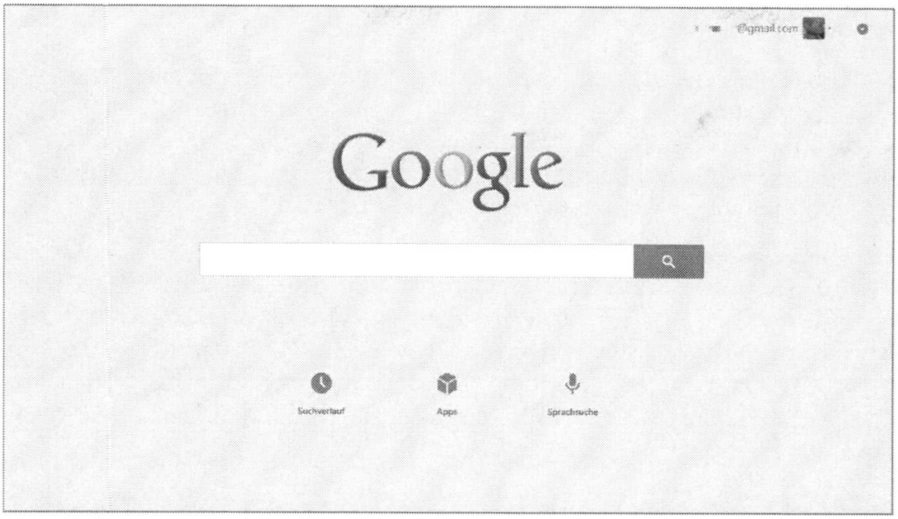


**Bild 3.78:** Die Windows-8.1-App *Google Search* im typisch schlichten Google-Design.

Wirklich interessanten Nutzen bringt die App erst nach Anmeldung mit dem persönlichen Google-Konto. Jetzt wird der Suchverlauf mit anderen PCs und Smartphones, die dasselbe Google-Konto verwenden, synchronisiert, sodass Sie schnell etwas wiederfinden, was Sie z. B. unterwegs auf einem Android-Smartphone gesucht haben.

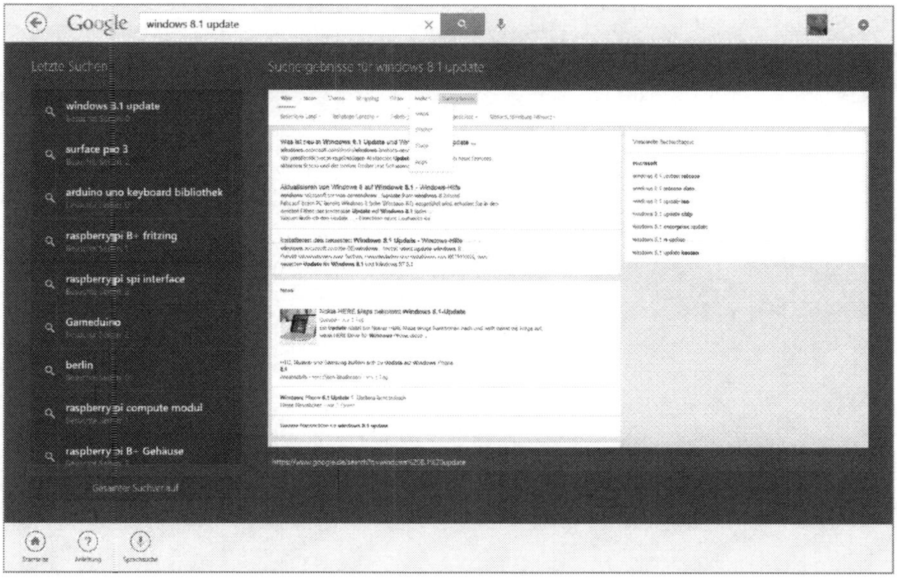


**Bild 3.79:** Im Webprotokoll kann man jederzeit auf frühere Suchanfragen, auch von anderen Geräten, zugreifen.

### 3.21.3 Kindle

Der Onlinebuchhändeler Amazon machte mit seinem E-Book-Lesegerät Kindle das Lesen von E-Books erst richtig populär. Man braucht aber gar keinen Kindle, um die Bücher zu lesen. Eine kostenlose App für Windows 8.1 macht aus dem PC oder Tablet einen vollwertigen Kindle mit Zugang zum Onlineshop wie auch zu den kostenlosen Büchern.

Aber auch die kostenlosen Bücher muss man bei Amazon »kaufen«. Dazu ist ein Amazon-Kundenkonto erforderlich, mit dem man sich nach dem Start in der Kindle-App anmelden muss. Nach der Bestellung wählt man nur noch das Gerät aus, auf dem man das Buch lesen möchte, falls man mehrere Kindles oder Tablets in Gebrauch hat. In der Kindle-App finden Sie alle gekauften sowie auch die kostenlos heruntergeladenen Bücher. Die Titel ohne Häkchen unten rechts sind noch nicht lokal auf dem Gerät verfügbar.

**Bild 3.80:** Übersicht der gekauften und kostenlosen E-Books in der Kindle-App.

Tippen Sie auf ein Buch, öffnet es sich in einem angenehm zu lesenden Vollbildmodus ohne störende Bedienelemente auf dem Bildschirm. Bücher, die noch nicht auf dem Gerät sind, werden automatisch heruntergeladen und können danach auch offline gelesen werden. Ein Tablet halten Sie zum Lesen am besten senkrecht. Auf dem PC werden zwei Seiten nebeneinander angezeigt.

Auf einem Touchscreen blättern Sie im Buch einfach mithilfe von Fingergesten. Statt mit dem Finger über den Bildschirm zu wischen, können Sie auch mit der Maus an den rechten Bildschirmrand klicken, um eine Seite weiterzublättern. Tippen Sie an den linken Bildschirmrand, kommen Sie wieder eine Seite zurück. Das Symbol *Bibliothek* oben links springt wieder zurück in die Liste der Bücher, wobei die aktuelle Position im gerade gelesenen Buch gespeichert wird.

Klicken Sie mit der rechten Maustaste, werden oben und unten Symbolleisten eingeblendet. Über das Symbol *Gehe zu* können Sie an bestimmte Positionen im Buch springen, wie z. B. zum Inhaltsverzeichnis, falls das Buch eines hat. Bei den meisten Kindle-E-Books findet sich das Inhaltsverzeichnis wie bei gedruckten Büchern ganz am Anfang hinter dem Titelbild. Im Inhaltsverzeichnis sind die einzelnen Überschriften verlinkt, sodass man nur noch darauf zu tippen braucht.

Mit dem Symbol *Anzeigen* können Sie je nach Lesegewohnheit die Schriftgröße auf ein angenehmes Maß einstellen. Beim Lesen in der Nacht schalten Sie hier auf den augenfreundlichen Nachtmodus um, der helle Schrift auf dunklem Grund zeigt und so den Leser nicht so stark blendet.

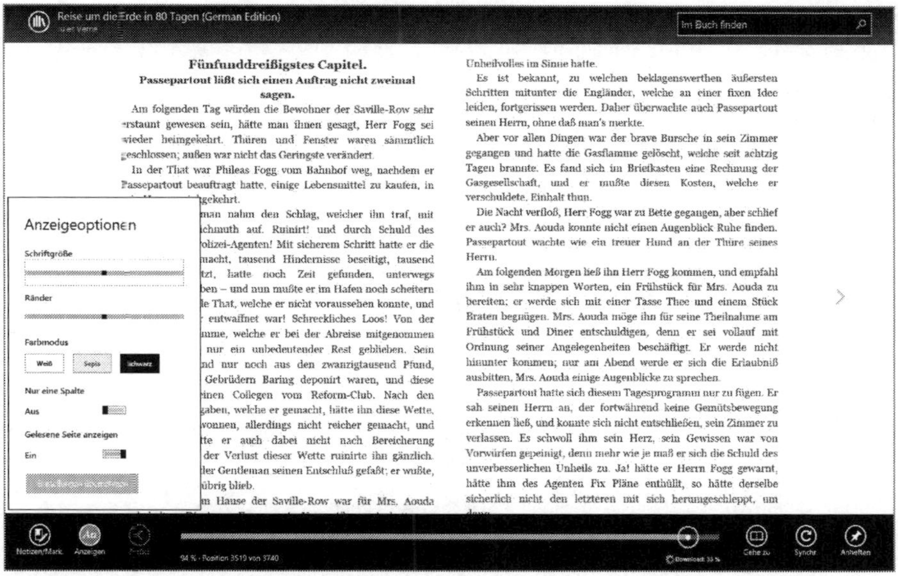


**Bild 3.81:** Persönliche Einstellungen zur augenfreundlichen Darstellung vornehmen.

Das Suchfeld oben rechts ermöglicht eine Volltextsuche nach einem beliebigen Begriff im Buch – eine Funktion, die in gedruckten Büchern undenkbar wäre.

Tippen Sie in der normalen Leseansicht oben rechts auf das Lesezeichensymbol, speichern Sie die aktuelle Position. Derart gespeicherte Positionen lassen sich über das Symbol *Notizen/Mark.* jederzeit wiederfinden. Indem Sie mit dem Finger oder der Maus über eine Textstelle streichen, können Sie diese markieren und mit einer Textnotiz versehen. Solche Notizen werden ebenfalls in der Liste bei den Lesezeichen angezeigt.

## 3.21.4 Twitter

Twitter liefert seit einiger Zeit eine eigene offizielle App für Windows 8.1 mit allen wichtigen Funktionen von Twitter. Hier können Sie Tweets zu bestimmten Themen oder Statusmeldungen Ihrer Freunde mitverfolgen und auch selbst twittern.

Startseite
adafruit industries
The Raspberry Pi Education Fund is Now Accepting Applications! @Raspberry_Pi #piday #raspberrypi
adafruit industries
Community Corner – August 1, 2014: The Featured Projects from this Week
adafruit industries
RadioShack may run out of cash.. #makerbusiness
Deutsche Bahn
Grüezi, liebe Schweiz – wir haben den Schweizer Nationalfeiertag mit den Fahrgästen im ICE 73 nach Basel gefeiert!
onlinekosten.de
#BGH erlaubt interne #Vorratsdatenspeicherung für sieben Tage.
Liv It Up
Went for a barefoot run on the Santa Barbara beach in my @firefox for @Android shirt. Love both of y'all! #Mozilla
instructables
Open Call: Pier 9 & Market Street Prototyping Festival Keystone Project

**Bild 3.82:** Die Twitter-App für Windows 8.1.

**Was ist Twitter?**
Twitter ist ein immer beliebter werdender Kurznachrichtendienst, der zunehmend auch von Firmen und Infoportalen genutzt wird und auf dem besten Weg dazu ist, die klassischen E-Mail-Newsletter zu ersetzen. Twitter eroberte in gerade einmal fünf Jahren in rasanter Geschwindigkeit das Internet. Die Nachrichten, die mit nur 140 Zeichen kürzer als eine SMS sein müssen, gehen schneller um die Welt als jede Tickermeldung einer Agentur. So erfuhr man als Erstes per Twitter den Ausgang der Wahl des Bundespräsidenten, den Tod Osama Bin Ladens oder die geglückte Notlandung eines Flugzeugs im Hudson River. Twitter ist längst kein Spielzeug für Internetfreaks mehr, selbst Barack Obama, das britische Königshaus und der Papst twittern wie 200 Millionen andere Menschen. Auch die Deutsche Bahn nutzt Twitter, um über kurzfristige Fahrplanänderungen aufgrund von Baustellen zu informieren.

Twitter funktioniert seit einiger Zeit nur noch mit persönlicher Anmeldung. Anonym bei Twitter mitzulesen, war früher möglich, wurde aber mittlerweile abgeschaltet. Beim ersten Start wird ein spezielles Fenster geöffnet, in dem Sie sich bei Twitter mit Ihren Benutzerdaten einloggen und den Datenzugriff für die App freigeben müssen.

Im linken Seitenbalken finden Sie die wichtigsten Twitter-Funktionen zur Kommunikation mit anderen Personen (@) und zur Suche nach bestimmten Themen (#), in Twitter als Hashtags bezeichnet.

### 3.21.5 Evernote

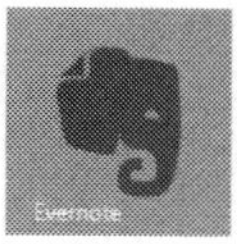
Evernote

Mal kurz eine Notiz zu schreiben und diese dann jederzeit auch wiederzufinden, war noch nie die große Stärke von Windows. Evernote ist das persönliche Notizbuch im Internet, das man immer und überall dabeihat: schnell eine Textnotiz eintippen, ein Foto schießen oder einen Weblink speichern und bei Evernote ablegen.

Auf dem PC kann Evernote mit einem kostenlosen Benutzerkonto im Webbrowser unter *www.evernote.com* und auch als eigenständige Windows-8-App genutzt werden. Für Android-Smartphones, iPhones und Windows Phones sind ebenfalls kostenlose Apps verfügbar, mit denen sich Notizen, Links und Fotos bei Evernote speichern lassen und mit denen man gleichzeitig auf dem Handy Zugriff auf alle seine persönlichen Notizen hat, die auf einem PC oder Smartphone angelegt wurden. Die Synchronisation zwischen Smartphone, Cloud und PC erfolgt vollautomatisch.

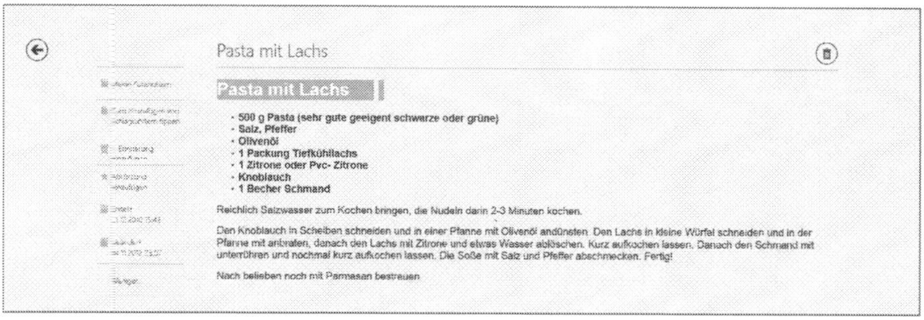
Pasta mit Lachs
Pasta mit Lachs
· 500 g Pasta (sehr gute geeigent schwarze oder grüne)
· Salz, Pfeffer
· Olivenöl
· 1 Packung Tiefkühllachs
· 1 Zitrone oder Pvc- Zitrone
· Knoblauch
· 1 Becher Schmand
Reichlich Salzwasser zum Kochen bringen, die Nudeln darin 2-3 Minuten kochen.
Den Knoblauch in Scheiben schneiden und in einer Pfanne mit Olivenöl andünsten. Den Lachs in kleine Würfel schneiden und in der Pfanne mit anbraten, danach den Lachs mit Zitrone und etwas Wasser ablöschen. Kurz aufkochen lassen. Danach den Schmand mit unterrühren und nochmal kurz aufkochen lassen. Die Soße mit Salz und Pfeffer abschmecken. Fertig!
Nach belieben noch mit Parmesan bestreuen

**Bild 3.83:** Die Evernote-App für Windows 8.1.

Alle Notizen werden automatisch für die Suchfunktion indiziert und lassen sich in Notizbüchern übersichtlich ablegen.

### 3.21.6 Sternatlas

Sternatlas

Der *Sternatlas* bringt den Sternenhimmel auf den PC. Hier können Sie sich interaktiv umsehen und die Namen aller Sterne und Planeten finden. Auf Tablets mit GPS-Empfänger und Kompass übernimmt die App automatisch die aktuelle Position des Benutzers, um den Sternenhimmel an genau diesem Ort zu zeigen. Sie brauchen das Tablet nur in Richtung Himmel zu halten und sehen damit bei jedem Stern gleich dessen Namen.

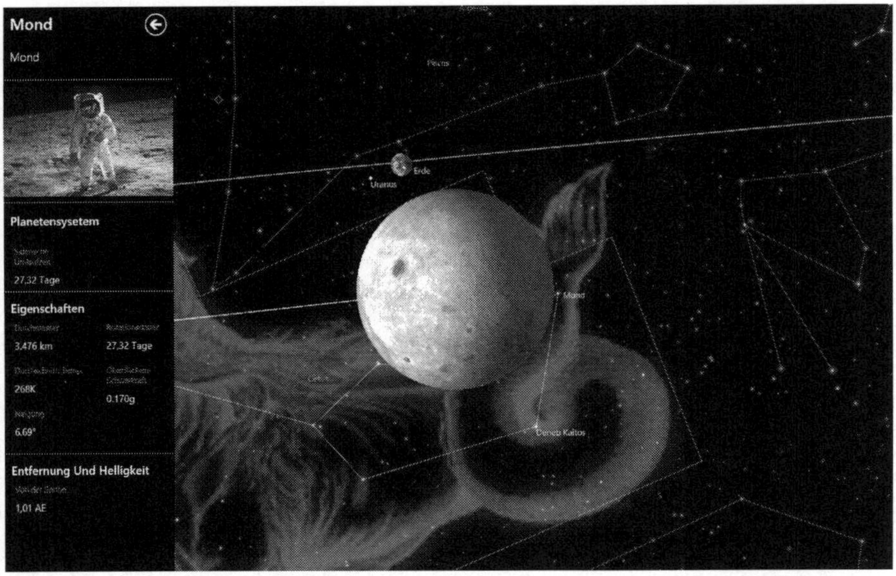


**Bild 3.84:** Klicken Sie auf einen Stern oder Planeten, zeigt der Sternatlas interessante astronomische Details dazu an.

# 4 OneDrive löst SkyDrive ab

Mit OneDrive bietet Microsoft allen Nutzern von Windows (egal welcher Version) wie auch von Windows Phones 7 GB kostenlosen Onlinespeicher an, in dem Fotos und Dokumente in der Cloud abgelegt und auf jedem verbundenen Gerät genutzt werden können. Wer schon länger den Vorgänger SkyDrive nutzt, hat sogar 25 GB zur Verfügung.

Bei Anmeldung über folgenden Empfehlungslink erhalten Leser dieses Buchs 0,5 GB zusätzlichen Speicherplatz bei OneDrive: *1drv.ms/1lkdeA1*.

## 4.1 Enge OneDrive-Einbindung in Windows

Im Gegensatz zu ähnlichen Diensten anderer Anbieter ist OneDrive in Windows 8.1 sehr fest eingebunden. Fotos aus OneDrive-Alben werden unmittelbar in der Fotos-App angezeigt.

### 4.1.1 Zugriff auf Clouddaten und lokale Daten

OneDrive bietet eine eigene App, über die man auf der neuen Windows-8.1-Oberfläche Zugriff nicht nur auf alle eigenen Dateien auf OneDrive hat, sondern auch auf die lokalen Dateien auf dem PC. Damit füllt OneDrive die Lücke des bisher auf der modernen Oberfläche fehlenden Dateimanagers. Für viele einfache Dateioperationen braucht man nicht mehr den Explorer auf dem klassischen Desktop aufzurufen.

Klicken Sie oben auf das Wort *OneDrive*, erscheint eine Auswahlliste, in der Sie zwischen dem Onlinespeicher OneDrive und dem lokalen PC umschalten. In der Ansicht *Dieser PC* werden die wichtigen Standardverzeichnisse sowie alle Laufwerke und die verbundenen Netzlaufwerke angezeigt.

**OneDrive ersetzt Windows Live Mesh**
OneDrive ersetzt Microsofts älteren Synchronisationsdienst Windows Live Mesh und bietet dazu weitere Funktionen. Das Synchronisationstool für Windows Live Mesh wird nicht mehr zum Download angeboten. Windows Live Mesh und OneDrive können nicht gleichzeitig genutzt werden. Microsoft empfiehlt allen Nutzern von Windows Live Mesh, auf OneDrive umzusteigen.

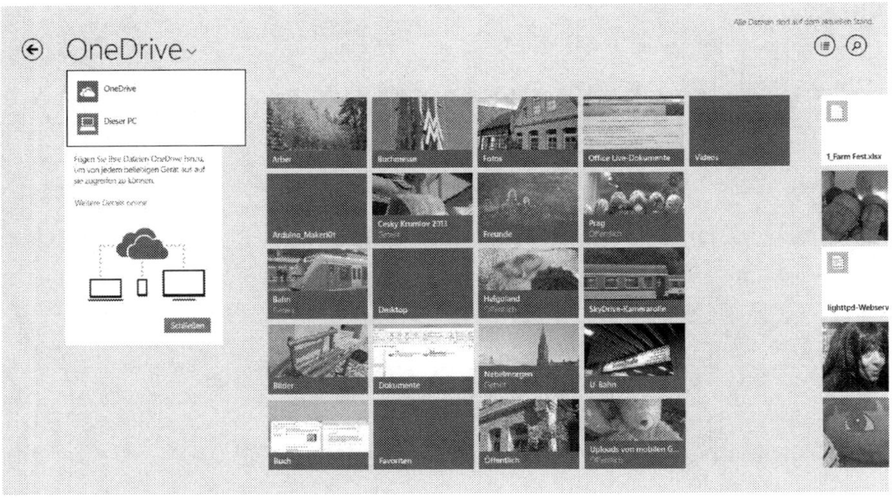


**Bild 4.1:** Die OneDrive-App in Windows 8.1.

## 4.2 Gleichbehandlung aller Daten

Die OneDrive-App bietet die Möglichkeit, Dateien zu kopieren und zu verschieben. Dabei werden lokale Dateien und Dateien bei OneDrive in gleicher Weise behandelt.

### 4.2.1 Markierte Dateien kopieren und verschieben

Klicken Sie mit der rechten Maustaste auf eine oder mehrere Dateien, um sie zu markieren. Um die Dateien in ein anderes Verzeichnis zu kopieren, klicken Sie in der unteren Symbolleiste auf *Kopieren*, um sie zu verschieben, klicken Sie auf *Ausschneiden*. Wechseln Sie dann in das Zielverzeichnis, klicken Sie mit der rechten Maustaste, um die Symbolleiste einzublenden, und klicken Sie dann auf *Einfügen*.

**Wo sind die Dateinamen?**
Die Standardansicht zeigt bei Fotos keine Dateinamen an. Schalten Sie oben rechts mit dem Listensymbol auf die Listendarstellung um, zeigt OneDrive zu jeder Datei den Dateinamen sowie Datum und Größe an.

In der Symbolleiste lassen sich auch neue Ordner anlegen oder einzelne Dateien umbenennen. Ein Umbenennen mehrerer Dateien in Serie ist nicht möglich. Solange nur eine einzelne Datei markiert ist, kann diese durch direktes Anklicken mit der zugeordneten Standardanwendung geöffnet werden. Über das Symbol *Öffnen mit* öffnen Sie die Datei mit einer anderen Anwendung, die dieses Dateiformat kennt, und können auch für die Zukunft die Standardanwendung zum Öffnen dieses Dateityps ändern.

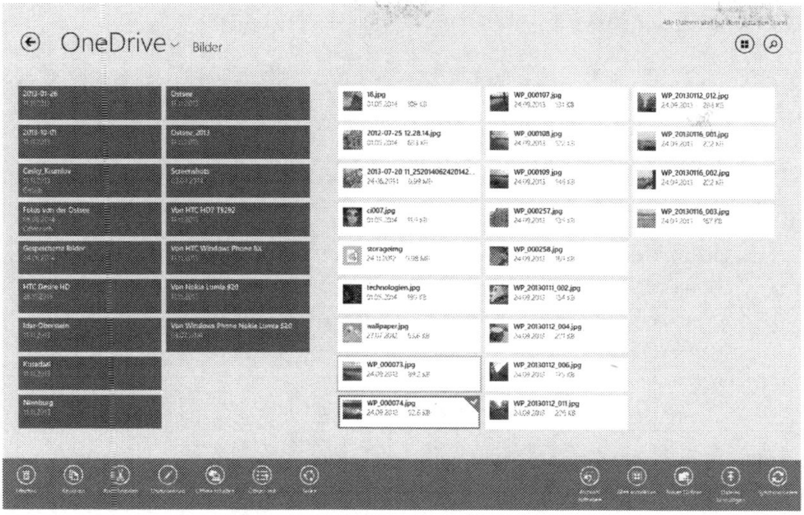


Bild 4.2: Dateien in der Listenansicht kopieren.

## 4.3 Upload von Bildern nach OneDrive

In der OneDrive-App ist es möglich, Fotos aus OneDrive-Alben über die Fotos-App anzuzeigen. Es wird kein eigener Bildbetrachter mehr verwendet. Hier können die Bilder auch heruntergeladen und lokal gespeichert werden. Markieren Sie dazu die gewünschten Fotos und klicken Sie in der Symbolleiste auf *Offline schalten*. Die Daten werden automatisch auf die lokale Festplatte kopiert. Für die Verwendung ändert sich nichts. Die Daten sind auch im Offlinemodus weiterhin unter OneDrive zu finden.

Bild 4.3: Fotoalbum auf OneDrive in der OneDrive-App.

### 4.3.1 Fotos vom lokalen PC auf OneDrive hochladen

Um Fotos vom eigenen PC auf OneDrive hochzuladen, öffnen Sie das gewünschte Album in der OneDrive-App und klicken mit der rechten Maustaste. Am unteren Bildrand erscheint eine Symbolleiste. Klicken Sie hier auf *Dateien hinzufügen.* Wählen Sie im nächsten Bildschirm die gewünschten Fotos auf dem PC aus, die in das Album hochgeladen werden sollen. Außerdem können Sie hier auch einen neuen Fotoordner anlegen.

Jetzt wählen Sie die Bilder aus, die anschließend mit der Schaltfläche *Nach OneDrive kopieren* auf OneDrive hochgeladen werden. In der Symbolleiste unten im Fotoalbum schalten Sie bei Bedarf zwischen Miniaturbildern und Detailansicht um.

### 4.3.2 Alle Fotos automatisch auf OneDrive sichern

Gerade Fotos werden besonders gern auf OneDrive abgelegt, damit man sie leicht auch unabhängig vom eigenen PC zeigen kann, z. B. durch Weitergabe von Links oder Übertragung auf ein Smartphone oder Tablet. Windows 8.1 macht es seit einem Update leicht, neue und bearbeitete Bilder automatisch auf OneDrive abzulegen. Anders als früher braucht man jetzt nicht mehr den Standardpfad des *Bilder*-Verzeichnisses zu ändern.

Das ist neu in 8.1 & Updates

Öffnen Sie über den Charm *Einstellungen* auf dem Startbildschirm die PC-Einstellungen und wählen Sie dort den Bereich *OneDrive/Eigene Aufnahmen.*

Fotos aus dem Ordner *Eigene Aufnahmen* können automatisch auf OneDrive in das Verzeichnis *OneDrive-Kamerarolle* hochgeladen werden. Legen Sie nur noch fest, ob die Fotos in bester Qualität, also in Originalauflösung, hochgeladen werden sollen oder ob OneDrive die Auflösung reduzieren soll, um Speicherplatz zu sparen. Für die Darstellung auf dem Bildschirm reicht die als *gute Qualität* bezeichnete Auflösung noch völlig aus. Die Originaldateien im lokalen Ordner *Eigene Aufnahmen* bleiben unverändert.

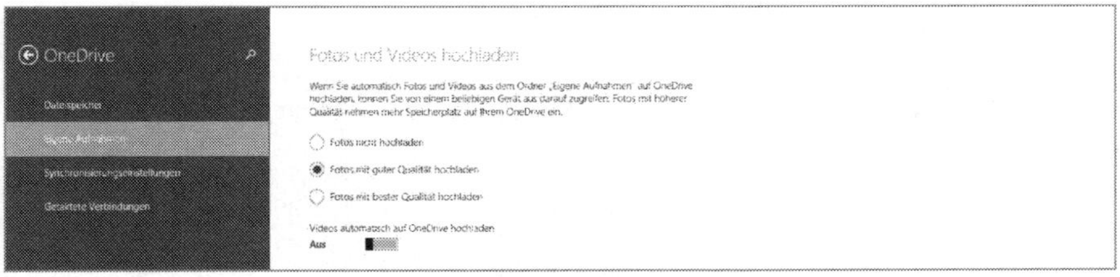


**Bild 4.4:** Einstellungen zum automatischen Hochladen von Fotos auf OneDrive in den PC-Einstellungen.

### 4.3.3 Vom Windows Phone direkt auf die Kamerarolle

Smartphones mit Microsofts Windows-Phone-Betriebssystem lassen sich automatisch mit OneDrive verbinden, sodass Sie die mit dem Handy aufgenommenen Fotos nicht erst jedes Mal vom Handy auf den PC übertragen müssen.

Aktivieren Sie in den Einstellungen auf dem Windows Phone unter *Fotos & Kamera* die Option für den automatischen Upload auf OneDrive. Alle neuen Fotos von der Handykamera werden automatisch in das Onlinealbum *OneDrive-Kamerarolle* hochgeladen. Dieses Album ist nur für Sie selbst zugänglich. Es ist nicht öffentlich und wird unter Windows 8.1 in der OneDrive-App bei den eigenen Alben angezeigt.

## 4.4 OneDrive-Konfiguration maßgeschneidert

In den PC-Einstellungen auf dem Startbildschirm sehen Sie unter *OneDrive*, wie viel von Ihrem OneDrive-Speicherplatz noch verfügbar ist, und können auch direkt online weiteren Speicherplatz erwerben, was im Vergleich zu anderen Anbietern wie Dropbox oder Google Drive sogar preisgünstig ist.

Das ist neu in 8.1 & Updates

### 4.4.1 Auto-Speichern nur bei Bedarf abschalten

Standardmäßig ist OneDrive so eingestellt, dass der Ordner *Dokumente* automatisch synchronisiert wird. Das kann sehr praktisch sein, aber auch dazu führen, dass wertvoller Speicherplatz auf OneDrive verloren geht, den Sie für andere Dateien mehr brauchen. Bei Bedarf können Sie das automatische Speichern der Dokumente in den OneDrive-Einstellungen unter *Dateispeicher* abschalten.

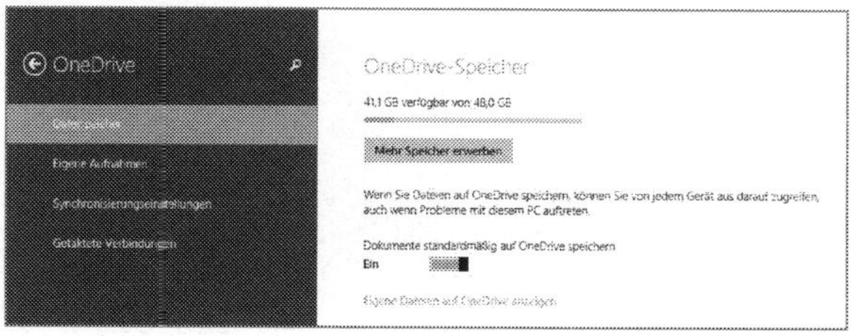


**Bild 4.5:** Anzeige des verfügbaren Speicherplatzes auf OneDrive in den PC-Einstellungen.

### 4.4.2 Festlegen der Synchronisierungseinstellungen

Im Bereich *Synchronisierungseinstellungen* legen Sie fest, welche Einstellungen des PCs mit anderen PCs über OneDrive synchronisiert werden sollen. Wenn Sie *Startseite*, *Darstellung* und *Desktoppersonalisierung* synchronisieren, sehen alle Ihre PCs genau gleich aus. Jede Veränderung auf der Startseite oder auf dem Desktop wirkt sich auf alle PCs aus.

Das ist neu in 8.1 & Updates

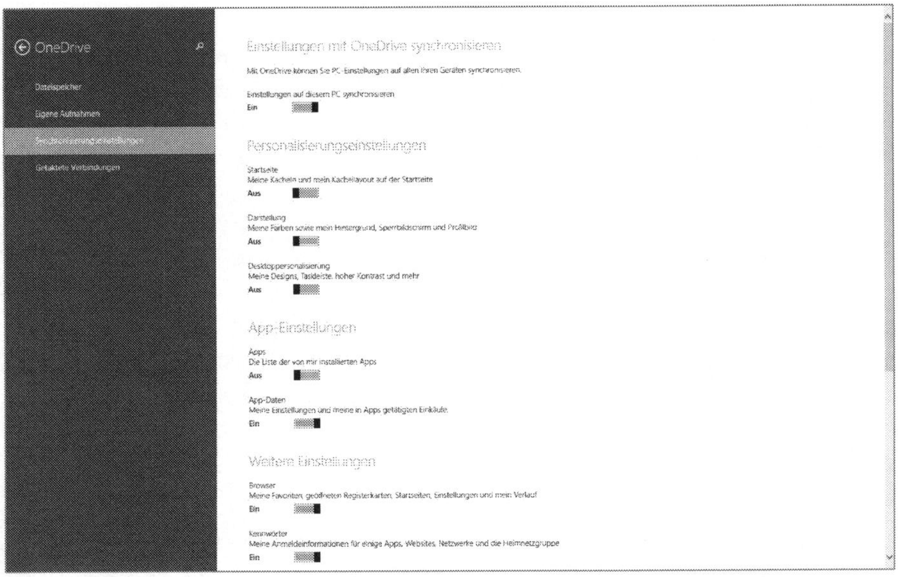


**Bild 4.6:** PC-Einstellungen über OneDrive mit anderen Geräten synchronisieren.

Die auf einem Gerät installierten Apps lassen sich automatisch auch auf allen anderen Geräten installieren. Das gilt allerdings nur für die neuen Windows-Store-Apps und nicht für Programme auf dem klassischen Desktop. Nicht immer braucht man wirklich die gleichen Apps auf jedem seiner Geräte, allerdings ist es sinnvoll, zumindest die App-Daten zu synchronisieren, damit Apps, die auf mehreren Geräten verwendet werden, die gleichen Inhalte und Einstellungen haben.

### 4.4.3 Weitere nützliche Einstellungen vornehmen

Sehr nützliche Einstellungen verstecken sich weiter unten unter der Überschrift *Weitere Einstellungen.* Hier legen Sie fest, dass Browserlesezeichen, geöffnete Registerkarten, die Verlaufsliste im Internet Explorer sowie optional auch Passwörter und Anmeldeinformationen für Webseiten synchronisiert werden. So können Sie zum Beispiel auf einem Tablet leicht einen Artikel im Internet weiterlesen, den Sie auf dem PC angefangen hatten.

**OneDrive als Backup für PC-Einstellungen**
Nicht alle Einstellungen lassen sich zwischen Geräten unterschiedlicher Hardware synchronisieren. Für nicht synchronisierbare Einstellungen lässt sich OneDrive wenigstens als Backup verwenden, um diese Einstellungen nach einem Reset auf dem gleichen PC wiederherzustellen. Aktivieren Sie dazu den Schalter *Einstellungen für diesen PC sichern* ganz unten in den *Synchronisierungseinstellungen.*

Im Bereich *Getaktete Verbindungen* legen Sie fest, ob Daten und Synchronisierungseinstellungen auch über Mobilfunkverbindungen, die nach Datenvolumen abgerechnet werden, automatisch auf OneDrive hoch- und heruntergeladen werden sollen. Die Synchronisierung beim Roaming im Ausland sollten Sie auf jeden Fall ausgeschaltet lassen, da hier extrem hohe Kosten anfallen können.

## 4.5 OneDrive als klassische Desktopanwendung

Microsoft bietet für Windows 8 und Windows 7 eine OneDrive-Anwendung für den Windows-Desktop an, mit der sich lokale Verzeichnisse direkt mit OneDrive synchronisieren lassen. Diese Anwendung funktioniert in Windows 8.1 nicht mehr. Sollte sie noch auf Ihrem PC installiert sein, deinstallieren Sie sie, um OneDrive in Windows 8.1 nutzen zu können. OneDrive ist jetzt voll in den Windows-Explorer integriert.

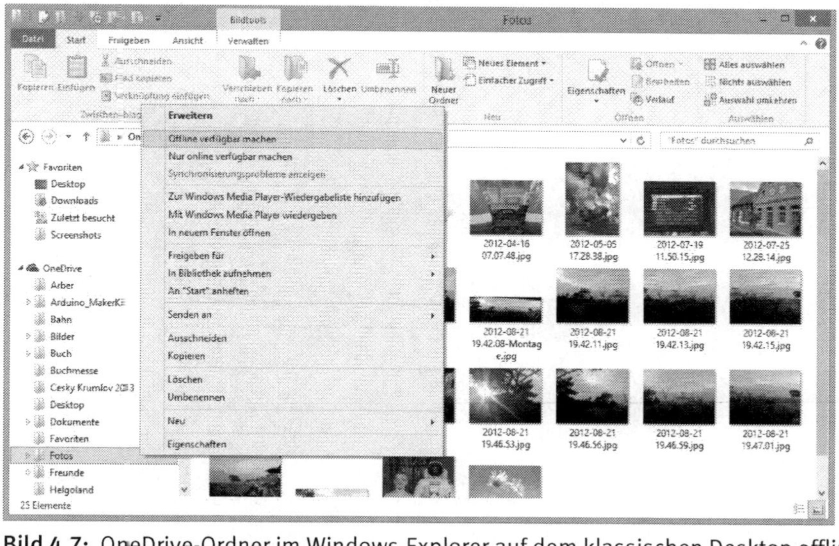


**Bild 4.7:** OneDrive-Ordner im Windows-Explorer auf dem klassischen Desktop offline verfügbar machen.

**Der OneDrive-Ordner**

Der OneDrive-Ordner liegt standardmäßig im Dateisystem im eigenen Benutzerverzeichnis unter *C:\Users\<Benutzername>\OneDrive*. Haben Sie auf dem Computer früher bereits den OneDrive-Vorgänger SkyDrive benutzt, lautet der Verzeichnisname *C:\Users\<Benutzername>\SkyDrive*. Microsoft hat mit der Namensänderung die lokale Verzeichnisstruktur nicht verändert, um eventuelle Verknüpfungen oder Batchdateien nicht zu beschädigen.

Der Explorer zeigt in Windows 8.1 alle Ordner auf OneDrive wie lokale Ordner an, ohne dass die Daten lokal auf dem PC zur Verfügung stehen. Möchten Sie bestimmte Ordner auch ohne Internetverbindung nutzen, klicken Sie mit der rechten Maustaste darauf und wählen im Kontextmenü *Offline verfügbar machen.* Die Daten werden auf die lokale Festplatte kopiert und bei Änderungen auch automatisch synchronisiert.

## 4.6 Grenzenloser Zugriff auf OneDrive-Daten

Auch ohne OneDrive-App haben Sie von jedem PC der Welt und auch mit jeder Windows-Version Zugriff auf Ihre bei OneDrive abgelegten Daten. Gehen Sie dazu mit dem Browser auf *OneDrive.com* – oder kürzer *1drv.ms* – und melden Sie sich dort mit Ihrem Microsoft-Konto an. Die Oberfläche der Webseite wurde kurz vor dem Start von Windows 8 an das Design der OneDrive-App angepasst.

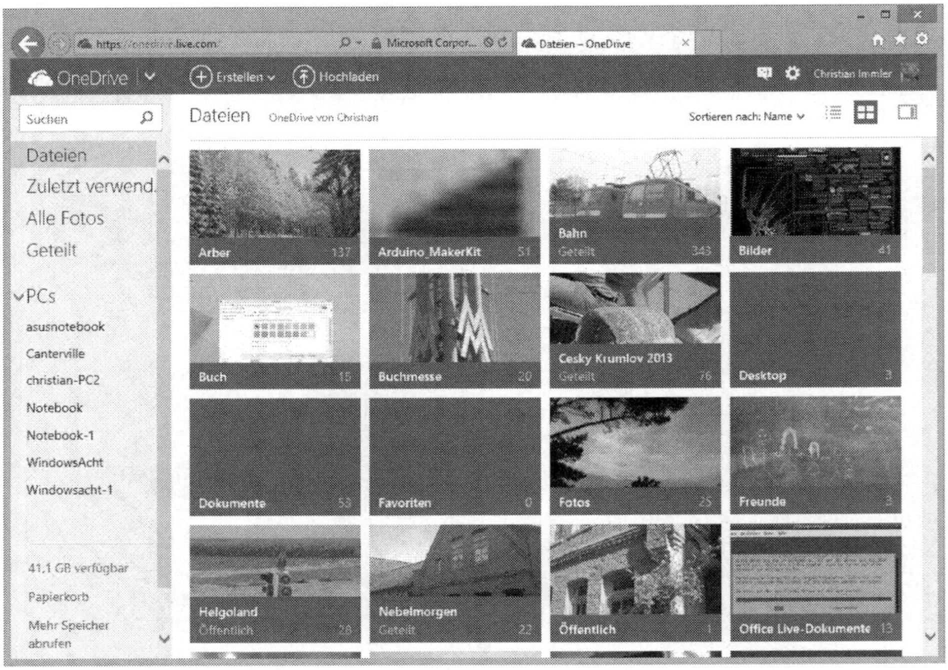


**Bild 4.8:** Der persönliche OneDrive-Ordner im Browser.

Sie finden Ihr persönliches OneDrive nach der Anmeldung auch auf allen Seiten von Hotmail oder Outlook.com im Menü am oberen Fensterrand.

### 4.6.1 Fotos oder ganze Bilderordner herunterladen

In der Galerieansicht von OneDrive im Browser sehen Sie mit einem Klick auf einen Ordner Vorschaubilder aller Fotos und Dateien dieses Ordners. In der Menüleiste unter

*Ordneraktionen* können Sie diesen Ordner komplett als ZIP-Archiv herunterladen und anschließend auf dem PC entpacken. Auf diese Weise sparen Sie sich viele Klicks auf jede einzelne Datei.

Klicken Sie auf eine Datei, wird diese angezeigt. Die Links in der Titelleiste oben ändern sich. Hier finden Sie jetzt unter anderem einen Link, um diese Datei auf den PC herunterzuladen.

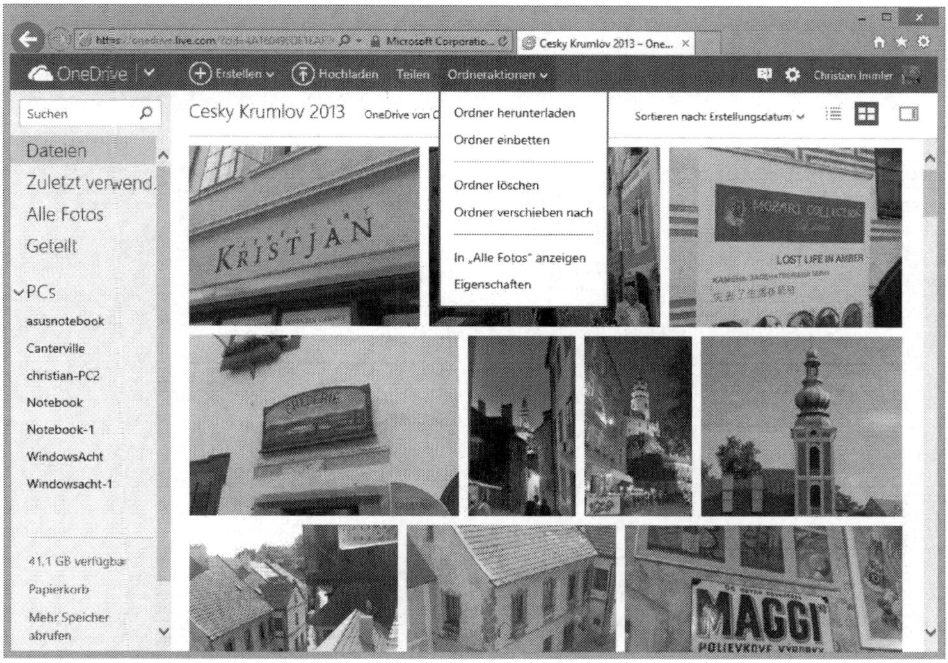


**Bild 4.9:** Galerieansicht eines Ordners in OneDrive.

## 4.6.2 Dateien aus dem Webbrowser hochladen

OneDrive bietet auch im Browser die Möglichkeit, Fotos oder andere Dateien vom eigenen PC hochzuladen. Wechseln Sie dazu in den gewünschten Ordner und klicken Sie oben auf *Hochladen*. Jetzt können Sie eine oder mehrere lokale Dateien auswählen, die anschließend in den entsprechenden OneDrive-Ordner hochgeladen werden. Im Menü *Erstellen* ganz oben haben Sie die Möglichkeit, einen neuen Ordner auf OneDrive anzulegen.

## 4.6.3 Dateien und Ordner für andere Nutzer freigeben

OneDrive kann als persönlicher Cloudspeicher wie auch zum Veröffentlichen von Dateien für Freunde, Geschäftspartner oder für die ganze Welt im Internet verwendet werden. Bei allen OneDrive-Ordnern können Sie deshalb einstellen, ob die Dateien nur für Sie selbst oder öffentlich sichtbar sein sollen. Zusätzlich haben Sie die Möglichkeit, bestimmten Personen zu erlauben, die Dateien zu sehen oder sogar selbst Dateien einem Ordner hinzuzufügen.

1. Mit dem Symbol ganz oben rechts blenden Sie einen Seitenbalken mit Detailinformationen ein. Im Bereich *Teilen* werden bei jedem Ordner die Zugriffsberechtigungen angezeigt. Mit einem Klick darauf können Sie eine Zugriffsberechtigung auch ganz leicht wieder entfernen.

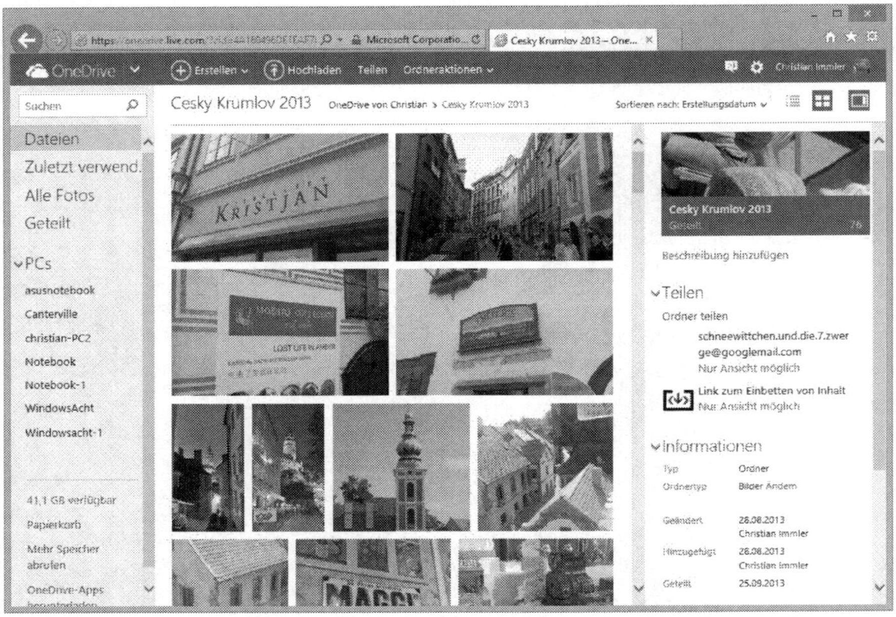


**Bild 4.10:** Informationsleiste zu einem OneDrive-Album.

2. Klicken Sie auf den Link *Ordner teilen*, können Sie eine E-Mail an Personen schicken, die die Dateien im Ordner sehen dürfen. Dabei werden spezielle Links mit Zugangsschlüsseln generiert, über die man an die Ordner kommt, die öffentlich nicht zu finden sind. Beim Generieren dieser Links und der E-Mail können Sie festlegen, ob die Empfänger die Elemente im OneDrive-Ordner bearbeiten und neue dazu hochladen dürfen.

3. Genauso einfach wie per E-Mail können Sie Links zu OneDrive-Ordnern auch über Facebook, Twitter oder andere soziale Netzwerke veröffentlichen. Unter *Link abrufen* generieren Sie verschiedene Links entweder zum Anzeigen oder zum Anzeigen und Bearbeiten eines OneDrive-Ordners. Diese Links können auf beliebigem Weg weitergegeben werden.

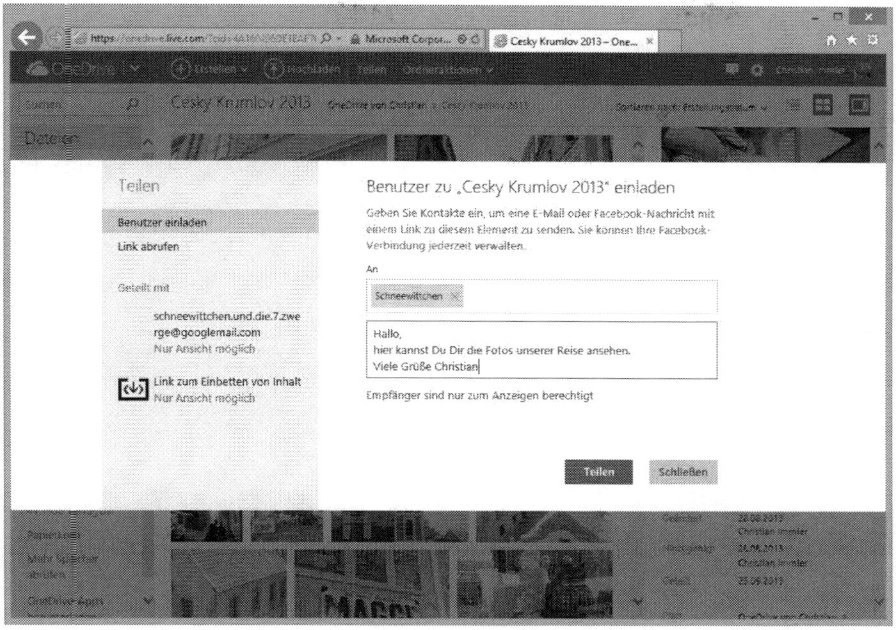


**Bild 4.11:** E-Mail mit Link zu einem OneDrive-Ordner erstellen.

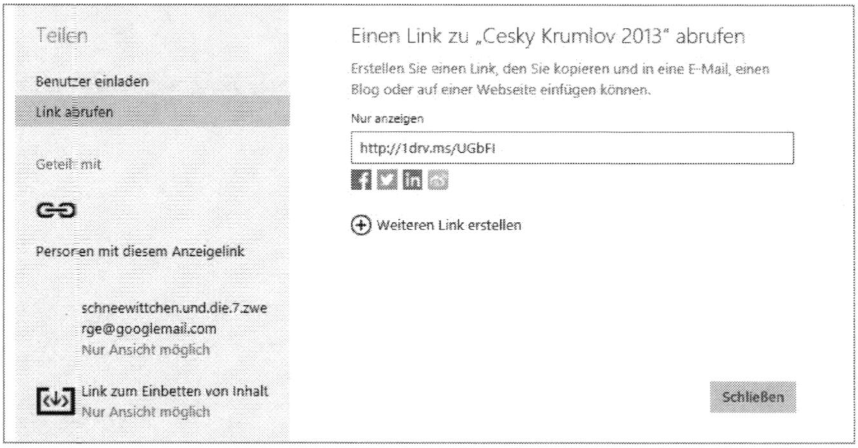


**Bild 4.12:** Link zu einem OneDrive-Ordner erstellen.

4. Da die Links durch ihre Zugangsschlüssel sehr lang werden, sind sie schwer abzuschreiben oder gar zu merken. Je nach Art der Weitergabe empfiehlt es sich, sie zu verkürzen. Ein Klick auf *Link kürzen* erstellt einen Kurzlink, der sich deutlich einfacher weitergeben lässt. Microsoft verwendet bei OneDrive den eigenen URL-Verkürzungsdienst *1drv.ms*.

5. Mit dem Link *Link zum Einbetten von Inhalt* generieren Sie einen HTML-Code, mit dem Sie ein OneDrive-Album ganz einfach in ein Blog oder eine eigene Webseite

einbinden können. Dabei wird die iFrame-Technologie verwendet, sodass Sie sich um das Layout des Albums keine Gedanken zu machen brauchen.

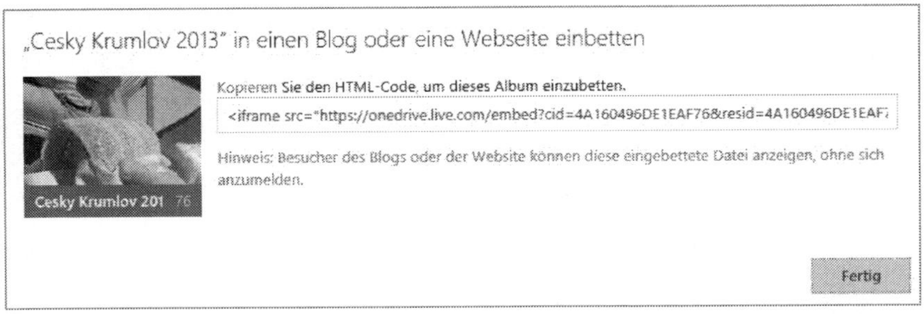
„Cesky Krumlov 2013" in einen Blog oder eine Webseite einbetten
Kopieren Sie den HTML-Code, um dieses Album einzubetten.
<iframe src="https://onedrive.live.com/embed?cid=4A160496DE1EAF76&resid=4A160496DE1EAF
Hinweis: Besucher des Blogs oder der Website können diese eingebettete Datei anzeigen, ohne sich anzumelden.
Cesky Krumlov 201
Fertig

**Bild 4.13:** Link zum Einbetten eines OneDrive-Albums in eine Webseite oder ein eigenes Blog generieren.

## 4.7 Office-Dokumente auch online bearbeiten

OneDrive kann Dateien, Fotos und Dokumente nicht nur speichern und überall verfügbar halten. Ebenfalls interessant ist die Möglichkeit, Office-Dokumente auf OneDrive online zu bearbeiten. Bis jetzt gibt es noch keine lokal installierbare Office-Version für die neue Windows-8.1-Oberfläche.

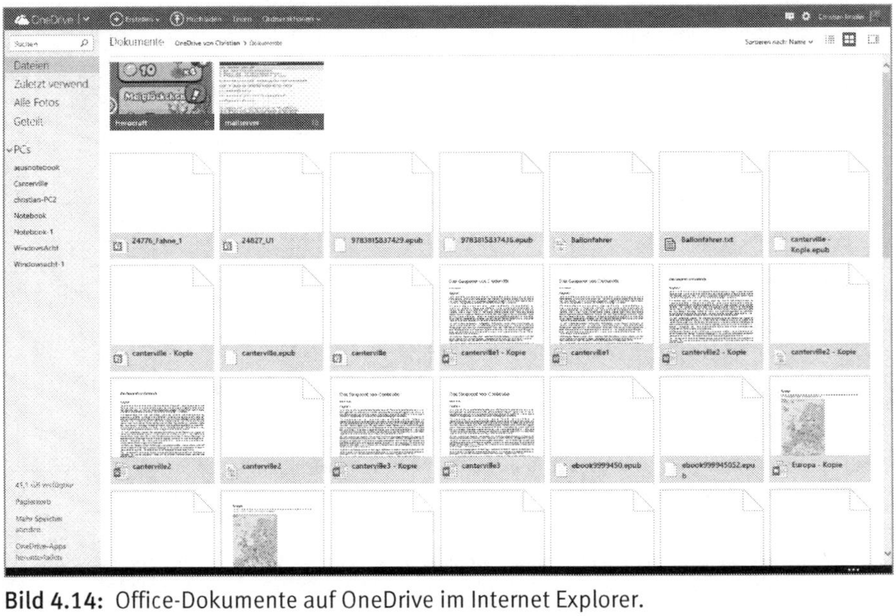
Dokumente
Dateien
Zuletzt verwend.
Alle Fotos
Geteilt
PCs

**Bild 4.14:** Office-Dokumente auf OneDrive im Internet Explorer.

Die OneDrive-App in Windows 8.1 öffnet alle Dateien mit lokal auf dem PC installierten Anwendungen. Öffnen Sie OneDrive aber im neuen Internet Explorer und nicht als App, werden Office-Dokumente wie auch Textdateien, PDF-Dokumente und E-Books im EPUB-Format als Symbolbilder angezeigt. Mit einem Klick werden sie in *Word Online* innerhalb des Internet Explorer dargestellt – zunächst nur in einer reinen Leseansicht.

Das ist neu in 8.1 & Updates

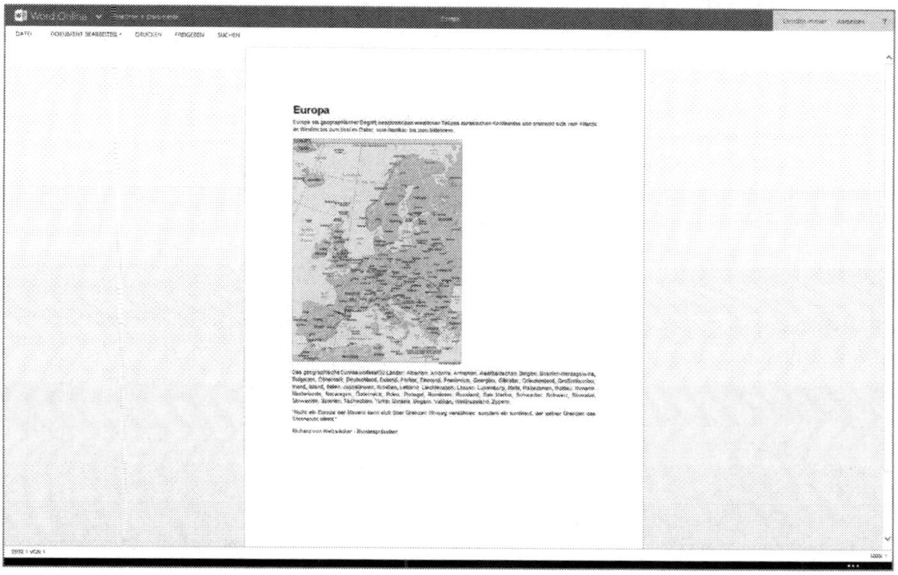


**Bild 4.15:** Word-Dokument in der Leseansicht der *Word Web App.*

Klicken Sie dort oben links auf *Dokument bearbeiten* und wählen dann *In Word Online bearbeiten*, erscheint eine Symbolleiste, die der von Office 2010 ähnelt. Das Dokument wird im Hintergrund in ein bearbeitbares Format umgewandelt. Jetzt können Sie wie mit einem lokal installierten Office Änderungen an dem Dokument vornehmen und dieses danach auch wieder auf OneDrive speichern. Die bearbeitete Version steht dann automatisch in Ihrem OneDrive-Ordner zur Verfügung.

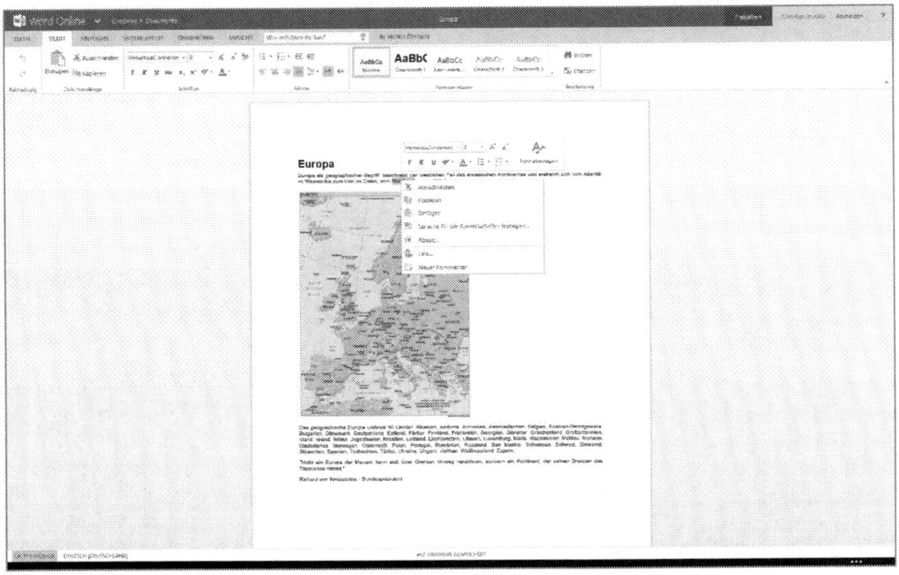


**Bild 4.16:** Word-Dokument in *Word Online* bearbeiten.

Auch Excel-Tabellen lassen sich via OneDrive in *Excel Online* bearbeiten. Dabei stehen alle wichtigen Funktionen und Formate von Excel zur Verfügung.

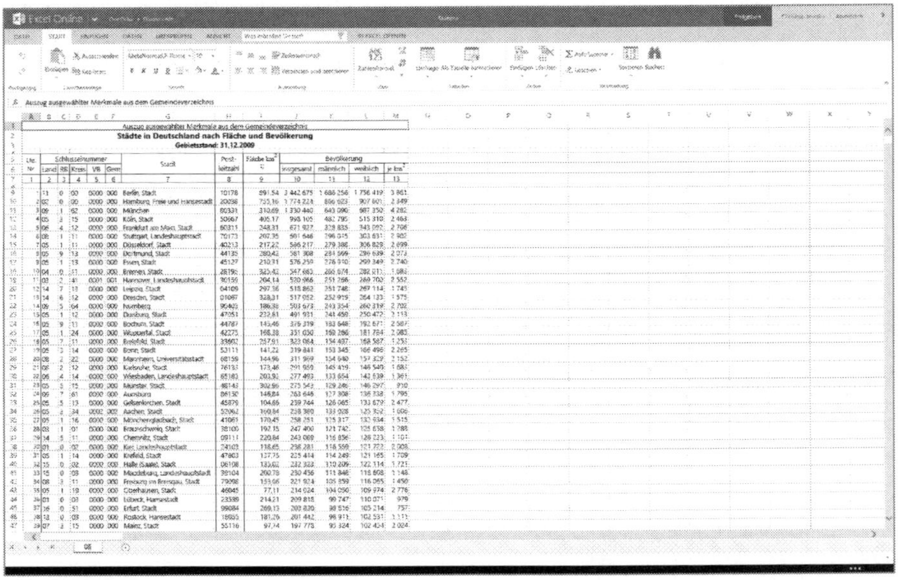


**Bild 4.17:** Excel-Tabelle in *Excel Online*.

# 5 Mehr Foto braucht man nicht

Die elektronische Bearbeitung von Fotos gehört zu den beliebtesten Anwendungsgebieten für Computer überhaupt. Im Zeitalter von Digitalkameras und Festplatten mit vielen GB Kapazität hat jeder Tausende von Fotos auf seinem Computer und oft auch in diversen Onlinealben bei OneDrive, Flickr, Picasa oder Facebook. Natürlich bietet auch Windows 8.1 diverse Möglichkeiten zur Verwaltung und Bearbeitung seiner Bilder.

## 5.1 Schnelle und einfache Bildbearbeitung

Windows 8.1 bietet einen komfortablen Bildbetrachter, der besonders zur Bedienung mit Touchscreens optimiert ist, sich aber auch gut auf dem PC mit der Maus nutzen lässt.

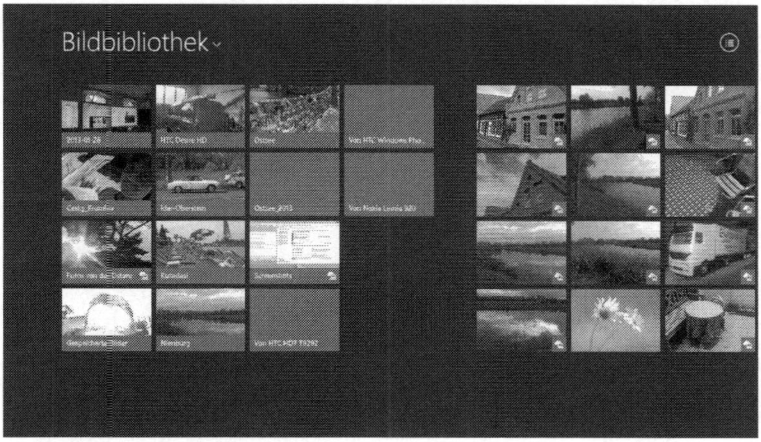


**Bild 5.1:** Fotos anzeigen in Windows 8.1.

### 5.1.1 Fotoalben öffnen und darin blättern

Die App *Fotos* zeigt neben den auf dem Computer bzw. Tablet gespeicherten Fotos auch Bilder aus eigenen Fotoalben bei OneDrive an. Die Einbindung von Fotoalben aus Facebook und Flickr wurde mit Windows 8.1 leider abgeschaltet.

Das ist neu in 8.1 & Updates

Durch einfaches Antippen öffnen Sie die Alben und kommen so zu den einzelnen Bildern. Auf Touchscreens blättert man mit einer horizontalen Wischbewegung zwischen den Bildern, auf dem PC erscheint am unteren Bildschirmrand eine Bildlaufleiste zur Bedienung mit der Maus. Alternativ lassen sich auch die Pfeiltasten der Tastatur nutzen. Das Pfeilsymbol oben links springt immer wieder eine Ebene nach oben. Generell funktionieren Anzeige und Steuerung immer gleich, unabhängig davon, ob es sich um lokal gespeicherte Fotos oder um Bilder aus einem OneDrive-Album handelt.

**Bild 5.2:** Fotoanzeige mit eingeblendeter Symbolleiste unten.

Ein Rechtsklick auf ein Bild oder das Tastenkürzel Win + Z blendet am unteren Bildschirmrand eine Funktionsleiste ein, über die sich das Bild als App-Kachel oder als Hintergrund für den Sperrbildschirm festlegen lässt. Hier finden Sie auch die Möglichkeit, alle Bilder des Albums als Diashow anzuzeigen.

## 5.1.2 Wirkungsvolle Ausschnittvergrößerungen

Auf manchen Bildern ist nur ein Teilbereich wirklich interessant. Darum herum sieht man z. B. öde Landschaften oder sogar störende Objekte, die besser nicht mit fotografiert worden wären, wie zum Beispiel Personen, die ins Bild gerannt sind. Die neue Fotos-App in Windows 8.1 besitzt eine komfortable Funktion, aus einem Bild einen Teilbereich auszuschneiden.

Klicken Sie dazu in der Ansicht eines Bilds in der Funktionsleiste am unteren Bildschirmrand auf die Schaltfläche *Zuschneiden*. Es erscheint ein rechteckiger Ausschnitt, markiert mit einem Raster. Sie können die Größe des Bildausschnitts jederzeit ändern, indem Sie auf die Ecken klicken und daran ziehen. Klicken Sie in den Bildausschnitt, können Sie ihn durch Ziehen mit der Maus auf dem Bild verschieben.

**Bild 5.3:** Bildausschnitt wählen.

Über das Symbol *Seitenverhältnis* links unten können Sie ein Seitenverhältnis für den neuen Bildausschnitt wählen. Diese Seitenverhältnisse orientieren sich an den gängigen Formaten für Papierbilder aus Fotolabors. Auch das Seitenverhältnis des Sperrbildschirms steht zur Auswahl, um einen Bildausschnitt dort als Hintergrund zu verwenden.

## 5.1.3 Bessere Bildqualität mit nur einem Klick

Die Fotos-App in Windows 8.1 bietet erstmals auch Möglichkeiten zur Bearbeitung von Fotos, um Bilder mit wenigen Klicks zu verbessern. Die Bearbeitungsfunktionen werden mit einem Klick auf das Symbol *Bearbeiten* rechts unten eingeblendet.

Das ist neu in 8.1 & Updates

**Bild 5.4:** Mit nur einem Klick erhalten flaue Bilder wieder neue Frische.

Wenn es lediglich darum geht, ein Bild einfach etwas besser aussehen zu lassen, als es aufgenommen wurde, bewirkt die *Automatische Korrektur* oft Wunder. Hier werden Helligkeit und Farbwerte nach automatischen Algorithmen angepasst, um dem Bild mit nur einem Klick ein besseres Aussehen zu verpassen. Die Palette am rechten Bildschirmrand zeigt Vorschaubilder verschiedener Farbkorrekturen, von denen Sie eines auswählen können.

**Änderungen speichern**
Alle Änderungen werden zunächst nicht automatisch auf das Bild übernommen, sondern müssen erst gespeichert werden. Dabei haben Sie die Wahl, das Originalbild zu verändern oder eine Kopie mit den Änderungen anzulegen. Klicken Sie im veränderten Bild mit der rechten Maustaste, um eine Symbolleiste zum Speichern einzublenden, in der Sie auch die letzte Änderung rückgängig machen oder die Änderungen ganz abbrechen können.

## 5.1.4 Schnell und einfach die Belichtung korrigieren

Gerade bei strahlendem Sonnenschein, in dem besonders helle Bilder entstehen müssten, haben Kompaktkameras oft Schwierigkeiten mit der Belichtung. Die Bilder werden trüb und dunkel. Nicht immer bringt die automatische Korrektur den gewünschten Effekt. Mehr Einfluss kann man mit den Belichtungsreglern nehmen. Diese blenden Sie mit der Schaltfläche *Licht* im Bearbeitungsbildschirm links ein. Damit lässt sich das ganze Bild stufenlos aufhellen oder abdunkeln. Mit zunehmender Helligkeit gehen Kontraste verloren. Daher ist es empfehlenswert, nach dem Aufhellen noch einmal die Kontraste zu verbessern. Die Helligkeit der sehr dunklen und hellen Flächen des Bilds lässt sich mit den Reglern *Hervorheben* und *Schatten* gesondert anpassen, was bei Aufnahmen im hellen Tageslicht besonders wichtig ist.

## 5.1.5 Farben und Farbtemperatur anpassen

Zusätzlich zur Korrektur von Helligkeit und Kontrast bietet die Fotos-App auch noch Funktionen zur Anpassung von Farbton und Farbtemperatur.

**Bild 5.5:** Farben eines Bilds anpassen.

Die Regler dazu blenden Sie mithilfe der Schaltfläche *Farbe* im Bearbeitungsbildschirm links ein.

- Der Regler *Temperatur* macht ein Bild scheinbar wärmer oder kälter. Dazu wird das gesamte Farbspektrum in Richtung Blau oder Rot verschoben. Tageslichtaufnahmen erscheinen oft zu blau, Kunstlichtaufnahmen zu gelb. Das lässt sich über die Farbtemperatur ausgleichen. Dreht man den Regler bei einer Tageslichtaufnahme auf einen sehr hohen Wert, lässt sich damit der Effekt eines alten Gemäldes erzielen.
- Der Regler *Farbton* verschiebt das gesamte Farbspektrum des Bilds. Realistische Werte liegen meistens im mittleren Bereich.
- Stellen Sie über den Regler *Sättigung*, je nach Farbqualität des Bilds, einen realistischen Wert ein. Die schwächste Sättigung macht aus einem Farbfoto ein Graustufenbild, die stärkste Sättigung sieht verfremdet und unrealistisch aus – wie ein amerikanisches NTSC-Fernsehbild.
- Die besten Ergebnisse erzielt man mit einer gezielten *Farbverbesserung*. Ziehen Sie die Markierung an eine Stelle auf dem Bild, an der die Farbe verbessert werden soll. Drehen Sie jetzt den Regler auf, werden alle Farbbereiche dieser Farbe und ähnlicher Farben verstärkt, weit entfernte Farben bleiben eher unverändert. Mit dieser Methode lässt sich die Eigenfarbe von Objekten auch bei hellem Tageslicht verbessern, ohne dass der Farbton des Himmels verfälscht wird.

## 5.1.6 Leuchtend rote Pupillen wieder korrigieren

Auf Fotos, die mit Blitzlicht aufgenommen wurden, erscheinen die Pupillen in den Augen der fotografierten Personen oft leuchtend rot. Die Fotos-App bietet eine Funktion, rote Augen in Fotos nachträglich zu korrigieren. Klicken Sie dazu im Bearbeitungsbildschirm links auf *Allgemeine Korrekturen* und dann rechts auf die Schaltfläche *Rote Augen*. Bewegen Sie den

Das ist neu in 8.1 & Updates

blauen Kreis auf das rote Auge und klicken Sie einmal. Wenn Sie die Maustaste loslassen, ist das rote Auge bereits korrigiert.

**Bild 5.6:** Rote Augen einfach korrigieren.

> **So entsteht der Rote-Augen-Effekt**
> Der Rote-Augen-Effekt entsteht immer dann, wenn das Blitzlicht ungefähr in der optischen Achse des Kameraobjektivs strahlt. Das ist bei allen Kameras mit eingebautem Blitz der Fall. Verwendet man externe Blitzlichter, die schräg zur optischen Achse auf die Person leuchten, gibt es keine roten Augen. Die roten Augen entstehen durch die direkte Reflexion des Blitzlichts an der roten Netzhaut im Inneren des Auges, wenn das reflektierte Licht durch die Pupille wieder zurück auf die Kamera fällt.

## 5.1.7 Fotos schnell und einfach retuschieren

Das ist neu in 8.1 & Updates

Immer wieder passiert es auch bei Digitalbildern, dass auf einem Bild eine kleine Unsauberkeit den Gesamteindruck stört. Das kann ein Staubkorn auf der Kameralinse sein oder ein Schmutzfleck auf dem fotografierten Objekt. Klicken Sie auch hier im Bearbeitungsbildschirm links auf *Allgemeine Korrekturen*. Die Schaltfläche *Retuschieren* in der Symbolleiste rechts bietet die Möglichkeit, solche kleinen Fehler einfach zu korrigieren. Bewegen Sie den blauen Kreis auf den störenden Fleck, der dann automatisch mit dem Muster der direkten Umgebung auf dem Bild ausgefüllt wird.

Der Effekt funktioniert am besten bei unregelmäßigem Hintergrund und Flecken, die sich farblich deutlich vom Hintergrund abheben. Da das Retuschieren nur bei verhältnismäßig kleinen Objekten eine gute Wirkung zeigt, sind oft mehrere Einzelschritte nötig.

**Bild 5.7:** Abgebröckelten Putz an einer Mauer retuschieren.

**Zoom zur genaueren Bearbeitung**
In allen Bearbeitungsbildschirmen finden Sie unten rechts ein kleines Plussymbol. Damit lässt sich in das Bild zoomen, um Details zu bearbeiten. Noch bequemer zoomt es sich mit dem Mausrad und gedrückter [Strg]-Taste.

### 5.1.8 Selektiver Fokus und Instagram-Effekt

Das ist neu in 8.1 & Updates

Die Fotos-App liefert noch zwei besondere Effekte, mit denen Sie sparsam umgehen sollten. Sie wirken schnell kitschig, können aber, gezielt eingesetzt, Motive gut in Szene setzen.

*Vignette* ist die Windows-Bezeichnung für den typischen Instagram-Effekt, bei dem die Bildränder und besonders die Ecken abgedunkelt werden.

**Bild 5.8:** *Selektiver Focus* stellt weniger wichtige Randbereiche eines Bilds unscharf dar.

*Selektiver Focus* lässt nur einen bestimmten Bereich des Bilds scharf erscheinen. Darum herum verschwimmt das Bild zunehmend. Setzen Sie die Markierung in die Mitte des

Bereichs, der scharf dargestellt werden soll, und ziehen Sie diesen mit den Griffpunkten auf die gewünschte Größe und Form.

Ein Rechtsklick blendet ganz links eine Symbolleiste ein, über die Sie die Stärke des Effekts festlegen können.

## 5.2 Fotos im Windows-Explorer anzeigen

Bilderordner werden im Explorer auf dem klassischen Desktop standardmäßig im Anzeigemodus *Große Symbole* angezeigt. Hier sind alle Bilder als Vorschaubilder zu sehen. Auf diese Weise kann man sich schnell einen Überblick über umfangreiche Fotosammlungen verschaffen. Dateien, die keine Bilder sind, werden in diesem Modus mit einem entsprechenden Symbol angezeigt.

Der Detailbereich, der im Menüband unter *Ansicht* rechts im Explorer-Fenster eingeblendet werden kann, liefert zusätzliche Informationen zum ausgewählten Bild wie *Abmessungen*, *Größe* oder *Aufnahmedatum*.

Diese Schnellansicht soll nur einen ersten Eindruck vom Bild geben. Klicken Sie doppelt auf ein Bild, wird es standardmäßig in der Fotos-App im Vollbildmodus geöffnet.

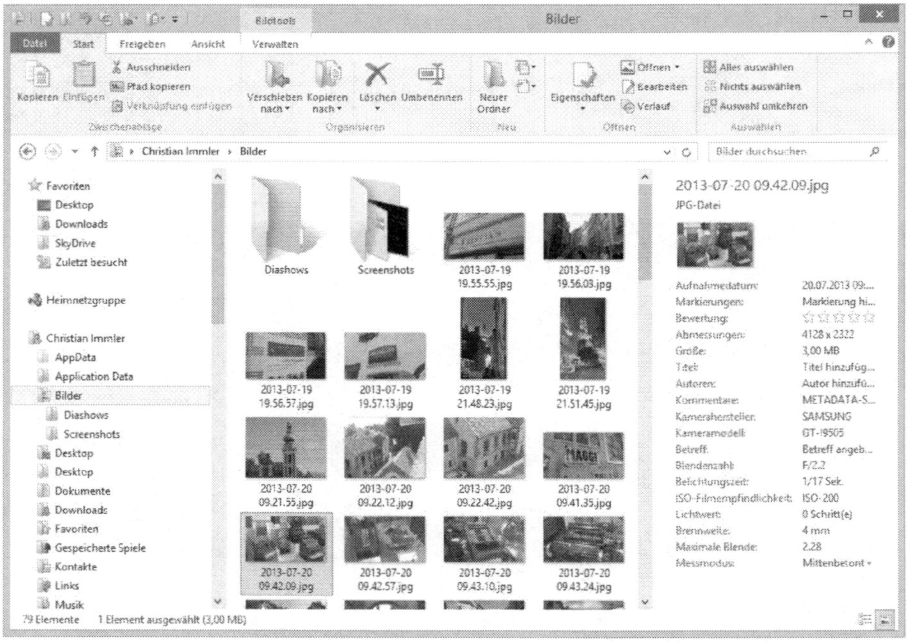


**Bild 5.9:** Übersicht über alle Bilder in einem Ordner mit eingeblendetem Detailbereich.

## 5.2.1 Standardprogramme zum Öffnen von Fotos

Im Windows-Explorer ist aber auch ein schneller Bildbetrachter für den klassischen Desktop integriert. Um diesen zu nutzen, markieren Sie ein Foto im Explorer und klicken im Menüband unter *Start* auf das kleine Dreieck neben dem Symbol *Öffnen*. Wählen Sie hier den Menüpunkt *Standardprogramm auswählen*.

**Bild 5.10:** Standardprogramm zum Öffnen von Fotos im Explorer bestimmen.

Auf dem Bildschirm erscheint ein Dialogfeld mit allen Anwendungen, die sich zum Öffnen von JPG-Dateien eignen. Neben den Standardanwendungen *Fotos*, *Paint* und *Windows-Fotoanzeige* werden auch andere vom Benutzer installierte Programme aufgelistet.

**Bild 5.11:** Standardprogramm zum Öffnen von JPG-Dateien auswählen.

Wählen Sie hier *Windows-Fotoanzeige* und achten Sie darauf, dass *Diese App für alle JPG-Dateien verwenden* eingeschaltet ist. Dann werden in Zukunft alle JPG-Dateien bei einem Doppelklick darauf im Explorer mit der Windows-Fotoanzeige dargestellt. Anschließend wird das Bild in einem neuen Fenster der Windows-Fotoanzeige geöffnet.

**Bild 5.12:** Bild in der Windows-Fotoanzeige.

Die Fotos-App bietet in Windows 8.1 die Möglichkeit, ein angezeigtes Foto mit einem anderen Betrachter zu öffnen oder auch die Standardanwendung zum Öffnen von Fotos zu ändern.

Klicken Sie dazu in der Fotos-App mit der rechten Maustaste und dann unten in der Symbolleiste auf *Öffnen mit*. Aktivieren Sie den Schalter *Diese App für alle .jpg-Dateien verwenden* und wählen Sie die gewünschte Anwendung aus, mit der Fotos im JPG-Format zukünftig standardmäßig geöffnet werden sollen.

**Bild 5.13:** Standardanwendung für Fotos in der Fotos-App auswählen.

## 5.2.2 EXIF-Daten von Fotos anzeigen und ändern

Fotos können zusätzlich zu Daten über Größe und Farbtiefe auch noch Informationen zur verwendeten Kamera enthalten. Diese Daten werden im »Exchangeable Image File Format« (EXIF) innerhalb der Bilddatei gespeichert. Dabei legt die Kamera bzw. deren Software unterschiedliche Felder an, da nicht jede Kamera alle Eigenschaften unterstützt, die nach dem EXIF-Standard möglich wären.

Der Explorer zeigt die EXIF-Daten eines Fotos im Detailbereich an, der im Menüband unter *Ansicht* rechts im Explorer-Fenster eingeblendet werden kann. Einige der Datenfelder lassen sich hier sogar verändern.

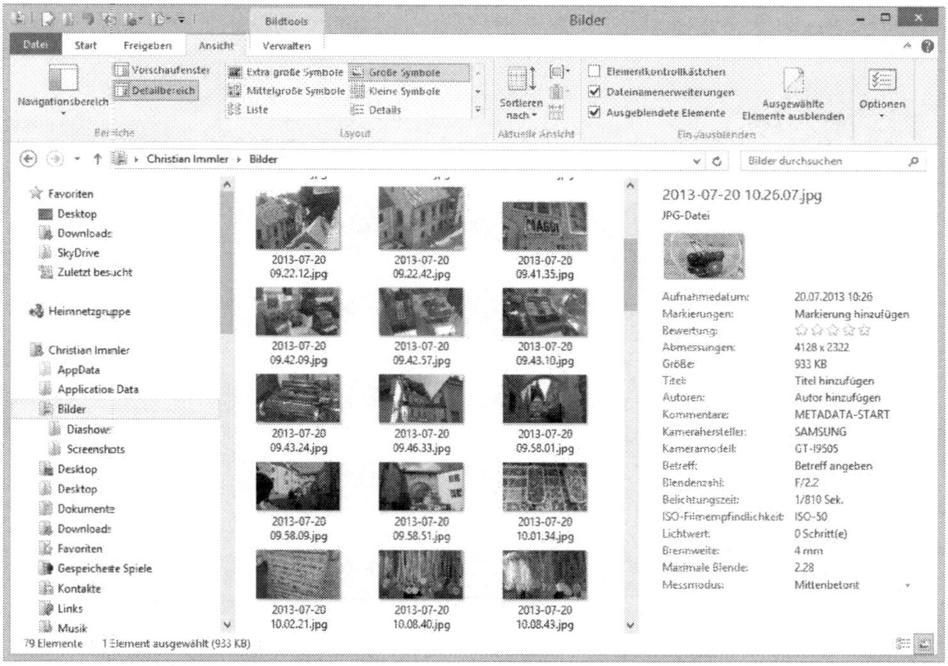


**Bild 5.14:** EXIF-Daten eines JPG-Fotos im Detailbereich des Explorers.

Diese Kameradaten wurden auch schon vor Windows 8 von den Kameras in den Bilddateien abgelegt, nur konnten Windows-Versionen vor Windows XP sie nicht anzeigen. Bearbeitet man ein Foto mit einem Bildbearbeitungsprogramm, gehen die EXIF-Daten bei manchen Programmen verloren. Solange das Bild nur angezeigt wird, passiert nichts.

Möchten Sie ein Foto weitergeben, fügen professionelle Fotografen in den erweiterten Daten Autor, Titel und Kommentar hinzu. Die Eingaben können Sie direkt im Detailbereich vornehmen, auch für mehrere markierte Bilder gleichzeitig. Klicken Sie danach unten auf *Speichern*. Da diese Eingaben in der Bilddatei gespeichert werden, brauchen Sie auf diese Weise keine gesonderte Datei mit Copyright und Hinweisen zum Inhalt mitzuschicken.

Umgekehrt gibt es Menschen, die allein schon im Hinweis auf die verwendete Kamera ein Datenschutzproblem sehen. Auch hier bietet Windows 8.1 eine passende Funktion, um alle oder nur einige der EXIF-Daten aus dem Bild zu entfernen.

Markieren Sie das Bild im Explorer und klicken Sie im Menüband *Start* auf den kleinen Pfeil unterhalb des *Eigenschaften*-Symbols. Wählen Sie hier *Eigenschaften entfernen*. Jetzt erscheint ein Dialogfeld, in dem Sie entweder eine Kopie der Bilddatei ohne die Eigenschaften anlegen oder einzelne Eigenschaften unmittelbar aus der Bilddatei entfernen können.

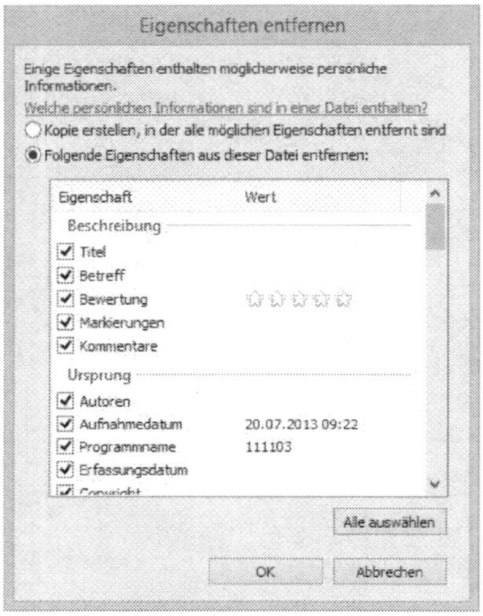


**Bild 5.15:** Eigenschaften aus einem Bild entfernen.

## 5.3 Fotos direkt von der Kamera einlesen

Schließt man die Digitalkamera an den Computer an, werden beim ersten Anschluss automatisch die passenden Treiber installiert. Danach verhält sich die Kamera wie ein Wechseldatenträger. Beim Anschluss einer Digitalkamera an den USB-Anschluss erscheint ein Dialogfeld mit einer Auswahl an Möglichkeiten dazu, was mit den Bildern in der Kamera geschehen soll. Sie können sie importieren, also auf den PC kopieren, und bei Bedarf in der Kamera wieder freien Speicherplatz schaffen.

Natürlich können Sie die Bilder auch direkt von der Kamera aus betrachten, dann muss allerdings jedes Mal beim Blättern zwischen zwei Bildern das neue Bild über die vergleichsweise langsame Kabelverbindung von der Kamera übertragen werden. Sinnvoller ist es, die Bilder erst auf den PC zu übertragen und sie dann dort anzusehen. Auf die gleiche Weise können Sie auch Fotos von Smartphones importieren, wenn diese am USB-Anschluss als Laufwerk erkannt werden, was bei fast allen Android-Smartphones der Fall ist. Für Windows Phones gibt es eine komfortable App zum Übertragen von Fotos.

Bild 5.16: Dialogfeld beim Einstecken einer Speicherkarte in den Kartenleser.

Zum Import kann die Fotos-App oder der Windows-Explorer verwendet werden. Beide Anwendungen nutzen im Hintergrund die gleiche Bildbibliothek, was auch bedeutet, dass die importierten Bilder danach in beiden Anwendungen zu sehen sind.

**Besser: Speicherkarte in den Kartenleser**
Um den Akku der Kamera zu schonen, ist es besser, die Bilder nicht direkt von der Kamera auszulesen, sondern die Speicherkarte aus der Kamera zu nehmen und die Bilder dann mithilfe eines Kartenlesegeräts am PC auszulesen. Die Importfunktion kann auch bei dieser Methode verwendet werden. Für PCs ohne eingebauten Kartenleser gibt es externe Kartenleser mit USB-Anschluss, die alle gängigen Speicherkartenformate von Digitalkameras und Smartphones lesen können.

## 5.3.1 Fotos mit der Fotos-App importieren

Wählen Sie zum Importieren die Fotos-App aus, wird diese gestartet und zeigt eine Übersicht aller Fotos auf der Speicherkarte.

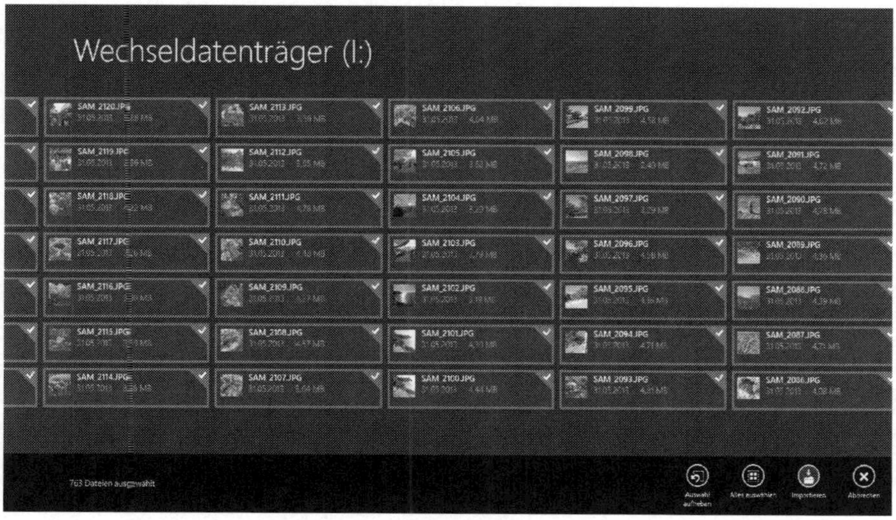


Bild 5.17: Alle Fotos von der Speicherkarte importieren.

Sie können aber auch direkt in der Symbolleiste der Fotos-App in der Galerieansicht auf das Symbol *Importieren* klicken.

Wählen Sie ein Gerät für den Import aus.

**Bild 5.18:** Sind mehrere Geräte angeschlossen, zeigt das *Importieren*-Symbol einen Auswahldialog.

Durch einfaches Anklicken können Sie einzelne Fotos auswählen, die importiert werden sollen, oder Sie wählen in der Symbolleiste *Alles auswählen*, um alle Bilder zu markieren. Sind die markierten Fotos importiert, wird das neue Album, das als Namen das aktuelle Importdatum erhält, angezeigt.

Nun können Sie mit dem Touchscreen oder der Maus durch das Album blättern. Klicken Sie auf ein Foto, wird es im Vollbild angezeigt. Mit einem Klick auf das Pfeilsymbol links oben kommen Sie zurück in die *Bilder*-Bibliothek, in der das neue Album jetzt auch eingetragen ist.

## 5.4 Frische Diashows ganz ohne Mief

Für eine Diashow auf dem Bildschirm waren früher immer zusätzliche Programme nötig. Windows 8.1 bietet gleich zwei Möglichkeiten für Diashows: die Fotos-App und die Windows-Fotogalerie.

### 5.4.1 Diashow mit der Windows-8.1-Fotos-App

Die Fotos-App kann eine Diashow aller Bilder eines Albums anzeigen. Dabei spielt es keine Rolle, ob es sich um ein lokales Album auf dem PC oder um ein Onlinealbum bei OneDrive handelt. Klicken Sie in der Fotoansicht mit der rechten Maustaste und wählen Sie dann in der unteren Symbolleiste das Symbol *Diashow*. Die Diashow startet automatisch und kann mit einem Mausklick oder der `Leertaste` jederzeit angehalten werden. Möglichkeiten zur Einstellung von Zeitintervallen oder Bildübergängen gibt es keine.

**Bild 5.19:** Symbolleiste in der Albumansicht.

## 5.4.2 Diashow auch auf dem Sperrbildschirm

Windows 8.1 kann statt eines langweiligen statischen Bilds auf dem Sperrbildschirm eine Diashow der eigenen Lieblingsfotos anzeigen.

Das ist neu in 8.1 & Updates

- Öffnen Sie auf dem Startbildschirm über die Charms-Leiste die Einstellungen und klicken Sie ganz unten auf *PC-Einstellungen ändern.*
- Klicken Sie auf der Startseite der PC-Einstellungen auf das Bild *Sperrbildschirm*, das das aktuelle Bild auf dem Sperrbildschirm anzeigt.
- Aktivieren Sie den Schalter *Diashow auf dem Sperrbildschirm wiedergeben.* Da der Bildwechsel und der damit verbundene Dateisystemzugriff viel Strom benötigen, sollte *Diashow im Akkumodus wiedergeben* ausgeschaltet bleiben. Dieser Schalter ist nur auf Notebooks mit Akku verfügbar.

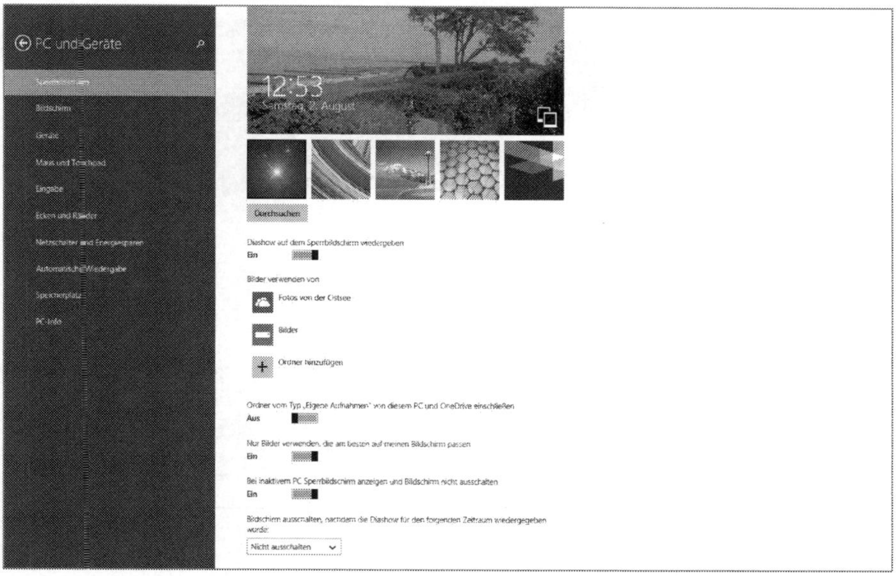


**Bild 5.20:** Einstellungen für die Diashow auf dem Sperrbildschirm in den PC-Einstellungen.

- Standardmäßig werden Fotos aus dem *Bilder*-Ordner zufällig ausgewählt. Möchten Sie lieber bestimmte Bilder sehen, wählen Sie über *Ordner hinzufügen* einen Ordner aus, dessen Fotos auf dem Sperrbildschirm angezeigt werden sollen. Entfernen Sie dann den Standardordner *Bilder* aus den Einstellungen der Diashow.
- Legen Sie zum Schluss noch fest, nach welcher Inaktivitätszeit der Sperrbildschirm mit der Diashow angezeigt werden soll und ob sich der Bildschirm nach einer bestimmten Zeit trotz Diashow ganz abschalten darf.

## 5.5 Bildbearbeitung aus der Versenkung

Windows 8.1 liefert – wie schon seit vielen Windows-Versionen – zum Bearbeiten von Fotos auf dem klassischen Desktop das Programm Paint mit. Paint ist kein Programm, um Fotos zu verbessern oder im Ganzen zu bearbeiten, es kann aber z. B. dazu eingesetzt werden, in einem Bild Anmerkungen unterzubringen oder kleine Korrekturen vorzunehmen.

Über den kleinen Pfeil neben dem Symbol *Öffnen* im Menüband des Explorers öffnen Sie das markierte Foto jederzeit mit einem der installierten Programme, um es zu bearbeiten.

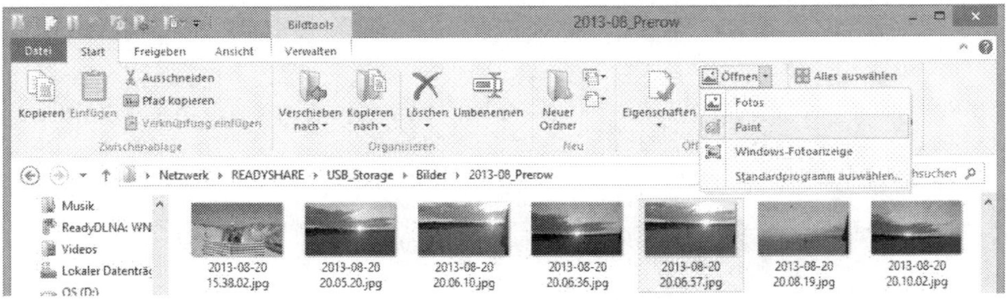


**Bild 5.21:** Foto aus dem Explorer mit einem Grafikprogramm öffnen.

Wenn Sie Paint aus dem Explorer oder aus der Windows-Fotogalerie heraus aufrufen, wird das markierte Bild direkt im Zeichenfenster angezeigt. Da Fotos hier in der Originalpixelgröße dargestellt werden, ist meistens nur ein Ausschnitt zu sehen.

**Bild 5.22:** Ein Foto in Paint.

Mit dem Zoomregler unten rechts oder mit den Tastenkürzeln Strg+↑ und Strg+↓ können Sie das Bild zoomen, in diesem Fall um es im Ganzen zu sehen.

### 5.5.1 Alle Malwerkzeuge, die man braucht

Der Bereich *Tools* im Menüband bietet verschiedene Malwerkzeuge, Stifte, Pinsel und Radierer. Beim Klick auf eines der Symbole wird das Werkzeug ausgewählt und ist gültig, bis ein neues ausgewählt wird. Erläuterungen zu den Werkzeugen werden auch als sogenannte Tooltipps angezeigt, wenn Sie mit der Maus einen Augenblick auf dem Icon verbleiben. Die Malwerkzeuge verwenden die Farben, die im Bereich *Farben* der Symbolleiste ausgewählt sind.

| *Symbol* | *Bedeutung* |
|---|---|
|  | Mit dem Stift können Sie Freihandzeichnungen anfertigen. Die Strichstärke des Stifts kann mit dem Auswahlfeld *Strichstärke* oder den Tastenkürzeln Strg+ + und Strg+ - in Stufen eingestellt werden. Der Stift verwendet die erste ausgewählte Farbe. |
|  | Der Farbfüller füllt geschlossene Flächen mit der ausgewählten ersten Farbe aus. Ist die Fläche nicht geschlossen und Sie klicken trotzdem, wird der gesamte Hintergrund mit der Farbe ausgefüllt. |
|  | Hiermit ziehen Sie zuerst ein Rechteckfenster auf, in das Sie dann Ihren Text eingeben können. Zugleich blendet sich die Registerkarte *Texttools* (siehe weiter unten) ein. Damit können Sie Ihren Text nach Ihren Wünschen formatieren. |
|  | Mit dem Radierer radieren Sie Teile Ihrer Zeichnung wieder aus. Die Strichstärke des Radierers kann mit dem Auswahlfeld *Strichstärke* oder den Tastenkürzeln Strg+ + und Strg+ - in Stufen eingestellt werden. Als Farbe wird die zweite Farbe verwendet. Der Radierer kann somit auch als breiterer Malstift eingesetzt werden. |
|  | Wählen Sie hiermit eine Farbe aus, indem Sie mit der Pipette auf eine Stelle im Bild klicken. Für alle folgenden Zeichenaktionen wird jetzt diese ausgewählte Farbe als Stiftfarbe verwendet, und es wird automatisch von Pipette auf Stift zurückgeschaltet. |
|  | Mithilfe der Lupe erscheint im Zeichenfenster ein Rechteck, das sich beliebig verschieben lässt. Ein Klick darauf vergrößert diese Auswahl auf Bildschirmgröße. Mit dem Schieberegler unten rechts in der Statusleiste wählen Sie den Zoomfaktor aus. Auf demselben Weg können Sie die vorherige Ansicht wiederherstellen. Bei 100 % sehen Sie das Bild in Originalgröße. |
|   | Für den Pinsel können Sie verschiedene Formen auswählen und dann mit der ausgewählten ersten Farbe malen. Die Unterschiede der einzelnen Formen sind oft nur bei 100 %igem Zoomfaktor zu erkennen. Die Strichstärke aller Pinsel kann mit dem Auswahlfeld *Schriftgrad* oder den Tastenkürzeln Strg+ + und Strg+ - in Stufen eingestellt werden. Bei einigen Pinseltypen, z. B. beim *Airbrush*, wird die Intensität mit der Mausgeschwindigkeit gesteuert. |

## 5.6 Auf die Schnelle mit dem Laser drucken

Fotos selbst auszudrucken, lohnt sich bei den extrem günstigen Preisen von Onlinefotodiensten und Fotodruckern in Elektronik- und Drogeriemärkten eigentlich nicht mehr. Jeder gute Farbdrucker zu Hause produziert mehr Kosten für Tinte und Papier. Trotzdem kommt es immer wieder vor, dass man schnell ein Foto oder auch nur einen einfachen Ausdruck auf einem kostengünstigen Schwarz-Weiß-Laserdrucker braucht. Der Windows-Explorer bietet eine komfortable Druckfunktion, mit der Sie ein oder auch mehrere Bilder auf einer Seite ausdrucken können.

### 5.6.1 Bilder, Papiergröße und Layout auswählen

Markieren Sie im Windows-Explorer die zu druckenden Bilder und klicken Sie dann im Menüband auf der Registerkarte *Freigeben* auf *Drucken*. Wählen Sie oben im *Bilder drucken*-Dialog den gewünschten *Drucker* sowie *Papiergröße* und *Qualität* (Druckauflösung) aus. In der rechten Spalte können Sie festlegen, wie viele Bilder auf einer Seite ausgedruckt werden sollen. Nachdem Sie das gewünschte Layout eingestellt haben, wird automatisch angezeigt, wie viele Druckseiten sich entsprechend der gewählten Anzahl an Fotos daraus ergeben.

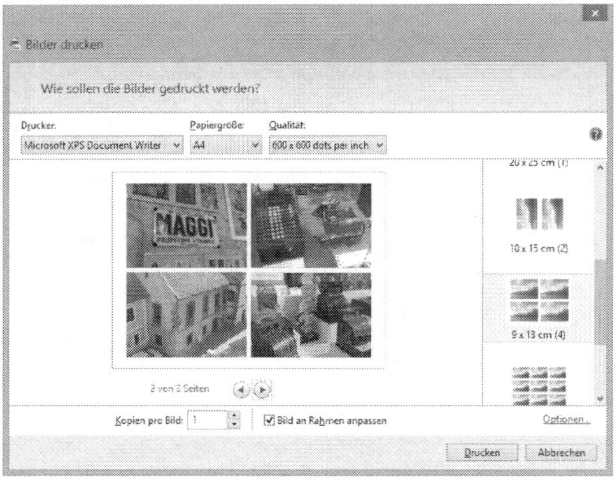


**Bild 5.23:** Druckeinstellungen festlegen.

Mit der entsprechenden Einstellung im Feld *Kopien pro Bild* können Sie einzelne Bilder mehrfach auf einem Blatt ausdrucken oder auch mehrfach nacheinander, wenn das Layout *Ganzseitige Fotos* gewählt wurde. Das Kontrollkästchen *Bild an Rahmen anpassen* sorgt dafür, dass das Foto den zur Verfügung stehenden Platz voll ausnutzt und keine weißen Ränder an den Seiten entstehen. Dafür muss man allerdings eine minimale Verzerrung in Kauf nehmen, wenn das Seitenverhältnis des Fotos nicht mit dem des Papiers übereinstimmt. Die Schaltfläche *Drucken* startet anschließend den Ausdruck der Bilder auf dem ausgewählten Drucker.

## 5.7 Fotos direkt online veröffentlichen

Natürlich kann man Urlaubsfotos an zu Hause gebliebene Freunde per E-Mail verschicken, aber auf die Dauer ist das doch sehr mühsam, besonders wenn man vielen Menschen Bilder schicken möchte. Viel einfacher ist es, die Fotos in einem eigenen Onlinefotoalbum zu veröffentlichen. Man braucht dann nur noch einen Link zu verschicken, und alle Freunde können sich die Bilder im Webbrowser ansehen. Statt einer E-Mail reicht sogar ein einfacher Hinweis per Telefon, SMS oder altmodischer Postkarte: »Alles Weitere findest Du unter www ...«

### 5.7.1 Fotos auf OneDrive veröffentlichen

Dank der neuen OneDrive-Integration in Windows 8.1 müssen Sie, um ein Fotoalbum auf OneDrive anzulegen, nur noch die entsprechenden Fotos lokal in einen Ordner unterhalb des eigenen lokalen OneDrive-Ordners kopieren. Die Dateien werden dann automatisch mit dem eigenen OneDrive-Ordner online synchronisiert. Danach legen Sie online fest, wer die Bilder sehen darf, und verschicken Einladungen dazu.

#### Fotos online betrachten

Das neue Fotoalbum wird auch auf der eigenen OneDrive-Webseite angezeigt. Eine Übersichtsseite präsentiert alle Bilder. Ein Klick auf ein Bild öffnet dieses im Großformat und liefert weitere Informationen. Hier können Besucher auch Kommentare hinterlassen.

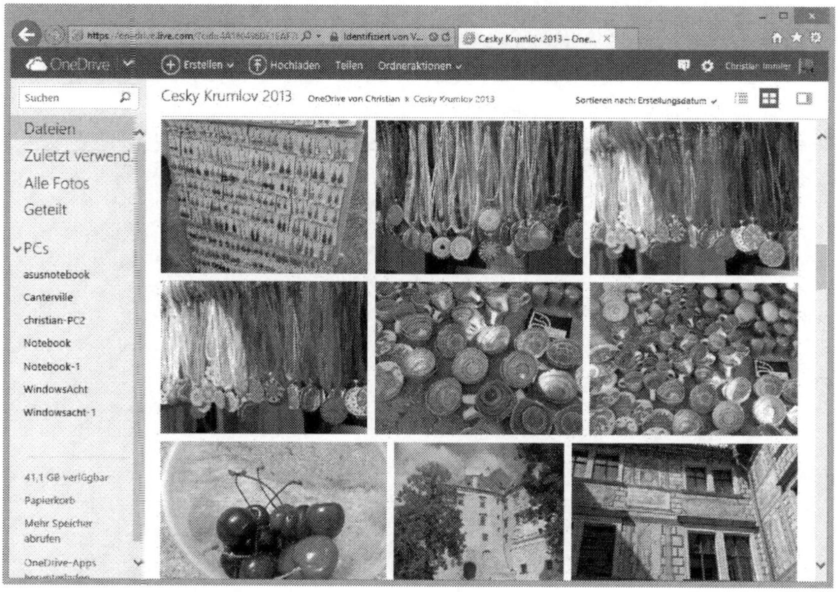


Bild 5.24: OneDrive-Fotoalbum online betrachten.

Blenden Sie rechts oben auf der Seite den Detailbereich ein, können Sie festlegen, wer das Fotoalbum sehen darf.

### Diashow auf OneDrive

OneDrive bietet online eine Diashowfunktion an. Klicken Sie dazu in der Albumansicht im Browser auf ein Foto. In der Menüleiste oben finden Sie den Link *Diashow wiedergeben.*

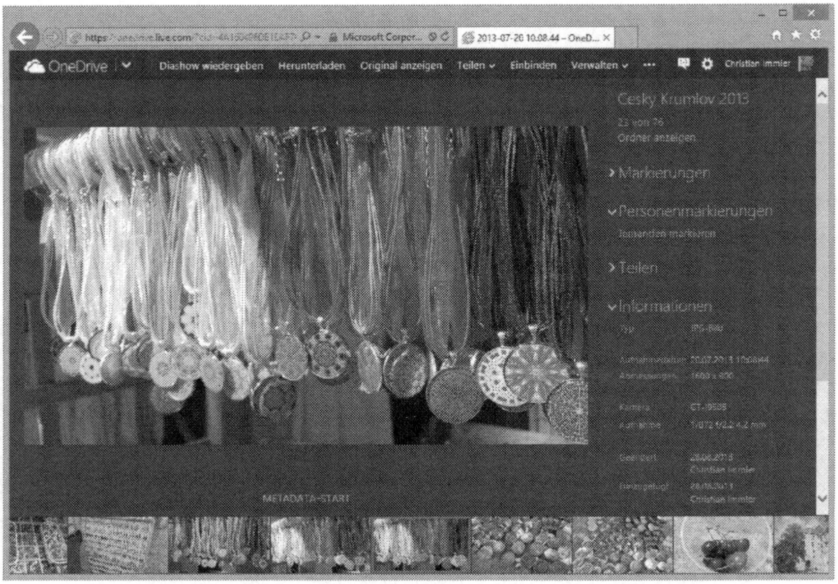


**Bild 5.25:** OneDrive-Foto im Vollbildmodus des Internet Explorer.

Schalten Sie den Browser in den Vollbildmodus, haben Sie eine Onlinediashow ohne störende Elemente, also vergleichbar mit der Diashowfunktion der Fotos-App.

# 6 Der klassische Desktop lebt

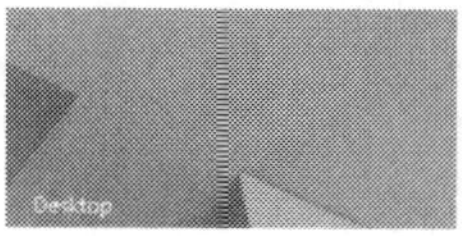


Es gibt ihn noch, den klassischen Windows-Desktop – und für einige Arbeiten wird er auch noch gebraucht. Neben den klassischen Anwendungen sind viele Administrations- und Sicherheitsfunktionen derzeit nur über klassische Tools zugänglich. Viele Softwarehersteller werden aber dazu übergehen, zumindest parallel in Zukunft Apps für die neue Oberfläche zu entwickeln.

Bei der Vorstellung von Windows 8 hagelte es Kritiken von Anwendern des klassischen Desktops, die ihren seit Windows 95 lieb gewonnenen Startbutton vermissen und den klassischen Desktop in Windows 8 vernachlässigt sehen. Mit Windows 8.1 bietet Microsoft besonders für diese Nutzer verschiedene neue Funktionen im Zusammenhang mit dem klassischen Desktop an.

## 6.1 Wiederbelebungsmaßnahmen einleiten

Eine Kachel auf dem Startbildschirm zeigt in verkleinerter Form das aktuelle Desktophintergrundbild an. Ein Klick auf diese Kachel *Desktop* startet den klassischen Desktop, der zwar vertraut aussieht, aber nach einiger Zeit mit der neuen Windows-8-Oberfläche doch irgendwie altbacken wirkt. Auf den ersten Blick fällt auf: In der Taskleiste gibt es zwei altbekannte Programmsymbole – den Internet Explorer und den Windows-Explorer.

Neu in Windows 8.1 ist ganz links der Startbutton mit dem modernen Windows-Logo. Dieser fehlte in Windows 8, wenngleich seine Funktion weiterhin zur Verfügung stand, wenn man ganz links unten in die Ecke klickte. Seit dem ersten Update taucht ebenfalls der Windows Store in der Taskleiste auf als Zeichen dafür, dass auch die neuen Apps jetzt hier abgelegt werden können.

**Bild 6.1:** Der klassische Windows-Desktop mit einem der Standardhintergrundbilder.

Noch einfacher können Sie den klassischen Desktop aus der neuen Windows-8-Oberfläche mit dem Tastenkürzel [Win]+[D] aufrufen.

Der Rückweg vom klassischen Desktop ist ebenfalls ganz einfach. Klicken Sie auf das Windows-Logo unten links oder drücken Sie die [Win]-Taste, und schon sind Sie wieder auf dem Startbildschirm.

**Keine Minianwendungen auf dem klassischen Desktop**
Die Minianwendungen, die bei Windows Vista als große Neuerung in der Seitenleiste eingeführt wurden und bei Windows 7 beliebig auf dem ganzen Desktop angeordnet werden konnten, sind vom klassischen Windows-8.1-Desktop wieder verschwunden. Benutzer wie auch Entwickler sollen zur Anzeige aktueller Informationen die neuen Kacheln nutzen.
Bereits im Juli 2012, einige Zeit vor der Veröffentlichung von Windows 8, verschwanden die Desktop-Minianwendungen offiziell auch aus Windows 7. Microsoft gab bekannt, dass diese Gadgets eine Sicherheitslücke darstellen, und schaltete die Gadget-Downloads in der Internet Explorer Galerie ab. Außerdem wird ein Fix-it-Tool angeboten, mit dem sich die Funktionalität zur Nutzung von Desktop-Minianwendungen komplett deaktivieren lässt.

### 6.1.1 Desktopsteuerung mit Maus und Tastatur

Sie steuern den klassischen Windows-Desktop entweder mit der Maus bzw. der Tastatur oder einer Kombinationen aus beidem. Zur Bedienung über den Touchscreen eignet sich die neue Windows-8.1-Oberfläche deutlich besser. Jede Maus hat mindestens eine rechte und eine linke Taste. Darüber hinaus finden Sie oft noch ein Mausrad, das auch als dritte Taste verwendet werden kann. Einen kurzen Druck auf eine der Tasten nennen wir einen Klick. Er ist deutlich hörbar. Für manche Aktionen ist ein sogenannter Doppelklick notwendig. Dabei wird die linke Taste zweimal kurz hintereinander gedrückt. In praktisch allen Windows-Programmen haben die Tasten gleichartige Funktionen:

| *Taste* | *Funktion* |
|---|---|
| Linke Maustaste, Einfachklick | Markieren, erkennbar an einem Farbwechsel.<br>In Internetbrowsern: Aufrufen eines Links. |
| Linke Maustaste, Doppelklick | Funktion auslösen, z. B. Programm starten. |
| Linke Maustaste festhalten, Maus bewegen | Das Element wird festgehalten und kann bewegt werden (Drag-and-drop). |
| Rechte Maustaste | Aufrufen eines Kontextmenüs. |
| Mausrad | Rollen durch einen Text, z. B. im Internetbrowser.<br>Horizontales Scrollen auf dem Startbildschirm und in Windows-8-Apps. |

Beim flüssigen Arbeiten ist der Griff zur Maus oft lästig oder zeitaufwendig. Für viele Funktionen stehen Ihnen deshalb Tastenkürzel zur Verfügung, die dann auch hier im Buch mit angegeben werden.

#### Ohne Fenster läuft hier gar nichts

Fenster sind, wie der Name schon sagt, ein zentrales Element von Windows. Jedes Programm auf dem klassischen Desktop wird, anders als in den neuen Windows-8.1-Apps, in einem eigenen Fenster ausgeführt.

Selbst die neuen Apps haben auf Geräten mit Maus und Tastatur oben wieder den klassischen Windows-Titelbalken mit dem Symbol zum Schließen rechts oben. Dieser erscheint allerdings erst, wenn man mit der Maus an den oberen Bildschirmrand fährt.

Das ist neu in 8.1 & Updates

#### Fenster automatisch ausrichten

Häufig benötigt man bei der Arbeit zwei Fenster nebeneinander, z. B. eine Textverarbeitung und einen Browser. Windows 8.1 bietet hier die aus Windows 7 bekannte Funktion zur automatischen Fensteranordnung. Ziehen Sie ein Fenster ganz nach links, wird es automatisch am linken Bildschirmrand ausgerichtet und belegt die volle Höhe und halbe Breite des Bildschirms. Das Gleiche funktioniert auch am rechten Rand. Ziehen Sie ein auf diese Weise ausgerichtetes Fenster wieder in Richtung Bildschirmmitte, nimmt es seine ursprüngliche Position und Größe wieder an.

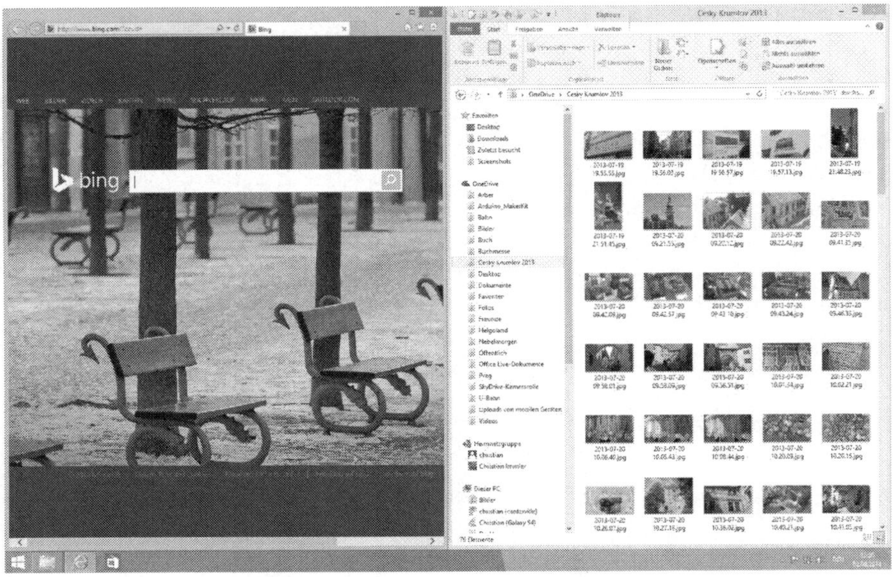


**Bild 6.2:** Automatisch ausgerichtete Fenster.

Noch schneller geht das Ausrichten eines Fensters mit den Tastenkombinationen `Win`+`←` und `Win`+`→`.

Haben Sie mehr als zwei Fenster gleichzeitig geöffnet, können Sie alle automatisch ausrichten, sodass jedes Fenster komplett zu sehen ist. Klicken Sie dazu mit der rechten Maustaste auf die Taskleiste und wählen Sie im Kontextmenü *Fenster nebeneinander anzeigen.*

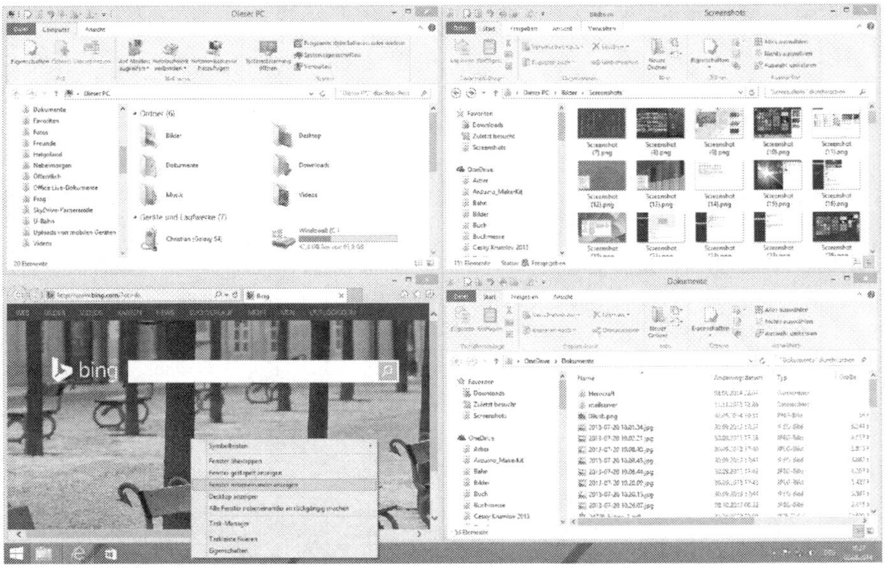


**Bild 6.3:** Mehrere Fenster werden automatisch auf dem Desktop angeordnet.

## 6.1.2 Klassischer Desktop und Apps als Team

Die neuen Apps liefern interessante Informationen, die auch Nutzer des klassischen Desktops gebrauchen können. In einer Seitenleiste des klassischen Desktops kann eine App z. B. das Wetter oder die neuesten E-Mails anzeigen und damit Aufgaben von früheren Desktop-Minianwendungen übernehmen, die mit Windows 8 verschwunden sind.

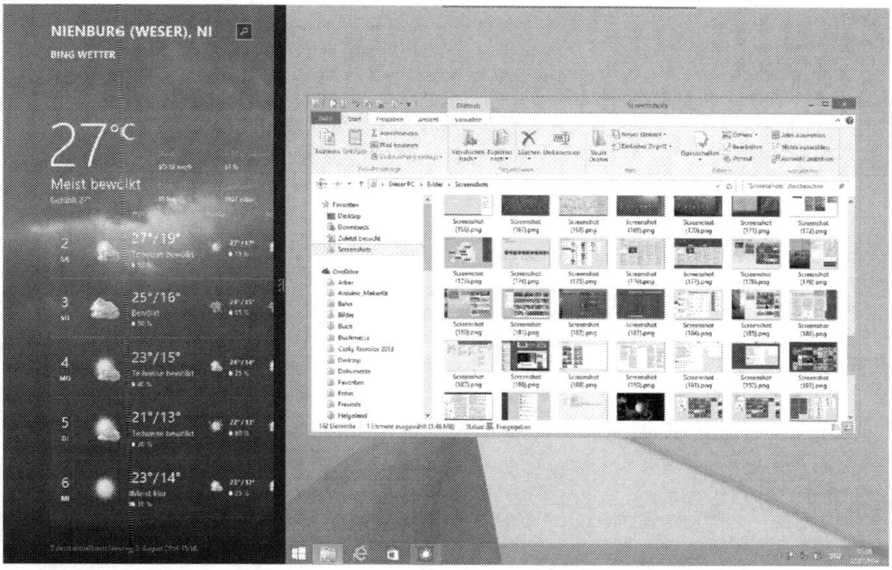


**Bild 6.4:** Wetter-App im Seitenbalken des klassischen Desktops.

Um eine App in einer Bildschirmhälfte zu verwenden, klicken Sie, während die App läuft, an den oberen Bildschirmrand und ziehen die App mit gedrückter Maustaste an den linken oder rechten Bildschirmrand. Das Verfahren ähnelt dem Beenden einer App, wobei Sie diese dann vom oberen an den unteren Bildschirmrand ziehen. Alternativ können Sie auch das Tastenkürzel [Win]+[.] verwenden.

Im Gegensatz zu Windows 8 öffnet Windows 8.1 Apps nicht mehr automatisch in einem schmalen Seitenbalken, sondern im halben Bildschirm. Klicken Sie anschließend in den anderen Bildschirmteil, um dort eine weitere App oder den klassischen Desktop laufen zu lassen. Die Trennlinie zwischen beiden Bildschirmteilen lässt sich mit der Maus oder auf dem Touchscreen verschieben. Dabei ist die minimale Breite eines Teilbildschirms je nach App unterschiedlich.

## 6.2 Taskleiste im Wandel der Versionen

Die Taskleiste ist ein wichtiges Informationszentrum auf dem klassischen Desktop und befindet sich normalerweise am unteren Bildschirmrand. Sie enthält Symbole für Programme und geöffnete Fenster sowie einen Infobereich ganz rechts. Das Windows-Logo, das in Windows 7 noch das Startmenü einblendete, fehlte in Windows 8 und wurde in Windows 8.1 als Antwort auf zahlreiche Nutzerkritiken wiederbelebt.

Neben dem Windows-Logo befinden sich standardmäßig nur noch die drei Symbole für den Internet Explorer, den Windows-Explorer sowie den Windows Store in der Taskleiste. Mit einem Klick auf eines dieser Symbole wird das jeweilige Programm ausgeführt.

Weitere geöffnete Programme gesellen sich mit ihren Symbolen in der Taskleiste dazu. Das Symbol des aktiven Programmfensters wird hervorgehoben dargestellt. Symbole mit Rand stehen für geöffnete Fenster, Symbole ohne Rand dienen einfach dem schnellen Start von Programmen.

### 6.2.1 Schneller Wechsel zwischen Desktop und App

Seit dem ersten Update zu Windows 8.1 erscheinen auch die neuen Apps, solange sie geöffnet sind, in der Taskleiste. Hier können Sie schnell vom klassischen Desktop zu einer App wechseln.

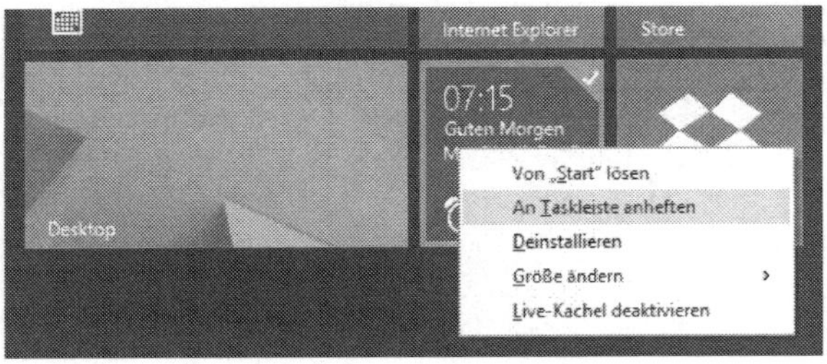


**Bild 6.5:** Mit einem Rechtsklick auf eine Kachel auf dem Startbildschirm lässt sich diese App jetzt auch fest an der Taskleiste anheften.

Hat ein Programm mehrere Fenster geöffnet, zum Beispiel mehrere Ordnerfenster im Windows-Explorer oder mehrere Webseiten im Internet Explorer, erscheint das Symbol in der Taskleiste als Stapel.

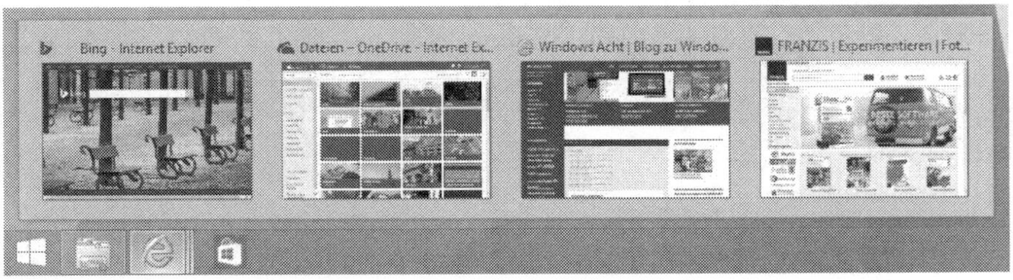


**Bild 6.6:** Anzeige der Vorschaubilder.

Fährt man mit der Maus über ein Taskleistensymbol, werden Vorschaubilder aller Fenster angezeigt, die dieses Symbol darstellt. Ein Klick auf ein Taskleistensymbol minimiert ein angezeigtes Fenster oder stellt es wieder in ursprünglicher Größe her, wenn es minimiert war. Werden mehrere Fenster gestapelt angezeigt, kann man über die Vorschaubilder mit der Maus ganz einfach das gewünschte Fenster wählen. Alle anderen Fenster werden inaktiv geschaltet, sodass nur noch die Ränder zu sehen sind.

### 6.2.2 Hier erscheint die Taskleiste auch auf Apps

Seit einem kleinen Update für Windows 8.1 erscheint die Taskleiste auch auf Apps der modernen Oberfläche, wenn man mit der Maus an den unteren Bildschirmrand fährt und sich dort kein Bedienelement der App, wie zum Beispiel ein Scrollbalken, befindet. Auf Touchscreen-Geräten ohne Maus steht diese Funktion nicht zur Verfügung.

Das ist neu in 8.1 & Updates

**Bild 6.7:** Taskleiste in der App *Fotos*.

### 6.2.3 Desktop ohne geöffnete Fenster darstellen

In Windows 7 gab es eine Funktion, die mit einem Klick ganz rechts außen in der Taskleiste alle geöffneten Fenster ausblendet und den Desktop so darstellt, wie Sie ihn eingerichtet haben. Windows 8.1 kennt diese als Aero Peek bezeichnete Funktion ebenfalls, sie ist nur oft nicht aktiv. Klicken Sie mit der rechten Maustaste auf die Taskleiste und wählen Sie im Kontextmenü *Eigenschaften.* Aktivieren Sie jetzt auf der Registerkarte *Taskleiste* den Schalter *"Aero Peek" für die Desktopvorschau verwenden, ...*

**Bild 6.8:** Aero Peek in der Taskleiste aktivieren.

Bleiben Sie mit der Maus am rechten Ende der Taskleiste stehen, werden die Fenster ausgeblendet, und nur noch deren Ränder werden angezeigt. Der Desktop ist sichtbar, kann aber nicht genutzt werden. Eine Mausbewegung blendet die Fenster sofort wieder ein. Ein Klick an der gleichen Stelle schaltet die Fenster komplett aus und macht den Desktop voll nutzbar. Ein weiterer Klick stellt die Fenster wieder dar.

**Versteckte Tricks zu Taskleistensymbolen**
Die Reihenfolge der Symbole in der Taskleiste lässt sich ganz einfach ändern. Man braucht ein Symbol nur mit gedrückter linker Maustaste an die gewünschte Position zu ziehen.
Oft ist man mit der Tastatur schneller als mit der Maus. In Windows 8.1 lässt sich auch die Taskleiste mit der Tastatur steuern. Mit dem Tastenkürzel `Win`+`T` aktivieren Sie die Taskleiste. Anschließend können Sie mit den Pfeiltasten zwischen den Taskleistensymbolen hin- und herschalten. Die `Enter`-Taste aktiviert das zum markierten Symbol gehörige Fenster. Mit der `Esc`-Taste verlassen Sie diesen Tastaturmodus, ohne ein Programm zu öffnen.
Noch schneller starten Sie ein Programm mit der `Win`-Taste in Kombination mit einer Zifferntaste. `Win`+`1` startet das erste Symbol der Taskleiste, meistens den Internet Explorer, `Win`+`2` startet das zweite Symbol, meistens den Windows-Explorer etc.

## 6.2.4 Sprunglisten in der Taskleiste nutzen

Ein Rechtsklick auf ein Symbol in der Taskleiste zeigt eine sogenannte Sprungliste an, ein Menü, das je nach Anwendung weitere Funktionen enthält. So werden im Windows-Explorer Links auf häufig verwendete Ordner angeboten, die Sprungliste zum Internet Explorer zeigt den Verlauf der wiederholt besuchten Webseiten. In anderen Programmen werden programmspezifische Aufgaben in der Sprungliste oder die zuletzt verwendeten Dateien zum schnellen Zugriff angeboten.

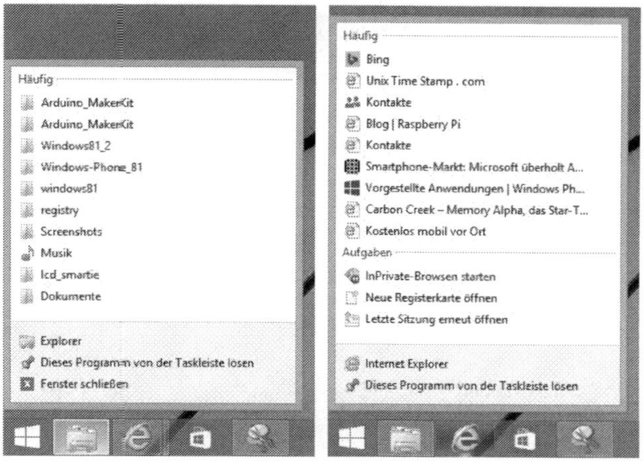


**Bild 6.9:** Sprunglisten bei Programmen in der Taskleiste.

Ist ein Fenster dieses Programms gerade geöffnet, ist ein Menüpunkt zum Schließen des Fensters sowie der Punkt *Dieses Programm an Taskleiste anheften* enthalten, mit dem das Programmsymbol fest zum Schnellzugriff in der Taskleiste angeheftet werden kann, wie das bei Internet Explorer und Windows-Explorer standardmäßig der Fall ist. Ein auf diese Weise angeheftetes Programmsymbol kann mit *Dieses Programm von der Taskleiste lösen* aus der Taskleiste wieder entfernt werden.

## 6.2.5 Informationen im Infobereich der Taskleiste

Auf der rechten Seite der Taskleiste befindet sich der Infobereich. Die darin enthaltenen Symbole werden meist von den installierten Programmen automatisch angelegt, einige der Symbole legt Windows 8.1 aber auch selbst an. Sie informieren über bestimmte Ereignisse, z. B. die Netzwerkverbindung oder den Batteriestatus.

**Bild 6.10:** Der Infobereich der Taskleiste.

Um eine gute Übersicht zu gewährleisten, blendet Windows 8.1 einige Symbole automatisch aus, die gerade keine wichtigen Informationen anzeigen. Ein Klick auf das kleine Dreieck öffnet die Liste ausgeblendeter Symbole. Dieses Dreieck ist nur vorhanden, wenn es auch ausgeblendete Symbole gibt. Klicken Sie hier auf *Anpassen*, können

Sie für jedes Symbol wählen, ob das Symbol ständig angezeigt werden soll oder nur, wenn es aktuelle Benachrichtigungen gibt.

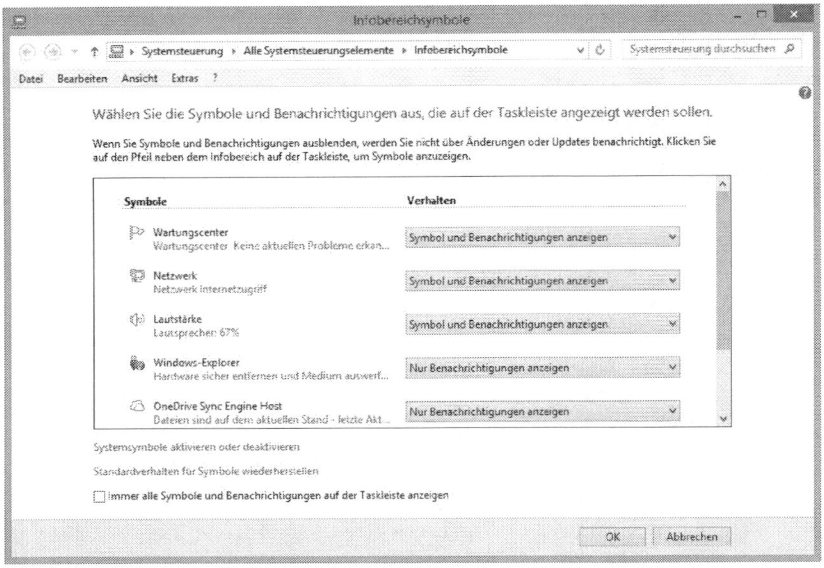


**Bild 6.11:** Einstellungen für die Benachrichtigungssymbole im Infobereich.

Mit dem Link *Systemsymbole aktivieren oder deaktivieren* lassen sich einzelne Systemsymbole oder auch die Uhr ganz abschalten. Wird hier ein Systemsymbol deaktiviert, wird das Symbol entfernt, und die Benachrichtigungen werden deaktiviert.

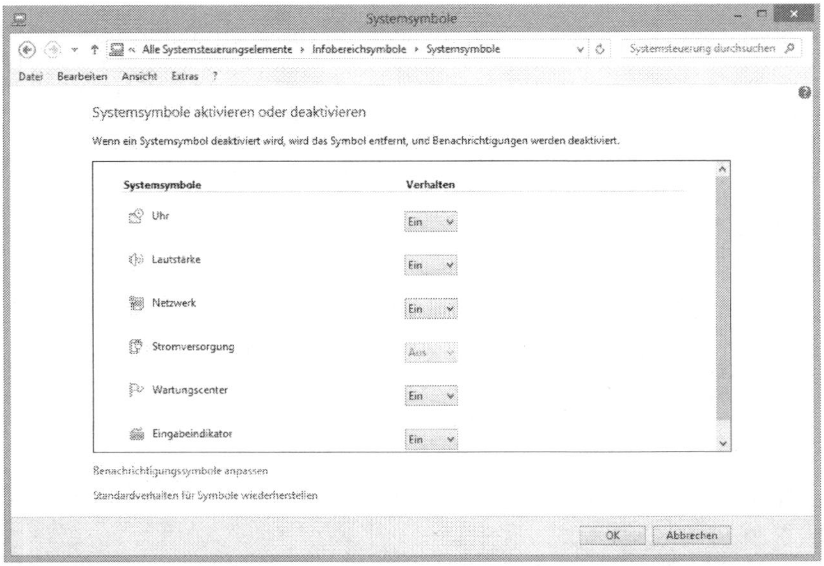


**Bild 6.12:** Systemsymbole aktivieren oder deaktivieren.

### Standardsymbole im Infobereich

In den meisten Fällen enthält der Infobereich drei Standardsymbole, auf Notebooks gibt es ein viertes für die Akkuanzeige. Bei besonderen Ereignissen oder durch Installation zusätzlicher Software können noch weitere hinzukommen.

**Bild 6.13:** Standardsymbole im Infobereich der Taskleiste.

- *Wartungscenter*: Weist auf eventuelle Probleme hin und bietet Lösungsmöglichkeiten an. Dabei kann es sich um inkompatible Hardware handeln oder um Softwareprobleme.
- *Stromversorgung*: Das Symbol steht nur auf Notebooks zur Verfügung und zeigt den Batteriestand an. Hier können Sie einen Energiesparplan auswählen und Energieeinstellungen vornehmen.
- *Netzwerk*: Zeigt verbundene Netzwerke an. Ein Klick blendet die Einstellungsleiste für Netzwerke ein.
- *Lautstärke*: Zeigt, ob der Lautsprecher ein- oder ausgeschaltet ist. Ein Klick darauf blendet einen Lautstärkeregler ein.
- *Hardware sicher entfernen*: Dient dazu, extern angeschlossene Laufwerke, USB-Sticks oder Speicherkarten ohne Datenverlust zu entfernen. Im Cache befindliche Daten werden vorher auf das Laufwerk geschrieben. Das Symbol *Hardware sicher entfernen* erscheint erst, wenn am USB-Anschluss ein Gerät angeschlossen wurde.

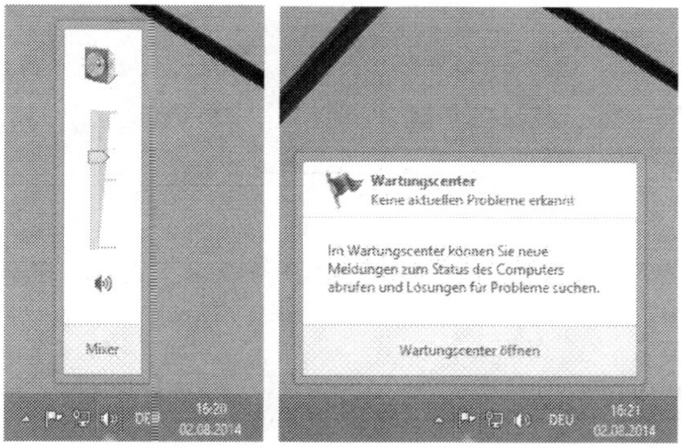


**Bild 6.14:** Der Lautstärkeregler und der Hinweis des Wartungscenters im Infobereich der Taskleiste.

## 6.2.6 Weitere Anpassungen an der Taskleiste

In den *Taskleisteneigenschaften* kann deren Aussehen und Verhalten noch weiter angepasst werden. Wenn Sie z. B. mehr Platz auf einem kleinen Bildschirm benötigen, können Sie sich kleine Symbole anzeigen lassen oder die Taskleiste automatisch ausblenden. In diesem Fall erscheint sie immer erst dann, wenn Sie mit dem Cursor den unteren Bildschirmrand erreichen.

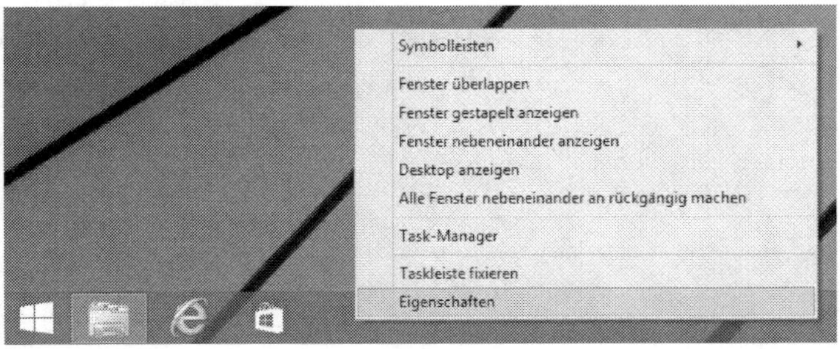


**Bild 6.15:** Eigenschaften der Taskleiste festlegen.

Die Option *Gruppieren, wenn die Taskleiste voll ist* in der Liste *Schaltflächen der Taskleiste* stellt die Taskleiste von Windows 8.1 dar wie die von Windows XP oder Vista – mit einzelnen beschrifteten Schaltflächen für jedes offene Fenster. Wenn die Taskleiste voll ist, werden gleichartige Symbole gruppiert. Die Option *Immer gruppieren, Beschriftungen ausblenden* stellt das Standardverhalten von Windows 8.1 wieder her.

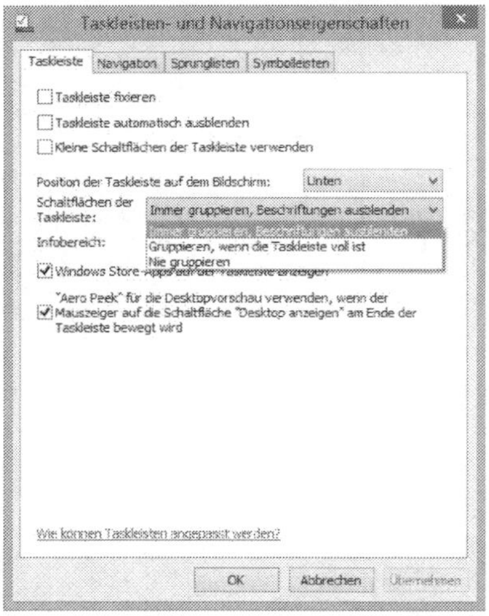


**Bild 6.16:** Optionen zum Gruppieren der Symbole auf der Taskleiste.

Nur wenn *Taskleiste fixieren* in den Eigenschaften der Taskleiste ausgeschaltet ist, können die einzelnen Bereiche auf der Taskleiste verschoben werden, was unter Windows 8.1 im Gegensatz zu Windows XP und Vista nur noch nötig ist, wenn zusätzliche Symbolleisten auf der Taskleiste eingeblendet sind.

## 6.3 Zurück in die klassische Vergangenheit

Als Windows 8 erschien, hagelte es in den Medien Kritik alteingesessener Windows-Nutzer, die sich auf PCs ohne Touchscreen mit der neuen Oberfläche ganz und gar nicht anfreunden konnten. Microsoft hat in Windows 8.1 darauf reagiert und den Zugang zum klassischen Desktop vereinfacht.

### 6.3.1 Hier verstecken sich die Umbaueinstellungen

In der Grundeinstellung verhält sich Windows 8.1 wie Windows 8. Die Einstellungen für den Umbau zum klassischen Windows sind in den Eigenschaften der Taskleiste auf der Registerkarte *Navigation* versteckt.

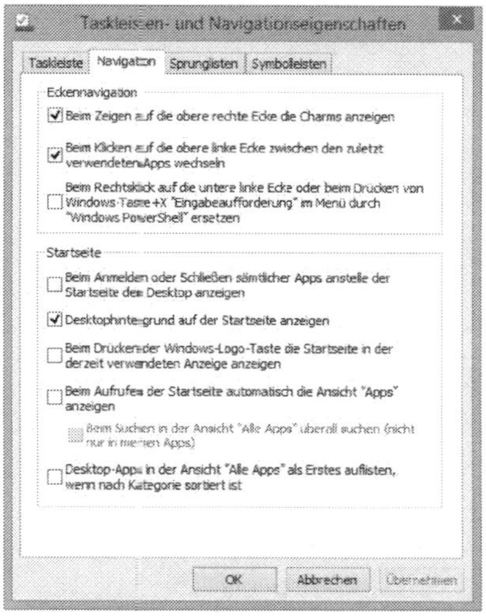


**Bild 6.17:** Neue Navigationseinstellungen in Windows 8.1.

Wer viel mit klassischen Windows-Fenstern in voller Bildschirmgröße arbeitet, wird das Einblenden der Liste zuletzt verwendeter Apps in der oberen linken Bildschirmecke und der Charms-Leiste in der oberen rechten Ecke mehr lästig als nützlich finden. Diese beiden Funktionen lassen sich abschalten.

- Die Charms-Leiste wird weiterhin beim Zeigen auf die untere rechte Ecke oder mit der Tastenkombination [Win]+[C] eingeblendet.
- Zum Wechseln zwischen den zuletzt verwendeten Apps verwenden Sie die Tastenkombination [Win]+[Tab].

### 6.3.2 Ohne Umweg zum klassischen Desktop booten

Wer nur auf dem klassischen Desktop arbeitet und an der neuen Oberfläche keinen Gefallen findet, kann in Windows 8.1 direkt zum klassischen Desktop booten. In Windows 8 waren dazu noch undokumentierte Tricks oder zusätzliche Software nötig. Aktivieren Sie den Schalter *Beim Anmelden oder Schließen sämtlicher Apps anstelle der Startseite den Desktop anzeigen*. Beim Starten des PCs erscheint dann direkt der klassische Desktop. Das Gleiche gilt auch, wenn alle laufenden Apps beendet wurden, in der Standardeinstellung erscheint dann ebenfalls der neue Startbildschirm.

## 6.3.3 Apps-Liste als Ersatz für das Startmenü

Ein Klick auf das Windows-Logo unten links auf dem klassischen Desktop oder der Druck auf die [Win]-Taste zeigt auch in Windows 8.1 nicht mehr das altgewohnte Startmenü früherer Windows-Versionen, sondern jetzt die neue Startseite.

Das ist neu in 8.1 & Updates

Wer häufig klassische Windows-Programme nutzt, kann sich diese als Kacheln auf die Startseite legen oder muss jedes Mal unten links auf den Pfeil klicken, um sich die komplette Liste aller installierten Apps und Programme anzeigen zu lassen. Zwei neue Einstellungen in Windows 8.1 erleichtern es, die Apps-Liste als Ersatz für das Startmenü auf dem klassischen Desktop zu verwenden.

- *Beim Aufrufen der Startseite automatisch die Ansicht "Apps" anzeigen* zeigt die Apps-Liste anstelle des Startbildschirms beim Klicken auf das Windows-Logo oder Drücken der [Win]-Taste. Dies gilt auch aus neuen Apps heraus, was manchmal verwirrend ist. Ein Klick auf den Pfeil unten links in der Apps-Liste bringt Sie zum Startbildschirm zurück.
- *Desktop-Apps in der Ansicht "Alle Apps" als Erstes auflisten, wenn nach Kategorie sortiert ist* – mit dieser Einstellung erscheinen die klassischen Windows-Programme vor den neuen Apps in der Apps-Liste, die dann über horizontales Scrollen erreichbar sind. Für diese Darstellung muss die Apps-Liste oben links nach Kategorien sortiert sein.

**Bild 6.18:** Die Apps-Liste mit klassischen Desktopanwendungen auf der ersten Seite.

### 6.3.4 Verwaltungsprogramme in der Apps-Liste

Wer auch in Windows 8.1 viel mit Windows-Systemtools arbeitet, kann, wie die Abbildung zeigt, die diversen Verwaltungstools, die in früheren Windows-Versionen im Startmenü unter *Verwaltung* zu finden waren, in der Apps-Liste anzeigen lassen.

Rufen Sie in der Apps-Liste die Charms-Leiste auf und klicken Sie auf *Einstellungen*. Alternativ können Sie auch die Tastenkombination Win + I nutzen. Klicken Sie in der Seitenleiste auf *Kacheln* und schalten Sie dort *Verwaltungstools anzeigen* ein.

Der Schalter *Mehr Apps in der Apps-Ansicht* anzeigen an dieser Stelle stellt die Apps mit kleineren Logos dar, damit mehr auf einer Bildschirmseite zu sehen sind, ohne dass gescrollt werden muss.

### 6.3.5 Explorer im Stil früherer Windows-Versionen

Die mit Windows 7 eingeführte Darstellung im Navigationsbereich des Explorers mit Favoriten und Bibliotheken hat unschlagbare Vorteile, ist aber trotzdem nicht jedermanns Sache. Mit dem Symbol *Navigationsbereich* unter *Ansicht* im Menüband können Sie die klassische Darstellung früherer Windows-Versionen weitgehend wiederherstellen. Schalten Sie hier *Alle Ordner anzeigen* ein und *Favoriten anzeigen* aus. Die Anzeige wechselt zur bekannten Verzeichnisstruktur. Klicken Sie dann noch rechts oben auf den Pfeil im Menüband, um dieses einzuklappen. Das Explorer-Fenster sieht auf diese Weise schon fast so aus wie früher.

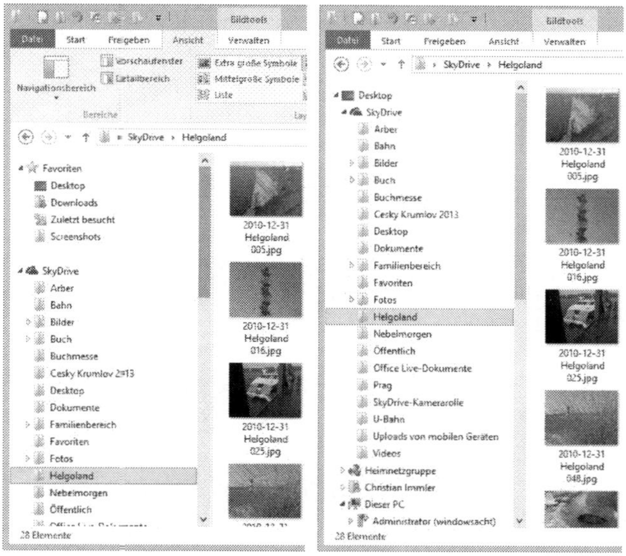


**Bild 6.19:** Links die Standarddarstellung in Windows 8.1, rechts die Darstellung im Stil früherer Windows-Versionen.

Damit sich der Explorer auch wie früher verhält, schalten Sie noch die Option *Erweitern, um Ordner zu öffnen* unter dem Symbol *Navigationsbereich* ein. Jetzt werden Ordner in der Verzeichnisstruktur automatisch aufgeklappt, wenn Sie rechts im großen Fenster das

Verzeichnis wechseln. Die Markierung folgt immer dem aktuell angezeigten Ordner. Selbstverständlich können Sie diese gute Einstellung auch nutzen, wenn Sie sonst die Verzeichnisstruktur im neuen Design verwenden.

## 6.4 Systemmenü mit bekannten Einstellungen

Ganz verschwunden ist das klassische Startmenü aber doch nicht. Das Tastenkürzel [Win]+[X] oder ein Rechtsklick auf das Windows-Logo unten links blendet ein Systemmenü mit wichtigen Einstellungen und Systemanwendungen für den klassischen Desktop ein.

Das ist neu in 8.1 & Updates

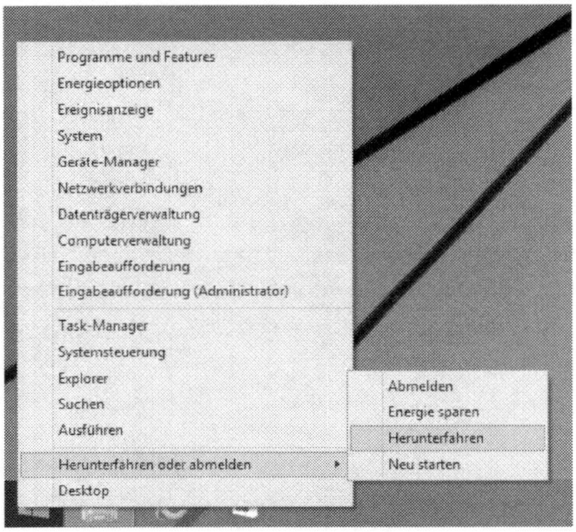


**Bild 6.20:** Das Systemmenü auf dem klassischen Desktop.

### 6.4.1 Programme und Features

Dieser Menüpunkt ruft das Systemsteuerungsmodul *Programme und Features* auf, mit dem sich Anwendungen auf dem klassischen Desktop deinstallieren oder reparieren lassen. Die neuen Apps lassen sich nur über den Startbildschirm per Rechtsklick deinstallieren.

### 6.4.2 Mobilitätscenter

Auf Notebooks mit Akkubetrieb erscheint ein zusätzlicher Menüpunkt *Mobilitätscenter*. Hier finden Sie an einer Stelle zusammengefasst wichtige Tools für die mobile Windows-Nutzung.

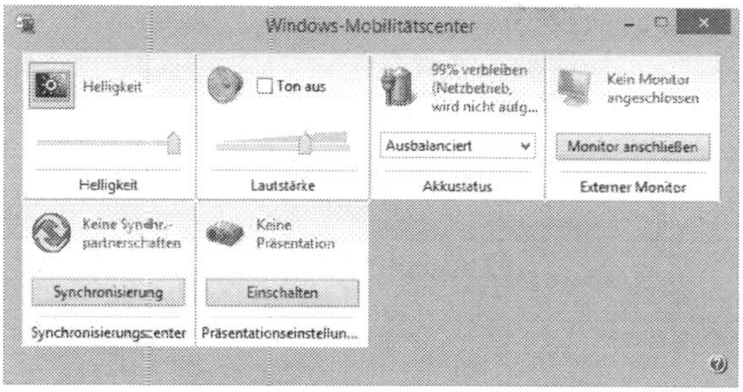


**Bild 6.21:** Das Windows-Mobilitätscenter auf Notebooks.

### 6.4.3 Energieoptionen

Dieser Menüpunkt ruft das Systemsteuerungsmodul *Energieoptionen* auf, in dem man Einstellungen zum Stromsparen festlegen kann, die besonders auf Notebooks wichtig sind.

### 6.4.4 Ereignisanzeige

Dieser Menüpunkt startet die *Ereignisanzeige*, in der Administratoren Protokolle zu aufgetretenen Fehlern in Windows und verschiedenen Anwendungen einsehen können.

### 6.4.5 System

Dieser Menüpunkt ruft das Systemsteuerungsmodul *System* auf. Das zeigt wichtige Informationen über den Computer und die installierte Windows-Version. Die gleiche Anzeige lässt sich mit dem Tastenkürzel [Win]+[Pause] noch schneller aufrufen.

Die früher auf dieser Seite vorhandene Systembewertung mit dem Windows-Leistungsindex fehlt in Windows 8.1.

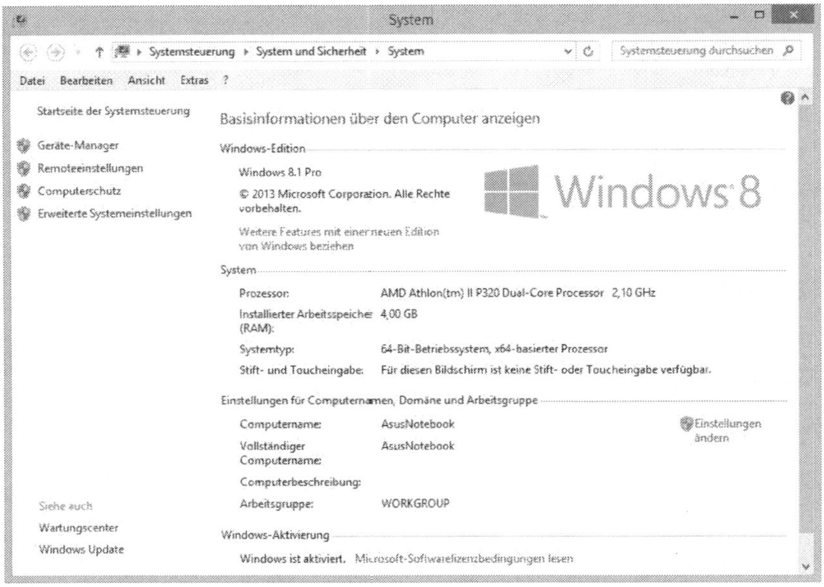


**Bild 6.22:** Anzeige der Basisinformationen über den Computer.

## 6.4.6 Geräte-Manager

Dieser Menüpunkt ruft den *Geräte-Manager* auf, ein wichtiges Werkzeug zur Einrichtung angeschlossener Hardwarekomponenten.

## 6.4.7 Netzwerkverbindungen

Die Liste der *Netzwerkverbindungen* zeigt alle auf dem Computer eingerichteten Verbindungen über Ethernet, WLAN und Mobilfunk. Da diese Liste für viele Nutzer bisher in der Systemsteuerung schwer zu finden war, wurde sie in Windows 8.1 ins Systemmenü aufgenommen.

Das ist neu in 8.1 & Updates

**Bild 6.23:** Die Liste der Netzwerkverbindungen.

### 6.4.8 Datenträgerverwaltung

Dieser Menüpunkt ruft die *Datenträgerverwaltung* auf, in der Sie Festplattenpartitionen einrichten und formatieren können.

**Vorsicht!**
In der Datenträgerverwaltung können Sie mit ein paar unbedachten Klicks Ihr komplettes System einschließlich aller eigenen Daten zerstören. Nutzen Sie die Datenträgerverwaltung nur, wenn Sie genau wissen, was Sie tun!

### 6.4.9 Computerverwaltung

Die *Computerverwaltung* ist die zentrale Oberfläche für diverse technische Administrationstools, die man aber als normaler Benutzer so gut wie nie benötigt.

### 6.4.10 Eingabeaufforderung

Dieser Menüpunkt öffnet ein Eingabeaufforderungsfenster, in dem Kommandozeilenbefehle, ähnlich den früheren DOS-Befehlen, eingegeben werden können.

In den Eigenschaften der Taskleiste können Sie auf der Registerkarte *Navigation* festlegen, dass anstelle der klassischen Eingabeaufforderung im Systemmenü die neue Windows PowerShell angezeigt wird, eine erweiterte Eingabeaufforderung, die wesentlich mehr Funktionen bietet.

### 6.4.11 Eingabeaufforderung (Administrator)

Dieser Menüpunkt öffnet ein Eingabeaufforderungsfenster mit vollen Administratorrechten. Mit den entsprechenden Kommandozeilenbefehlen können Sie Dateien verändern, die normalerweise aus Sicherheitsgründen vor unbefugtem Zugriff geschützt sind.

### 6.4.12 Task-Manager

Dieser Menüpunkt ruft den *Task-Manager* auf, eine Übersicht aller laufenden Anwendungen. Hier sehen Sie die Systemauslastung und können nicht mehr funktionierende Anwendungen beenden. Der Task-Manager wurde in Windows 8 gegenüber früheren Windows-Versionen deutlich erweitert.

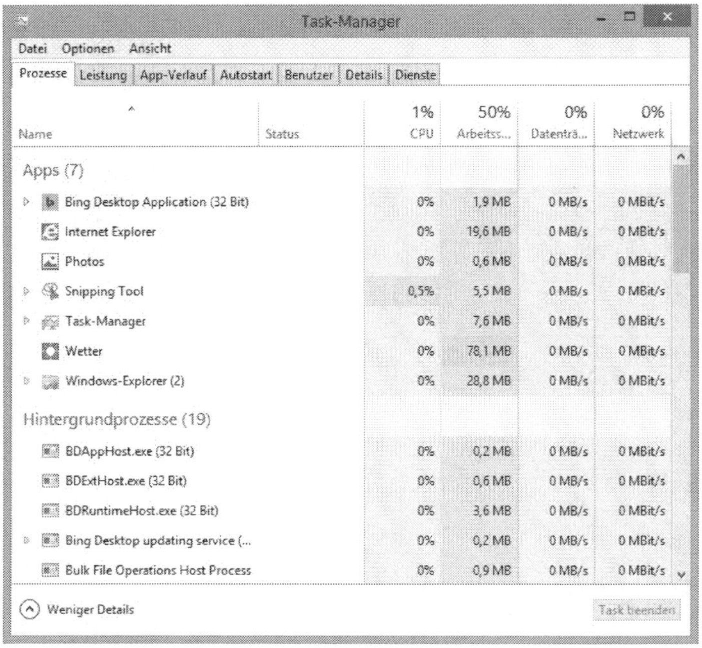


**Bild 6.24:** Der Task-Manager in Windows 8.1.

### 6.4.13 Systemsteuerung

Dieser Menüpunkt ruft die *Systemsteuerung* auf, das zentrale Fenster für alle Konfigurations- und Wartungsaufgaben in Windows.

### 6.4.14 Explorer

Dieser Menüpunkt ruft den *Explorer* auf, das in Windows integrierte Werkzeug zur Verwaltung von Dateien, Ordnern und Laufwerken. Über das Explorer-Symbol in der Taskleiste oder mit der Tastenkombination [Win]+[E] kommen Sie jedoch deutlich schneller in den Explorer.

### 6.4.15 Suchen

Dieser Menüpunkt ruft die Suche nach Apps und Dateien auf dem Startbildschirm auf. Das Gleiche erreichen Sie auch über den Charm *Suchen* oder mit dem Tastenkürzel [Win]+[Q].

### 6.4.16 Ausführen

Dieser Menüpunkt ruft das Dialogfeld *Ausführen* auf, in dem Sie ein beliebiges Programm ausführen können. Das gleiche Dialogfeld lässt sich mit dem Tastenkürzel [Win]+[R] noch schneller aufrufen.

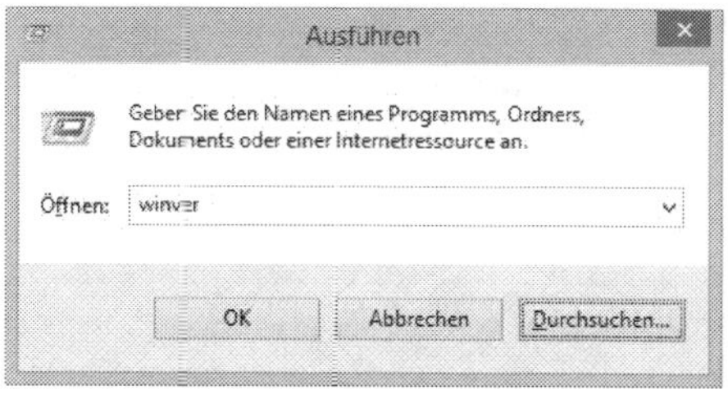


**Bild 6.25:** Das Dialogfeld *Ausführen.*

### 6.4.17 Herunterfahren oder abmelden

In diesem Untermenü finden Sie die Menüpunkte *Abmelden*, *Energie sparen*, *Herunterfahren* und *Neu starten*. Viele Benutzer empfanden in Windows 8 das Herunterfahren des Computer als zu umständlich. Dabei ist die einfachste Möglichkeit der Ausschalter, der alle halbwegs modernen PCs sauber herunterfährt und nicht direkt vom Stromnetz trennt.

### 6.4.18 Desktop

Dieser Menüpunkt minimiert alle Fenster auf dem klassischen Desktop, sodass das Hintergrundbild und die Desktopsymbole zu sehen sind. Mit der Tastenkombination [Win]+[D] oder einem Klick in die rechte untere Bildschirmecke geht es noch schneller.

## 6.5 Viele Dinge macht der neue Explorer besser

Der Explorer ist das Fenster zu Ihrer Festplatte und allen anderen Laufwerken des Computers. Sie starten den Explorer, indem Sie auf dem klassischen Desktop in der Taskleiste auf das Ordnersymbol klicken. Noch schneller starten Sie den Windows-Explorer mit dem Tastenkürzel [Win]+[E].

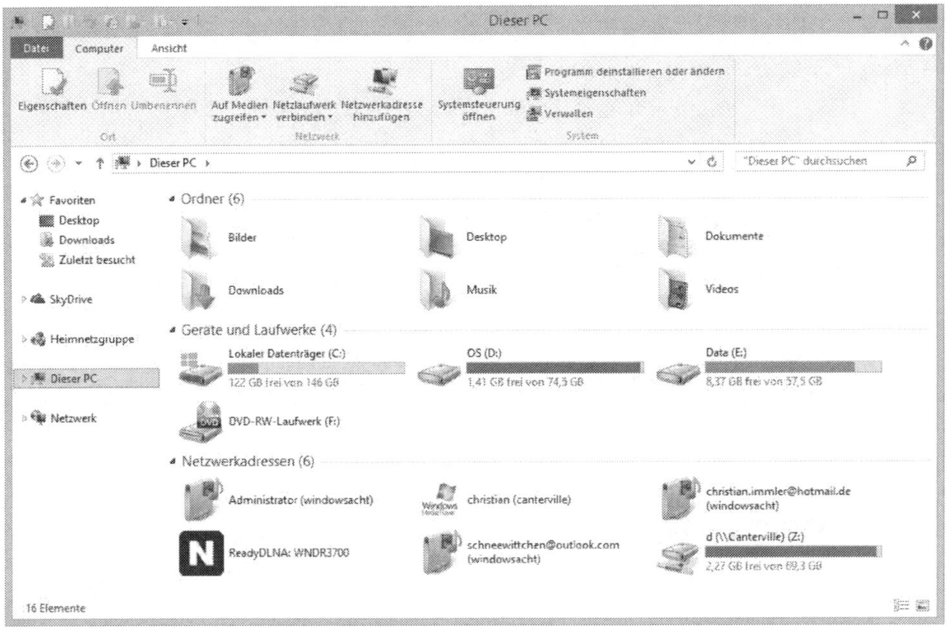


**Bild 6.26:** Der Windows-Explorer zeigt alle Laufwerke auf dem Computer.

## 6.5.1 Infos über Laufwerk und wichtige Ordner

Die Startansicht des Explorers, in Windows 8.1 auch als *Dieser PC* bezeichnet, zeigt wichtige Ordner für *Bilder*, *Dokumente*, *Downloads* etc. sowie eine Übersicht aller lokalen und Netzlaufwerke.

Das ist neu in 8.1 & Updates

### USB-Sticks und Kartenleser nutzen

USB-Sticks und Speicherkarten in Kartenlesern werden von Windows 8.1 unter *Geräte mit Wechselmedien* angezeigt. Das Gleiche gilt für im Laufwerkmodus angeschlossene Smartphones oder MP3-Player.

Beim Anschließen eines USB-Sticks zeigt Windows 8.1 ein Dialogfeld auf dem klassischen Desktop oder auf dem Startbildschirm, in dem Sie eine Aktion für den Wechseldatenträger auswählen können. Je nach Gerät werden beim ersten Mal noch Treiber installiert. Dies geschieht vollautomatisch, ohne dass Sie sich darum kümmern müssen.

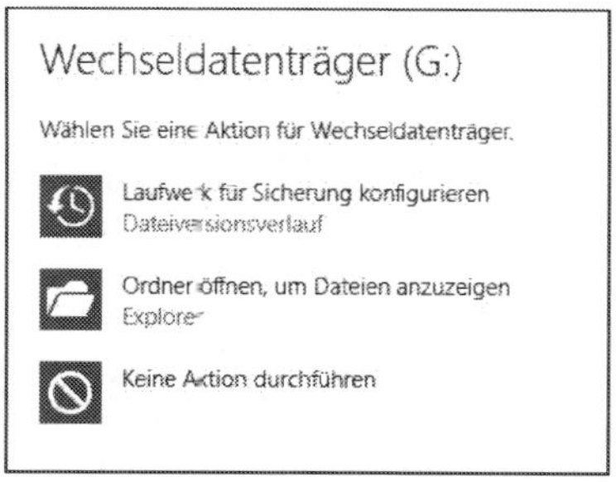


**Bild 6.27:** Dialogfeld beim Anschließen eines USB-Sticks.

Wählen Sie die Option *Ordner öffnen, um Dateien anzuzeigen*, öffnet sich ein neues Explorer-Fenster mit dem Inhalt des USB-Sticks.

USB-Sticks können theoretisch jederzeit angeschlossen und wieder entfernt werden. Nach dem Kopieren großer Datenmengen sollten Sie jedoch einige Sekunden warten, bis temporär zwischengespeicherte Daten auch wirklich auf den USB-Stick geschrieben wurden.

Um ganz sicherzugehen, dass keine Daten verloren gehen, klicken Sie auf das Symbol *Hardware sicher entfernen* im Infobereich der Taskleiste und wählen das Gerät aus, das Sie entfernen möchten. Jetzt werden alle Daten aus dem Cache physikalisch geschrieben. Danach erscheint der Hinweis, dass das Gerät vom PC getrennt werden kann.

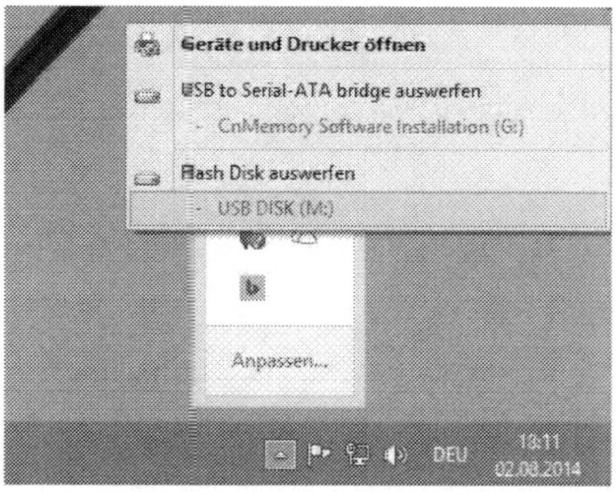


**Bild 6.28:** Am USB-Anschluss angeschlossene Geräte sicher entfernen.

## 6.5.2 Explorer-Oberfläche im Stil von Office 2010

Der klassische Windows-Explorer hat in Windows 8.1 eine völlig neue Oberfläche im Stil von Office 2010 erhalten, wobei auch diverse neue Funktionen und Verbesserungen integriert wurden. Ob diese Oberfläche tatsächlich benutzerfreundlicher ist, ist Geschmackssache. Die Neuerungen gegenüber Windows 7 werden an dieser Stelle zusammenfassend beschrieben. Die klassische Menüleiste wurde durch neue Befehlspaletten im sogenannten Menüband ersetzt, die automatisch je nach Ansicht und Art der Dateien und Ordner passende Funktionen anbieten. Diese Menübänder sind in Gruppen eingeteilt, die sich über Registerkarten ganz oben umschalten lassen.

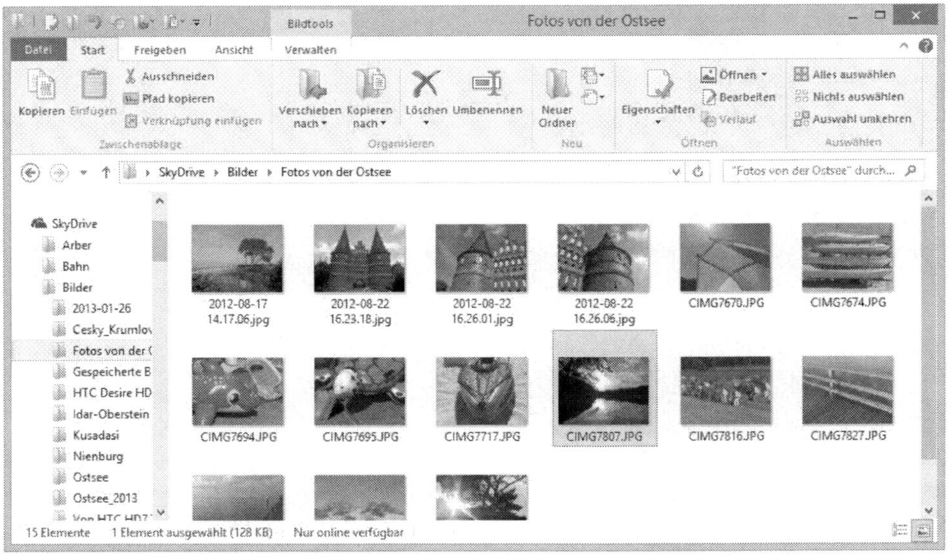


**Bild 6.29:** Bilderverzeichnis im Windows-Explorer.

Die Befehlspaletten bringen jetzt auch Funktionen an die Oberfläche, die früher nur tief in Menüs oder Optionsdialogen versteckt waren.

### Befehlspaletten minimieren

Einen Nachteil haben die Befehlspaletten gegenüber klassischen Menüs – sie belegen auf kleinen Bildschirmen deutlich mehr Platz. Der kleine Pfeil oben rechts oder die Tastenkombination Strg + F1 minimieren das Menüband auf eine einzige Zeile. Klickt man dann auf eines der Register, wird die jeweilige Palette temporär angezeigt.

**Bild 6.30:** Minimierte Befehlspaletten.

### Nach oben springen

Im Explorer von Windows XP gab es sie noch, in Windows 7 ist sie verloren gegangen – die Schaltfläche, mit der man eine Verzeichnisebene nach oben springt.

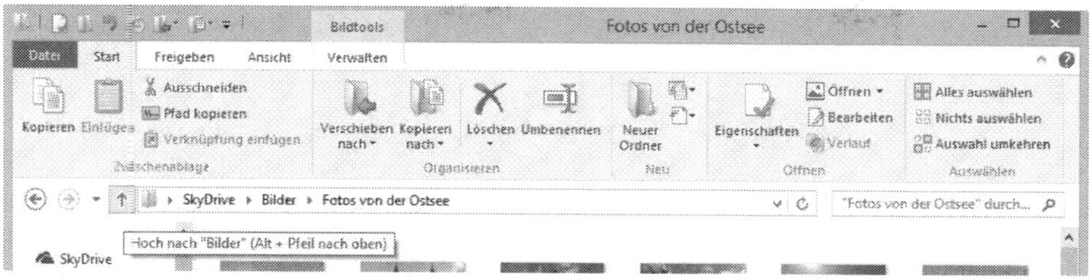


**Bild 6.31:** Verzeichnisebene nach oben springen.

Natürlich können Sie aber weiterhin durch Anklicken eines der Verzeichnisse in der Pfadangabe oder im Verzeichnisbaum links zu einem übergeordneten Verzeichnis wechseln. Auch das Tastenkürzel `Alt`+`↑` springt eine Verzeichnisebene nach oben.

### Schnellzugriffssymbole in der Titelleiste

Die Titelleiste der neuen Explorer-Fenster enthält links oben häufig gebrauchte Funktionen in einer sogenannten Symbolleiste für den Schnellzugriff, die immer zur Verfügung steht, unabhängig davon, welche Befehlspalette gerade im Menüband angezeigt wird. Neben den beiden standardmäßig angezeigten Symbolen für *Eigenschaften* und *Neuer Ordner* können Sie weitere Symbole an dieser Stelle einblenden. Klicken Sie dazu auf den kleinen Pfeil rechts außen in der Schnellzugriffsleiste und markieren Sie die gewünschten Symbole.

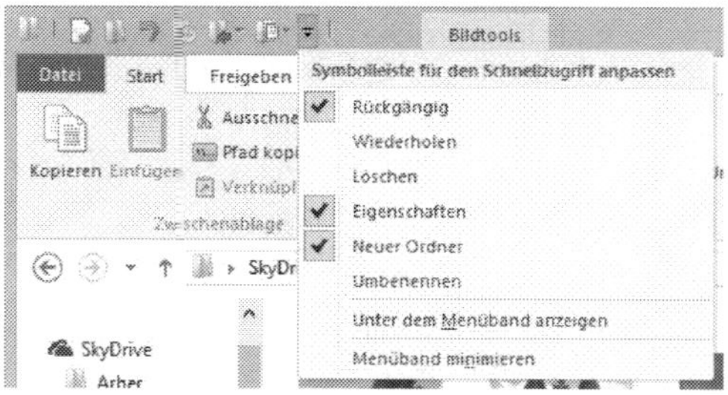


**Bild 6.32:** Einstellungsmöglichkeiten unter *Symbolleiste für den Schnellzugriff anpassen.*

### Kopieren und Verschieben nach

Dateien im Explorer in einen Ordner zu kopieren, der an einer ganz anderen Stelle in der Verzeichnisstruktur liegt, erfordert jedes Mal viel Geschicklichkeit. Der Explorer in Windows 8.1 bietet im Menüband unter *Start* die beiden neuen Methoden *Verschieben nach* und *Kopieren nach.*

Wählen Sie zunächst wie gewohnt die zu kopierenden Dateien aus und klicken Sie danach auf das Symbol *Kopieren nach.* Ein Auswahlmenü zeigt ein paar typische sowie in letzter Zeit verwendete Ordner an. Mit einem Klick werden die markierten Dateien dorthin kopiert.

**Bild 6.33:** Das neue Symbol *Kopieren nach* im Explorer.

Über den Menüpunkt *Speicherort auswählen* können Sie jeden beliebigen Ordner als Ziel wählen. Dazu erscheint ein spezielles Dialogfeld, das Windows an mehreren Stellen zur Ordnerauswahl nutzt.

**Bild 6.34:** Zum Kopieren von Elementen einen Ordner auswählen.

### Fortschrittsanzeige beim Kopieren und Verschieben

Beim Kopieren oder Verschieben von Dateien in einen anderen Ordner oder auf ein anderes Laufwerk zeigte der Windows-Explorer bisher eine Animation an, erst mit einem Klick auf *Details* gab es einen Hinweis darauf, wie lange der Vorgang noch dauern wird. In Windows 8 wurde diese Anzeige erweitert. Ein Klick auf *Details* zeigt die Geschwindigkeit sowie die zu erwartende Restzeit an.

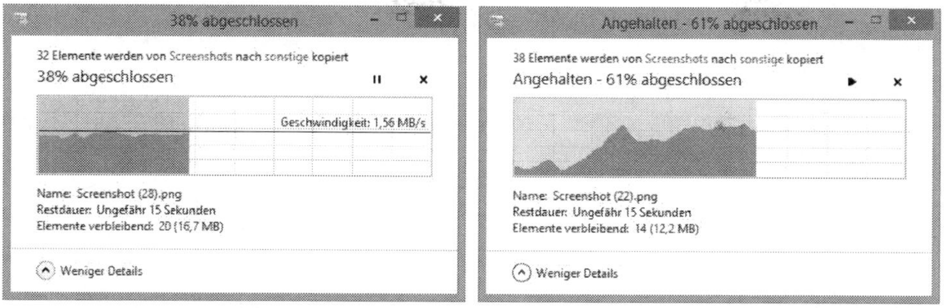


**Bild 6.35:** Neue Fortschrittsanzeige beim Kopieren. Rechts: Der Kopiervorgang wurde angehalten.

Wenn Ihnen der Vorgang zu lange dauert, können Sie ihn an dieser Stelle abbrechen oder unterbrechen und ihn zu einem späteren Zeitpunkt an der gleichen Stelle fortsetzen. Voraussetzung dafür ist nur, dass die zu kopierenden Dateien in der Zwischenzeit nicht geändert werden.

### Bessere Übersicht bei Dateikonflikten beim Kopieren und Verschieben

Eine weitere Verbesserung des neuen Explorers betrifft die Entscheidung bei Dateikonflikten. Versucht man, Dateien zu kopieren, die es im Zielverzeichnis mit gleichem Namen bereits gibt, erscheint zunächst eine Abfrage, die wissen möchte, ob diese durch die neuen Dateien überschrieben werden sollen oder man die alten Dateien behalten möchte und somit die gleichnamigen neuen beim Kopieren übersprungen werden sollen.

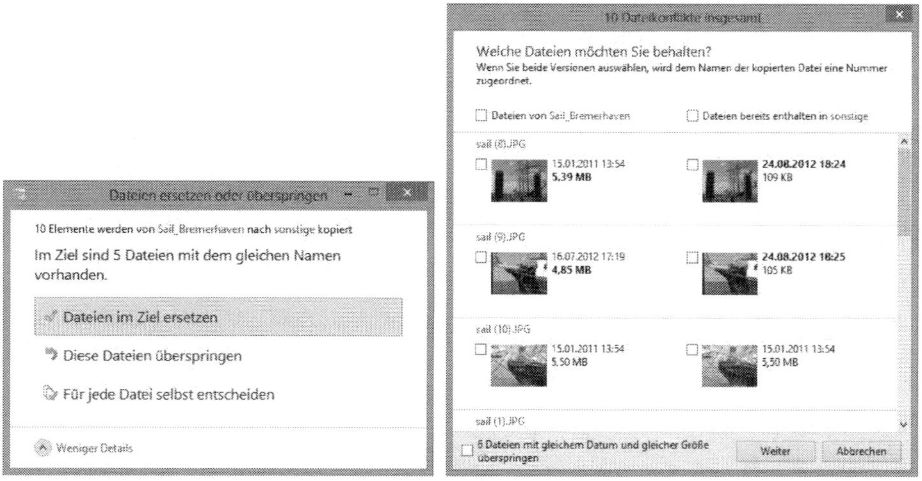


**Bild 6.36:** Neues Dialogfeld für Dateikonflikte beim Kopieren.

Die neue Option *Für jede Datei selbst entscheiden* öffnet ein neues Dialogfeld, in dem Sie für jede Datei angeben können, ob die Originaldatei behalten werden soll oder die neue Version genommen wird. Unterschiedliche Dateigrößen und Datumsangaben werden angezeigt, bei Bildern auch ein Vorschaubild. Damit wird ein umfangreicher Kopiervorgang nicht mehr bei jedem Dateikonflikt unterbrochen. Mit den Kontrollkästchen ganz oben lassen sich alle Dateien auf einmal markieren. Markiert man von einer Datei beide Versionen, wird an den Dateinamen der Kopie eine Nummer angehängt. Danach sind das Original und die Kopie im Zielverzeichnis vorhanden.

## Dateien einfacher auswählen

Der neue Explorer bietet Vereinfachungen beim Auswählen mehrerer Dateien zum Kopieren oder Verschieben. Die Registerkarte *Start* zeigt im Menüband ganz rechts drei Schaltflächen, mit denen Sie alle Dateien auswählen, nichts auswählen oder die vorhandene Auswahl umkehren können.

**Bild 6.37:** Neue Funktionen zur Dateiauswahl.

Die Anzahl ausgewählter Dateien und die Gesamtgröße werden, ähnlich wie bei Windows 7, unten in der Statusleiste angezeigt.

**Bild 6.38:** Die Statusleiste im Explorer-Fenster.

Die Statusleiste zeigt rechts zwei neue Symbole, mit denen man schnell zwischen den beiden wichtigsten Ansichten im Explorer umschalten kann, der Detailansicht und der Ansicht *Große Symbole.*

## Verbesserte Suche

Die Suchfunktion im Explorer war in Windows 7 bereits deutlich erweitert worden. Windows 8.1 macht sie durch die neue Registerkarte *Suchen* im Menüband leichter bedienbar, die automatisch erscheint, wenn man im Suchfeld einen Text eingibt. Hier lassen sich Filter und erweiterte Suchparameter einfach per Klick einrichten.

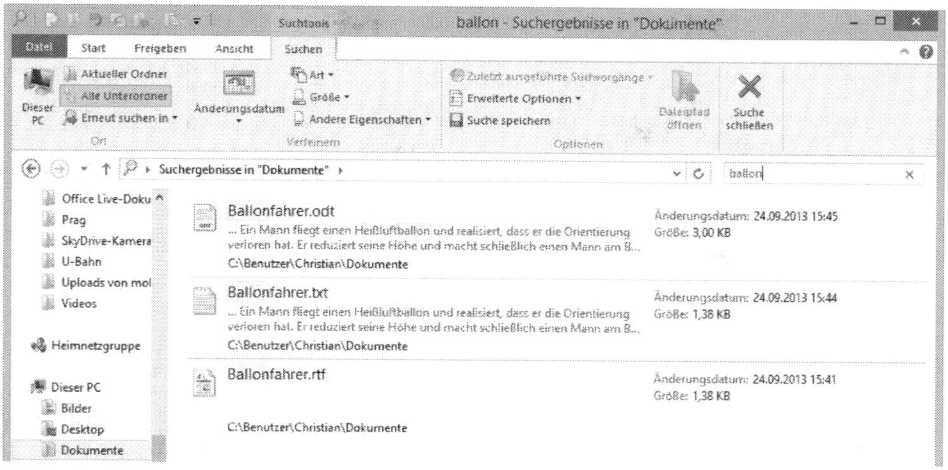


**Bild 6.39:** Neue Suchoptionen im Menüband.

## 6.5.3 Arbeiten mit Dateien, Ordnern und Bibliotheken

Alle Informationen auf einem Computer werden in Dateien gespeichert. Eine Datei kann ein Dokument sein, aber auch jede andere Art von Informationseinheit, zum Beispiel Bilder, Programme, Datenbanken, Musik, Videos, Verknüpfungen etc. Im großen Explorer-Fenster wird der Inhalt des aktuellen Ordners angezeigt. Jedes Element, das nicht durch die gelbe oder eine andersfarbige Ablagemappe dargestellt wird, ist eine Datei. In den Listen werden Ordner üblicherweise zuerst angezeigt, danach die Dateien. Dateien haben je nach Dateityp besondere Symbole, Fotos werden als kleine Vorschaubilder angezeigt.

Zur Ablage persönlicher Bilder, Dokumente, Downloads, Musik und Videos verwendet Windows 8.1 Standardverzeichnisse, die im Explorer in der Ansicht *Dieser PC* angezeigt werden.

Das ist neu in 8.1 & Updates

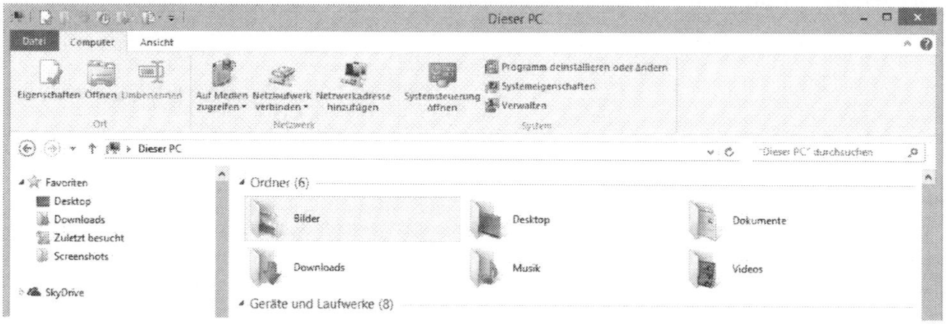


**Bild 6.40:** Persönliche Standardverzeichnisse im Explorer.

Die aus Windows 7 und 8 bekannten Bibliotheken werden in Windows 8.1 standardmäßig nicht mehr angezeigt, können aber noch verwendet werden. Um die Bibliotheken aufzurufen, klicken Sie im Menüband unter *Ansicht* auf das Symbol *Navigationsbereich* und schalten dort die *Bibliotheken* ein.

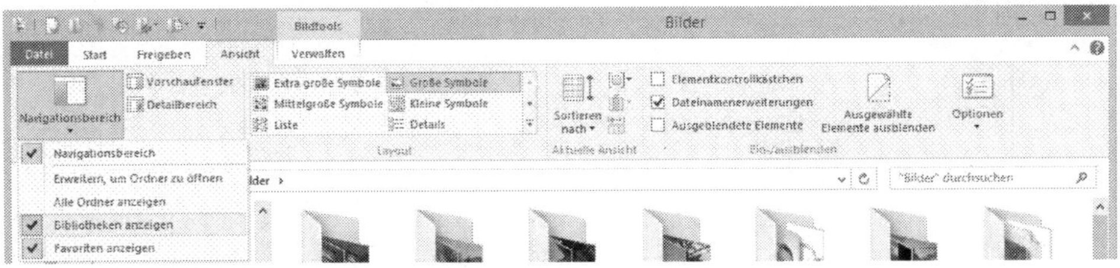


**Bild 6.41:** Bibliotheken im Explorer anzeigen.

## Die wichtigen Dateiendungen

Leider zeigt der Explorer die wichtigen Dateiendungen standardmäßig nicht an. Schalten Sie im Menüband unter *Ansicht* das Kontrollkästchen *Dateinamenerweiterungen* ein, um die Endungen sichtbar zu machen.

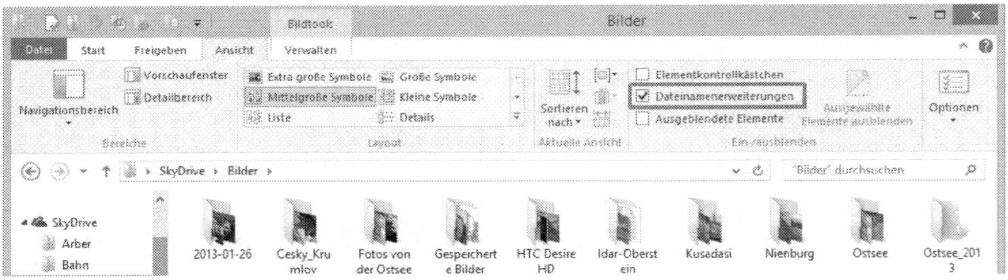


**Bild 6.42:** Dateien mit deren Dateinamenserweiterung anzeigen lassen.

> **Dateiendung nicht ändern**
> Ändern Sie die Dateiendung nicht, da Windows daran den Dateityp erkennt und sich die Datei nach einer Änderung möglicherweise nicht mehr öffnen lässt.

Wenn Sie die Ansicht im Explorer mit den Schaltflächen unten rechts auf *Details* umschalten, werden neben den Dateinamen auch die Typen im Klartext angezeigt.

**Bild 6.43:** Umschalten zwischen Miniaturansicht und Detaildarstellung.

**Sicherheitshinweis: Erweiterungen bei bekannten Dateitypen nicht ausblenden**
Lassen Sie die Anzeige der Dateinamenserweiterung immer eingeschaltet. Warum? Sie erhalten zum Beispiel per E-Mail eine Datei mit dem Namen *info.txt*. Sie haben die Datei gespeichert und öffnen sie jetzt ohne Argwohn. Aber plötzlich haben Sie einen böswilligen Virus installiert. Wie kommt das?
Sie haben die Anzeige der Dateiendungen ausgeschaltet. Die Datei war eine ausführbare Datei und hieß in Wirklichkeit *info.txt.exe*. Irgendjemand hat Sie Ihnen untergejubelt. Windows lässt nämlich leider mehrere Punkte im Dateinamen zu, nur der letzte trennt den eigentlichen Namen von der Endung.
Die Dateinamenserweiterung *.exe* kennzeichnet ausführbare Programme. Öffnen Sie solche Dateien mit Doppelklick nur, wenn Sie das Programm kennen. Auch Dateien mit den Endungen *.bat*, *.com*, *.dll*, *.ini*, *.scr* und *.sys* sollten Sie nur öffnen, wenn Sie wissen, was diese Dateien bewirken.

### Unbekannte Dateitypen öffnen

Sie haben sicher schon einmal eine Datei aus dem Explorer heraus zum Bearbeiten geöffnet. Ein Doppelklick auf das Dateisymbol genügt, und die Datei wird mit dem richtigen Programm zur Ansicht oder Bearbeitung geöffnet. Aber woher kennt Windows das passende Programm? Ein Dateiname besteht immer aus dem eigentlichen Namen und der Dateinamenserweiterung. Dabei handelt es sich um die (meistens) drei Buchstaben nach dem letzten Punkt.

Windows 8.1 verwaltet intern eine Liste mit Dateinamenserweiterungen und den zugehörigen Programmen. Dort ist z. B. verzeichnet, dass Dateien mit der Endung *.txt* immer mit dem Programm Editor geöffnet werden sollen. Wenn Sie ein neues Programm installieren, wird die Liste meistens von diesem Programm aktualisiert, wenn neue Dateiendungen verwendet werden.

So weit, so gut. Was ist aber, wenn die Dateiendung nicht in der Liste enthalten ist? In dem Fall fragt Windows Sie, ob Sie im Windows Store nach einer App suchen möchten. Die alternative Variante, ein neues Programm auf dem klassischen Desktop zu installieren, wird leider nicht erwähnt.

Bei Nutzung des klassischen Desktops liefert der Menüpunkt *Weitere Optionen* meistens die beste Lösung. Im nächsten Fenster empfiehlt Windows einige Programme, die es für geeignet hält. Die Auswahl kann sehr zufällig sein und enthält diverse Programme, die die betreffende Datei sicher nicht öffnen können. Wählen Sie ein Programm aus, von dem Sie wissen, dass es die betreffende Datei öffnen kann. Sollte das gewünschte Programm nicht angezeigt werden, können Sie es mit der Option *Andere App auf diesem PC suchen* unter den installierten Programmen finden.

**Bild 6.44:** Wie soll eine unbekannte Datei geöffnet werden?

Das Kontrollkästchen *Diese App für alle .xxx-Dateien verwenden* können Sie aktivieren, wenn der unbekannte Dateityp häufiger verwendet wird. Ein solcher Dateityp wird dann immer mit dem ausgewählten Programm ausgeführt.

## Dateitypen zuordnen

Es gibt noch eine weitere Möglichkeit, eine Datei mit einem ganz bestimmten Programm zu öffnen. Dies ist besonders dann interessant, wenn Sie z. B. mehrere Bildbetrachter oder mehrere Office-Pakete installiert haben. Bei Dateien mit bekannten Dateitypen erscheint neben der *Öffnen*-Schaltfläche im Menüband des Explorers unter *Start* ein kleines Dreieck. Darüber können Sie das gewünschte Programm auswählen. Die gleiche Auswahl gibt es auch bei einem Rechtsklick auf eine Datei über den Kontextmenüpunkt *Öffnen mit*.

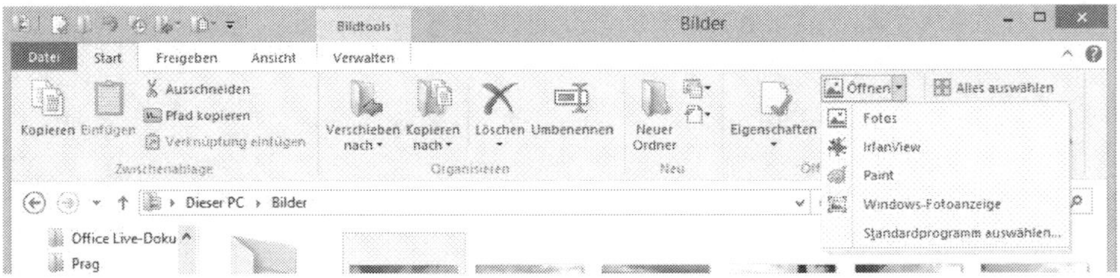


**Bild 6.45:** Auswahl eines Programms zum Öffnen einer Datei.

Windows zeigt hier die empfohlenen Programme an und bietet auch eine Möglichkeit, ein neues Standardprogramm einzurichten. Wenn Sie keines für das richtige halten, können Sie den Computer nach einem geeigneten Programm durchsuchen.

## 6.5.4 Favoriten leisten auch im Explorer gute Dienste

*Favoriten*, im Navigationsbereich ganz oben zu finden, sind Lesezeichen, mit denen Sie schnell an eine interessante Stelle zurückkehren können. Sie spielen eine wichtige Rolle beim Surfen im Internet. Aber auch im Windows-Explorer leisten sie gute Dienste. Windows 8.1 hat nach der Installation schon Favoriten eingerichtet: den Desktop, den Downloadordner und eine Verknüpfung, die die zuletzt besuchten Ordner anzeigt. Diese Favoriten finden Sie jederzeit links oben im Explorer-Fenster.

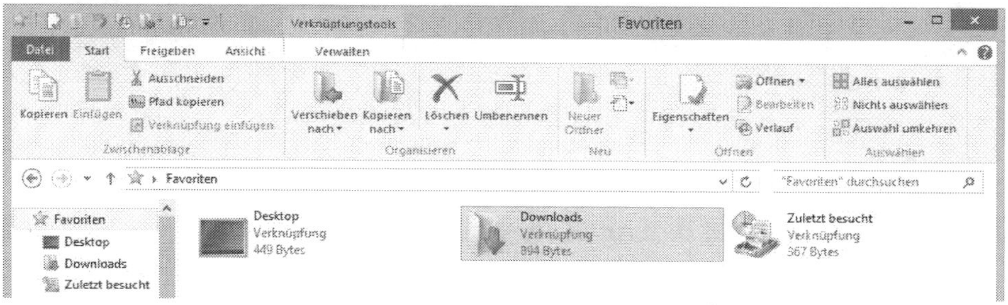


**Bild 6.46:** Favoriten im Explorer.

**Was tun, wenn keine Favoriten angezeigt werden?**
Fehlt die Favoritenliste im Navigationsbereich des Explorers, wurde sie höchstwahrscheinlich einfach ausgeblendet. Klicken Sie auf der Registerkarte *Ansicht* im Menüband auf das Symbol *Navigationsbereich* und schalten Sie dort die Option *Favoriten anzeigen* ein.

### Favoriten hinzufügen

Markieren Sie im Explorer einen Ordner und ziehen Sie ihn mit gedrückter Maustaste auf das Wort *Favoriten* im Navigationsbereich. Dabei können Sie sogar die Position festlegen, an der die Verknüpfung erscheinen soll. Diese Liste wird nicht automatisch sortiert. Sie können auch jederzeit mit der Maus die Reihenfolge der Favoriten ändern. Favoriten sind einfache Verknüpfungen, die im Ordner *Links* gespeichert werden:

```
C:\Users\<Benutzername>\Links
```

### Favoriten verwalten

Sinn der Favoriten ist es, einen schnellen Zugriff auf Dateien zu ermöglichen. Deshalb ist eine gewisse Ordnung unumgänglich. Gliedern Sie Ihre Favoriten nach Ihren persönlichen Anforderungen. Klicken Sie mit der rechten Maustaste auf einen Eintrag in den Favoriten, öffnet sich ein Kontextmenü, über das Sie den Eintrag umbenennen können. Dabei wird nur der Eintrag in dieser Liste umbenannt, der eigentliche Verzeichnisname bleibt unverändert.

Der Menüpunkt *Entfernen* löscht einen Eintrag aus der Liste der Favoriten ohne weitere Nachfrage. Das verknüpfte Verzeichnis selbst bleibt bestehen, es wird nur die Verknüpfung gelöscht. Der Menüpunkt *An »Start« anheften* legt eine Kachel für diesen Favoritenordner auf dem Startbildschirm an. Ein Klick darauf öffnet vom Startbildschirm aus den klassischen Desktop und dort ein Explorer-Fenster, in dem sofort der jeweilige Favoritenordner angezeigt wird.

**Bild 6.47:** Kachel für einen Favoritenordner auf dem Startbildschirm.

### 6.5.5 Tastenkürzel machen die Arbeit komfortabler

Wichtige Funktionen des Explorers lassen sich über die Tastatur viel schneller aufrufen, als würden Sie die passende Schaltfläche mit der Maus suchen.

| *Tastenkürzel* | *Funktion* |
|---|---|
| Strg + C | Kopiert das markierte Element in die Zwischenablage. |
| Strg + X | Verschiebt das markierte Element in die Zwischenablage. |
| Strg + V | Fügt das Element aus der Zwischenablage an dieser Stelle ein. |
| Alt + Enter | Eigenschaften des markierten Elements anzeigen. |
| Entf | Markiertes Element löschen. |
| Strg + N | Neues Explorer-Fenster öffnen. |
| Alt + F4 | Explorer-Fenster schließen. |
| Strg + Umschalt + N | Neuen Ordner anlegen. |
| Pos1 | Erstes Element des Ordners markieren. |
| Ende | Letztes Element des Ordners markieren. |
| Strg + A | Alle Elemente im Ordner markieren. |
| Alt + ↑ | Übergeordneten Ordner anzeigen. |
| Alt + ← | Zuletzt angezeigten Ordner anzeigen (in der Reihenfolge zurückblättern). |
| Alt + → | Nächsten Ordner anzeigen (in der Reihenfolge vorblättern). |
| F11 | Explorer-Fenster im Vollbildmodus. |
| Alt + P | Vorschaubereich ein- oder ausblenden. |
| Strg + F1 | Menüband ein- oder ausblenden. |
| Strg + F | Suchfeld aktivieren. |

| *Tastenkürzel* | *Funktion* |
|---|---|
| Strg + F4 | Adressfeld aktivieren. |
| Alt + D | Menü *Datei* öffnen. |
| Alt + R | Registerkarte *Start* im Menüband öffnen. |
| Alt + B | Registerkarte *Freigeben* im Menüband öffnen. |
| Alt + A | Registerkarte *Ansicht* im Menüband öffnen. |
| Alt + J | Registerkarte *Verwalten* im Menüband öffnen (wenn für das markierte Element verfügbar). |

Ein Druck auf die Taste Alt blendet Buchstaben bei wichtigen Symbolen im Menüband ein. Ein Druck auf die jeweilige Taste bewirkt das Gleiche wie ein Klick auf das entsprechende Symbol.

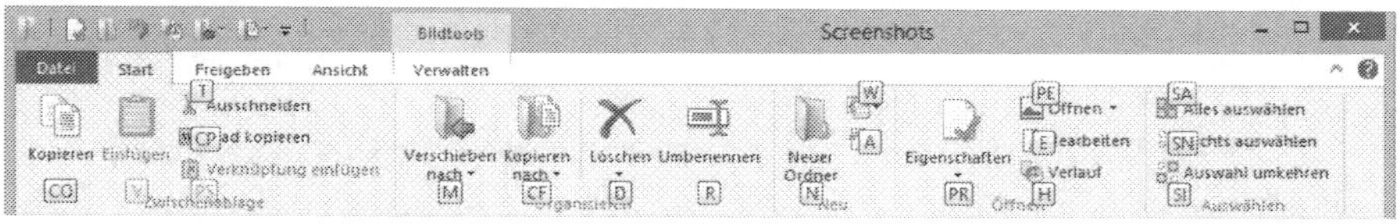


**Bild 6.48:** Buchstaben zur Tastaturbedienung des Menübands.

## 6.5.6 Komprimierte Daten sparen viel Speicherplatz

Neue PCs enthalten mittlerweile Festplatten mit riesigem Speichervolumen. Aber irgendwann wird auch da der Platz knapp. Hier bietet Windows mit verschiedenen Komprimierungsmethoden Möglichkeiten an, erheblich Platz zu sparen. ZIP-Archive sind spezielle Ordner, die Sie als Datencontainer betrachten können. Darin werden Dateien ohne Datenverlust komprimiert und können daraus auch wieder in ihrer Originalgröße extrahiert werden.

### Komprimierung in Windows 8.1

Wie immer bei Windows gibt es mehrere Wege, Sie müssen nur den günstigsten für Ihren Arbeitsstil und die jeweilige Situation auswählen.

1. Im Kontextmenü der zu komprimierenden Datei wählen Sie *Senden an/ZIP-komprimierter Ordner*. Es wird ein neuer Ordner mit dem Namen der komprimierten Datei und der Dateiendung *.zip* erstellt. Er befindet sich im selben Ordner. Sie können auch mehrere Dateien gleichzeitig markieren, die alle in einen einzigen ZIP-Ordner gepackt werden.

2. Erstellen Sie im Menüband des Explorers mit dem Symbol *Neues Element/ZIP-komprimierter Ordner* einen neuen Ordner. Geben Sie ihm einen aussagekräftigen Namen. In diesen Ordner können Sie nun Ihre Bilder, Dokumente, Videos oder

auch weitere Ordner kopieren oder einfach mit der Maus hineinziehen und fallen lassen, genau so, wie Sie es auch mit einem normalen Ordner machen würden.

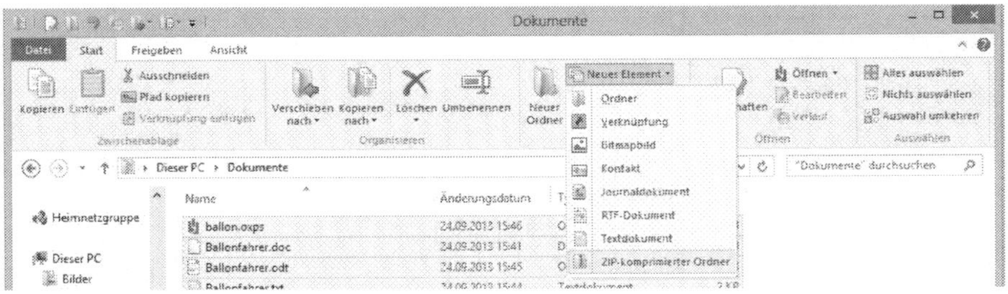


**Bild 6.49:** ZIP-komprimierten Ordner erstellen.

3. Markieren Sie die zu komprimierenden Dateien im Explorer und klicken Sie dann auf der Registerkarte *Freigeben* im Menüband auf das Symbol *ZIP*. Die markierten Dateien werden in einen Ordner gepackt, dem Sie jetzt nur noch einen Namen zu geben brauchen.

Der ZIP-Ordner wird als Ordnersymbol mit einem Reißverschluss (engl. zip) angezeigt. Natürlich können Sie die Dateien aus dem Ordner wieder entpacken. Öffnen Sie den ZIP-Ordner mit einem Doppelklick. Sie sehen alle darin verpackten Dateien. Jetzt können Sie einzelne oder auch gleichzeitig mehrere Dateien in einen normalen Ordner ziehen. Der ZIP-Ordner bleibt unverändert erhalten.

Der Explorer zeigt bei geöffneten ZIP-Ordnern eine neue Registerkarte *Tools für komprimierte Ordner* im Menüband. Hier sind Symbole für wichtige Standardordner zu sehen, in die man ausgewählte Inhalte aus dem ZIP-Ordner mit einem Klick kopieren kann.

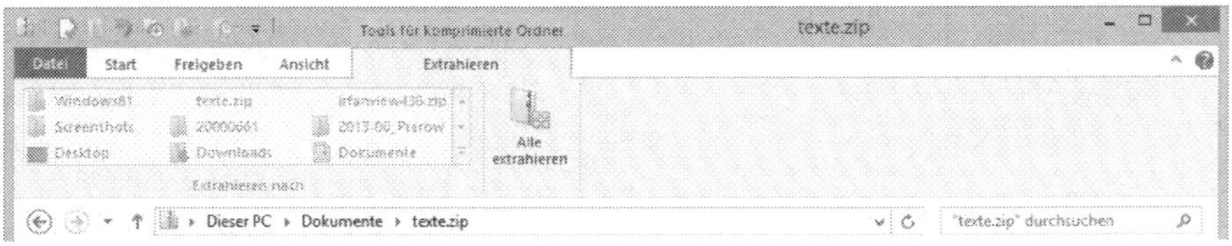


**Bild 6.50:** Menüband für ZIP-komprimierte Ordner.

## Was Sie beim Zippen beachten sollten

Obwohl das Komprimieren in Windows 8.1 sehr einfach gelöst ist, sollten doch einige Punkte beachtet werden:

- Bilddateien mit der Dateiendung *.bmp* (sogenannte Bitmapdateien) oder Textdateien mit den Dateiendungen *.txt*, *.doc*, *.rtf* und *.htm* lassen sich sehr gut komprimieren. Bilddateien, die von sich aus schon komprimiert sind, wie *.jpg*, *.png* oder *.gif*, werden bei der Komprimierung im ZIP-Ordner nur ganz unwesentlich kleiner. Die Detailansicht im Explorer zeigt bei jeder Datei in einem ZIP-Ordner neben der Originalgröße auch die komprimierte Größe und das Kompressionsverhältnis an.

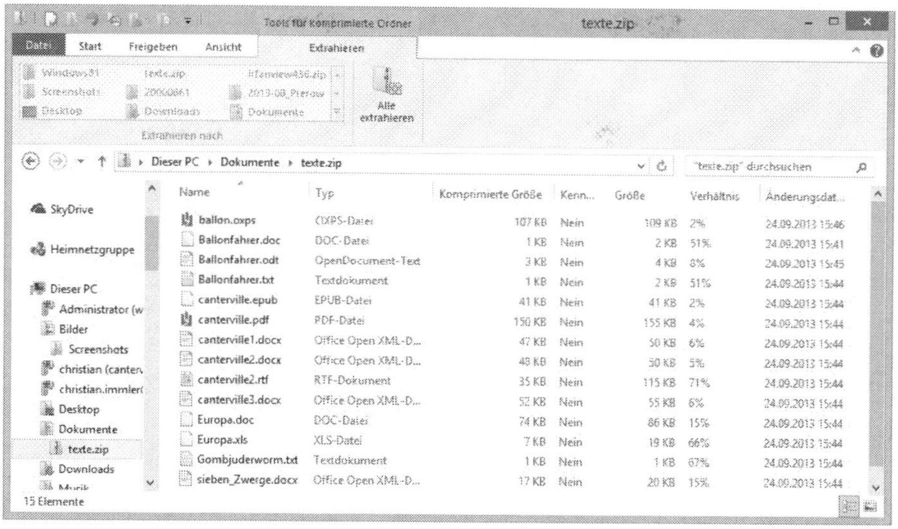


**Bild 6.51:** Anzeige eines ZIP-komprimierten Ordners im Explorer.

- Wenn Sie mehrere Dateien transportieren wollen, z. B. per E-Mail, lohnt sich ein ZIP-Ordner immer, da Sie dann nur eine Datei verschicken müssen. Dies ist bei heutigen Festplattengrößen der wesentlich wichtigere Vorteil von ZIP-Ordnern gegenüber der Platzersparnis durch Komprimierung.

**Aktuelle Arbeitsdateien nicht komprimieren**
Dateien, die regelmäßig benötigt und verändert werden, sollten nicht in einen ZIP-Ordner gepackt werden. Sie können zwar die Dateien schnell entpacken und sogar per Doppelklick direkt aus dem ZIP-Ordner heraus öffnen, Sie können sie aber nach einer Änderung aus den meisten Anwendungsprogrammen heraus nicht wieder in den ZIP-Ordner speichern. Sie müssten die Datei zunächst auf dem Desktop oder in einem anderen Ordner speichern und von dort in den ZIP-Ordner ziehen. Es besteht sehr schnell die Gefahr, dass Sie Dateien mit unterschiedlichen Aktualisierungsständen aufbewahren.

### Windows-Echtzeitkomprimierung

Windows 8.1 bietet zusätzlich zur ZIP-Komprimierung eine weitere Möglichkeit, Ordner und Dateien in Echtzeit zu komprimieren, auf die danach mit jedem Programm normal zugegriffen werden kann. Eine solche Echtzeitkomprimierung von ganzen Verzeichnissen oder Datenträgern ist nur auf NTFS-Datenträgern möglich. Die erstmalige Komprimierung eines Verzeichnisses oder einer Partition kann je nach Menge der enthaltenen Daten mehrere Stunden dauern. Danach gehen die Zugriffe relativ schnell. Allerdings ist die Kompressionsrate bei Weitem nicht so gut wie bei speziellen Packprogrammen oder ZIP-Ordnern.

**Komprimieren nur mit Administratorrechten**
Das erste Komprimieren eines Laufwerks ist nur durchzuführen, wenn man als Benutzer Administratorrechte besitzt. Der Zugriff auf ein komprimiertes Verzeichnis ist später wieder für alle Benutzer möglich.

Um ein Verzeichnis in Echtzeit zu komprimieren, gehen Sie folgendermaßen vor:

1. Markieren Sie das Verzeichnis und klicken Sie im Menüband unter *Start* auf das Symbol *Eigenschaften.*
2. Klicken Sie im Dialogfeld auf *Erweitert* und aktivieren Sie im nächsten Dialogfeld den Schalter *Inhalt komprimieren, um Speicherplatz zu sparen.*

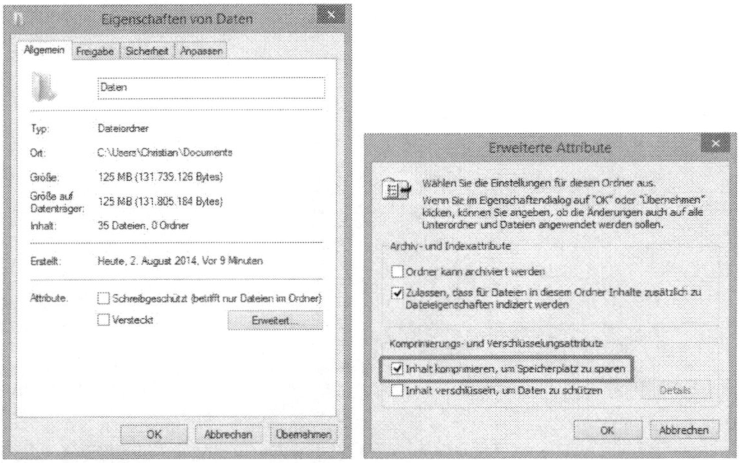


**Bild 6.52:** Ordnerkomprimierung aktivieren.

3. Verlassen Sie beide Dialogfelder mit *OK.* Jetzt können Sie noch auswählen, ob die Komprimierung auch für alle Unterordner des gewählten Verzeichnisses gelten soll. Danach wird die erstmalige Komprimierung durchgeführt.

NTFS-komprimierte Verzeichnisse werden zur besseren Unterscheidung im Windows-Explorer blau dargestellt. Sollte das auf Ihrem Computer nicht der Fall sein, klicken Sie im Menüband des Explorers unter *Ansicht* auf das Symbol *Optionen* und schalten dort auf der Registerkarte *Ansicht* das Kontrollkästchen *Verschlüsselte oder komprimierte NTFS-Dateien in anderer Farbe anzeigen* ein.

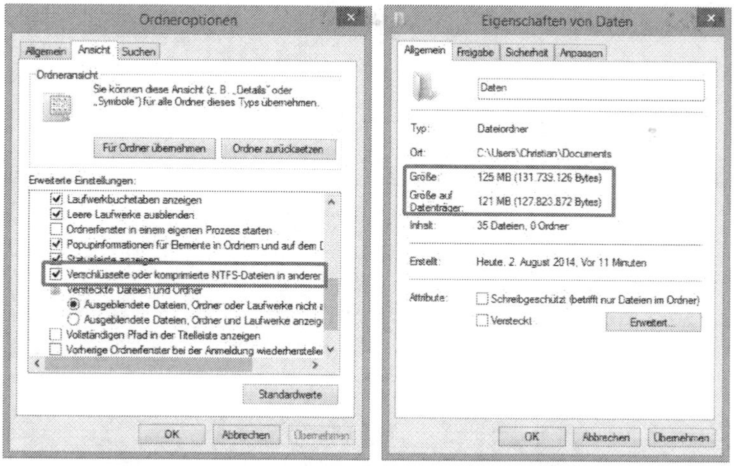


**Bild 6.53:** Links: blaue Darstellung aktivieren, rechts: komprimierte Ordnergröße vergleichen.

Möchten Sie wissen, wie viel die Kompression eines Ordners wirklich gebracht hat, können Sie sich über das Symbol *Eigenschaften* im Menüband die zusammengerechnete Größe aller Dateien im Ordner sowie den tatsächlich auf der Festplatte belegten Speicherplatz anzeigen lassen.

**Echtzeitkomprimierung wieder ausschalten**
Auf dem gleichen Weg über das Kontextmenü *Eigenschaften* und das Dialogfeld *Erweitert* können Sie später bei Bedarf die Echtzeitkomprimierung auch wieder ausschalten.

### 6.5.7 Daten auf CD-/DVD-Datenträger brennen

Windows 8.1 enthält komfortable Funktionen zum Brennen von Daten auf CD oder DVD. Dabei unterscheiden sich CD und DVD prinzipiell nur in der Größe, der Vorgang des Brennens unter Windows ist in beiden Fällen der gleiche. Eine CD fasst etwa 650 bis 700 MB Daten, eine DVD etwa 4,7 GB. Windows 8.1 unterstützt zwei verschiedene Formate, in denen CDs und DVDs beschrieben werden können, das klassische Mastered-Dateisystem und das moderne Livedateisystem.

#### Brennen mit dem Livedateisystem

Das Livedateisystem, auch als UDF bezeichnet, ist ein neues Format für CDs und DVDs. Dabei werden die Daten nicht auf der Festplatte zwischengelagert, sondern direkt auf die CD oder DVD gebrannt. Das Format bietet sich an, wenn eine CD ständig im Laufwerk liegt. Diese kann wie ein USB-Stick oder eine Speicherkarte als Datenspeicher verwendet werden, ohne dass ein spezieller Brennvorgang gestartet werden muss.

**Kompatibilität zu anderen Systemen**
Mit dem Livedateisystem erstellte CDs und DVDs können mit Windows XP, Windows Vista, Windows 7 und Windows 8 genutzt werden. Sie sind weder kompatibel zu CD- und DVD-Playern noch zu Macintosh und Linux. Eine Auswahl älterer UDF-Versionen zur Unterstützung von Windows 2000 wird in Windows 8.1 nicht mehr angeboten. Wenn Sie selbst gebrannte CDs mit älteren Windows-Versionen vor XP verwenden wollen, müssen Sie also auf das Mastered-Dateisystem zurückgreifen.

1. Um Dateien mit dem Livedateisystem zu brennen, wählen Sie im Explorer die gewünschten Dateien aus und klicken dann im Menüband unter *Freigeben* auf die Schaltfläche *Auf Datenträger brennen.*

Bildtools
Bilder
Datei
Start
Freigeben
Ansicht
Verwalten
Auf Datenträger brennen
Drucken
Fax
E-Mail
ZIP
Senden
Heimnetzgruppe erstellen oder beitreten
Bestimmte Personen...
Freigeben für
Freigabe beenden
Erweiterte Sicherheit

**Bild 6.54:** Die Brennfunktion von Windows 8.1 im Menüband.

2. Es erscheint die Aufforderung, eine CD oder DVD in den Brenner einzulegen.

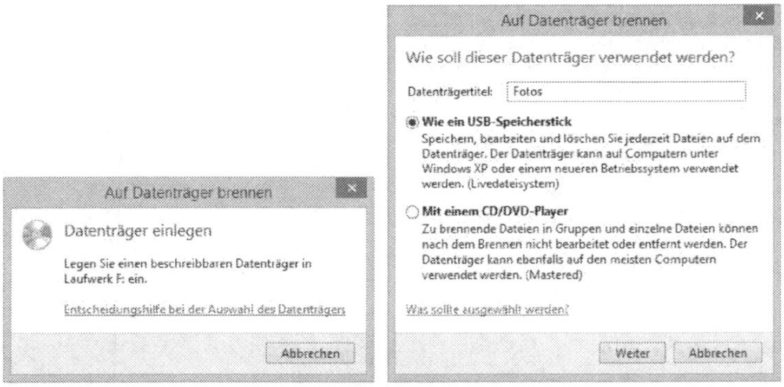
Auf Datenträger brennen
Datenträger einlegen
Legen Sie einen beschreibbaren Datenträger in Laufwerk F: ein.
Entscheidungshilfe bei der Auswahl des Datenträgers
Abbrechen
Auf Datenträger brennen
Wie soll dieser Datenträger verwendet werden?
Datenträgertitel: Fotos
Wie ein USB-Speicherstick
Speichern, bearbeiten und löschen Sie jederzeit Dateien auf dem Datenträger. Der Datenträger kann auf Computern unter Windows XP oder einem neueren Betriebssystem verwendet werden. (Livedateisystem)
Mit einem CD/DVD-Player
Zu brennende Dateien in Gruppen und einzelne Dateien können nach dem Brennen nicht bearbeitet oder entfernt werden. Der Datenträger kann ebenfalls auf den meisten Computern verwendet werden. (Mastered)
Was sollte ausgewählt werden?
Weiter
Abbrechen

**Bild 6.55:** Vorbereitung zum Brennen einer CD/DVD mit dem Livedateisystem.

3. Nachdem der Datenträger kurz geprüft wurde, müssen Sie im nächsten Dialogfeld der leeren CD einen Namen geben. Der voreingestellte Datenträgername ist das aktuelle Datum. Hier können Sie aber auch selbst einen aussagekräftigeren Namen vergeben.

4. Wählen Sie in diesem Dialogfeld noch das gewünschte Dateisystem aus, für das Livedateisystem wählen Sie die Voreinstellung *Wie ein USB-Speicherstick.* Mit einem Klick auf *Weiter* wird die CD mit dem Livedateisystem formatiert, und die Dateien werden auf die CD kopiert.

Weitere Dateien können später mit den normalen Kopierfunktionen des Explorers auf die CD kopiert werden. Die CD wird als Laufwerk in der Ansicht *Dieser PC* angezeigt.

Hier ist im Gegensatz zu nicht beschreibbaren CD-ROMs auch der belegte und freie Speicherplatz zu erkennen.

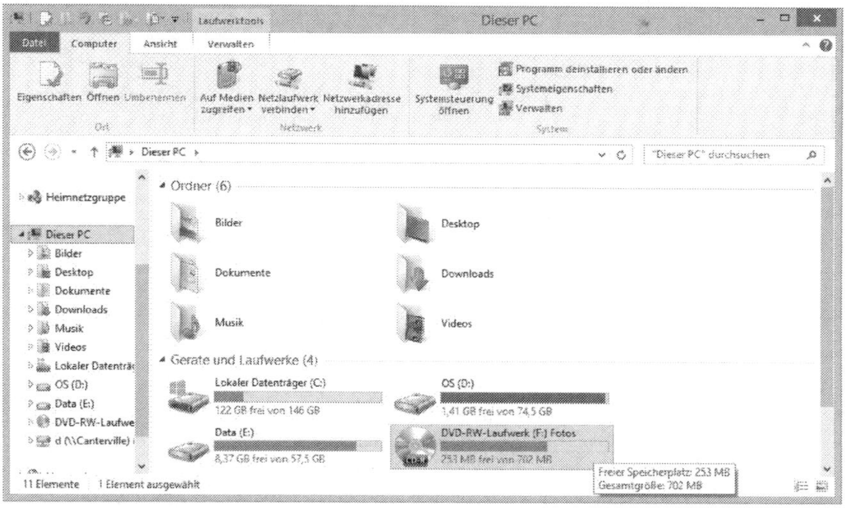


**Bild 6.56:** CD/DVD mit dem Livedateisystem im Explorer.

Bei CDs und DVDs mit dem Livedateisystem können Sie auch Daten vom Laufwerk löschen und überschreiben. Allerdings werden diese auf einfachen CD-R-Medien nicht physikalisch gelöscht, es wird lediglich ein neues Inhaltsverzeichnis geschrieben. Die scheinbar gelöschten Dateien sind aber nicht mehr zu sehen. Wenn Sie ein wiederbeschreibbares CD-RW-Medium im Brenner verwenden, können Sie Dateien tatsächlich löschen und überschreiben.

1. Bevor die CD/DVD in einem anderen Computer verwendet werden kann, muss die aktuelle Sitzung geschlossen werden. Klicken Sie dazu im Menüband unter *Verwalten* auf *Auswerfen* und warten Sie, bis sich das Laufwerk automatisch öffnet. Erst dann dürfen Sie sie aus dem Laufwerk nehmen. Es können später trotzdem weitere Daten auf die CD/DVD gebrannt werden. Diese erscheinen zwar physikalisch in einer eigenen Sitzung, werden aber in einem Dateisystem zusammengefasst, sodass die Sitzungen für den Benutzer nicht zu unterscheiden sind. Für jedes Schließen einer Sitzung werden etwa 20 MB Platz benötigt, um das neue Verzeichnis zu schreiben.

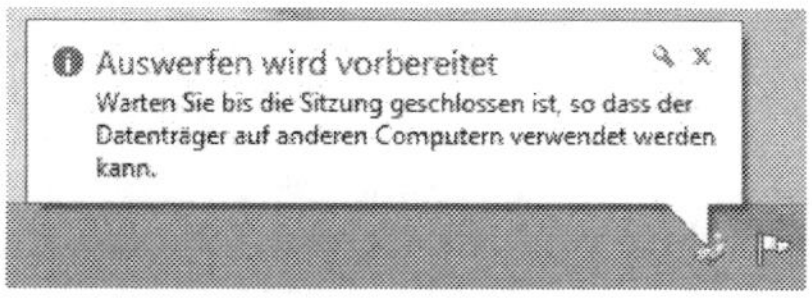


**Bild 6.57:** Diese Meldung zeigt, dass die CD noch nicht aus dem Laufwerk genommen werden darf.

2. Sie können in den Eigenschaften des Brenners allerdings festlegen, dass UDF-Sitzungen unter bestimmten Voraussetzungen beim Auswerfen der CD automatisch

geschlossen werden. Markieren Sie dazu im Explorer in der Ansicht *Dieser PC* den Brenner und klicken Sie im Menüband *Computer* auf *Eigenschaften.*

3. Gehen Sie dann auf die Registerkarte *Aufnahme* und klicken Sie auf *Globale Einstellungen.* Im nächsten Dialog können Sie auswählen, ob die Sitzung bei Singlesession- oder bei Multisessionmedien automatisch geschlossen werden soll.

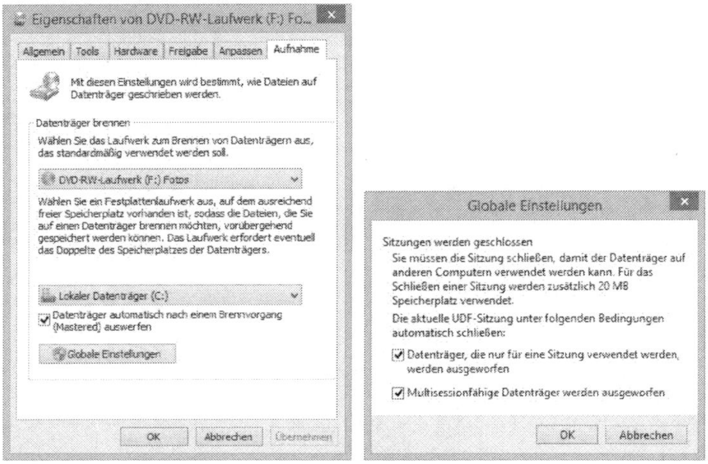
Eigenschaften von DVD-RW-Laufwerk (F:) Fo...
Allgemein
Tools
Hardware
Freigabe
Anpassen
Aufnahme
Mit diesen Einstellungen wird bestimmt, wie Dateien auf Datenträger geschrieben werden.
Datenträger brennen
Wählen Sie das Laufwerk zum Brennen von Datenträgern aus, das standardmäßig verwendet werden soll.
DVD-RW-Laufwerk (F:) Fotos
Wählen Sie ein Festplattenlaufwerk aus, auf dem ausreichend freier Speicherplatz vorhanden ist, sodass die Dateien, die Sie auf einen Datenträger brennen möchten, vorübergehend gespeichert werden können. Das Laufwerk erfordert eventuell das Doppelte des Speicherplatzes der Datenträgers.
Lokaler Datenträger (C:)
Datenträger automatisch nach einem Brennvorgang (Mastered) auswerfen
Globale Einstellungen
OK
Abbrechen
Übernehmen
Globale Einstellungen
Sitzungen werden geschlossen
Sie müssen die Sitzung schließen, damit der Datenträger auf anderen Computern verwendet werden kann. Für das Schließen einer Sitzung werden zusätzlich 20 MB Speicherplatz verwendet.
Die aktuelle UDF-Sitzung unter folgenden Bedingungen automatisch schließen:
Datenträger, die nur für eine Sitzung verwendet werden, werden ausgeworfen
Multisessionfähige Datenträger werden ausgeworfen
OK
Abbrechen

**Bild 6.58:** Einstellungen zum automatischen Schließen von UDF-Sitzungen.

### Brennen mit dem Mastered-Dateisystem

Beim Mastered-Dateisystem werden die zu brennenden Daten zuerst auf der Festplatte gesammelt und dann alle zusammen auf die CD/DVD gebrannt. Auf der Festplatte ist dazu so viel freier Speicherplatz erforderlich, wie Daten auf die CD oder DVD gebrannt werden sollen. Dieses Dateisystem hat den Vorteil der höheren Kompatibilität zu älteren Windows-Versionen, zu Linux und Macintosh sowie auch zu CD- und DVD-Playern.

1. Um Dateien mit dem Mastered-Dateisystem zu brennen, gehen Sie zunächst analog vor. Wählen Sie im Explorer die gewünschten Dateien aus und klicken Sie dann im Menüband unter *Freigeben* auf die Schaltfläche *Auf Datenträger brennen.*

2. Es erscheint die Aufforderung, eine CD oder DVD in den Brenner einzulegen. Nachdem der Datenträger kurz geprüft wurde, müssen Sie im nächsten Dialogfeld der leeren CD einen Namen geben. Der voreingestellte Datenträgername ist das aktuelle Datum. Hier können Sie aber auch einen aussagekräftigeren Namen festlegen.

3. Wählen Sie dann die Option *Mastered-Dateisystem* und klicken Sie auf *Weiter.*

4. Die Dateien werden in ein temporäres Verzeichnis auf der Festplatte kopiert. Sie erscheinen im Explorer in einer schattierten Darstellung auf dem Brennerlaufwerk. Ein auffälliges Pfeilsymbol zeigt zusätzlich, dass die Dateien noch nicht physikalisch auf der CD vorhanden sind. Weitere Dateien können mit den normalen Kopierfunktionen des Explorers auf das Laufwerk kopiert werden. Sie werden dabei ebenfalls nur temporär auf der Festplatte abgelegt.

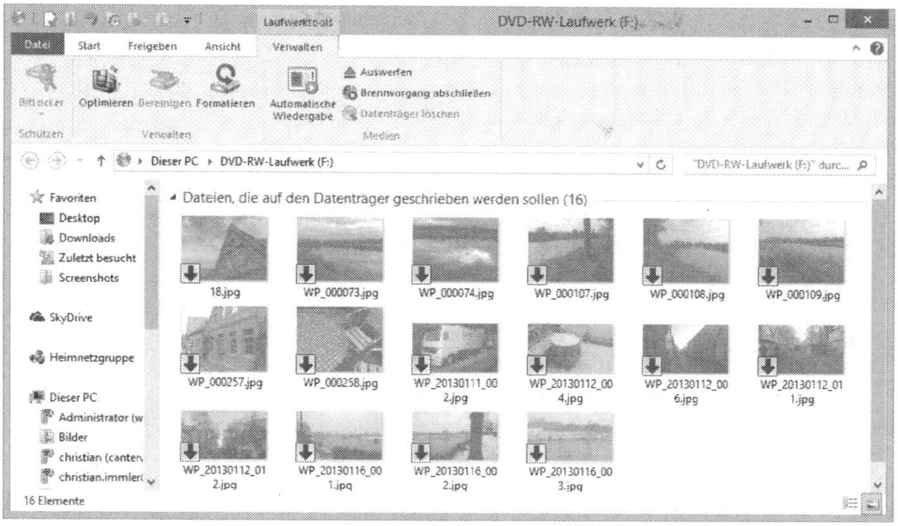


**Bild 6.59:** Zu brennende Dateien im Mastered-Dateisystem.

5. Erst ein Klick auf die Schaltfläche *Brennvorgang abschließen* im Menüband unter *Laufwerktools* brennt die Daten auf die CD, die anschließend automatisch ausgeworfen wird.

**Laufwerk für Temporärdateien festlegen**
Beim Brennen mit dem Mastered-Dateisystem ist sehr viel Festplattenplatz für die temporären Kopien der Dateien erforderlich. Diese müssen aber nicht unbedingt auf Laufwerk C: abgelegt werden. Wenn Sie auf einem anderen Laufwerk mehr Speicherplatz frei haben, können Sie auch das für die temporären Dateien nutzen. Klicken Sie dazu im Explorer mit der rechten Maustaste auf den Brenner und wählen Sie im Kontextmenü *Eigenschaften*. Auf der Registerkarte *Aufnahme* können Sie in der unteren Liste das Laufwerk auswählen, auf dem die Daten vor dem Brennen zwischengespeichert werden sollen.

## ISO-Abbilder brennen

Bootfähige CDs, wie zum Beispiel Windows-Installationsmedien, kostenlose Linux-Distributionen oder Notfall-CDs, können nicht einfach als Ansammlung von Dateien gebrannt werden, da dann der Bootsektor nicht korrekt geschrieben würde. Solche CDs oder DVDs werden im Internet als ISO-Datei zum Download angeboten. Diese Dateien enthalten die komplette Struktur der CD/DVD einschließlich aller Ordner, Dateien und auch des Bootblocks in einer einzigen Datei. Ein solches ISO-Abbild kann auch nicht einfach auf einen CD-Rohling kopiert werden, hier ist ein besonderes Brennverfahren notwendig, das in Windows 7 erstmals integriert war. Früher waren zum Brennen von ISO-Dateien noch externe Brennprogramme nötig.

Markieren Sie die ISO-Datei im Explorer und klicken Sie im Menüband unter *Datenträgerimagetools* auf das Symbol *Brennen*. Jetzt öffnet sich ein Fenster, in dem Sie den Brenner auswählen und dann sofort den Brennvorgang starten können.

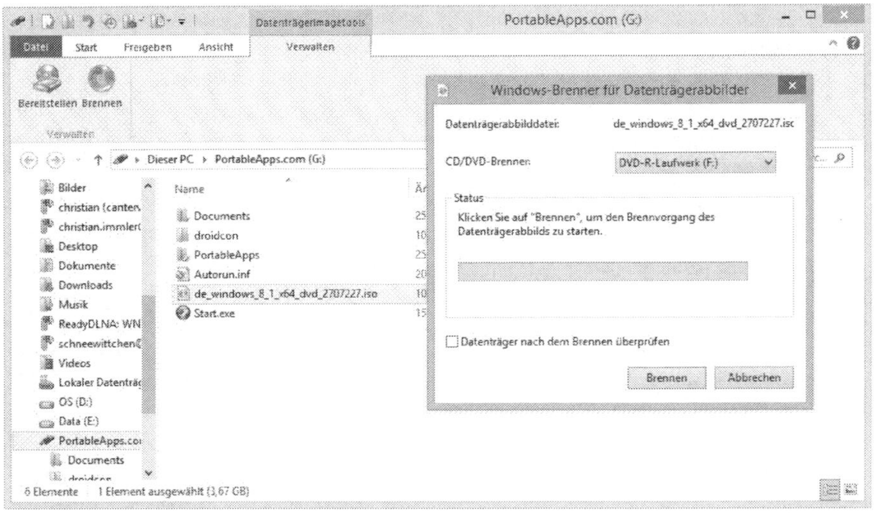


**Bild 6.60:** ISO-Abbild brennen.

### ISO-Abbilder als Laufwerk nutzen

Windows 8 war als erste Windows-Version in der Lage, ISO-Abbilder, auch ohne sie auf einen Datenträger zu brennen, direkt als Laufwerke einzubinden. Klicken Sie dazu doppelt auf eine ISO-Datei, erscheint deren Inhalt im Explorer-Fenster. Das neue virtuelle Laufwerk bekommt sogar einen Laufwerkbuchstaben zugeordnet.

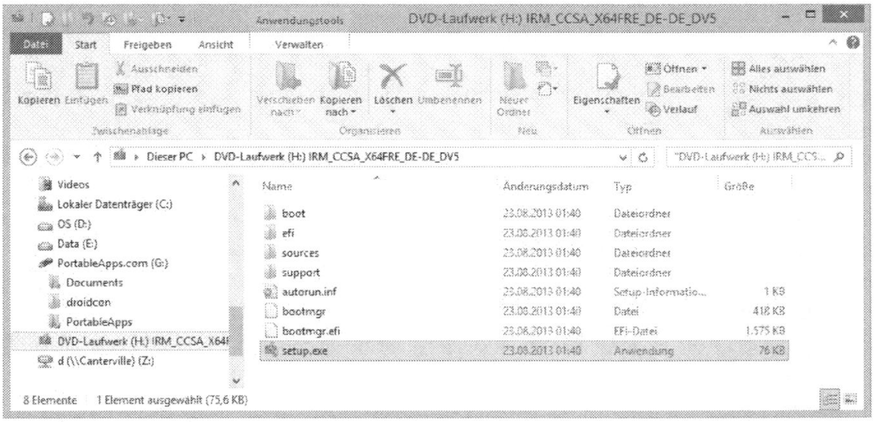


**Bild 6.61:** ISO-Abbild als Laufwerk im Windows-Explorer.

Jetzt können Sie einzelne Dateien aus der ISO-Datei auf die Festplatte kopieren und auch Programme direkt aus dem virtuellen Laufwerk aufrufen oder auf dem PC installieren. Wie bei einer CD oder DVD können Sie aber keine Dateien auf das virtuelle Laufwerk schreiben oder dort ändern. Möchten Sie das virtuelle Laufwerk wieder abmelden und nicht weiter nutzen, klicken Sie im Menüband unter *Laufwerktools* auf *Auswerfen.* Das ist auch notwendig, bevor die ISO-Datei selbst auf ein anderes Laufwerk verschoben wird.

## 6.6 Kurznotizen auf den Desktop kleben

Viele Menschen kleben sich die beliebten gelben Klebezettel auf den Monitor, um irgendetwas immer im Blick zu haben und nicht zu vergessen. Windows 8.1 liefert eine kleine Anwendung für den klassischen Desktop mit, mit der sich solche Notizen virtuell auf den Bildschirm kleben lassen. Sie finden diese *Kurznotizen* auf dem Startbildschirm unter *Apps/Windows-Zubehör.* Eine Kurznotiz können Sie direkt beschreiben oder Text aus der Zwischenablage in die Notiz einfügen. Ein Klick mit der rechten Maustaste blendet ein Menü ein, in dem sich die Farbe des Notizzettels verändern lässt. Die Notizzettel können mit der Maus frei auf dem Bildschirm bewegt werden, wenn man sie im oberen etwas dunkleren Bereich anfasst. Wie bei normalen Fenstern lässt sich durch Anfassen an den Rändern die Größe verändern. Ein Klick auf das Pluszeichen oben links erstellt eine neue Notiz, ein Klick auf das x-Symbol oben rechts löscht die Notiz.

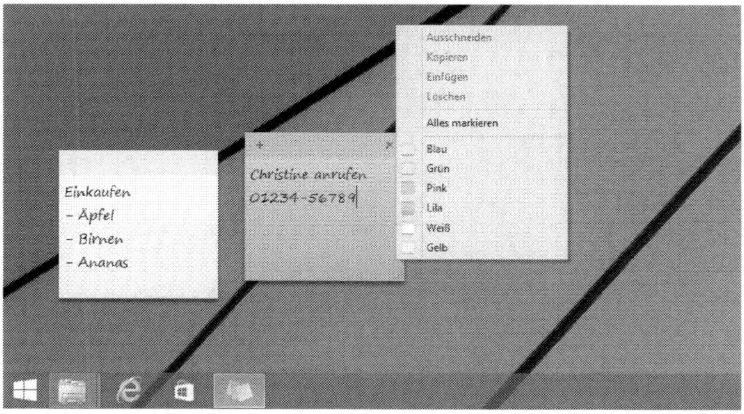


**Bild 6.62:** Kurznotizen auf den Desktop kleben.

**Alle Kurznotizen entfernen**
Ist der Bildschirm irgendwann voll mit Kurznotizen, können Sie auf einmal alle beseitigen. Klicken Sie dazu mit der rechten Maustaste auf das Kurznotizensymbol in der Taskleiste und wählen Sie dort die Option *Fenster schließen.* Damit werden die Kurznotizen vom Bildschirm entfernt, bleiben aber gespeichert. Beim nächsten Start der Kurznotizen-Anwendung sind sie wieder da.

## 6.7 Textverarbeitung ohne Schnickschnack

Wer mit Windows 8.1 einen Brief schreiben oder ein zugeschicktes Dokument betrachten oder bearbeiten möchte, braucht nicht unbedingt das teure Microsoft Office oder das kostenlose LibreOffice zu installieren. Mit WordPad liefert Windows seit vielen Versionen ein Textverarbeitungsprogramm mit, das zwar nicht die Komplexität professioneller Textverarbeitungsprogramme besitzt, aber für alltägliche Arbeiten oft ausreicht.

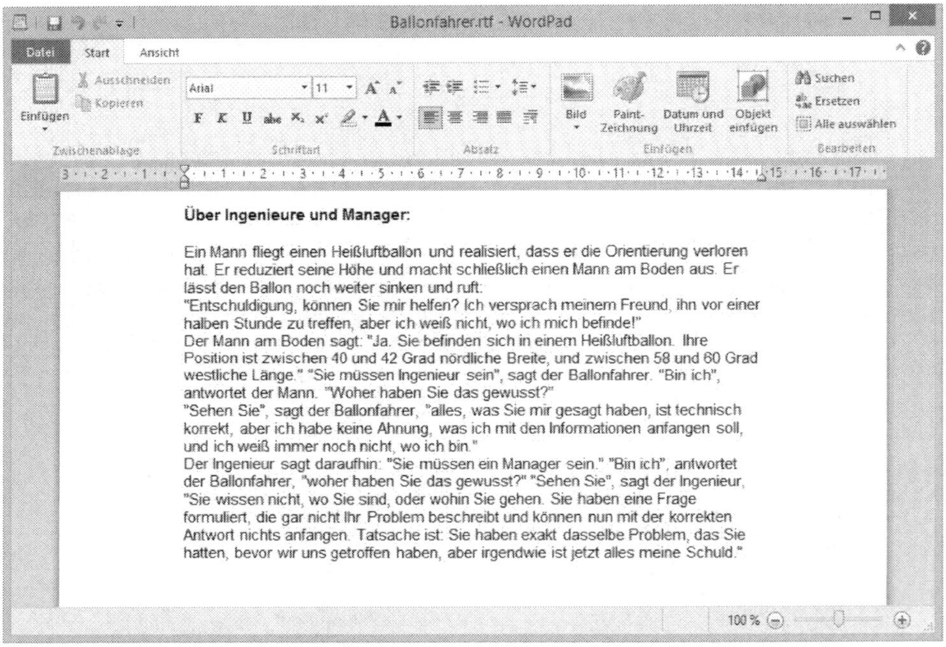
Ballonfahrer.rtf - WordPad
Datei
Start
Ansicht
Einfügen
Ausschneiden
Kopieren
Zwischenablage
Arial
11
Schriftart
Absatz
Bild
Paint-Zeichnung
Datum und Uhrzeit
Objekt einfügen
Einfügen
Suchen
Ersetzen
Alle auswählen
Bearbeiten
Über Ingenieure und Manager:
Ein Mann fliegt einen Heißluftballon und realisiert, dass er die Orientierung verloren hat. Er reduziert seine Höhe und macht schließlich einen Mann am Boden aus. Er lässt den Ballon noch weiter sinken und ruft:
"Entschuldigung, können Sie mir helfen? Ich versprach meinem Freund, ihn vor einer halben Stunde zu treffen, aber ich weiß nicht, wo ich mich befinde!"
Der Mann am Boden sagt: "Ja. Sie befinden sich in einem Heißluftballon. Ihre Position ist zwischen 40 und 42 Grad nördliche Breite, und zwischen 58 und 60 Grad westliche Länge." "Sie müssen Ingenieur sein", sagt der Ballonfahrer. "Bin ich", antwortet der Mann. "Woher haben Sie das gewusst?"
"Sehen Sie", sagt der Ballonfahrer, "alles, was Sie mir gesagt haben, ist technisch korrekt, aber ich habe keine Ahnung, was ich mit den Informationen anfangen soll, und ich weiß immer noch nicht, wo ich bin."
Der Ingenieur sagt daraufhin: "Sie müssen ein Manager sein." "Bin ich", antwortet der Ballonfahrer, "woher haben Sie das gewusst?" "Sehen Sie", sagt der Ingenieur, "Sie wissen nicht, wo Sie sind, oder wohin Sie gehen. Sie haben eine Frage formuliert, die gar nicht Ihr Problem beschreibt und können nun mit der korrekten Antwort nichts anfangen. Tatsache ist: Sie haben exakt dasselbe Problem, das Sie hatten, bevor wir uns getroffen haben, aber irgendwie ist jetzt alles meine Schuld."
100 %

**Bild 6.63:** Ein geöffnetes Dokument im WordPad-Arbeitsfenster.

Sie finden WordPad auf dem Startbildschirm unter *Apps/Windows-Zubehör*. WordPad wird automatisch beim Doppelklick auf eine RTF-, DOCX- oder ODT-Datei im Explorer gestartet. Dateien anderer unterstützter Dateiformate lassen sich über die Programmliste beim Symbol *Öffnen* im Menüband mit WordPad öffnen.

### 6.7.1 Unterstützung auch von Microsoft Word

WordPad konnte schon immer die Dateiformate RTF und TXT lesen und schreiben. Im Gegensatz zu früheren WordPad-Versionen unterstützt die aktuelle Version die Formate DOC von Microsoft Word und WRI von Microsoft Write aber nicht mehr. Neu ist dafür seit Windows 7 die Unterstützung für die Dateiformate DOCX aus Office 2010/2013 sowie ODT aus den kostenlosen Office-Paketen OpenOffice.org und LibreOffice. Sie können WordPad auch dazu verwenden, ein Office-Dokument im reinen Textformat abzuspeichern, um den Inhalt ohne Office-Programm in jeder beliebigen Anwendung weiter zu nutzen.

### 6.7.2 Sonderzeichen aus der Zeichentabelle einfügen

Beim Schreiben eines Texts benötigt man oftmals Sonderzeichen, die nicht auf der PC-Tastatur zu finden sind. Sie können zwar die Schriftart auswählen, aber dort finden Sie das gesuchte Zeichen nur durch Zufall. Hier bietet sich ein kleines Hilfsprogramm an, das Windows seit vielen Versionen mitliefert.

Öffnen Sie die Zeichentabelle parallel zu WordPad oder einer anderen Textverarbeitung über den Startbildschirm *Apps/Windows-Zubehör.*

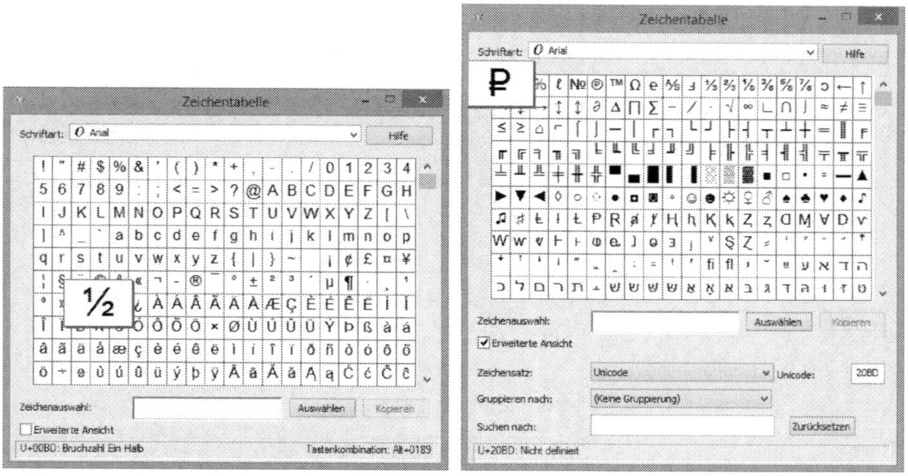


**Bild 6.64:** Links: Anzeige aller Zeichen der Schriftart Arial – rechts die Auswahl des Rubelsymbols.

Für die unter *Schriftart* wählbare Schrift wird der gesamte verfügbare Zeichensatz angezeigt. Suchen Sie hier oder in einer anderen Schrift das benötigte Zeichen aus. Ein Klick auf das Zeichen vergrößert es, ein Klick auf *Auswählen* fügt es in die Zeichenauswahl ein, eine Liste, in der Sie häufig benötigte Zeichen ablegen können, um sie nicht jedes Mal neu suchen zu müssen. Die ausgewählten Zeichen stehen dort unabhängig von der gewählten Schriftart zur Verfügung.

Ein weiterer Klick auf *Kopieren* befördert es in die Zwischenablage. Von dort aus können Sie es in Ihr Dokument einfügen.

**Rubelsymbol**
Seit dem August-Update für Windows 8.1 enthalten die Standardschriftarten auch das Währungssymbol für den russischen Rubel. Das Zeichen hat im Unicode die Nummer 20BD.

### Tipps für den Einsatz der Zeichentabelle

Je nach Schriftart ist die Zeichentabelle unter Umständen sehr umfangreich und damit unübersichtlich. Hierzu eine Hilfe: Schalten Sie das Kontrollkästchen *Erweiterte Ansicht* ein. Wählen Sie bei *Gruppieren nach* den *Unicode-Unterbereich* aus. Es öffnet sich ein kleines Fenster, in dem Sie diejenige Gruppe auswählen können, in der Sie das gesuchte Zeichen vermuten. In der Zeichentabelle werden jetzt nur noch die Zeichen der ausgewählten Gruppe übersichtlich geordnet dargestellt. Das bringt auch bei der reinen Buchstabenliste (*Latin*) Übersicht in die Anzeige.

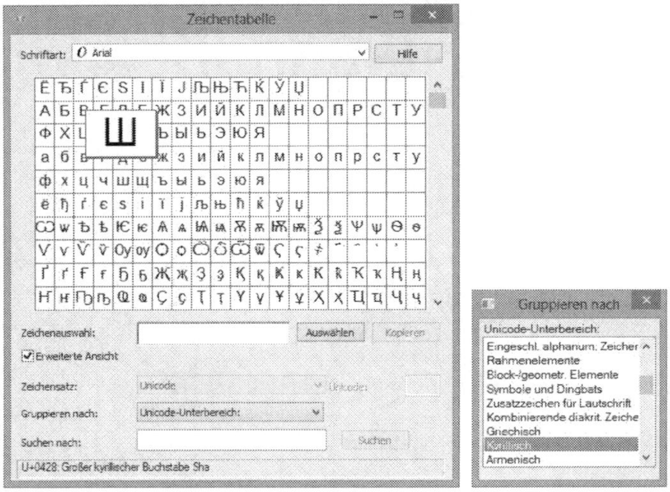


**Bild 6.65:** Gruppierung der Zeichentabelle.

## 6.8 Handgeschriebene Notizen auf dem Desktop

Windows-Journal ist ein neues Programm für den klassischen Desktop, mit dem sich grafische oder handschriftliche Notizen erstellen lassen. Das Programm nutzt zwar die klassische Windows-Oberfläche, eignet sich aber gut zur Bedienung über einen Touchscreen.

## 6.8.1 Stifte, Textmarker und Radierer einsetzen

Sie finden das Windows-Journal für den klassischen Desktop über *Apps/Windows-Zubehör* auf dem Startbildschirm.

Zum Malen oder handschriftlichen Schreiben auf dem Notizblock stehen verschiedene Stifte, Textmarker und Radierer zur Verfügung. Mit einem Klick auf die kleinen Pfeile neben den Symbolen für Stift und Textmarker können Sie zwischen jeweils fünf Voreinstellungen wählen. Diese können Sie mit dem Menüpunkt *Stift- und Textmarkereinstellungen* persönlich anpassen.

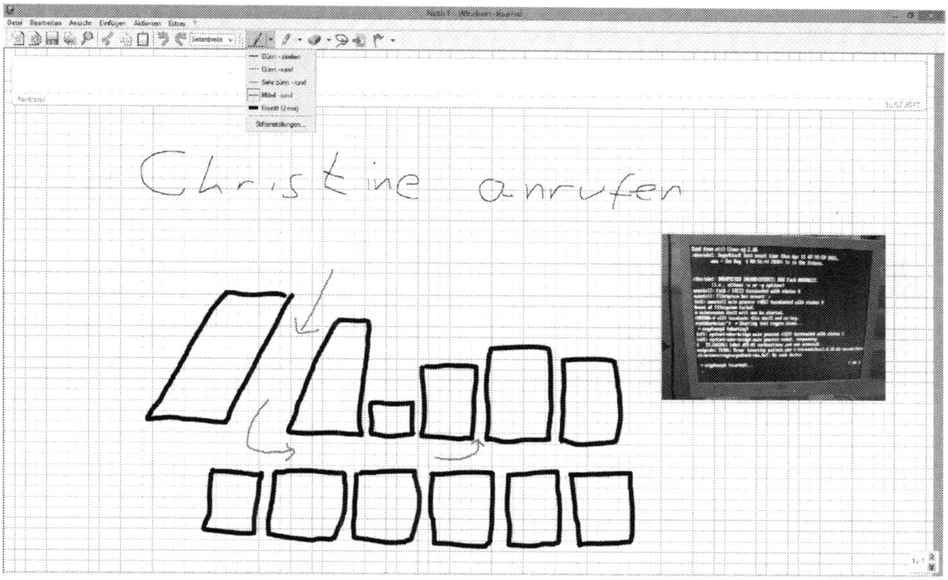


**Bild 6.66:** Der Notizblock *Windows-Journal.*

**Bild 6.67:** Stift- und Textmarkereinstellungen im Windows-Journal.

Mit dem Menüpunkt *Einfügen/Bild* können Sie beliebige Bilder auf den Notizzettel befördern. Nach dem Einfügen erscheinen Griffe an den Ecken und Kanten des Bilds, mit deren Hilfe Sie das Bild vergrößern oder verkleinern können. Klicken Sie mitten in das Bild, können Sie es auf dem Bildschirm verschieben.

Mit dem *Auswahltool* (Lassosymbol) können Sie ein eingefügtes Bild auch später noch anklicken, um es zu skalieren oder zu verschieben. Gezeichnete Objekte lassen sich ebenfalls auf diese Weise anklicken und bewegen, oder man umfährt mit dem *Auswahltool* eine ganze Gruppe von Objekten, um sie auf einmal zu verschieben.

### 6.8.2 Rahmen für die Eingabe von Text aufziehen

Über den Menüpunkt *Einfügen/Textbereich* können Sie ein Rechteck aufziehen, in dem anschließend über die Tastatur ein Text eingegeben werden kann. Diesen Textbereich können Sie wie ein gezeichnetes Objekt über Griffe skalieren und verschieben. Ein Text innerhalb eines Textbereichs lässt sich jederzeit nachträglich bearbeiten. Über einen Rechtsklick kann ein markierter Text auch formatiert werden.

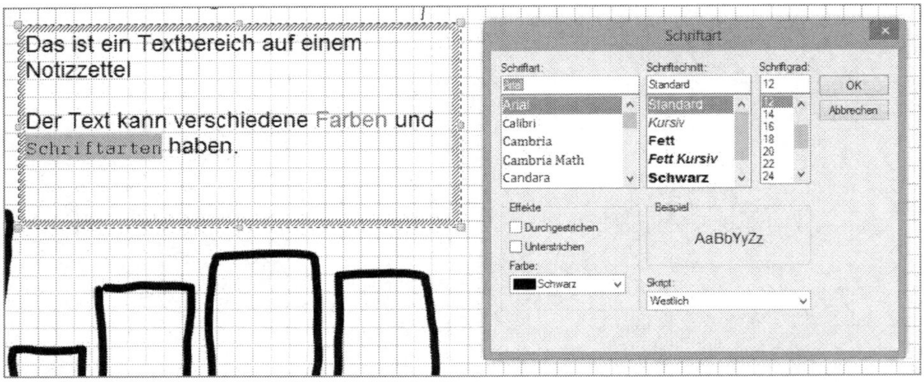


**Bild 6.68:** Textbereich auf einem Notizzettel.

Wer eine einigermaßen lesbare Handschrift hat, kann auf einem Tablet oder Touchscreen-PC einen Text direkt handschriftlich auf den Notizzettel schreiben. Windows-Journal verfügt über eine eingebaute Handschriftenerkennung, die einen solchen Text in einen »echten« bearbeitbaren Text umwandelt. Wählen Sie dazu den handschriftlichen Text mit dem *Auswahltool* aus und verwenden Sie dann den Menüpunkt *Aktionen/Handschrift in Text konvertieren.*

Textkorrektur
Tippen Sie auf das Wort, das korrigiert werden soll, und wählen Sie ein alternatives Wort aus der Liste, oder geben Sie ein Wort mit der Bildschirmtastatur des Tablet PC-Eingabebereichs ein. Tippen Sie auf "OK", um den Vorgang fortzusetzen.
Konvertierter Text:
Christine
Begriff aus der Notiz:
Vorschläge:
Christine
G hristine
Christire
Christirre
Christinn
Christim
Christinc
Christinl
Rückgängig
Ändern
Optionen
< Zurück
OK
Abbrechen
Hilfe

**Bild 6.69:** Handschrift in Text konvertieren.

Windows-Journal macht Ihnen einen Vorschlag dazu, wie der Text konvertiert werden kann. In diesem Dialogfeld können Sie den Text noch korrigieren, falls einzelne Buchstaben nicht richtig erkannt wurden. Im nächsten Schritt kopieren Sie bei Bedarf den konvertierten Text in die Zwischenablage, um ihn an anderer Stelle im Windows-Journal oder auch in einem anderen Programm wieder einzufügen. Alternativ kann der Text auch direkt als Textbereich in die Notiz eingefügt werden und den handschriftlichen Text ersetzen. Diesen Text können Sie nachträglich formatieren und auf der Notiz verschieben.

**Vorlagen für neue Notizen**
Standardmäßig wird eine neue Notiz auf einem karierten Notizzettel begonnen. Windows-Journal bietet über den Menüpunkt *Datei/Neue Notiz von Vorlage* noch weitere Vorlagen, die an typische Notizblöcke angelehnt sind. Hier gibt es unter anderem Millimeterpapier, Abhaklisten, Steno- und Notenblöcke.

## 6.8.3 Drucker für den Journalnotizdruck einrichten

Windows-Journal liefert einen eigenen Druckertreiber mit, mit dem man aus beliebigen anderen Programmen heraus ein Dokument auf einen Notizzettel »drucken« kann, um anschließend mit Windows-Journal Anmerkungen anzufügen.

1. Wählen Sie als Erstes im Menü von Windows-Journal den Menüpunkt *Extras/Journalnotizdruck installieren oder reparieren.* Damit wird der Druckertreiber installiert. Dieser Vorgang ist nur einmal erforderlich. Anschließend kann der Journalnotizdruck beliebig verwendet werden.
2. Rufen Sie jetzt in dem Programm, aus dem heraus Sie eine Notiz erstellen möchten, die Druckfunktion auf und wählen Sie unter den installierten Druckern den *Journalnotizdruck.*

**Bild 6.70:** Journalnotiz aus WordPad heraus drucken.

3. Wie beim Drucken auf einem »echten« Drucker können Sie auswählen, welche Seiten des Dokuments gedruckt werden sollen. Und schließlich müssen Sie noch einen Namen für die Notiz angeben.

4. Öffnen Sie die neue Notiz mit Windows-Journal. Jetzt können Sie Anmerkungen vornehmen und die so kommentierte Notiz speichern und weitergeben. Das gedruckte Dokument wird nicht als Textbereich in der Notiz angelegt, sondern als Hintergrund, der nicht verändert werden kann. Auch die Radierfunktion von Windows-Journal löscht nur die eigenen Anmerkungen, nicht aber das gedruckte Dokument.

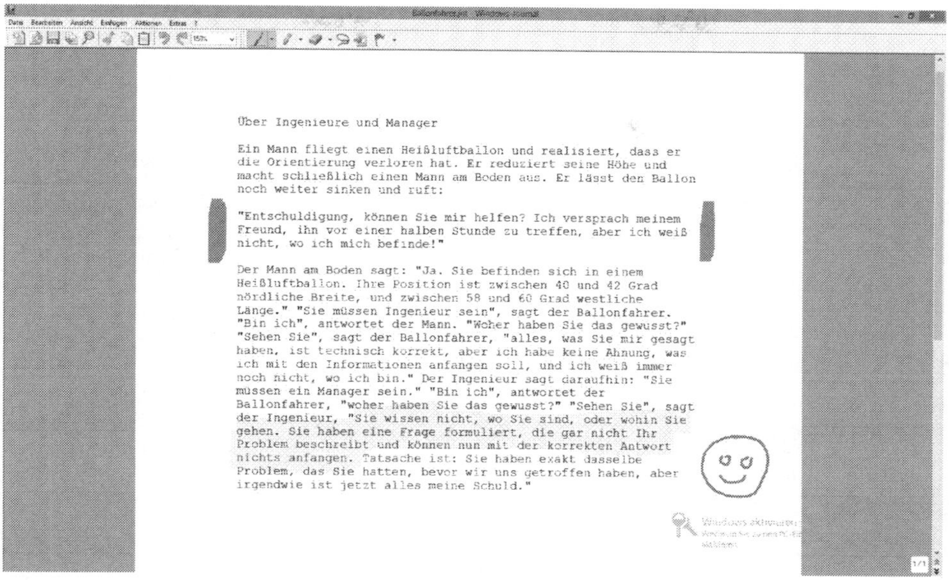
Über Ingenieure und Manager
Ein Mann fliegt einen Heißluftballon und realisiert, dass er die Orientierung verloren hat. Er reduziert seine Höhe und macht schließlich einen Mann am Boden aus. Er lässt den Ballon noch weiter sinken und ruft:
"Entschuldigung, können Sie mir helfen? Ich versprach meinem Freund, ihn vor einer halben Stunde zu treffen, aber ich weiß nicht, wo ich mich befinde!"
Der Mann am Boden sagt: "Ja. Sie befinden sich in einem Heißluftballon. Ihre Position ist zwischen 40 und 42 Grad nördliche Breite, und zwischen 58 und 60 Grad westliche Länge." "Sie müssen Ingenieur sein", sagt der Ballonfahrer. "Bin ich", antwortet der Mann. "Woher haben Sie das gewusst?" "Sehen Sie", sagt der Ballonfahrer, "alles, was Sie mir gesagt haben, ist technisch korrekt, aber ich habe keine Ahnung, was ich mit den Informationen anfangen soll, und ich weiß immer noch nicht, wo ich bin." Der Ingenieur sagt daraufhin: "Sie müssen ein Manager sein." "Bin ich", antwortet der Ballonfahrer, "woher haben Sie das gewusst?" "Sehen Sie", sagt der Ingenieur, "Sie wissen nicht, wo Sie sind, oder wohin Sie gehen. Sie haben eine Frage formuliert, die gar nicht Ihr Problem beschreibt und können nun mit der korrekten Antwort nichts anfangen. Tatsache ist: Sie haben exakt dasselbe Problem, das Sie hatten, bevor wir uns getroffen haben, aber irgendwie ist jetzt alles meine Schuld."

**Bild 6.71:** WordPad-Dokument als Notizzettel in Windows-Journal.

# 6.9 Musik-App oder klassischer Media Player

Standardmäßig startet Windows 8.1 beim Doppelklick auf eine Musikdatei im Windows-Explorer die App *Xbox Music*. Der klassische Windows Media Player ist aber auch noch vorhanden. Ist dieser erstmals komplett initialisiert, erscheint beim Anklicken einer Musikdatei oben rechts eine Meldung, in der Sie auswählen können, ob die Musik-App oder der Windows Media Player zum Abspielen verwendet werden soll.

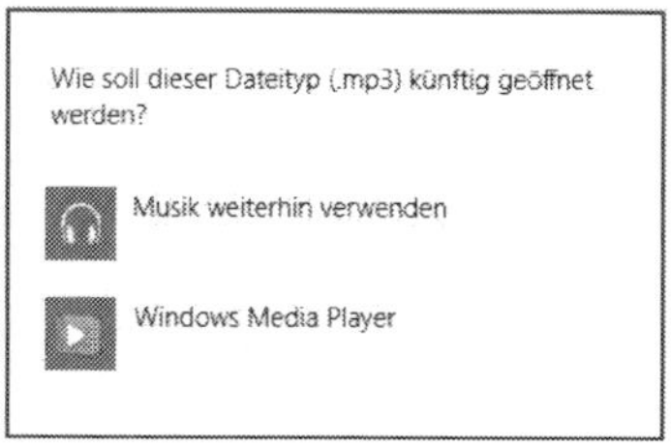
Wie soll dieser Dateityp (.mp3) künftig geöffnet werden?
Musik weiterhin verwenden
Windows Media Player

**Bild 6.72:** Auswählen, wie ein Dateityp abgespielt werden soll.

## 6.9.1 Zuordnung der Dateitypen nachträglich ändern

Sie können auch jederzeit nachträglich die Zuordnung der Dateitypen beim Doppelklick ändern. Wählen Sie in der Systemsteuerung unter *Programme/Standardprogramme* den Punkt *Dateityp oder Protokoll einem Programm zuordnen*. Wählen Sie hier beim betreffenden Dateityp über die Schaltfläche *Programm ändern* den Windows Media Player aus.

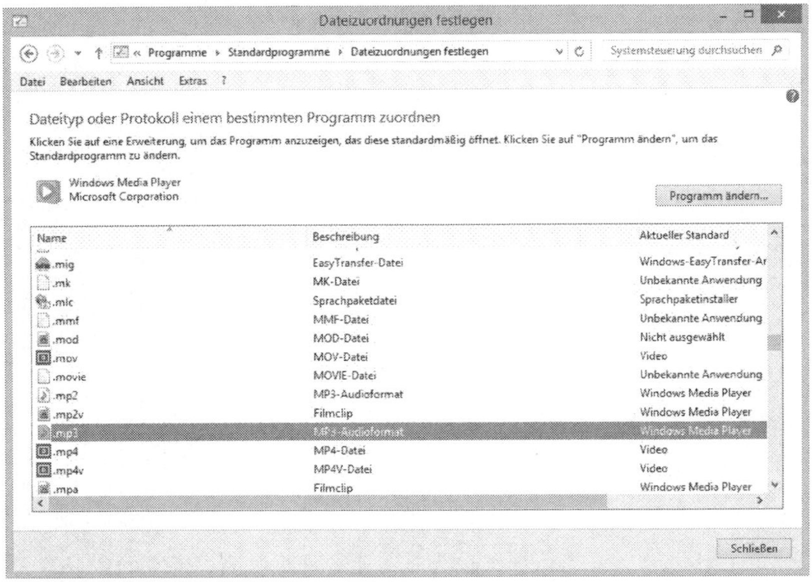


**Bild 6.73:** Auswahl der Standardprogramme für bestimmte Dateitypen.

Des Weiteren können Sie in der Systemsteuerung unter *Programme/Standardprogramme* mit der Option *Standardprogramme festlegen* für ein Programm wie den Windows Media Player einstellen, dass alle Dateitypen, die damit geöffnet werden können, auch standardmäßig damit geöffnet werden sollen.

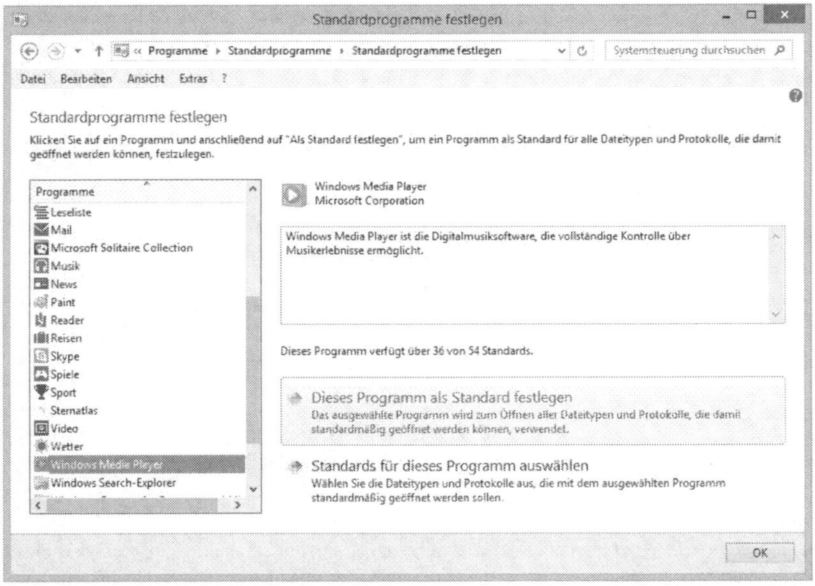


**Bild 6.74:** Den Windows Media Player zum Standardplayer für alle darstellbaren Formate machen.

# 6.10 Internet Explorer als App oder klassisch

Natürlich bietet auch der klassische Desktop von Windows 8.1 wie frühere Windows-Versionen Möglichkeiten, das Internet zu nutzen. Wie in Windows 7 ist der Internet Explorer vorinstalliert, ein E-Mail-Programm oder einen alternativen Browser müssen Sie selbst installieren.

## 6.10.1 Klassische oder neue Webseitendarstellung?

Der Internet Explorer ist in Windows 8.1 gleich zweimal vorhanden, als neue Windows-8.1-App und auch auf dem klassischen Desktop.

In Windows 8.1 basieren beide Varianten auf der neuesten Browser-Engine Internet Explorer 11. Die Benutzeroberfläche des Internet Explorer 11 erinnert an die letzten Internet-Explorer-Versionen, auch die angebotenen Einstellungen sind weitgehend die gleichen. Alle wichtigen Einstellungen werden von der klassischen Version des Internet Explorer in die App-Version übernommen. Dort fehlen nur die Einstellungsdialoge. Zuletzt besuchte Webseiten aus dem neuen Windows-8.1-Browser erscheinen in der Verlaufsliste des Internet Explorer auf dem klassischen Desktop.

**Bild 6.75:** Der Internet Explorer 11 mit Bing-Startseite auf dem klassischen Desktop.

Betrachtet man eine Webseite in der neuen Windows-8.1-Version des Internet Explorer, kann man bei Bedarf auf den klassischen Desktop umschalten, wenn z. B. eine Funktion gebraucht wird, die die Internet-Explorer-App nicht bietet, oder wenn die Webseite ein bestimmtes Plug-in benötigt, das nur für den klassischen Internet Explorer angeboten wird. Ein Klicken auf das Symbol mit dem Schraubenschlüssel rechts unten öffnet ein Menü. Hier gibt es den Menüpunkt *Auf dem Desktop anzeigen.*

**Bild 6.76:** Vom neuen Internet Explorer auf den klassischen Desktop wechseln.

## 6.10.2 Im immersiven Browser öffnen?

Seit Windows 8.1 gibt es auch den umgekehrten Weg. Dazu klicken Sie mit der rechten Maustaste auf die aktuelle Registerkarte im Internet Explorer auf dem Desktop und wählen im Kontextmenü *Im immersiven Browser öffnen.* Hinter dieser seltsam anmutenden Bezeichnung verbirgt sich die App-Version des Internet Explorer, die dort die aktuelle Webseite aus der Desktopversion öffnet.

Das ist neu in 8.1 & Updates

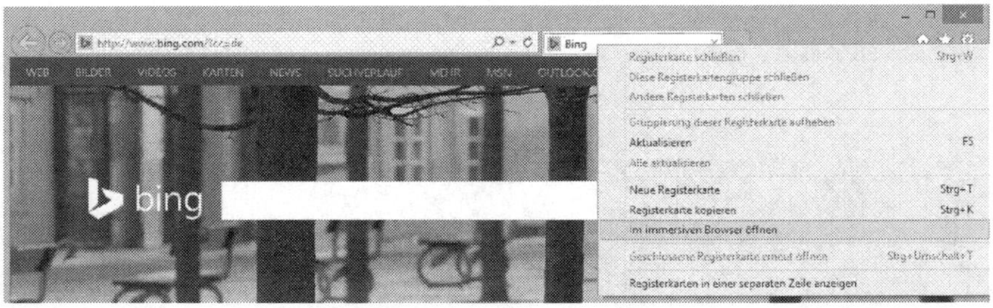


**Bild 6.77:** Webseiten im immersiven Browser öffnen.

Standardmäßig werden Weblinks aus der neuen Windows-8.1-Oberfläche in der Internet-Explorer-App geöffnet, Weblinks innerhalb des klassischen Desktops dagegen im klassischen Internet Explorer. Dieses Verhalten lässt sich aber auch ändern. Klicken Sie im klassischen Internet Explorer oben rechts auf das Zahnradsymbol und wählen Sie im Menü *Internetoptionen.*

**Bild 6.78:** Das Menü des Internet Explorer auf dem klassischen Desktop.

Auf der Registerkarte *Programme* können Sie festlegen, mit welcher Variante des Internet Explorer Links geöffnet werden sollen.

- *Internet Explorer entscheiden lassen*: Links aus der neuen Windows-8-Oberfläche werden in der Internet-Explorer-App geöffnet, Links aus dem klassischen Desktop im klassischen Internet Explorer.
- *Immer mit Internet Explorer*: Links werden immer in der Internet-Explorer-App geöffnet.
- *Immer mit Internet Explorer auf dem Desktop*: Links werden immer im klassischen Internet Explorer geöffnet.

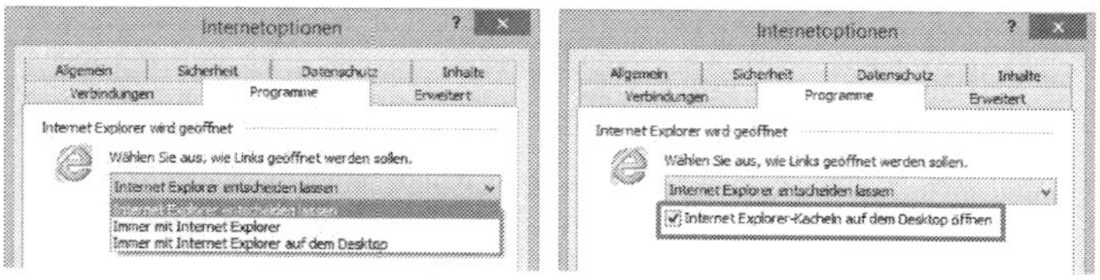


**Bild 6.79:** Einstellungen zum Öffnen von Links.

Ist der Schalter *Internet-Explorer-Kacheln auf dem Desktop öffnen* aktiviert, werden auch Webseiten, die als Kacheln auf dem Startbildschirm abgelegt wurden, im Internet Explorer auf dem klassischen Desktop geöffnet.

## 6.10.3 Hier verstecken sich die Neuerungen

Der Internet Explorer 11 sieht nicht nur aus wie der Internet Explorer 10, er funktioniert auch weitgehend so. Die wichtigsten Neuerungen verstecken sich unter der Haube.

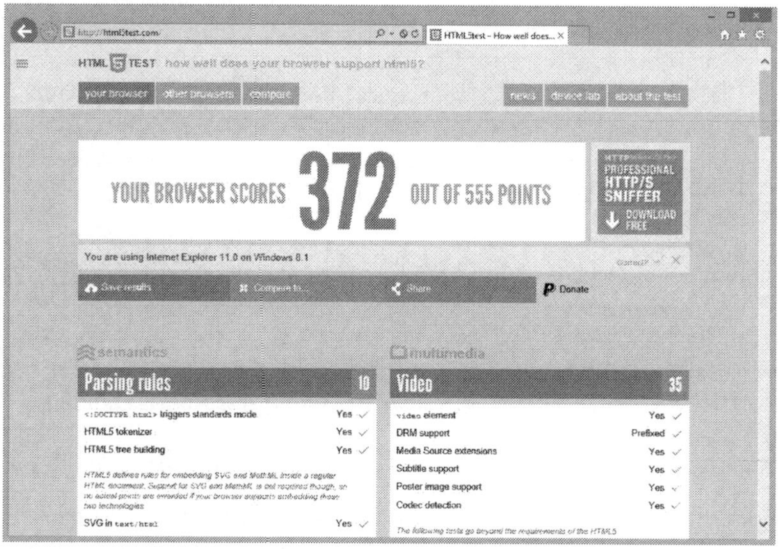


**Bild 6.80:** Der Internet Explorer 11 im HTML5-Test.

Der Internet Explorer 11 soll schneller und sicherer sein als sein Vorgänger, was sich schwer beweisen lässt. Die Unterstützung für CSS und HTML5 wurde deutlich verbessert. Hier ist ein Beweis einfach. Die Testseite *www.html5test.com* bescheinigt dem Internet Explorer 11 ein Gesamtergebnis von 372 Punkten. Dies gilt gleichermaßen für die klassische Variante wie auch für die App-Version des Internet Explorer. Sein Vorgänger, der Internet Explorer 10 aus Windows 8, erreichte nur gerade einmal 319 Punkte.

## 6.11 Live Mail funktioniert immer noch

Windows 8.1 bietet standardmäßig kein E-Mail-Programm für den klassischen Desktop an. Das aus Windows 7 bekannte Windows Live Mail aus den Windows Essentials funktioniert auch unter Windows 8.1.

### 6.11.1 Windows Live Mail wieder installieren

Windows Live Mail unterstützt nicht nur E-Mail-Adressen bei Windows Live/Hotmail, sondern auch alle anderen E-Mail-Anbieter, die Zugänge über POP3 oder IMAP anbieten.

**Windows Essentials 2012**
Die Windows Essentials (früher: Windows Live Essentials) sind ein kostenloses Softwarepaket von Microsoft für Windows 7 und den klassischen Desktop von Windows 8. Das Paket beinhaltet folgende Programme, die alle zusammen oder auch einzeln installiert werden können: Fotogalerie, Movie Maker, Mail, Writer und OneDrive (nicht für Windows 8.1). Die Windows Essentials 2012 können bei *windows.microsoft.com/de-DE/windows-live/essentials* heruntergeladen werden.

Der Download der Windows Essentials ist nur etwas über 1 MB groß und enthält zunächst lediglich ein Installationsprogramm, in dem man die gewünschten Programme auswählt. Diese werden dann anschließend heruntergeladen und installiert, was je nach Umfang der gewählten Komponenten einige Zeit dauern kann.

Schalten Sie bei der Installation der Windows Essentials in Windows 8.1 unbedingt die Komponenten OneDrive und Messenger aus, da diese nicht mehr kompatibel sind und nur zu Problemen führen würden. Windows Live Mail benötigt unter Windows 8.1 zusätzlich das .NET Framework 3.5, das im Betriebssystem nicht ohne Weiteres mit dabei ist. Bei der Installation von Windows Live Mail wird automatisch eine entsprechende Installationsaufforderung angezeigt, sollten diese Komponenten noch nicht installiert sein. Die Installation läuft nach dem Start weitgehend von allein ab. Sie brauchen Administratorrechte dazu.

Nach der Installation des .NET Framework müssen Sie die Installationsdatei der Windows Essentials neu aufrufen, die gewünschten Komponenten wählen und die eigentliche Installation starten. Danach kann Windows Live Mail genutzt werden.

## 6.11.2 Windows Live Mail an die Taskleiste anheften

Windows Live Mail erscheint wie alle neu installierten Programme in der Liste *Apps* auf dem Startbildschirm. In Windows 8.1 legen neu installierte Programme nicht mehr automatisch eine Kachel auf dem Startbildschirm an. Da Sie Windows Live Mail aber im Wesentlichen auf dem klassischen Desktop benötigen, empfiehlt es sich, ein Symbol an die Taskleiste anzuheften.

Klicken Sie dazu mit der rechten Maustaste auf das neue Windows-Live-Mail-Symbol in der Liste *Apps* und wählen Sie im Kontextmenü *An Taskleiste anheften*. Jetzt können Sie Windows Live Mail direkt über das Taskleistensymbol auf dem klassischen Desktop starten.

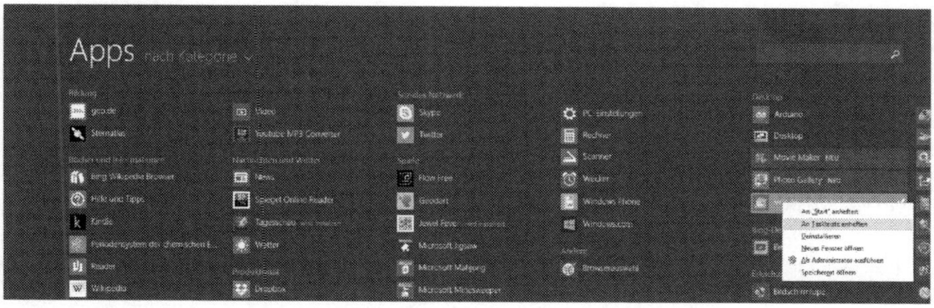


**Bild 6.81:** Windows Live Mail an die Taskleiste anheften.

## 6.11.3 Neue Mailkonten in Live Mail anlegen

Beim ersten Start von Windows Live Mail richten Sie zunächst ein E-Mail-Konto ein. Dazu erscheint automatisch ein Assistent zur Einrichtung. Sie können diesen Assistenten auch später noch über das Symbol *E-Mail* im Menüband unter *Konten* starten. Auf diese Weise können Sie mehrere E-Mail-Konten anlegen, die von Windows Live Mail verwaltet werden sollen.

**Microsoft-Konto automatisch in Windows Live Mail anmelden**
Die meisten Nutzer von Windows 8.1 sind bereits mit einem Microsoft-Konto angemeldet. Ist das auch bei Ihnen der Fall, brauchen Sie nur noch auf den Link *Bei Windows Live anmelden* zu klicken, und Ihre Hotmail- oder Outlook.com-Adresse aus dem Microsoft-Konto wird in Windows Live Mail übernommen.

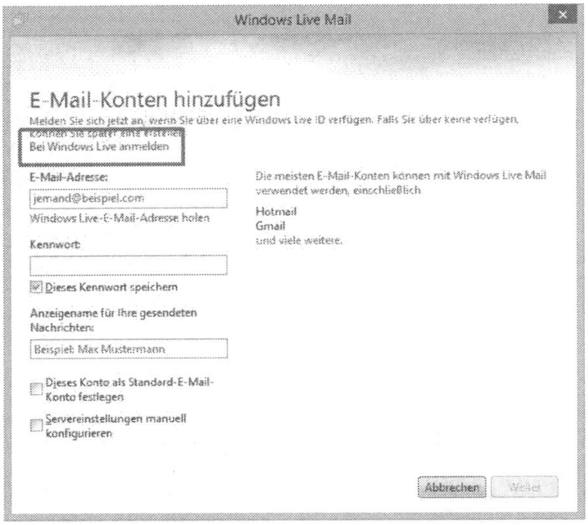


**Bild 6.82:** Microsoft-Konto anmelden oder E-Mail-Adresse für ein neues Mailkonto einrichten.

1. Im ersten Schritt des Assistenten geben Sie Ihre E-Mail-Adresse, das zugehörige Kennwort und Ihren wirklichen Namen oder den Namen Ihrer Firma an, so wie er beim Empfänger der E-Mail angezeigt werden soll.
2. Im selben Dialog können Sie auch das Passwort für den Mailserver fest eintragen, sodass Sie es nicht bei jeder E-Mail-Abfrage neu eingeben müssen.
3. Wenn Sie eine E-Mail-Adresse bei einem der großen, bekannten Anbieter nutzen, lassen Sie das Kontrollkästchen *Servereinstellungen manuell konfigurieren* ausgeschaltet. Windows Live Mail versucht, die Einstellungen selbstständig zu finden und zu konfigurieren.

Konnte Windows Live Mail die richtigen Servereinstellungen automatisch identifizieren, ist damit die Konfigurationsarbeit bereits erledigt. Es wird eine Verbindung zum Mailserver hergestellt, und die dort liegenden E-Mails werden abgeholt. Je nach Anzahl und Größe der E-Mails, die auf dem Server liegen, kann das Abholen einige Zeit dauern. Danach werden alle Mails im Posteingang angezeigt.

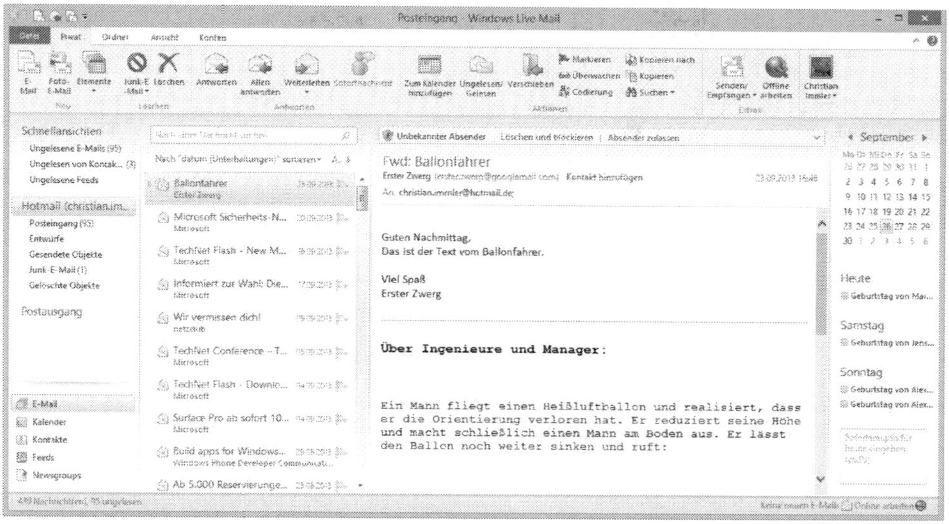
Posteingang - Windows Live Mail
Fwd: Ballonfahrer
Guten Nachmittag,
Das ist der Text vom Ballonfahrer.
Viel Spaß
Erster Zwerg
Über Ingenieure und Manager:
Ein Mann fliegt einen Heißluftballon und realisiert, dass er die Orientierung verloren hat. Er reduziert seine Höhe und macht schließlich einen Mann am Boden aus. Er lässt den Ballon noch weiter sinken und ruft:

**Bild 6.83:** Neue E-Mails in Windows Live Mail.

### Konteneinstellungen manuell vornehmen

Bei E-Mails einer eigenen Domain, bei kleineren E-Mail-Anbietern oder E-Mail-Konten auf Firmenservern können die Einstellungen nicht automatisch erkannt werden, Sie müssen sie also manuell konfigurieren. Das Gleiche gilt für Weiterleitungen, wenn die angezeigte E-Mail-Adresse nicht mit der tatsächlich abgefragten übereinstimmt.

Jeder E-Mail-Anbieter gibt seinen Mailservern eigene Namen, und auch die Schemata, nach denen sich die Benutzernamen zusammensetzen, sind überall unterschiedlich.

*Server- und Benutzernamen bekannter Anbieter*

| Anbieter | Posteingangsserver | Postausgangsserver | Benutzername |
|---|---|---|---|
| GMX | pop.gmx.net | mail.gmx.net | E-Mail-Adresse |
| WEB.DE | pop3.web.de | smtp.web.de | Name vor dem @-Zeichen |
| Google Mail, GMail | pop.gmail.com | smtp.gmail.com | E-Mail-Adresse |
| Vodafone, Arcor | pop3.arcor.de | mail.arcor.de | Name vor dem @-Zeichen |
| T-Online | popmail.t-online.de | smtpmail.t-online.de | Name vor dem @-Zeichen |

Eine wesentlich umfangreichere Liste mit Namen von POP3-/SMTP-Mailservern finden Sie unter *windowsacht.de/e-mail-servernamen.*

**Worin unterscheiden sich die Servertypen POP3 und IMAP?**
IMAP ist ein neueres Protokoll zum Zugriff auf einen Mailserver. Im Unterschied zum altbekannten POP3 verbleibt auf dem IMAP-Server eine zentrale Datenbank der E-Mails. Hier wird gespeichert, welche Mails bereits auf den lokalen Computer heruntergeladen wurden.

So können Sie von einem anderen Computer aus leichter auf Ihre Mails zugreifen, auch wenn Sie diese bereits einmal heruntergeladen haben. Bei POP3 werden die Mails auf den lokalen Computer kopiert, und man arbeitet mit der Kopie, bei IMAP arbeitet man im Prinzip direkt auf dem Mailserver. Bei langsamen Internetverbindungen sollten Sie daher lieber die POP3-Variante benutzen. Hier kann ein IMAP-Zugriff sehr lange dauern.

1. Wenn der Posteingangsserver eine Kennwortauthentifizierung erfordert, schalten Sie in diesem Dialog das entsprechende Kontrollkästchen zusätzlich ein.
2. Der Benutzername für den Mailserver braucht nur angegeben zu werden, wenn er von der zuvor eingetragenen E-Mail-Adresse abweicht. Bei fast allen Internetdienstanbietern ist der Benutzername der Teil der E-Mail-Adresse vor dem @-Zeichen oder auch die ganze E-Mail-Adresse. Das Kontrollkästchen *Postausgangsserver erfordert Authentifizierung* muss bei den meisten Mailanbietern eingeschaltet sein.
3. Zum Schluss können Sie das neue E-Mail-Konto noch als Standardkonto festlegen. Solange kein Konto ausgewählt ist, werden neue E-Mails immer mit dem Standardkonto abgeschickt.

### 6.11.4 Neue Mails schreiben und versenden

Sobald Sie ein neues E-Mail-Konto eingerichtet haben, können Sie die erste E-Mail-Nachricht verfassen und schreiben. Beachten Sie dabei, dass einige kostenlose E-Mail-Anbieter das Verschicken von E-Mails erst dann zulassen, wenn vom selben Computer zuerst die E-Mails vom Server abgeholt wurden.

**Räumen Sie den Mailserver regelmäßig auf**
Bedenken Sie, dass der Speicherplatz für E-Mails besonders bei kostenlosen Mail-Internetdienstanbietern sehr begrenzt ist. Sorgen Sie dafür, dass die E-Mails auf dem Server regelmäßig gelöscht werden. Andernfalls kann es passieren, dass Sie keine neuen E-Mails mehr empfangen können. Die Absender bekommen dann automatisch eine Fehlermeldung zugeschickt.

### 6.11.5 Werbung wandert direkt in den Papierkorb

Wer nicht täglich Angebote für zweifelhafte Kredite, diverse Viagra-Derivate oder gefälschte Rolex-Uhren lesen möchte, verbringt einen erheblichen Teil seiner Onlinezeit mit dem Löschen überflüssiger E-Mails. Auf großen Mailservern sind bis zu 85 % aller E-Mails Spam, also unerwünschte Werbung.

**Der Begriff Spam**
Spam ist ursprünglich ein Markenname für amerikanisches Dosenfleisch, eine Abkürzung für »Spiced Ham«. Das Synonym für sinnlose Häufung und Wiederholung entstand aus einem Sketch der britischen Comedysendung »Monty Python's Flying Circus«, der in einem Restaurant spielt, dessen Speisekarte nur aus Gerichten mit »Spam« in verschiedenen Variationen besteht.

In Windows Live Mail ist einen Junk-E-Mail-Filter integriert, der versucht, Werbemails automatisch zu identifizieren, um sie dann in einen speziellen Ordner zu schieben. Beim ersten Abrufen eines E-Mail-Kontos erscheint eine Meldung, über die Sie direkt zum Junk-E-Mail-Ordner kommen.

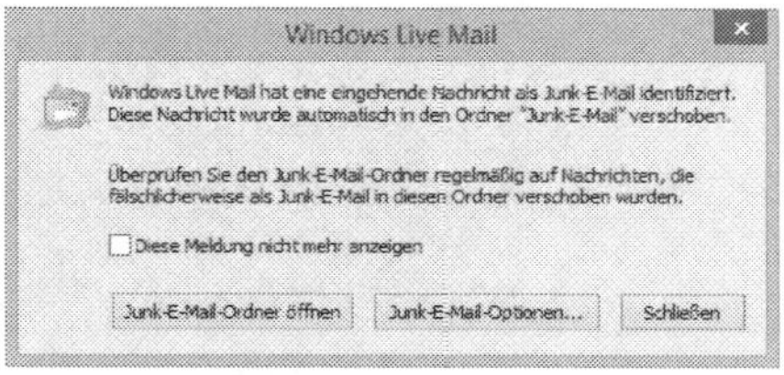
Windows Live Mail
Windows Live Mail hat eine eingehende Nachricht als Junk-E-Mail identifiziert. Diese Nachricht wurde automatisch in den Ordner "Junk-E-Mail" verschoben.
Überprüfen Sie den Junk-E-Mail-Ordner regelmäßig auf Nachrichten, die fälschlicherweise als Junk-E-Mail in diesen Ordner verschoben wurden.
Diese Meldung nicht mehr anzeigen
Junk-E-Mail-Ordner öffnen
Junk-E-Mail-Optionen...
Schließen
**Bild 6.84:** Meldung des Junk-E-Mail-Filters.

Dieser Filter lernt im Lauf der Zeit selbstständig, was Spam ist und was nicht. Am Anfang werden auch einige erwünschte E-Mails fälschlicherweise im Junk-E-Mail-Ordner landen. Indem Sie sie dort wieder herausnehmen, trainieren Sie den Filter. In der linken Spalte im Hauptfenster von Windows Live Mail finden Sie unter jedem E-Mail-Konto den zugehörigen Junk-E-Mail-Ordner.

Wenn Sie von bestimmten Absendern E-Mails bekommen, die Sie lesen möchten, die aber fälschlicherweise im Junk-E-Mail-Ordner landen, können Sie diese Absender oder deren ganze Domain in die Liste sicherer Absender aufnehmen. Dann werden die Mails dieser Absender nicht vom Junk-Mail-Filter bearbeitet. Markieren Sie dazu die betreffende Mail, klicken Sie im Menüband auf *Dies ist keine Junk-E-Mail* und wählen Sie die gewünschte Einstellung.

Liegen in Ihrem Posteingang weiterhin E-Mails, die eindeutig als Junk-Mail einzustufen sind, markieren Sie sie und klicken im Menüband auf *Junk-E-Mail.* Hier können Sie dann den Absender oder auch die ganze Domain in die Liste blockierter Absender aufnehmen. Diese E-Mails werden in Zukunft automatisch als Junk eingestuft.

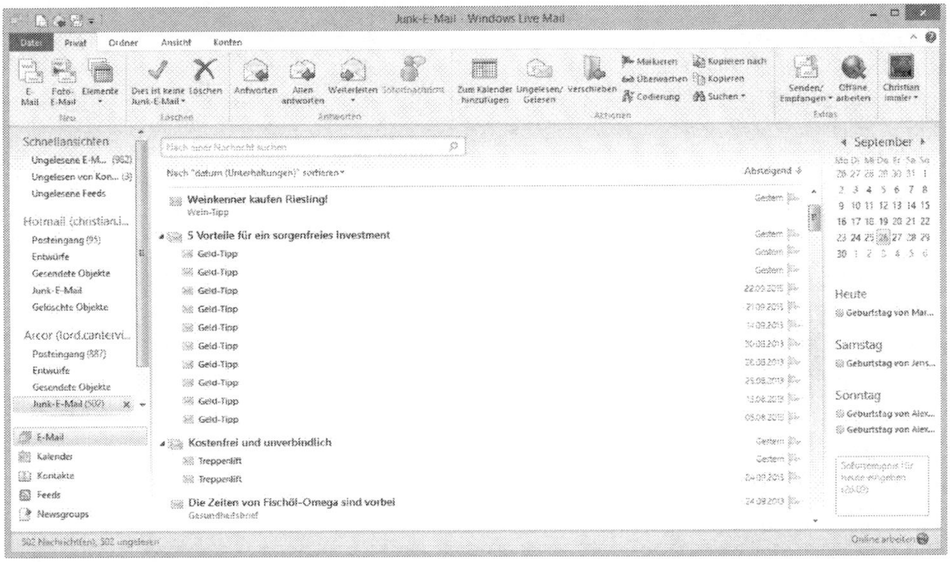
Junk-E-Mail - Windows Live Mail
Datei
Privat
Ordner
Ansicht
Konten
Schnellansichten
Ungelesene Feeds
Posteingang (95)
Entwürfe
Gesendete Objekte
Junk-E-Mail
Gelöschte Objekte
E-Mail
Kalender
Kontakte
Feeds
Newsgroups
Weinkenner kaufen Riesling!
5 Vorteile für ein sorgenfreies Investment
Geld-Tipp
Kostenfrei und unverbindlich
Treppenlift
Die Zeiten von Fischöl-Omega sind vorbei
September
Heute
Samstag
Sonntag

Bild 6.85: Typische Werbemails im Junk-E-Mail-Ordner.

Der Junk-E-Mail-Filter kann im *Datei*-Menü unter *Optionen/Sicherheitsoptionen* konfiguriert werden, allerdings nur für alle E-Mail-Konten gleichzeitig.

In den *Sicherheitsoptionen* können Sie die Listen sicherer Absender und blockierter Absender jederzeit einsehen und bearbeiten.

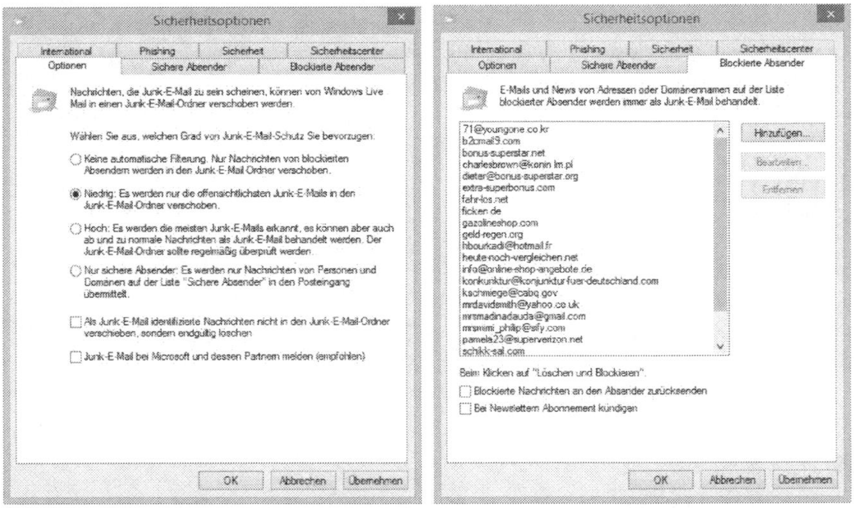
Sicherheitsoptionen
International
Phishing
Sicherheit
Sicherheitscenter
Optionen
Sichere Absender
Blockierte Absender
Nachrichten, die Junk-E-Mail zu sein scheinen, können von Windows Live Mail in einen Junk-E-Mail-Ordner verschoben werden.
Wählen Sie aus, welchen Grad von Junk-E-Mail-Schutz Sie bevorzugen:
Keine automatische Filterung. Nur Nachrichten von blockierten Absendern werden in den Junk-E-Mail-Ordner verschoben.
Niedrig: Es werden nur die offensichtlichsten Junk-E-Mails in den Junk-E-Mail-Ordner verschoben.
Hoch: Es werden die meisten Junk-E-Mails erkannt, es können aber auch ab und zu normale Nachrichten als Junk-E-Mail behandelt werden. Der Junk-E-Mail-Ordner sollte regelmäßig überprüft werden.
Nur sichere Absender: Es werden nur Nachrichten von Personen und Domänen auf der Liste "Sichere Absender" in den Posteingang übermittelt.
Als Junk-E-Mail identifizierte Nachrichten nicht in den Junk-E-Mail-Ordner verschieben, sondern endgültig löschen
Junk-E-Mail bei Microsoft und dessen Partnern melden (empfohlen)
OK
Abbrechen
Übernehmen
E-Mails und News von Adressen oder Domänennamen auf der Liste blockierter Absender werden immer als Junk-E-Mail behandelt.
Hinzufügen...
Bearbeiten...
Entfernen
Beim Klicken auf "Löschen und Blockieren":
Blockierte Nachrichten an den Absender zurücksenden
Bei Newslettern Abonnement kündigen

Bild 6.86: Einstellungen für den Junk-E-Mail-Schutz und die Listen der sicheren und blockierten Absender.

**Spam nicht zurückschicken**
Windows Live Mail bietet eine Option, blockierte Nachrichten an den Absender zurückzuschicken. Was auf den ersten Blick sinnvoll erscheint, erweist sich aber als genau das Gegenteil. An einer zurückgesendeten Nachricht erkennt ein Spamversender, dass eine möglicherweise zufällig generierte E-Mail-Adresse wirklich existiert. Damit steigt deren Wert auf dem Spammer-Schwarzmarkt, und Sie bekommen schnell noch mehr Spam von anderen Absendern, die dann wieder alle mühsam blockiert werden müssen. Also Spam lieber kommentarlos löschen.

### 6.11.6 Das muss man zum Thema Sicherheit wissen

Im Zusammenhang mit der E-Mail-Kommunikation tauchen immer wieder Sicherheitsfragen auf. Wie überall im Internet hilft auch hier ein verantwortungsvolles Verhalten deutlich mehr als jeder technische Schutz.

#### Das Phishingproblem

Phishing ist eine kriminelle Methode, mit der Betrüger versuchen, an Passwörter und private Daten zu kommen. Dabei werden keine technischen Mittel eingesetzt, um Passwörter zu knacken, sondern man versucht, Benutzer geschickt davon zu überzeugen, ihre Passwörter freiwillig herauszugeben. Dazu bauen die Betrüger eigene Webseiten, die im Design echten Banken, Onlineshops oder sozialen Netzwerken sehr nahekommen.

Die Trickbetrüger verschicken Massenmails, in denen sie sich als Vertreter einer Bank, eines Onlinedienstes oder auch von eBay ausgeben. Über einen Link in der E-Mail sollen die Benutzer auf eine Webseite gehen und dort ihre Benutzerdaten, Kontoinformationen, Passwörter und TANs eingeben. Diese werden natürlich nicht an die wirklichen Banken oder Onlineshops, sondern an den Betrüger übermittelt, der sie zu seinen Zwecken benutzt. Die Abbildung zeigt eine Phishingmail mit typischen Merkmalen. Die betreffende Webseite wurde vom Provider längst gelöscht.

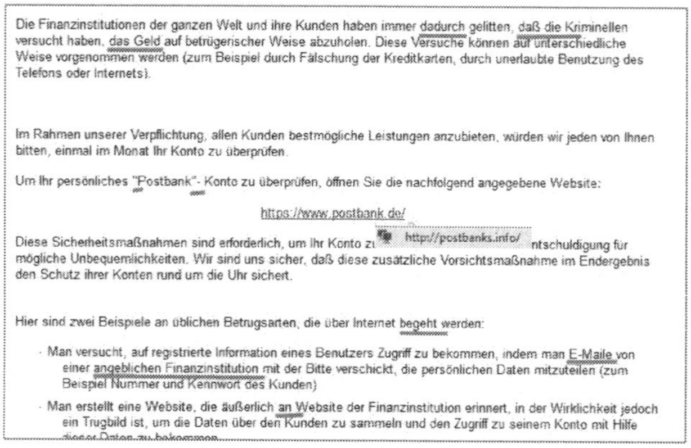

Die Finanzinstitutionen der ganzen Welt und ihre Kunden haben immer dadurch gelitten, daß die Kriminellen versucht haben, das Geld auf betrügerischer Weise abzuholen. Diese Versuche können auf unterschiedliche Weise vorgenommen werden (zum Beispiel durch Fälschung der Kreditkarten, durch unerlaubte Benutzung des Telefons oder Internets).

Im Rahmen unserer Verpflichtung, allen Kunden bestmögliche Leistungen anzubieten, würden wir jeden von Ihnen bitten, einmal im Monat Ihr Konto zu überprüfen.

Um Ihr persönliches "Postbank"- Konto zu überprüfen, öffnen Sie die nachfolgend angegebene Website:

https://www.postbank.de/

Diese Sicherheitsmaßnahmen sind erforderlich, um Ihr Konto zu http://postbanks.info/ ntschuldigung für mögliche Unbequemlichkeiten. Wir sind uns sicher, daß diese zusätzliche Vorsichtsmaßnahme im Endergebnis den Schutz ihrer Konten rund um die Uhr sichert.

Hier sind zwei Beispiele an üblichen Betrugsarten, die über Internet begeht werden:

- Man versucht, auf registrierte Information eines Benutzers Zugriff zu bekommen, indem man E-Maile von einer angeblichen Finanzinstitution mit der Bitte verschickt, die persönlichen Daten mitzuteilen (zum Beispiel Nummer und Kennwort des Kunden)
- Man erstellt eine Website, die äußerlich an Website der Finanzinstitution erinnert, in der Wirklichkeit jedoch ein Trugbild ist, um die Daten über den Kunden zu sammeln und den Zugriff zu seinem Konto mit Hilfe

**Bild 6.87:** Typisches Beispiel einer Phishingmail.

Bei etwas genauerem Hinsehen sind die Phishingmails und die betreffenden Webseiten leicht zu entlarven:

- Phishingmails sind immer in relativ schlechtem Deutsch formuliert. Kein professionelles Unternehmen würde derartige Texte verfassen.
- Üblicherweise wird eine anonyme oder gar keine Anrede verwendet. Professionelle Anbieter sprechen ihre Kunden mit Namen an.
- Weder eine Bank noch PayPal oder eBay fordern ihre Kunden auf, Zugangsdaten preiszugeben.
- Drohende Formulierungen zum Ablaufen einer zeitlichen Frist oder einer Kontensperrung werden von professionellen Anbietern nicht verwendet.
- Fährt man mit der Maus über den Link in der Mail, kommt zum Vorschein, dass sich dieser nicht auf dem Server des Anbieters befindet. Oftmals stimmt ein im Text angezeigter Link auch nicht mit dem tatsächlich hinterlegten Link überein.

**Sicherheitstipp: Aufmerksam lesen schützt vor Phishing**
Lesen Sie E-Mails genau. Achten Sie immer auf den tatsächlichen Absender und die verwendete Domain. E-Mails von Banken, bei denen Sie kein Konto haben, sollten sofort Verdacht erregen. Achten Sie auf die professionelle Ausdrucksweise, und Sie können einem Phishing kaum noch zum Opfer fallen. Entgegen vieler Medienschlagzeilen sind Phishingmails und Webseiten für Personen mit etwas Gespür für die deutsche Sprache sehr offensichtlich zu erkennen.

Windows Live Mail enthält einen Phishingschutz, der im *Datei*-Menü unter *Optionen/Sicherheitsoptionen* auf der Registerkarte *Phishing* aktiviert werden kann.

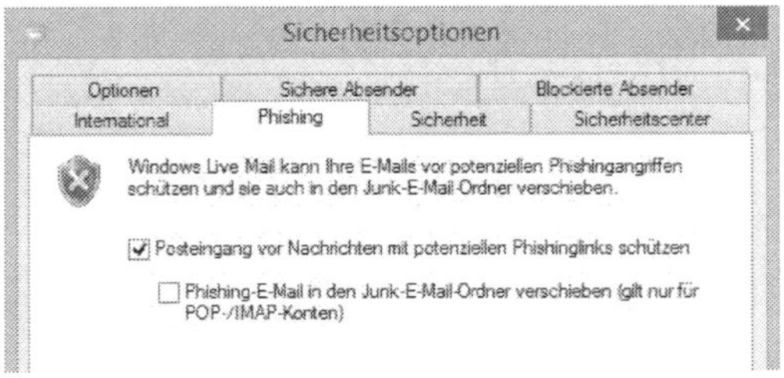
Sicherheitsoptionen
Optionen
Sichere Absender
Blockierte Absender
International
Phishing
Sicherheit
Sicherheitscenter
Windows Live Mail kann Ihre E-Mails vor potenziellen Phishingangriffen schützen und sie auch in den Junk-E-Mail-Ordner verschieben.
Posteingang vor Nachrichten mit potenziellen Phishinglinks schützen
Phishing-E-Mail in den Junk-E-Mail-Ordner verschieben (gilt nur für POP-/IMAP-Konten)

**Bild 6.88:** Phishingschutz in Windows Live Mail.

Bei aktivem Phishingschutz werden verdächtige E-Mails mit einem auffälligen roten Symbol gekennzeichnet. Allerdings schlägt der Phishingschutz bei jedem Link in einer E-Mail Alarm, die auf eine andere Domain als die des Absenders verweist. So werden viele HTML-Newsletter fälschlicherweise als Phishing markiert. Aus diesem Grund ist der zweite Schalter *Phishing-E-Mail in den Junk-E-Mail-Ordner verschieben* standardmäßig deaktiviert.

### Vorsicht beim Empfang von HTML-Mails

Wer sicherheitsbewusst mit seinem Computer umgeht, besucht zwielichtige Webseiten entweder gar nicht oder zumindest nicht mit dem Internet Explorer. E-Mails, von denen man nicht weiß, woher sie kommen und was dahintersteckt, lässt man aber ungeschützt auf seinem Computer.

Gerade bei E-Mails, über die der Anwender ohne eigenes Zutun aus dem Internet mit Daten »versorgt« wird, ist Vorsicht angeraten. Die E-Mail-Vorschau zeigt bei den bunten HTML-Mails, die die meisten Spammer verwenden, unaufgefordert eine Webseite an, die auch schädlichen Code enthalten kann. Windows Live Mail und Outlook sind die einzigen E-Mail-Programme, die schon bei der Vorschau einer Mail einen eventuell darin enthaltenen ActiveX-Programmcode, also auch einen Virus, starten können.

Windows Live Mail verwendet zur Darstellung von HTML-Mails den Internet Explorer. Schalten Sie deshalb auf jeden Fall über den Menüpunkt *Optionen/Sicherheitsoptionen* im *Datei*-Menü von Windows Live Mail auf der Registerkarte *Sicherheit* die *Zone für eingeschränkte Sites* ein. Jetzt gelten diese Sicherheitseinstellungen aus den *Internetoptionen* automatisch für alle empfangenen E-Mails. In dieser Zone sind standardmäßig alle ActiveX-Skripte blockiert.

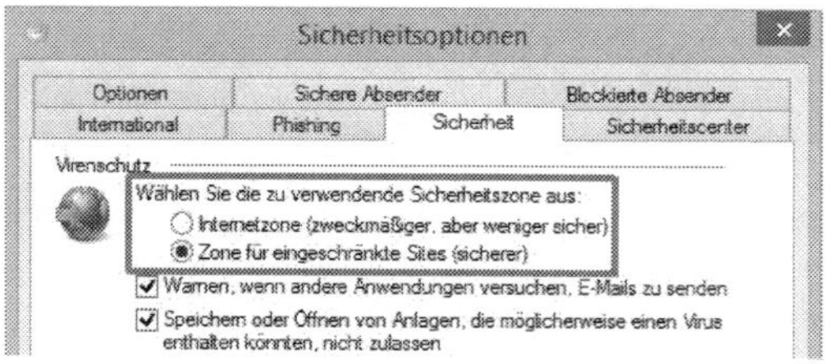
Sicherheitsoptionen
Optionen
Sichere Absender
Blockierte Absender
International
Phishing
Sicherheit
Sicherheitscenter
Virenschutz
Wählen Sie die zu verwendende Sicherheitszone aus:
Internetzone (zweckmäßiger, aber weniger sicher)
Zone für eingeschränkte Sites (sicherer)
Warnen, wenn andere Anwendungen versuchen, E-Mails zu senden
Speichern oder Öffnen von Anlagen, die möglicherweise einen Virus enthalten könnten, nicht zulassen

**Bild 6.89:** Zone für eingeschränkte Sites in Windows Live Mail verwenden.

Im gleichen Dialogfeld sollte auch das Kontrollkästchen *Bilder und andere externe Inhalte in HTML-E-Mails blockieren* eingeschaltet sein. Damit verhindern Sie das automatische Herunterladen eventuell schädlicher Inhalte in HTML-Mails.

Ein Klick auf den Link *Bilder anzeigen* oberhalb der Mail lädt die Bilder herunter und zeigt sie an. Wenn Sie den Absender zur Liste sicherer Absender hinzufügen, werden die Bilder in HTML-Mails dieses Absenders immer angezeigt. Auf diese Weise können Sie seriöse Newsletter immer vollständig darstellen lassen.

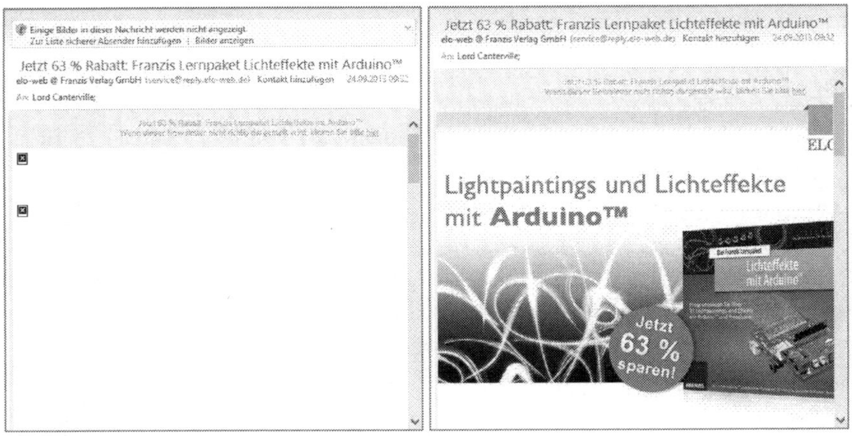
Einige Bilder in dieser Nachricht werden nicht angezeigt.
Zur Liste sicherer Absender hinzufügen | Bilder anzeigen
Jetzt 63 % Rabatt: Franzis Lernpaket Lichteffekte mit Arduino™
An: Lord Canterville;
Lightpaintings und Lichteffekte mit Arduino™
Lichteffekte mit Arduino
Jetzt 63 % sparen!

Bild 6.90: HTML-Newsletter ohne und mit Bildern.

## Lesebestätigungen besser nicht anfordern oder verschicken

Wer eine E-Mail schreibt, kann vom Empfänger eine automatische Lesebestätigung anfordern, um zu sehen, ob und wann die Mail gelesen wurde. Was ursprünglich als nützliche Funktion geplant war, stellte sich schnell in Hinblick auf den Schutz der Privatsphäre als bedenklich heraus. Oft fordern Spammail-Versender automatische Lesebestätigungen an, um daran zu erkennen, welche der Adressen in ihren Listen wirklich existieren. Durch Abschalten der Lesebestätigungen können Sie zumindest einen Teil der Spammer abwehren.

Auf der Registerkarte *Bestätigungen* im *Datei*-Menü unter *Optionen/E-Mail* können Sie in Windows Live Mail festlegen, ob Lesebestätigungen immer oder nie verschickt werden sollen oder ob Sie jedes Mal gefragt werden wollen.

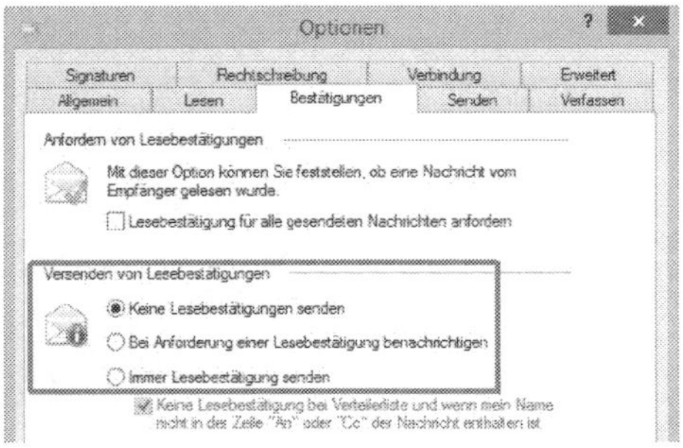
Optionen
Signaturen
Rechtschreibung
Verbindung
Erweitert
Allgemein
Lesen
Bestätigungen
Senden
Verfassen
Anfordern von Lesebestätigungen
Mit dieser Option können Sie feststellen, ob eine Nachricht vom Empfänger gelesen wurde.
Lesebestätigung für alle gesendeten Nachrichten anfordern
Versenden von Lesebestätigungen
Keine Lesebestätigungen senden
Bei Anforderung einer Lesebestätigung benachrichtigen
Immer Lesebestätigung senden
Keine Lesebestätigung bei Verteilerliste und wenn mein Name nicht in der Zeile "An" oder "Cc" der Nachricht enthalten ist

Bild 6.91: Regeln für Lesebestätigungen in Windows Live Mail.

Wenn Sie immer Lesebestätigungen verschicken, was man eigentlich nicht tun sollte, können Sie diese trotzdem unterbinden, wenn Sie selbst nicht in den *An:*- oder *Cc:*-Zeilen der E-Mail stehen. Damit lassen sich die meisten Lesebestätigungen an Spammer unterdrücken, die Mails über Mailinglisten verschicken, anstatt sie direkt zu adressieren.

# 7 Internetzugang und WLAN

Der Zugang zum Internet ist heute die wichtigste Aufgabe für die meisten privat genutzten PCs. Windows 8.1 funktioniert zwar mit Einschränkungen auch offline, aber erst mit Internetzugang macht es wirklich Spaß. In den meisten Haushalten erfolgt der Internetzugang heute über einen Router, an dem einer oder mehrere Computer per Netzwerkkabel oder drahtlos über WLAN angeschlossen sind. Windows 8.1 erkennt eine Kabelverbindung mit dem Router automatisch. Hier brauchen Sie gar nichts weiter zu tun. Bei WLAN-Verbindungen geben Sie wie schon in früheren Windows-Versionen den Schlüssel ein und sind dann ebenfalls gleich mit dem Router verbunden.

## 7.1 Das WLAN zur sicheren Festung machen

Wer keine Kabel verlegen oder sich zum Beispiel mit einem Notebook oder Tablet frei im Haus bewegen möchte, kann seine Computer auch drahtlos miteinander vernetzen. Dabei ist Wireless LAN, kurz WLAN, nicht eine Art Internetzugang, wie es die großen Internetdienstanbieter werbewirksam propagieren, sondern einfach nur eine drahtlose Verbindung in ein lokales Netzwerk. Über diese Netzwerkverbindung kann man ins Internet gehen, sie kann aber genauso zum Zugriff auf andere Rechner verwendet werden, die über Netzwerkkabel miteinander verbunden sind.

Zentraler Punkt eines WLAN ist der WLAN-Router oder WLAN-Access-Point. Der Router übernimmt die Koordination des lokalen Netzwerks und stellt gleichzeitig einen Internetzugang zur Verfügung. Dabei können an die meisten WLAN-Router vier PCs per Kabel und theoretisch bis zu 250 weitere drahtlos angeschlossen werden. In der Praxis liegt die Zahl anschließbarer WLAN-PCs aufgrund der Bandbreite, die sich die Geräte teilen müssen, deutlich darunter.

**WLAN am Router ein- und ausschalten**
Bei den meisten WLAN-Routern kann das WLAN-Modul getrennt ein- und ausgeschaltet werden. Bevor sich ein Benutzer per WLAN anmelden kann, muss es also von einem per Kabel angeschlossenen PC eingeschaltet werden. Einige Router besitzen auch selbst eine Taste, um WLAN ein- oder auszuschalten.

Ein Access Point hat im Gegensatz zu einem WLAN-Router keine eigene Internettechnik, sondern ist nur eine Sende- und Empfangsstation, die per Netzwerkkabel an einem Router oder Hub angeschlossen ist.

### 7.1.1 Standortempfehlung für den WLAN-Router

Beachten Sie beim Aufbau eines WLAN, dass Betondecken starke Dämpfungen bewirken. Wer also im Hausanschlussraum im Keller seinen DSL-Anschluss hat, sollte nicht auch dort den WLAN-Router aufstellen. Legen Sie lieber ein Kabel vom Anschluss an einen zentralen Punkt im Haus und stellen Sie dort den WLAN-Router möglichst weit oben im Raum auf, da elektrische Kabel, die üblicherweise in Fußbodennähe liegen, Störfelder verursachen können, die die WLAN-Ausbreitung einschränken. Auch größere Metallteile wie Stahlregale oder die Bewehrung in Stahlbetondecken können die Ausbreitung eines WLAN beeinträchtigen.

**Kollision mehrerer Funkkanäle vermeiden**
Sollte ein WLAN-Router im Netzwerk von einem Computer nicht gefunden werden, obwohl er eingeschaltet ist und problemlos läuft, kann das am Funkkanal liegen. Für WLAN sind 13 verschiedene Funkkanäle möglich. Hierbei beträgt der Abstand der Mittenfrequenzen jeweils 5 MHz. Bedingt durch die große Bandbreite jedes einzelnen Funkkanals kommt es zu Überschneidungen der Frequenzbänder.
Befinden sich mehrere WLAN-Router in unmittelbarer Nachbarschaft, wie es in Innenstadtbereichen häufig vorkommt, sollte jeder Router seinen eigenen Funkkanal benutzen, um Störungen zu vermeiden. Stellen Sie auf dem Router einen Funkkanal ein, der von keinem anderen Router in der näheren Umgebung verwendet wird. Optimal sind mindestens fünf Kanäle Abstand zu anderen WLAN-Routern in der Umgebung.

### 7.1.2 WLAN unter Windows 8.1 konfigurieren

WLAN-Karten, USB-Sticks sowie die WLAN-Module in Notebooks und Tablets werden unter Windows 8.1 automatisch erkannt. Beim ersten Anschließen externer WLAN-Geräte wird man aufgefordert, einen Treiber zu installieren, was üblicherweise vollautomatisch geschieht.

1. Windows 8.1 zeigt im rechten Seitenbalken eine Liste der gefundenen drahtlosen Netzwerke an. Fahren Sie dazu mit der Maus in die rechte untere Bildschirmecke und tippen Sie auf *Einstellungen*. Im unteren Teil der Anzeige zeigt ein Symbol den Namen des verbundenen WLAN sowie die Signalstärke an. Auf dem klassischen Desktop blenden Sie diese Liste mit einem Klick auf das WLAN-Symbol im Infobereich der Taskleiste ein.

2. Tippen Sie auf dieses Symbol, wird die Liste der Netzwerke angezeigt. Wählen Sie das gewünschte Netzwerk aus und klicken Sie auf *Verbinden*. Sie können auch, wenn Sie dieses Netzwerk öfter verwenden, festlegen, dass die Daten gespeichert werden sollen und dass die Verbindung wenn möglich automatisch hergestellt werden soll.

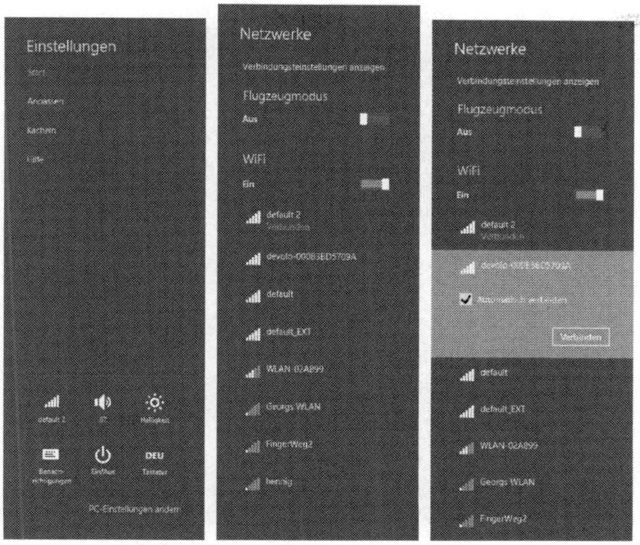


**Bild 7.1:** WLAN-Einstellungen in Windows 8.1.

3. Wird das drahtlose Netzwerk mit einem Sicherheitsschlüssel geschützt, geben Sie im nächsten Schritt den gültigen Schlüssel ein.
4. Windows 8.1 bietet in dieser Seitenleiste die Möglichkeit, das WLAN-Modul in Notebook oder Tablet abzuschalten, was im Akkubetrieb deutlich Strom spart, wenn kein WLAN in der Nähe ist.

Das ist neu in 8.1 & Updates

5. WLAN-Verbindungen zum lokalen Router werden, ähnlich wie kabelgebundene Netzwerkverbindungen, bei den *Netzwerkverbindungen* eingetragen. Diese Anzeige finden Sie im Systemmenü mit einem Rechtsklick auf das Windows-Logo unten links. Die drahtlose Verbindung kann auch abwechselnd mit einer Kabelverbindung genutzt werden, wenn man ein Notebook zum Beispiel im Büro am Netzwerk betreibt und unterwegs an WLAN-Hotspots.

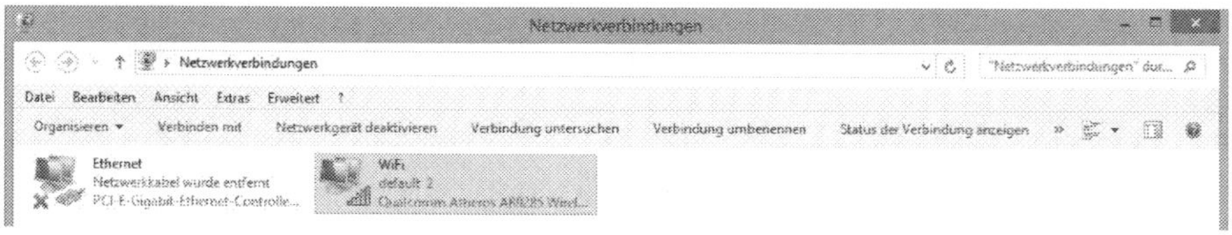


**Bild 7.2:** Drahtlose Netzwerkverbindung im Ordner *Netzwerkverbindungen*.

6. Windows 8.1 zeigt *Übertragungsrate* und *Signalqualität* des WLAN direkt in der Statusanzeige der Netzwerkverbindung an. Diese Anzeige erreichen Sie mit einem Doppelklick auf den Namen der Drahtlosnetzwerkverbindung in der Liste der Netzwerkverbindungen oder im Netzwerk- und Freigabecenter.

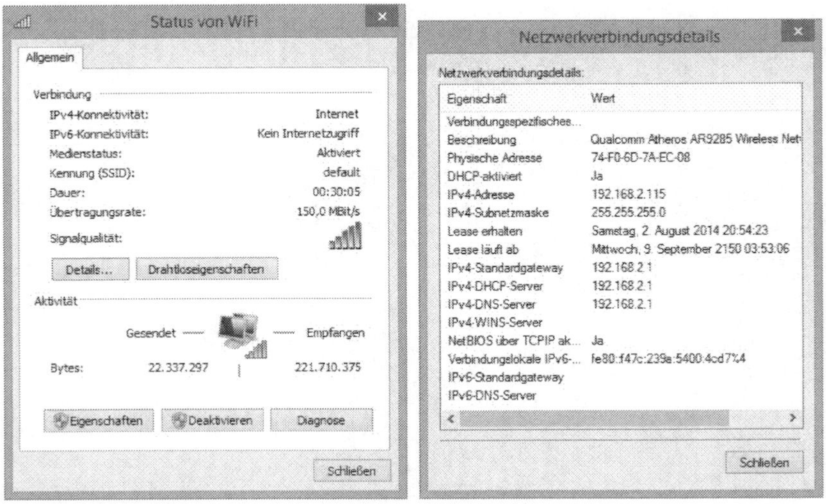


**Bild 7.3:** Statusanzeige einer WLAN-Verbindung und Details.

## 7.1.3 Sicherheitsregeln für Drahtlosnetzwerke

Was jahrelang von Fall zu Fall unterschiedlich ausgelegt wurde, wurde vom Bundesgerichtshof mittlerweile offiziell geregelt. Jedes private WLAN muss »*... durch angemessene Sicherungsmaßnahmen vor der Gefahr geschützt sein, von unberechtigten Dritten zur Begehung von Urheberrechtsverletzungen missbraucht zu werden*«.

Dazu zählt neben einer Verschlüsselung auch, dass das vom Hersteller vorgegebene Standardpasswort des Routers durch ein eigenes ersetzt wird. Neue Router verwenden kein Standardpasswort mehr, sondern ein individuelles, das bei jedem Gerät anders ist. Dieses finden Sie meist auf einem Aufkleber direkt auf dem Router. Bei diesen Geräten muss der Betreiber des Anschlusses das Passwort nicht mehr ändern. Viele Router bieten auch die Möglichkeit, den Zugang zur Konfigurationsoberfläche auf Kabelverbindungen zu beschränken. Mit dieser Option haben Unbefugte auf der Straße keine Chance mehr, den Router umzukonfigurieren, um Netzwerkschlüssel zu ändern oder andere Einstellungen zu manipulieren.

Neben den dadurch möglichen Betrugsgeschäften mit fremden Bank- oder eBay-Daten ist auch die Gefahr krimineller Aktivitäten nicht zu unterschätzen. Lädt sich jemand über Ihr WLAN z. B. urheberrechtlich geschütztes oder illegales Material herunter, wird die IP-Adresse Ihres Internetanschlusses übermittelt. Die Strafverfolgungsbehörden stellen also Sie persönlich zur Rede. Dann wird es schwer, die eigene Unschuld zu beweisen.

**So schützen Sie Ihr WLAN**
Schalten Sie das WLAN-Modul im Router ab, wenn Sie es längere Zeit nicht benutzen. Das verringert das Risiko eines unbemerkten Angriffs, wenn Sie nicht zu Hause sind.

Richten Sie den Router nach den lokalen Gegebenheiten aus. Für eine Etagenwohnung ist ein Router mit Zusatzantenne und mehreren Hundert Metern Reichweite völlig überdimensioniert und stellt ein hohes Sicherheitsrisiko dar. In großen Büros verwendet man sinnvollerweise mehrere kleine Access Points anstelle eines großen, um das Netzwerk an die lokalen Ausbreitungsbedingungen besser anpassen zu können.
Verändern Sie das Standardpasswort zur Routerkonfiguration, damit sich niemand an Ihrem Router zu schaffen machen, sich selbst Zugang verschaffen oder einen anderen (teuren) Internetzugang einrichten kann.
Bei drahtlosen Netzwerken ist die Verschlüsselung besonders wichtig, da man anders als in einem kabelgebundenen Netzwerk nicht merkt, wenn sich ein fremder Computer unautorisiert mit dem Netzwerk verbindet. Aktivieren Sie, wenn möglich, die WPA2-Verschlüsselung. Dazu muss am Router und auf jedem PC einmalig ein Schlüssel eingegeben werden, der auf allen Geräten gleich ist. Geräte ohne diesen Schlüssel haben keinen Zugang zum WLAN.

### 7.1.4 Drahtlosnetzwerke richtig verschlüsseln

Um ein Drahtlosnetzwerk zu verschlüsseln, müssen Sie nur auf dem Router und auf allen Computern im Netzwerk denselben Schlüssel eingeben und die Verschlüsselung aktivieren. Die genauen Einstellungsmöglichkeiten zur Verschlüsselung sind bei jedem Router etwas anders. Firewalls helfen hier wenig, da sich der Access Point zum WLAN innerhalb der Firewall befindet und nicht »draußen« im Internet. Auf jedem PC muss die Verschlüsselung ebenfalls aktiviert werden. Nur wenn hier ein Schlüssel eingetragen ist, der auch im Router eingegeben wurde, ist eine drahtlose Verbindung möglich.

WPA2 (Wi-Fi Protected Access 2) ist eine Weiterentwicklung der WEP-Verschlüsselung. Sie bietet zusätzlichen Schutz durch dynamische Schlüssel. Nach der Initialisierung mit dem Schlüssel kommt ein Session-Key zum Einsatz. Alle aktuellen WLAN-Router unterstützen alternativ zu WEP auch WPA2. Wenn Ihr Router WPA2 anbietet und alle Geräte im Netz dieses Verfahren unterstützen, sollten Sie es auch aktivieren. WEP gilt mittlerweile als veraltet und unsicher.

**WEP-Schlüssel knacken**
Immer wieder veröffentlichen Computerzeitschriften Workshops zum Knacken von WEP-Schlüsseln. Das Knacken eines Schlüssels ist aber immer noch deutlich aufwendiger als die unberechtigte Nutzung eines unverschlüsselten WLAN und gilt zudem im Zweifelsfall als rechtswidriges Eindringen in ein Netzwerk.

### 7.1.5 WLAN-Sicherheitsschlüssel vergessen?

Haben Sie den Sicherheitsschlüssel für Ihr WLAN vergessen, kommen aber mit einem Computer noch hinein, können Sie den auf diesem Computer gespeicherten WLAN-Schlüssel auslesen.

- Öffnen Sie in der Systemsteuerung oder über das Symbol im Infobereich der Taskleiste das Netzwerk- und Freigabecenter.
- Klicken Sie hier auf die WiFi-Verbindung und im nächsten Dialogfeld auf *Drahtloseigenschaften.*
- Wenn Sie im nächsten Dialogfeld den Schalter *Zeichen anzeigen* aktivieren, erscheint der gespeicherte WLAN-Schlüssel im Klartext.

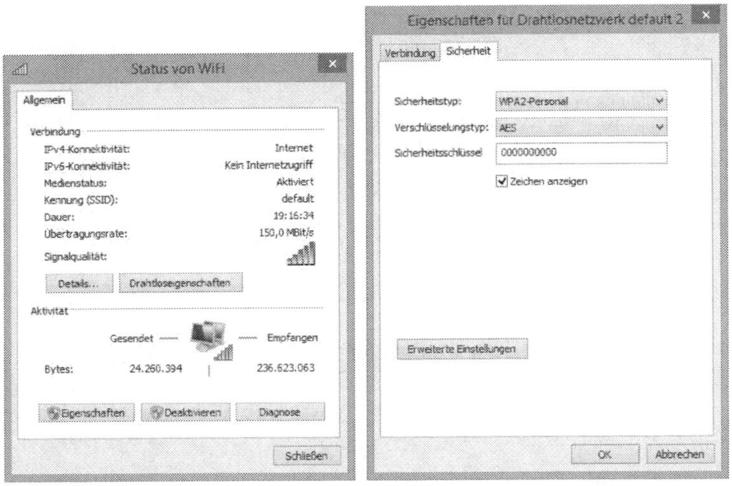


**Bild 7.4:** WLAN-Schlüssel im Klartext anzeigen.

## 7.1.6 Nur bestimmte Geräte in das WLAN lassen

Einige Router bieten die Möglichkeit, nur bestimmte Geräte überhaupt per WLAN ins Netzwerk zu lassen. Zur Identifikation werden die MAC-Adressen der Geräte herangezogen. Die MAC-Adresse ist eine weltweit eindeutige Kennung jeder Netzwerkkarte. Sie ist bei vielen WLAN-Karten auf einem Aufkleber bereits dabei.

Die MAC-Adresse der im PC eingebauten Netzwerkkarte sehen Sie auch unter Windows: Klicken Sie im Seitenbalken mit der Liste der WLANs oben auf *Verbindungseinstellungen anzeigen.* Klicken Sie dann auf die WLAN-Verbindung. Auf dem nächsten Bildschirm wird ganz unten bei *Physische Adresse* die MAC-Adresse angezeigt.

Das ist neu in 8.1 & Updates

In jedem Fall sollten Sie regelmäßig die Statusanzeige des Routers überprüfen. Hier wird angezeigt, welche Geräte sich am Router angemeldet haben. Tauchen unbekannte Adressen auf, sollten Sie dringend Ihre Sicherheitseinstellungen anpassen.

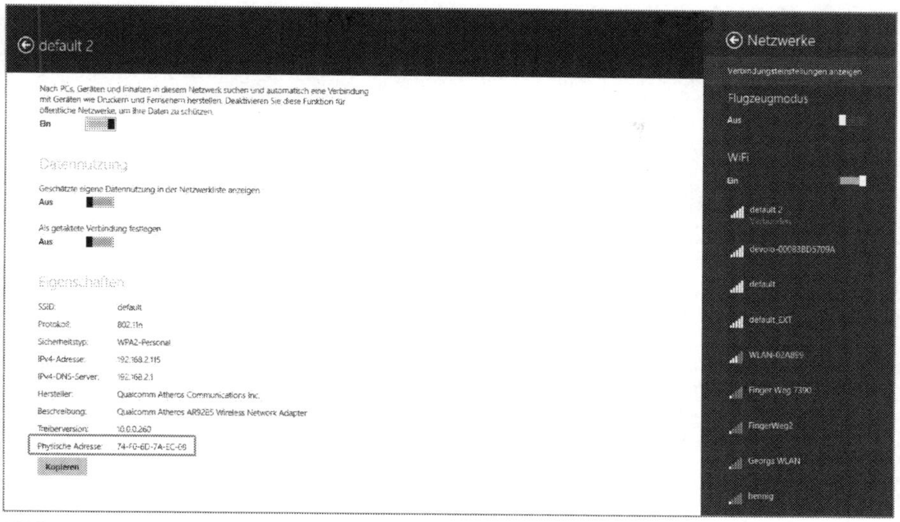


**Bild 7.5:** Die MAC-Adresse in den PC-Einstellungen.

**Fremde MAC-Adressen erkennen**
Anhand der MAC-Adresse lässt sich zwar nicht direkt der Besitzer des Computers ermitteln, aber zumindest der Hersteller der Netzwerkkarte. Geben Sie dazu die ersten drei Blöcke der unbekannten MAC-Adresse (z. B. 90-21-55) in das Suchformular *Search the Public OUI-Listing* auf der Webseite *standards.ieee.org/develop/regauth/oui/public.html* ein. Anhand des Netzwerkkartenherstellers kann man schon leichter erkennen, ob es sich um ein eigenes Gerät oder ein unbekanntes handelt, das sich im Netzwerk angemeldet hat.

## 7.2 Dateien anderen zur Verfügung stellen

Heimnetzgruppen machen es kinderleicht, persönliche Dateien anderen Computern im Netzwerk zur Verfügung zu stellen. Heimnetzgruppen funktionieren nicht mit früheren Windows-Versionen vor Windows 7. Computer mit Windows XP und Vista können nur über die klassischen Netzwerkfreigaben auf Dateien und Ordner auf Windows-8-Computern zugreifen.

### 7.2.1 Einer bestehenden Heimnetzgruppe beitreten

Das ist neu in 8.1 & Updates

Wenn in Ihrem Netzwerk bereits eine Heimnetzgruppe existiert, können Sie über die PC-Einstellungen unter *Netzwerk/Heimnetzgruppe* dieser Heimnetzgruppe beitreten. Dazu brauchen Sie das Kennwort der Heimnetzgruppe.

1. Das Kennwort finden Sie auf jedem Windows-7- oder Windows-8.1-Computer, der bereits in der Heimnetzgruppe ist, in der Systemsteuerung unter *Netzwerk und Internet/Heimnetzgruppe/Kennwort der Heimnetzgruppe anzeigen und drucken.*

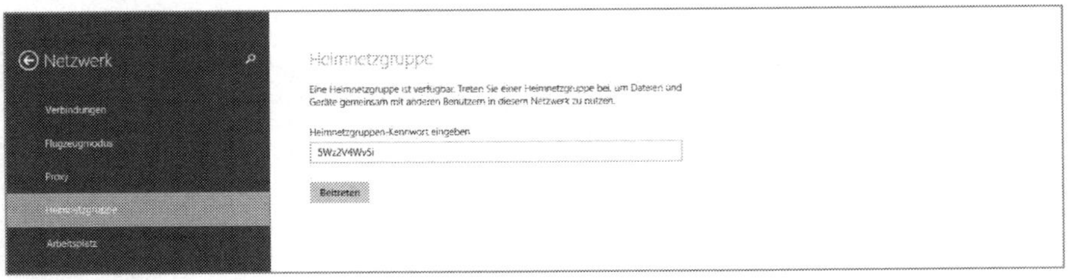


**Bild 7.6:** Mit dem Windows-8.1-PC der Heimnetzgruppe beitreten.

2. Nach Eingabe des Kennworts dauert es nur noch wenige Sekunden, bis der neue PC in die Heimnetzgruppe aufgenommen ist. Jetzt können Sie festlegen, welche eigenen Inhalte für die anderen Computer der Heimnetzgruppe freigegeben werden sollen. Diese können dann darauf zugreifen, aber nichts ändern. Der Schreibzugriff auf eigene Dateien funktioniert auch in Windows 8.1 nur über die klassischen Netzwerkfreigaben.

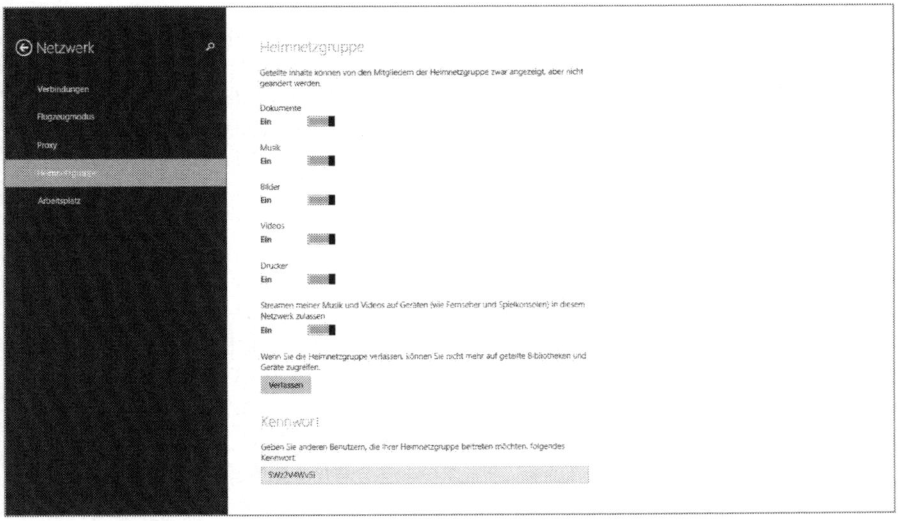


**Bild 7.7:** Daten für die Heimnetzgruppe freigeben.

## 7.2.2 Wie man eine neue Heimnetzgruppe anlegt

1. Haben Sie bisher noch keine Heimnetzgruppe, können Sie sie auf dem Windows-8.1-PC leicht neu anlegen. Wechseln Sie dazu auf den klassischen Desktop.
2. Öffnen Sie hier ein Explorer-Fenster und klicken Sie im linken Seitenfenster auf *Heimnetzgruppe.* Klicken Sie anschließend auf *Heimnetzgruppe erstellen.*

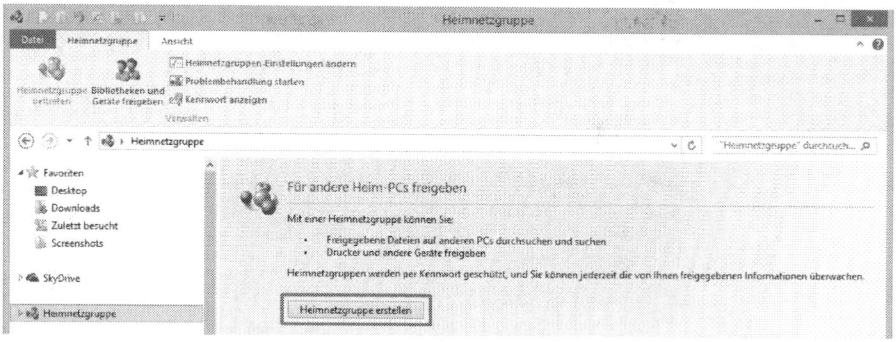


**Bild 7.8:** Noch keine Heimnetzgruppe vorhanden.

3. Es erscheint ein Assistent, in dem Sie festlegen, welche der Bibliotheken auf Ihrem Computer Sie im Netzwerk freigeben wollen.

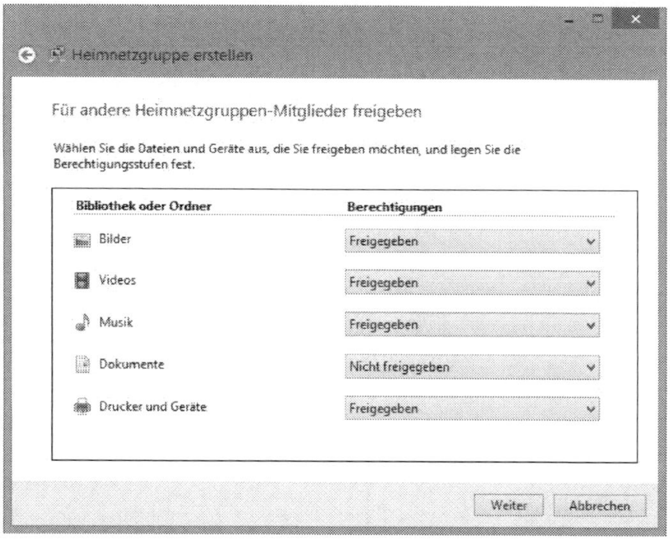


**Bild 7.9:** Bibliotheken und Ordner für die Heimnetzgruppe freigeben.

4. Standardmäßig sind die *Dokumente* ausgeschaltet. Sie können sie aber ebenfalls im Netzwerk freigeben. Haben Sie an diesem Computer einen Drucker angeschlossen, kann auch der im Netzwerk freigegeben werden. Nach einem Klick auf *Weiter* erscheint ein zufällig generiertes Kennwort, das Sie auf den anderen Computern benötigen, um die neue Heimnetzgruppe nutzen zu können.

5. Mit einem Klick auf *Fertig stellen* wird die Heimnetzgruppe angelegt. Bis die Daten der anderen Computer angezeigt werden, können ein paar Minuten vergehen.

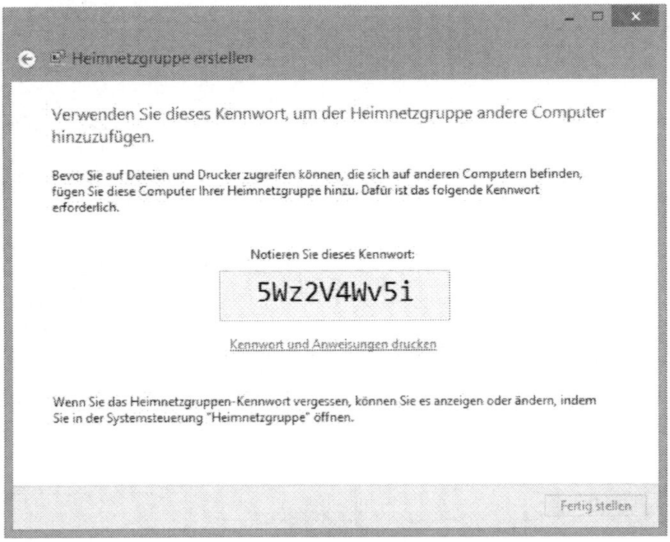


**Bild 7.10:** Das neue Kennwort für die Heimnetzgruppe.

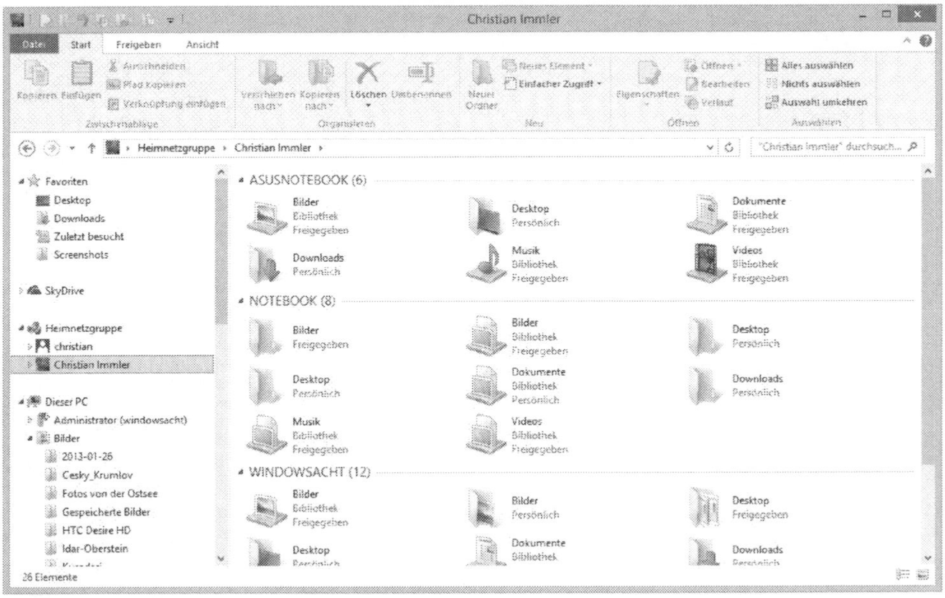


**Bild 7.11:** Anzeige der Heimnetzgruppe im Windows-Explorer.

Jetzt können Sie im Windows-Explorer auf die Daten der anderen Computer der Heimnetzgruppe zugreifen. Wenn Sie mit einem neuen Computer der Heimnetzgruppe beitreten möchten und das Kennwort nicht mehr wissen, brauchen Sie nur auf einem Computer, der sich bereits in der Heimnetzgruppe befindet, im Explorer unter *Heimnetzgruppe* im Menüband auf *Kennwort anzeigen* zu klicken. Dort, wie auch in den PC-Einstellungen unter *Netzwerk/Heimnetzgruppe*, wird das Heimnetzgruppenkennwort angezeigt und kann auch ausgedruckt werden.

## 7.2.3 Basiseinstellungen im Windows-Netzwerk

Befindet sich der Computer in einem lokalen Netzwerk, wird automatisch bei der Installation von Windows 8.1 eine Netzwerkverbindung angelegt. Der bei der Installation eingetragene Computername wird für das Netzwerk übernommen. In den meisten Fällen brauchen Sie sich um nichts weiter zu kümmern. Eine Übersicht aller Geräte im Windows-Netzwerk sehen Sie mit einem Klick auf *Netzwerk* im Navigationsbereich des Explorers.

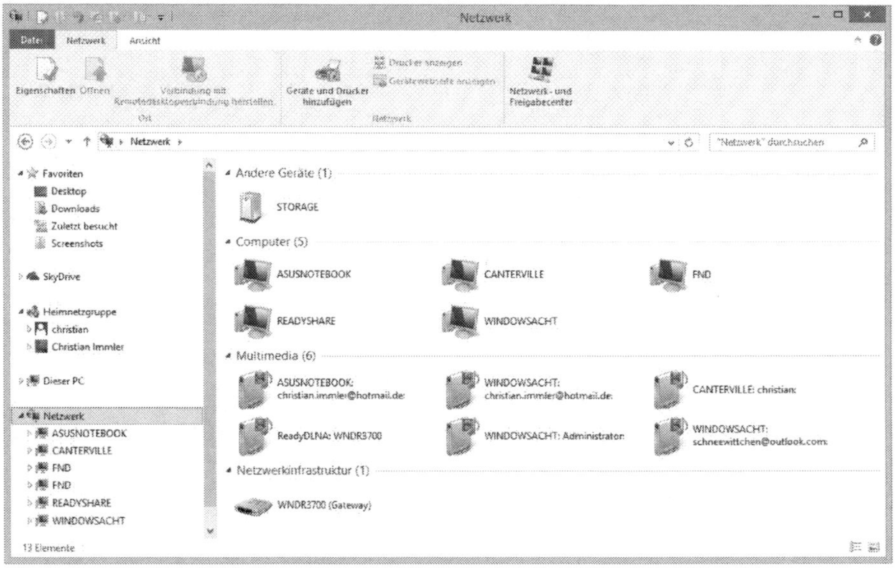


**Bild 7.12:** Eine Übersicht aller Geräte im *Netzwerk.*

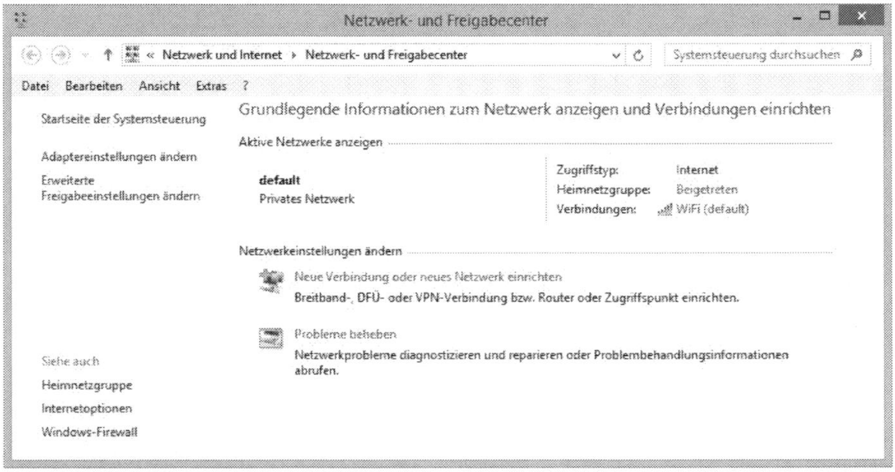


**Bild 7.13:** Das *Netzwerk- und Freigabecenter* in Windows 8.

Die Netzwerkverbindung erscheint im Netzwerk- und Freigabecenter. Dieses erreichen Sie mit einem Rechtsklick auf das Netzwerksymbol im Infobereich der Taskleiste auf dem klassischen Desktop. Sie können auch in der Netzwerkansicht des Explorers im Menüband auf das Symbol *Netzwerk- und Freigabecenter* klicken.

Wenn hier unter *Verbindungen* keine Verbindung eingetragen ist, können Sie über den Link *Neue Verbindung oder neues Netzwerk einrichten* eine neue Verbindung erstellen.

**Das neue IPv6-Protokoll**
Die insgesamt 4.294.967.296 theoretisch verfügbaren IP-Adressen sind weltweit längst knapp geworden. Am 3. Februar 2011 vergab die IANA (Internet Assigned Numbers Authority – *www.iana.org*) die letzten IPv4-Adressen. Bereits vor acht Jahren beim Endspiel der Fußballweltmeisterschaft 2006 konnten nicht alle, die das Spielergebnis online sehen wollten, ins Internet. Das für Deutschland vorgesehene Kontingent an IP-Adressen war bereits vor dem Abpfiff aufgebraucht. Das Internet war »überfüllt«, viele mussten draußen bleiben.
Da dieses Problem bereits seit einiger Zeit absehbar ist und immer mehr Geräte ins Internet gehen, wurde ein neuer Standard für IP-Adressen entwickelt, IP Version 6 oder kurz IPv6. Durch eine neue Adressierungsmethode sind erheblich mehr Adressen (2^128 • 3,4*10^38) möglich. Windows 8.1 ist bereits auf IPv6 vorbereitet, obwohl es im Internet bis jetzt noch kaum genutzt wird. In den Netzwerkverbindungsdetails wird eine IPv6-Adresse angezeigt. Diese ist weltweit eindeutig und fest an den Computer gebunden. Der verwendete Router muss IPv6 unterstützen, um die Konfiguration brauchen Sie sich keine Gedanken zu machen, da jede IPv6-Adresse nur einmal existiert.

## 7.2.4 Unterstützung klassischer Netzwerkfreigaben

Da Heimnetzgruppen nur mit Windows 7 und Windows 8 bzw. 8.1 funktionieren und bei projektorientierten Ordnerstrukturen nicht immer zweckmäßig sind, unterstützt Windows 8.1 auch weiterhin die klassische Netzwerkfreigabe früherer Windows-Versionen.

Ein anderer Computer im Netz kann auf den eigenen Windows-PC nur zugreifen, wenn dort Freigaben existieren. Jedes Laufwerk, das im Netzwerk verwendet werden soll, muss explizit freigegeben werden. Ob Freigaben auf dem Computer überhaupt genutzt werden sollen, können Sie in Windows 8.1 jederzeit ein- und ausschalten, beispielsweise um zu Hause Freigaben zu verwenden, diese aber komplett abzuschalten, sobald Sie mit dem Notebook oder Tablet in ein fremdes WLAN gehen.

- Klicken Sie im Seitenbalken mit der Liste der WLANs oben auf *Verbindungseinstellungen anzeigen.* Hier werden alle Netzwerkverbindungen angezeigt.

Das ist neu in 8.1 & Updates

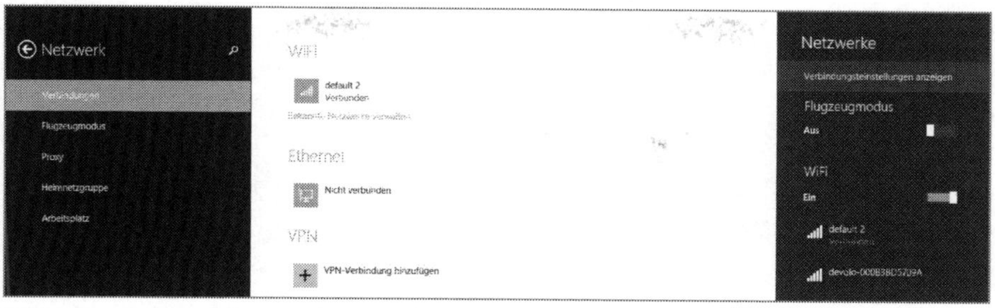


**Bild 7.14:** Netzwerkliste in den PC-Einstellungen.

- Klicken Sie auf die aktuell genutzte Netzwerkverbindung. Auf dem nächsten Bildschirm schalten Sie unter *Geräte und Inhalte suchen* die Freigaben ein oder aus.

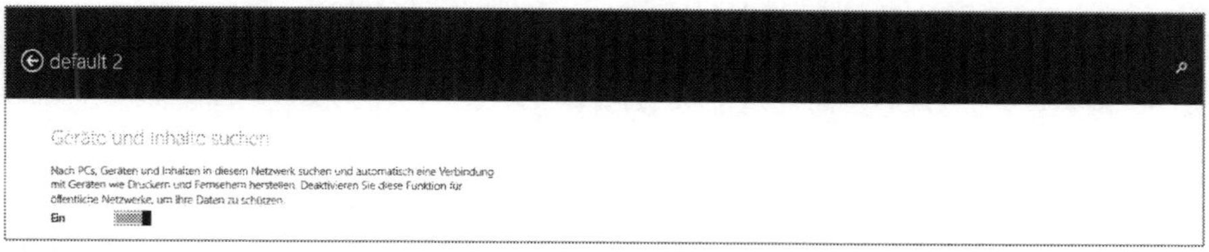


**Bild 7.15:** Netzwerkfreigabe in den PC-Einstellungen ein- und ausschalten.

## Freigegebene Laufwerke nutzen

Gehen Sie im Explorer auf den Ordner *Netzwerk*. Hier werden alle Freigaben angezeigt, die im Netzwerk gefunden wurden. Im Navigationsbereich des Explorers sehen Sie alle Freigaben, geordnet nach Computernamen. In Windows XP hieß der gleiche Bereich noch *Netzwerkumgebung*.

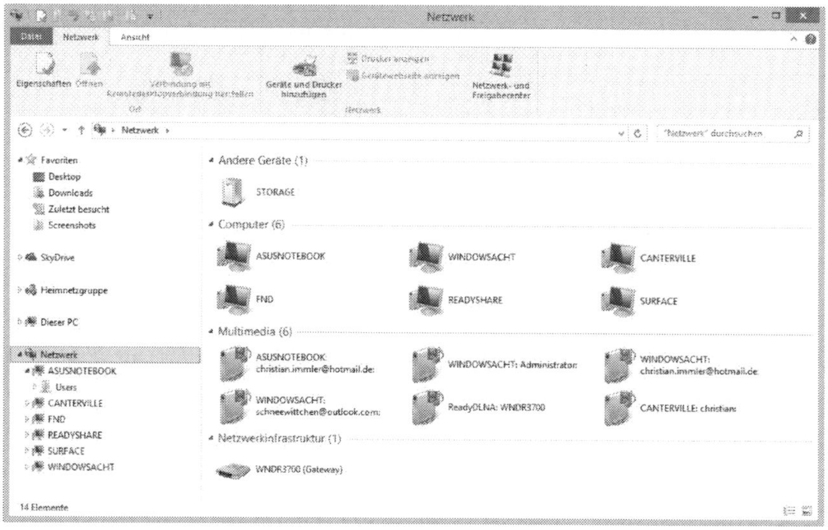


**Bild 7.16:** Freigegebene Laufwerke im Netzwerk.

Über den Ordner *Netzwerk* kann man auf freigegebene Ordner im Netzwerk genau so zugreifen wie auf lokale Ordner. Um sich die mühsame Navigation durch die verzweigten Äste zu ersparen, können Sie den Laufwerken im Netzwerk auch Laufwerkbuchstaben zuweisen und sie dann wie lokale Laufwerke nutzen.

1. Klicken Sie im Explorer mit der rechten Maustaste auf eine Netzwerkfreigabe und wählen Sie im Kontextmenü *Netzlaufwerk verbinden.*

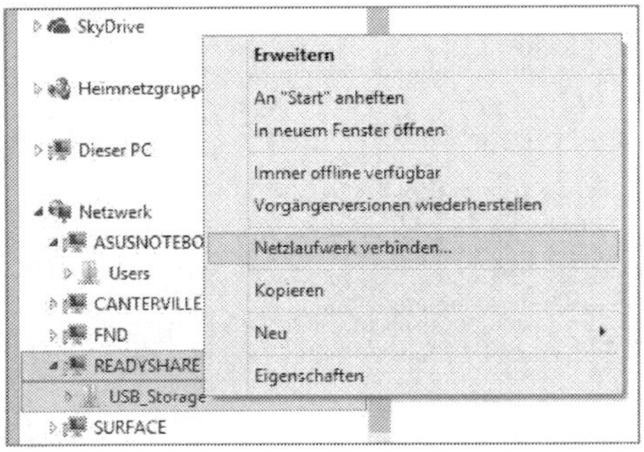


**Bild 7.17:** Netzlaufwerk verbinden.

2. Im Dialogfeld *Netzlaufwerk verbinden* wählen Sie einen Laufwerkbuchstaben, unter dem das Netzwerkverzeichnis erscheinen soll. Die Auswahlliste zeigt nur die Laufwerkbuchstaben an, die noch nicht von vorhandenen Laufwerken belegt sind.

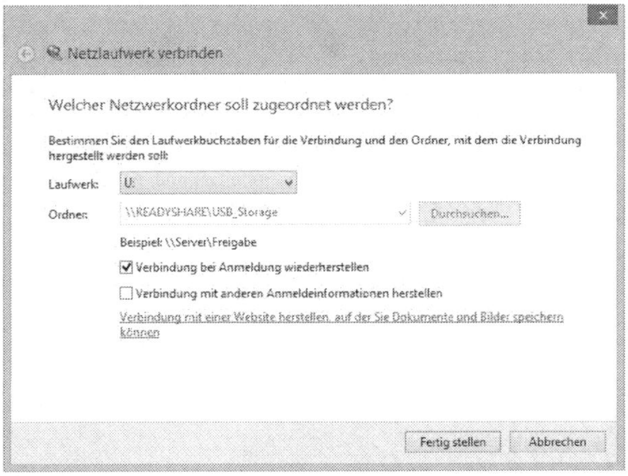


**Bild 7.18:** Laufwerkbuchstaben für das Netzlaufwerk festlegen.

3. Aktivieren Sie das Kontrollkästchen *Verbindung bei Anmeldung wiederherstellen*, wird der Laufwerkbuchstabe automatisch beim nächsten Windows-Start auch wieder zugewiesen.

4. Wenn auf dem anderen Computer im Netzwerk Ihr Benutzername nicht existiert, können Sie sich dort mit einem anderen Namen anmelden, um Zugriff auf die freigegebenen Laufwerke zu bekommen. Schalten Sie dazu das Kontrollkästchen *Verbindung mit anderen Anmeldeinformationen herstellen* ein und geben Sie nach einem Klick auf *Fertig stellen* den Benutzernamen und das Passwort an. Wenn Sie hier die

Anmeldedaten speichern, brauchen Sie sie nicht bei jeder Netzwerkverbindung neu einzugeben.

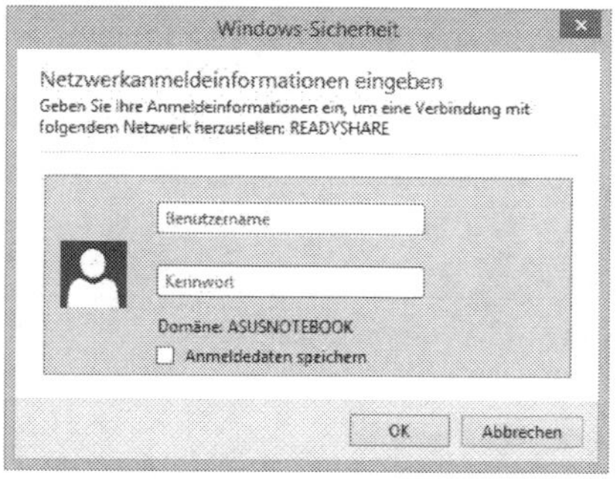


**Bild 7.19:** Benutzername für die Netzwerkanmeldung auf dem anderen Computer angeben.

5. Das Netzlaufwerk wird im Explorer unter *Dieser PC* bei den Laufwerken angezeigt. Hier können Sie es wie ein lokales Laufwerk nutzen.

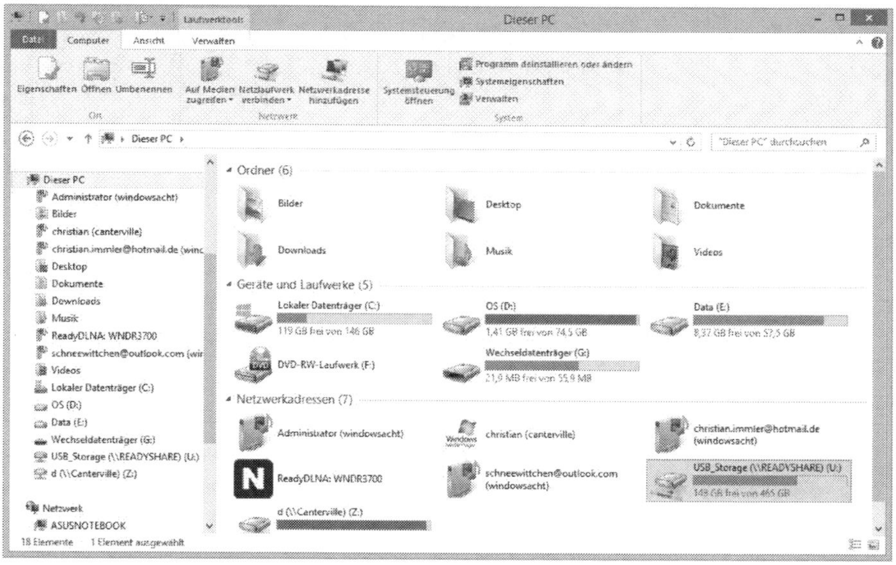


**Bild 7.20:** Das Netzlaufwerk in der Anzeige *Dieser PC* im Explorer.

**Netzlaufwerk wieder trennen**

Möchten Sie ein solches Netzlaufwerk nicht mehr ständig anzeigen, weil Sie zum Beispiel den Laufwerkbuchstaben für ein anderes Laufwerk brauchen oder weil das Laufwerk im Netzwerk nicht mehr zur Verfügung steht, klicken Sie mit der rechten Maustaste darauf und wählen im Kontextmenü *Trennen*. Die gleiche Funktion finden Sie auch im Menüband mit einem Klick auf den kleinen Pfeil unter dem Symbol *Netzlaufwerk verbinden*.

### Eigene Daten im Netzwerk freigeben

1. Damit andere Benutzer im Netzwerk auf Dateien auf dem eigenen Computer zugreifen können, müssen Freigaben angelegt werden. Außerdem müssen Netzwerkerkennung und Dateifreigabe eingeschaltet sein. Sind auf dem eigenen Computer keine Freigaben eingeschaltet, erscheint im Explorer-Fenster unter *Netzwerk* eine Meldung.

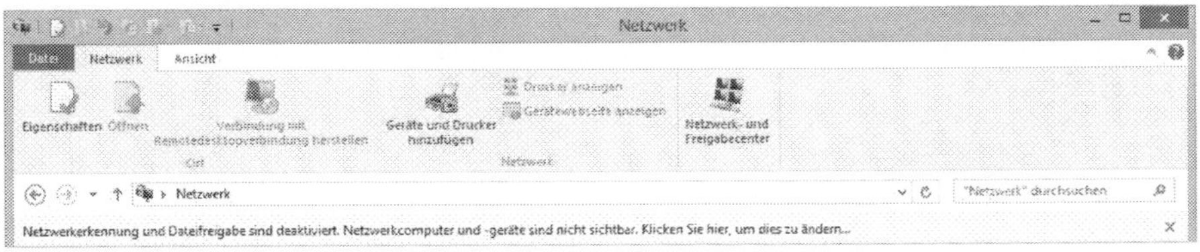
Netzwerk
Datei
Netzwerk
Ansicht
Eigenschaften
Öffnen
Geräte und Drucker hinzufügen
Netzwerk- und Freigabecenter
Netzwerk
Netzwerkerkennung und Dateifreigabe sind deaktiviert. Netzwerkcomputer und -geräte sind nicht sichtbar. Klicken Sie hier, um dies zu ändern...

**Bild 7.21:** Meldung bei ausgeschalteter Netzwerkerkennung und Dateifreigabe.

2. Mit einem Klick auf diese Meldung können Netzwerkerkennung und Dateifreigabe aktiviert werden. Dazu muss je nach Einstellung eine Abfrage der Benutzerkontensteuerung bestätigt werden.
3. Standardmäßig sind Netzwerkerkennung und Dateifreigabe nur für private Netzwerke aktiv. Wenn das derzeit verwendete Netzwerk öffentlich ist, erscheint die Nachfrage, ob es zu einem privaten Netzwerk gemacht werden soll oder ob Netzwerkerkennung und Dateifreigabe für alle öffentlichen Netzwerke aktiviert werden sollen. In den meisten Fällen ist es sinnvoll, das aktuelle Netzwerk zu einem privaten Netzwerk zu machen und die Netzwerkerkennung und die Dateifreigabe für die öffentlichen Netzwerke ausgeschaltet zu lassen.

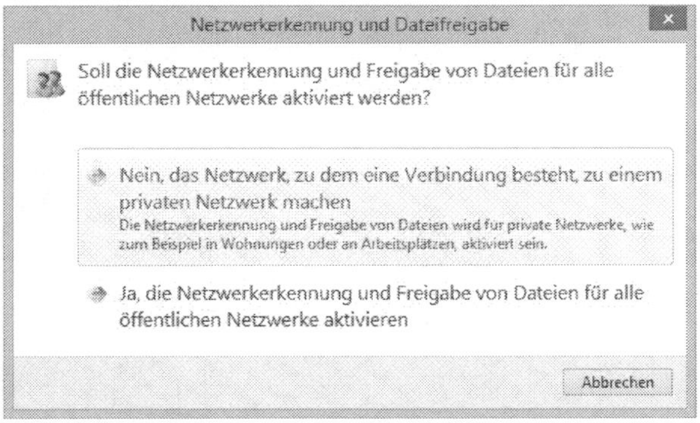
Netzwerkerkennung und Dateifreigabe
Soll die Netzwerkerkennung und Freigabe von Dateien für alle öffentlichen Netzwerke aktiviert werden?
Nein, das Netzwerk, zu dem eine Verbindung besteht, zu einem privaten Netzwerk machen
Die Netzwerkerkennung und Freigabe von Dateien wird für private Netzwerke, wie zum Beispiel in Wohnungen oder an Arbeitsplätzen, aktiviert sein.
Ja, die Netzwerkerkennung und Freigabe von Dateien für alle öffentlichen Netzwerke aktivieren
Abbrechen

**Bild 7.22:** Netzwerkerkennung und Dateifreigabe für öffentliche Netzwerke.

4. Ohne weitere Einstellungen wird nur die Freigabe von Dateien generell aktiviert. Solange keine Ordner oder Laufwerke explizit freigegeben sind, können andere Benutzer noch nicht auf den Computer zugreifen.
5. Das Netzwerk- und Freigabecenter in der Systemsteuerung unter *Netzwerk und Internet* zeigt mit einem Klick auf *Erweiterte Freigabeeinstellungen ändern* an, dass die *Netzwerkerkennung* und die *Datei- und Druckerfreigabe* eingeschaltet sind. Die Netzwerkerkennung wird benötigt, um andere Computer im Netzwerk zu finden.

6. Diese Einstellungen gelten für das private Netzwerkprofil. Sollten Sie auch in Netzwerken, in denen Sie ein öffentliches oder Gastprofil verwenden, Dateien freigeben wollen, scrollen Sie in diesem Dialogfeld ganz nach unten. Dort sind die gleichen Einstellungen noch einmal für das Gast- oder öffentliche Profil zu finden.

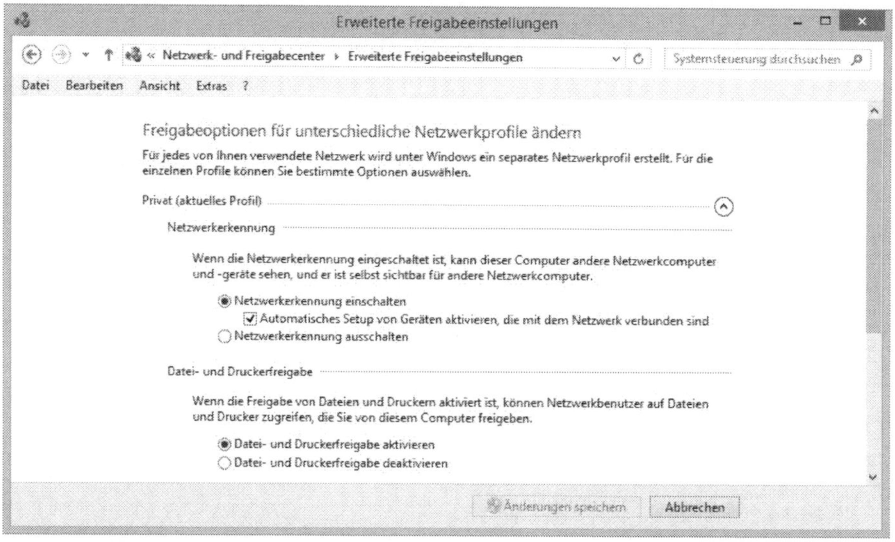


**Bild 7.23:** *Erweiterte Freigabeeinstellungen* im Netzwerk- und Freigabecenter.

## Ordner mit dem Freigabe-Assistenten freigeben

Mit dem Freigabe-Assistenten kann man beliebige Ordner auf dem eigenen PC für das Netzwerk freigeben. Dazu muss im Netzwerk- und Freigabecenter die Datei- und Druckerfreigabe aktiviert sein. Solange sie ausgeschaltet ist, können keine Dateien freigegeben werden.

1. Markieren Sie den Ordner im Explorer und wählen Sie im Menüband unter *Freigeben* im Bereich *Freigeben für* die Option *Bestimmte Personen.*

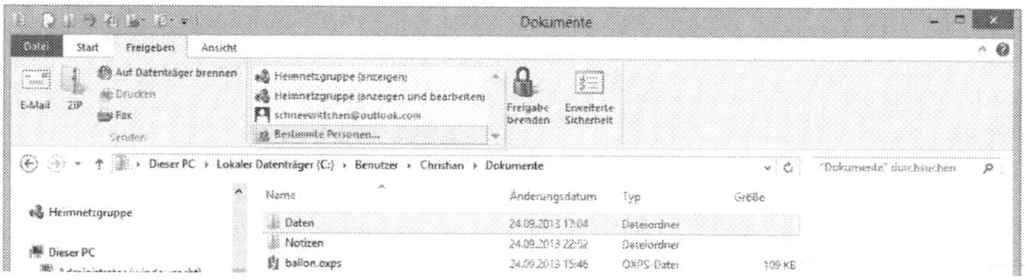


**Bild 7.24:** Beliebigen Ordner im Netzwerk freigeben.

2. Der Freigabe-Assistent startet. Wenn Sie kennwortgeschütztes Freigeben aktiviert haben, müssen Sie jetzt Benutzer auswählen, die über das Netzwerk auf die neue

Freigabe zugreifen dürfen. Diese müssen ein Benutzerkonto auf diesem PC haben. Alternativ können Sie eine Freigabe für alle Benutzer oder für Benutzer der Heimnetzgruppe einrichten.

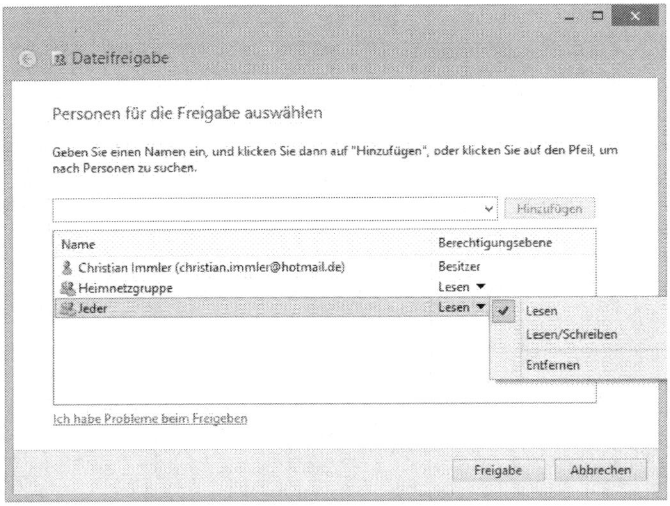


**Bild 7.25:** Berechtigte Personen auswählen.

3. Für jeden Benutzer bzw. jede Benutzergruppe können Sie eine Berechtigungsebene festlegen. Diese regelt, ob der Benutzer im freigegebenen Ordner nur lesen oder auch Daten verändern darf.

4. Klicken Sie danach auf die Schaltfläche *Freigabe*. Damit wird die Freigabe erstellt und angezeigt. Die berechtigten Benutzer können ab sofort über das Netzwerk auf den freigegebenen Ordner zugreifen.

**Freigaben für die Heimnetzgruppe**
Besonders einfach ist die Freigabe eines Ordners für die Heimnetzgruppe: Markieren Sie den Ordner und wählen Sie im Menüband unter *Freigeben* nur noch aus, ob Benutzer der Heimnetzgruppe auf anderen Computern die Dateien in diesem Ordner nur anzeigen oder auch bearbeiten dürfen.

Mit dem Symbol *Freigabe beenden* im Menüband des Explorers können Sie jederzeit alle Freigaben für den markierten Ordner zurücknehmen.

## Überblick über alle Freigaben

Im Explorer können Sie sich auf einfache Weise einen Überblick über die Freigaben auf dem eigenen Computer verschaffen. Springen Sie im Navigationsbereich auf *Netzwerk* und wählen Sie hier den eigenen Computernamen aus.

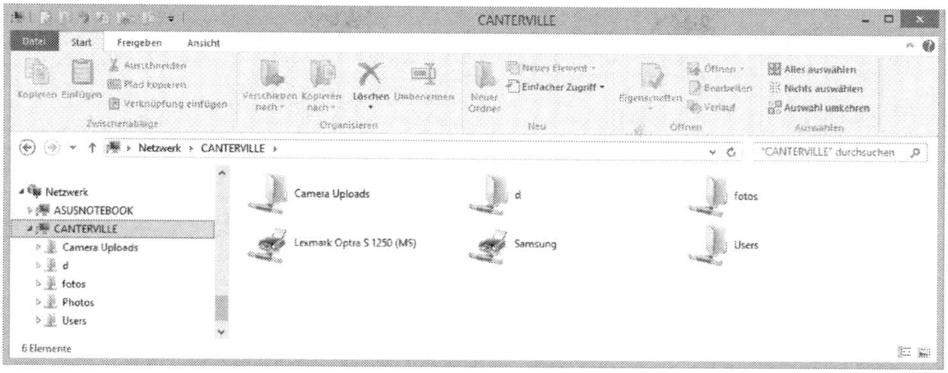


**Bild 7.26:** Freigaben auf dem eigenen Computer.

An dieser Stelle sehen Sie nicht wie im Ordner *Computer* alle lokalen Laufwerke, stattdessen werden alle Freigaben für das Netzwerk angezeigt.

## 7.3 Geräte für alle zugänglich machen

Jedes Gerät, ob im Computer eingebaut oder extern angeschlossen, kommuniziert mit Windows über sogenannte Gerätetreiber. Windows 8.1 liefert für alle gängigen Hardwarekomponenten Treiber mit, sodass in vielen Fällen zusätzlich zur automatischen Geräteerkennung nichts zu tun ist. Diese funktioniert mit fast allen aktuellen Plug-and-play-fähigen Geräten.

**Plug-and-play**
Plug-and-play bedeutet »einstecken und loslegen«. Ein Gerät kann damit sofort verwendet werden, nachdem es angeschlossen wurde, ohne dass man erst aufwendig Software installieren oder gar, wie unter alten Windows-Versionen, erst irgendwo passende Treiber aufspüren muss. Alle Geräte, die über Plug-and-play erkannt werden, haben eine Gerätekennung, mit der das Gerät eindeutig identifiziert wird. Dazu besitzen sie meistens noch kompatible Kennungen für den Fall, dass kein passender Treiber vorhanden ist. Hier kann der Windows-Hardware-Assistent anhand der kompatiblen Kennungen einen anderen Treiber vorschlagen.

1. Bei der automatischen Treiberinstallation muss nicht mehr, wie in älteren Windows-Versionen, die Original-Windows-DVD eingelegt werden. Windows 8 kopiert bei der Installation alle mitgelieferten Treiber in den Ordner *Windows\System32\DriverStore*.

2. Windows erkennt das neu angeschlossene Gerät, versucht, einen Treiber zu finden, und installiert diesen auch gleich. Ist kein passender Treiber bei Windows dabei, wird versucht, einen Treiber automatisch aus einer Windows-Treiberdatenbank herunterzuladen und zu installieren.

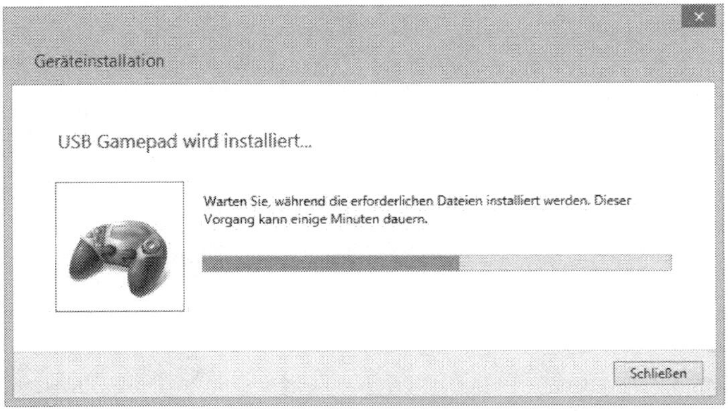
Geräteinstallation
USB Gamepad wird installiert...
Warten Sie, während die erforderlichen Dateien installiert werden. Dieser Vorgang kann einige Minuten dauern.
Schließen

**Bild 7.27:** Automatische Installation eines Geräts am USB-Anschluss.

3. Sollte es nicht möglich sein, den Treiber automatisch zu installieren, erscheint eine Aufforderung, die mit der Hardware gelieferte Treiber-CD einzulegen oder den Treiber aus dem Internet herunterzuladen.
4. Zum Abschluss erscheint eine Meldung, die berichtet, dass das Gerät installiert wurde. Bei USB-Geräten erscheint diese Meldung, die es in Windows 7 noch gab, nicht mehr.

**Geräte nicht einfach vom Computer trennen**
Nur Geräte, die per USB, Infrarot oder Bluetooth mit dem PC verbunden sind, dürfen im laufenden Betrieb getrennt werden, solange nicht gerade Daten kopiert werden. Kommen Sie niemals auf die Idee, eine Steckkarte bei eingeschaltetem Computer herauszuziehen. Auch bei Geräten mit SCSI-Anschlüssen kommt es dabei zu Problemen.

## 7.3.1 Alle angeschlossenen Geräte anzeigen

Windows zeigt seit vielen Versionen ausführliche Informationen über jedes Hardwaredetail des Computers an – ein einfacher Überblick über die Geräte, die den Anwender wirklich interessieren, wurde erst in Windows 7 eingeführt: die Übersicht *Geräte und Drucker* in der Systemsteuerung unter *Hardware und Sound.* Hier sind die wichtigsten Komponenten wie PC und Monitor sowie alle eingerichteten Drucker zu sehen. Wurde bei einem Gerät ein Problem festgestellt, wird dies deutlich durch ein Warndreieck gekennzeichnet.

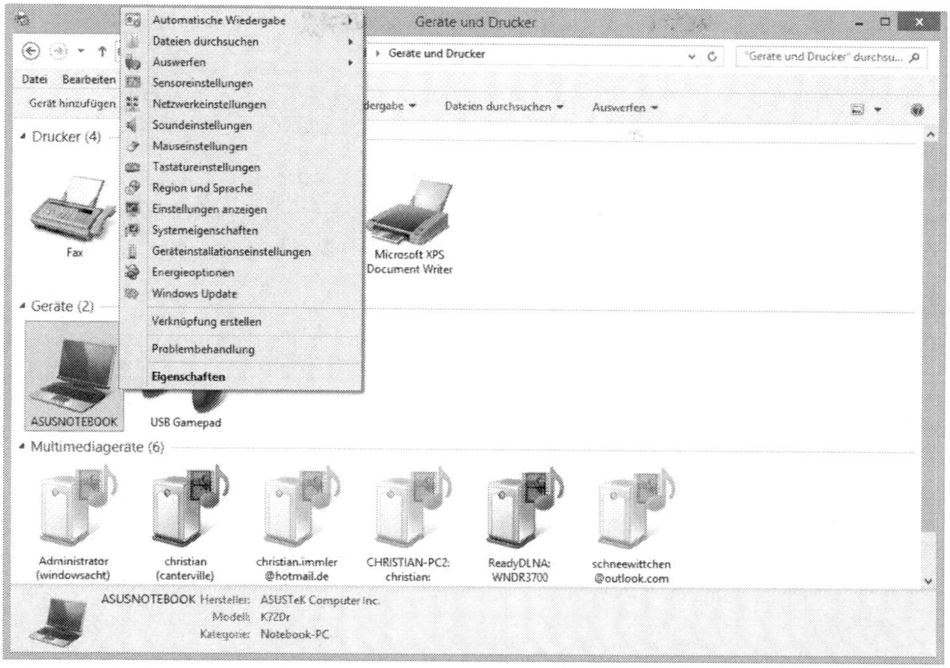


**Bild 7.28:** Übersicht über die angeschlossenen Geräte und Drucker.

Ein Klick auf ein Gerät blendet in der oberen Symbolleiste des Fensters wichtige Aufgaben für dieses Gerät ein. So lassen sich bei Computern alle Laufwerke durchsuchen oder eingelegte CDs automatisch abspielen und auswerfen.

- Ein Rechtsklick auf ein Gerät öffnet ein Kontextmenü, das einen schnellen Weg zu allen für dieses Gerät wichtigen Modulen der Systemsteuerung bietet.
- Ein Doppelklick auf ein Gerät zeigt detaillierte Geräteeigenschaften an. Hier werden fehlerhafte Komponenten gemeldet, und es lassen sich aktuelle Treiber installieren.

## Die Geräteübersicht in den PC-Einstellungen

Das ist neu in 8.1 & Updates

Die PC-Einstellungen bieten unter *PC und Geräte* ebenfalls eine Geräteübersicht. Diese zeigt allerdings keine weiteren Details zu installierten Geräten. Dafür gibt es einen nützlichen Schalter, der in der Übersicht auf dem klassischen Desktop fehlt. *Download über getaktete Verbindungen* verhindert das Herunterladen von Gerätetreibern über Mobilfunkverbindungen, da dadurch je nach Datenvolumen sehr hohe Kosten entstehen können.

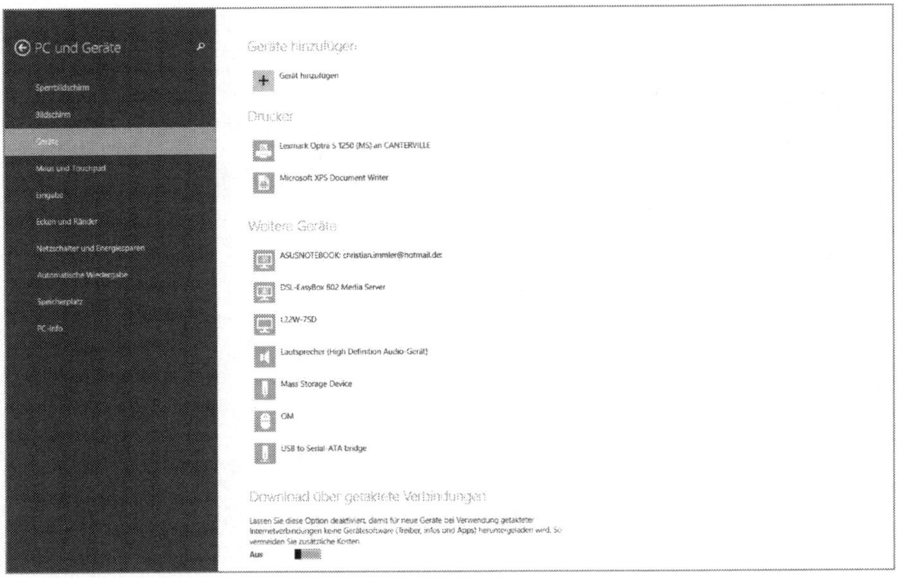


**Bild 7.29:** Übersicht aller Geräte in den PC-Einstellungen.

In vielen Fällen können die beiden Geräteübersichten den relativ unübersichtlichen Geräte-Manager auf dem klassischen Desktop ersetzen.

## 7.3.2 Vom klassischen Desktop aus drucken

Windows 8.1 verwendet ein neues System für Druckertreiber, bei dem man kaum noch Treiber manuell installieren muss. Die meisten Neuerungen betreffen jedoch eher technische Interna. Für den Anwender ändert sich beim Drucken gegenüber Windows 7 kaum etwas.

1. Windows 8.1 zeigt in der Übersicht *Geräte und Drucker* eine Liste aller installierten Drucker an. Standardmäßig sind das der Faxdrucker, der Microsoft XPS Document Writer sowie nach erstmaliger Nutzung auch der Journalnotizdruck. Freigegebene Drucker im Netzwerk werden ebenfalls automatisch erkannt.

**Bild 7.30:** Die standardmäßig installierten Drucker.

2. Ein Doppelklick auf einen Drucker zeigt alle aktuell anstehenden Druckaufträge. Sollte ein Drucker nicht funktionieren, können Sie in diesem Fenster die Druckaufträge abbrechen. Wenn der Druckertreiber diese neue Funktion bereits unterstützt,

blendet ein Doppelklick ein Statusfenster ein, in dem neben der Anzeige der Druckerwarteschlange direkt auch wichtige Einstellungen angeboten werden.

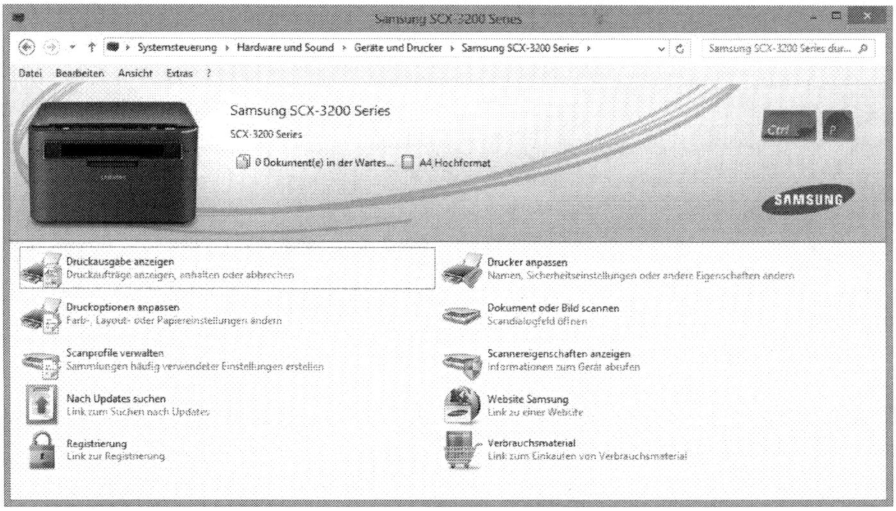


**Bild 7.31:** Statusfenster eines angeschlossenen Druckers.

Windows 8.1 bietet diverse Methoden zum Drucken eines Dokuments:

- Der am häufigsten verwendete Weg führt über das Menü *Datei/Drucken* oder die *Drucken*-Schaltfläche, die in fast jedem Programm vorhanden ist.
- Dateien, die als Standarddateityp einem Programm zugeordnet sind, haben im Explorer-Kontextmenü eine Option *Drucken.* Damit wird das jeweilige Programm gestartet und die Datei gedruckt.
- Das Menüband in Explorer-Fenstern enthält, wenn eine Datei eines registrierten druckfähigen Typs markiert ist, unter *Freigeben* eine Schaltfläche *Drucken.*

3. Die meisten Programme öffnen beim Klick auf das Druckersymbol ein Dialogfeld, in dem im oberen Bereich der gewünschte Drucker ausgewählt werden kann. Dazu sind je nach Programm noch weitere Einstellungen möglich. So kann zum Beispiel bei mehrseitigen Dokumenten festgelegt werden, welche Seiten gedruckt werden sollen.

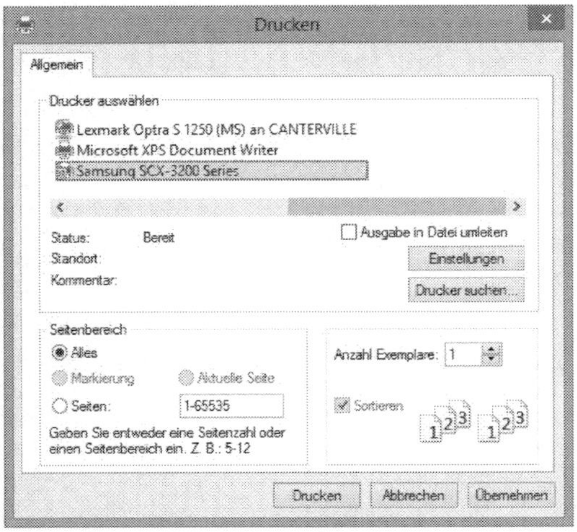


**Bild 7.32:** Standarddialog zum Drucken.

4. Wollen Sie von einem Dokument gleich mehrere Exemplare ausdrucken, geben Sie dies bei *Anzahl Exemplare* an. Mit der Option *Sortieren* können Sie festlegen, ob nacheinander jedes Dokument von Anfang bis Ende gedruckt werden soll oder zuerst alle ersten Seiten, dann alle zweiten und so weiter.

5. Klicken Sie auf die Schaltfläche *Einstellungen*, um das Papierformat und die Druckreihenfolge der Seiten auszuwählen. Die ist wichtig, da manche Drucker die zweite Seite im Stapel auf die Rückseite der ersten legen, andere auf die Vorderseite, und damit den Stapel in unterschiedlicher Reihenfolge sortieren. Diese Option wird nur von Druckern unterstützt, die auf einzelne Blätter drucken. Bei Endlospapier und beim Druck in Dateien kann die Sortierreihenfolge nicht geändert werden.

6. Besonders Readme-Dateien und textlastige Webseiten erscheinen beim Ausdruck viel zu groß. Hier kann man an Übersicht gewinnen und Papier sparen, wenn man die Seiten kleiner und zwei, vier oder noch mehr Seiten auf ein Blatt druckt.

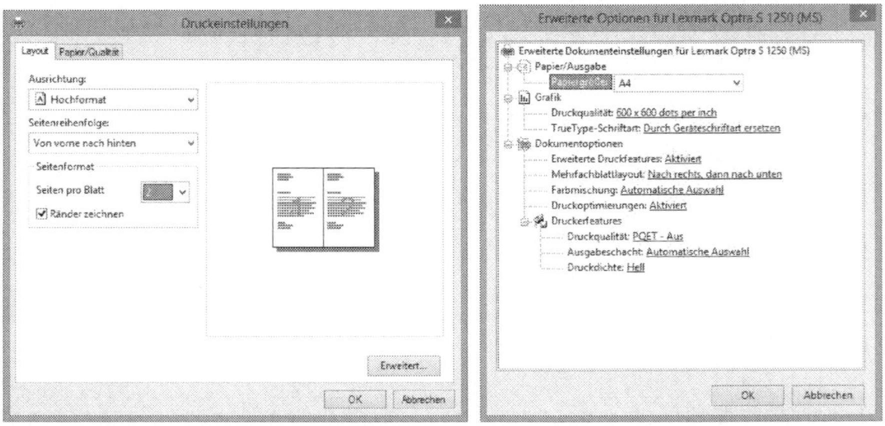


**Bild 7.33:** Einstellungen zum Druck festlegen.

7. Manche Drucker verwenden anstelle des Windows-Standarddialogs zur Druckerkonfiguration eigene Dialogfelder mit noch mehr Einstellungsmöglichkeiten. Ein Klick auf die Schaltfläche *Erweitert* zeigt einen weiteren Dialog, der ebenfalls von Drucker zu Drucker unterschiedlich aussehen kann. Hier finden Sie gerätespezifische Einstellungen, wie zum Beispiel *Papiergröße* und *Druckqualität.*

8. Sie können für jeden Drucker diese Druckeinstellungen auch standardmäßig vorgeben, sodass Sie häufig verwendete Einstellungen nicht mehr bei jedem Druck festlegen müssen. Dazu gibt es zwei spezielle Menüpunkte im Kontextmenü eines Druckers in der Übersicht *Geräte und Drucker.*

9. Die *Druckeinstellungen* bewirken dasselbe wie die Einstellungen im Druckdialog. Hier lassen sich Vorgaben zur Sortierreihenfolge, zum Papierformat und zur Anzahl der Seiten pro Blatt vornehmen.

10. Auf der Registerkarte *Papier/Qualität* in den *Druckeinstellungen* wählen Sie den Papiereinzug, den der Drucker verwenden soll. Die meisten modernen Drucker haben mindestens zwei Einzüge, einmal für Einzelblätter und einmal für Papierstapel. Welches Papier in welchem Einzug liegt, muss zuvor in den Druckereigenschaften auf der Registerkarte *Geräteeinstellungen* festgelegt werden. Je nach Druckertyp stehen verschiedene weitere Einstellungsmöglichkeiten und teilweise auch ganz andere Konfigurationsdialoge zur Verfügung.

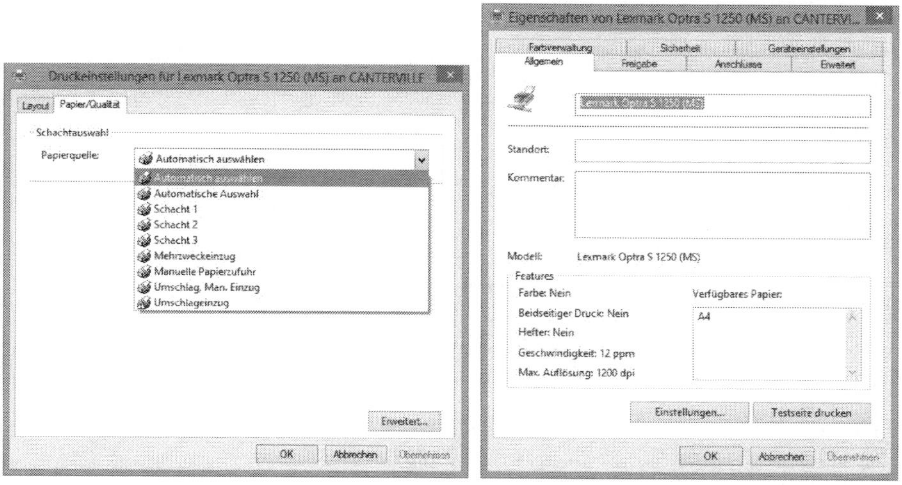


**Bild 7.34:** Druckeinstellungen und Druckereigenschaften.

11. Die Eigenschaften des Druckers bieten Zugriff auf verschiedene technische Einstellungen des Druckers. Diese werden üblicherweise automatisch richtig festgelegt, müssen aber bei Netzwerkdruckern oft noch angepasst werden.

### Einen Standarddrucker festlegen

Die meisten Programme bieten beim Klick auf die *Drucken*-Schaltfläche eine Auswahlmöglichkeit, um festzulegen, auf welchem Drucker das Dokument gedruckt werden soll. Einige Programme, wie zum Beispiel ältere Versionen von Microsoft Word, haben diese Auswahl nicht. Hier wird immer auf dem Drucker gedruckt, der als Standarddrucker in Windows definiert ist. In Programmen, in denen eine Druckerauswahl besteht, ist der Standarddrucker immer der vorgewählte, der verwendet wird, wenn der Benutzer keinen anderen Drucker auswählt. Programme, die die neue Menübandoberfläche nutzen, haben üblicherweise im *Datei*-Menü eine Funktion *Schnelldruck*, die, ohne dass weitere Einstellungen vorgenommen werden müssen, direkt auf den Standarddrucker druckt.

Dieser Standarddrucker ist mit einem grünen Häkchen in der Liste der Drucker gekennzeichnet. Möchten Sie einen anderen Drucker als Standarddrucker festlegen, klicken Sie mit der rechten Maustaste auf diesen Drucker und wählen im Kontextmenü den Menüpunkt *Als Standarddrucker festlegen.*

### Drucker via USB automatisch installieren

Beim Anschließen eines Druckers am USB-Anschluss wird automatisch ein Treiber installiert. Bereits nach wenigen Sekunden erscheint der Drucker in der Übersicht *Geräte und Drucker* und ist betriebsbereit.

### Drucker manuell installieren

Wird ein Drucker nicht erkannt, was bei älteren Druckern an parallelen Anschlüssen vorkommen kann, oder soll ein Drucker mit einer besonderen Konfiguration laufen, kann er auch manuell installiert werden.

Manche Drucker bieten mehrere Druckmodi, zum Beispiel PCL und PostScript. Ein solcher Drucker wird trotzdem nur einmal automatisch erkannt. Sie können aber manuell einen zweiten logischen Drucker für den anderen Betriebsmodus installieren. Üblicherweise gibt es bei PostScript-fähigen Druckern zwei unterschiedliche Treiber. Der Treiber für den normalen Windows-Modus ist mit MS gekennzeichnet, der PostScript-Treiber mit PS.

1. Um einen neuen Drucker manuell hinzuzufügen, klicken Sie in der Übersicht *Geräte und Drucker* in der Symbolleiste auf die Schaltfläche *Drucker hinzufügen.*

2. Der Druckerinstallationsassistent von Windows startet und sucht freigegebene Drucker im Netzwerk. Zur Installation eines lokal angeschlossenen Druckers klicken Sie auf *Der gesuchte Drucker ist nicht aufgeführt.*

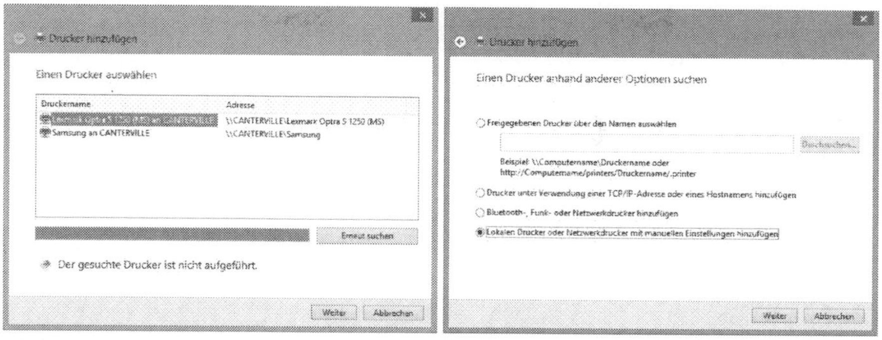


**Bild 7.35:** Der erste Schritt der Druckerinstallation: einen lokalen Drucker auswählen.

3. Wählen Sie im nächsten Schritt aus, ob der Drucker lokal über USB oder eine parallele Schnittstelle an diesen Computer angeschlossen oder per Bluetooth verbunden ist.

4. Danach geben Sie bei einem lokalen Drucker an, an welchem Anschluss der Drucker angeschlossen ist. Die Liste zeigt alle lokalen Schnittstellen des Computers sowie bereits von anderen Druckern definierte logische Schnittstellen an. Sollte eine Schnittstelle nicht erkannt worden sein, was dann vorkommen kann, wenn ein älteres Programm virtuelle Schnittstellen anlegt, müssen Sie mit der Option *Neuen Anschluss erstellen* diesen Anschluss definieren.

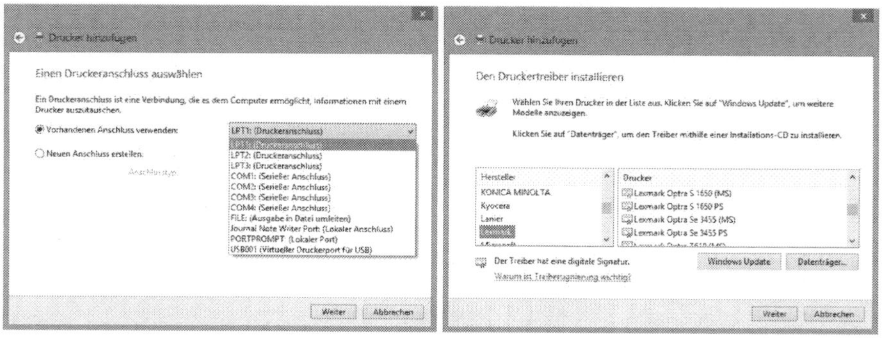


**Bild 7.36:** Druckeranschluss und Druckertyp auswählen.

5. Wählen Sie im nächsten Schritt das Druckermodell aus. Ist der gewünschte Drucker in der Liste nicht vorhanden, können Sie über die Schaltfläche *Datenträger* den Druckertreiber von einer CD des Herstellers oder einer Installationsdatei aus dem Internet installieren oder über *Windows Update* die aktuelle Druckerliste von der Microsoft-Webseite herunterladen und so die Auswahl der zur Verfügung stehenden Geräte erweitern.

6. Danach müssen Sie dem neu installierten Drucker einen Namen geben, unter dem Windows ihn ansprechen soll. Dieser Name muss eindeutig sein und sollte nicht mehr als 31 Zeichen lang sein. In den meisten Fällen können Sie einfach den Vorgabenamen übernehmen. Wenn Sie mehrere logische Drucker für unterschiedliche Konfigurationen desselben Geräts einrichten, brauchen diese auch alle unterschiedliche Namen.
7. Im nächsten Schritt des Assistenten legen Sie fest, ob der neu installierte Drucker im Netzwerk für andere Benutzer freigegeben werden soll. Wenn ja, tragen Sie einen Freigabenamen ein oder übernehmen die Vorgabe. Optional können noch ein *Standort* und ein *Kommentar* angegeben werden. Diese Informationen sind nur für die Benutzer bestimmt, technisch sind sie nicht notwendig.
8. Jetzt können Sie noch entscheiden, ob der neu installierte Drucker als Standarddrucker eingerichtet und ob eine Testseite gedruckt werden soll. Mit der Testseite wird nicht nur die Funktionsfähigkeit des Druckers überprüft, sie enthält auch nützliche Informationen zum installierten Druckertreiber.
9. Nach erfolgreicher Installation wird der neue Drucker in die Übersicht *Geräte und Drucker* mit aufgenommen.

Bei Problemen mit dem Drucker oder wenn Sie die Konfiguration verändert haben, können Sie per Rechtsklick auf den Drucker und Auswahl des Menüpunkts *Druckereigenschaften* jederzeit wieder eine Testseite ausdrucken.

## 7.3.3 Ein Drucker für alle Computer im Netzwerk

In einem lokalen Netzwerk können Sie einen Drucker für alle Computer nutzen. Bei Tablets und anderen Geräten ohne direkte Anschlussmöglichkeit eines Druckers ist das Netzwerkdrucken die einzige Methode, etwas zu Papier zu bringen.

1. Möchten Sie einen an einem anderen Computer im Netzwerk angeschlossenen Drucker nutzen, klicken Sie in der Übersicht *Geräte und Drucker* in der Symbolleiste auf *Drucker hinzufügen.*
2. Windows versucht jetzt, Drucker im Netzwerk zu finden. Wird der gewünschte Drucker gefunden, können Sie ihn einfach auswählen. Manche im Netzwerk vorhandenen Drucker werden nicht automatisch gefunden. Klicken Sie in diesem Fall auf *Der gesuchte Drucker ist nicht aufgeführt.*

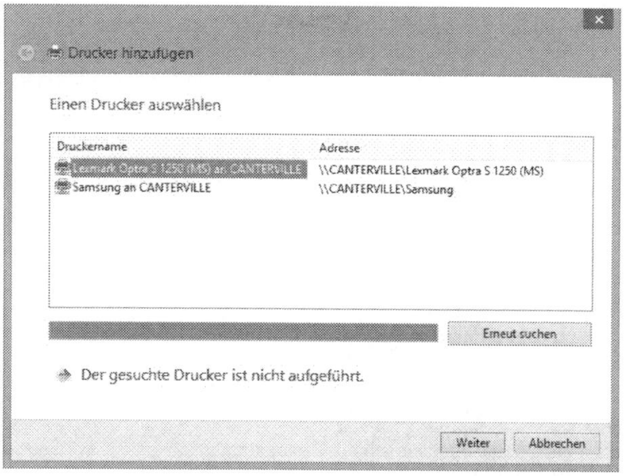


**Bild 7.37:** Automatisch gefundene Drucker im Netzwerk.

3. Im nächsten Schritt tragen Sie den Drucker über Computername und Freigabename oder über seine IP-Adresse ein. Die einfachste Methode ist in den meisten Fällen die Option *Durchsuchen*. Hier bekommen Sie alle Computer im Netzwerk angezeigt und können den gewünschten Drucker leicht finden.

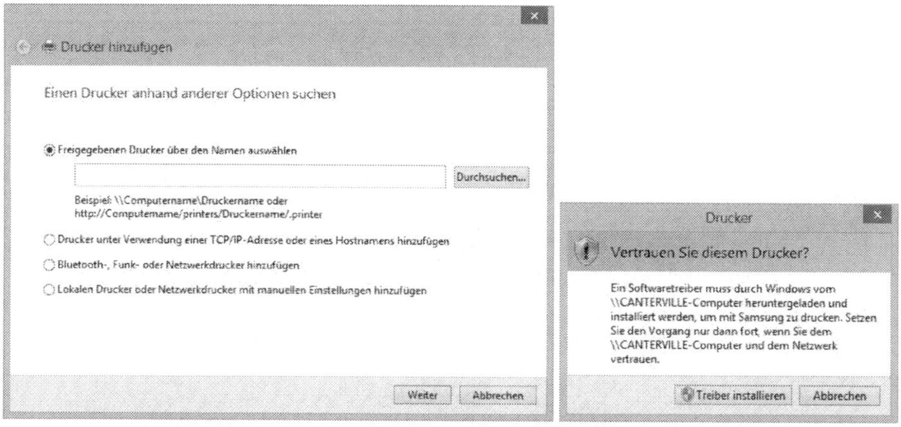


**Bild 7.38:** Netzwerkdrucker hinzufügen und Treiber installieren.

4. Zum Schluss müssen Sie, wie bei einem lokalen Drucker, einen Druckernamen angeben und festlegen, ob der neue Drucker als Standarddrucker verwendet werden soll. Ist der Drucker an einem Computer mit einer älteren Windows-Version angeschlossen, wird versucht, von diesem Computer einen passenden Treiber zu installieren. Sollte das nicht funktionieren, wird automatisch Windows Update nach einem geeigneten Windows-8.1-Treiber durchsucht.

Danach wird der Drucker in der Geräteübersicht eingetragen und kann wie ein lokaler Drucker verwendet werden. Natürlich muss zum Drucken über das Netzwerk der Computer, an dem der Drucker lokal angeschlossen ist, eingeschaltet sein.

## 7.3.4 Drucken mit den neuen Windows-8.1-Apps

Die meisten neuen Windows-8.1-Apps und natürlich auch die App-Version des Internet Explorer unterstützen die systemweite Druckfunktion in Windows 8.1.

Um aus einer App heraus zu drucken, klicken Sie auf den Charm *Geräte* oder drücken das Tastenkürzel [Win]+[K]. Am rechten Bildschirmrand erscheint eine Leiste mit allen installierten Druckern und eventuell noch anderen Systemgeräten.

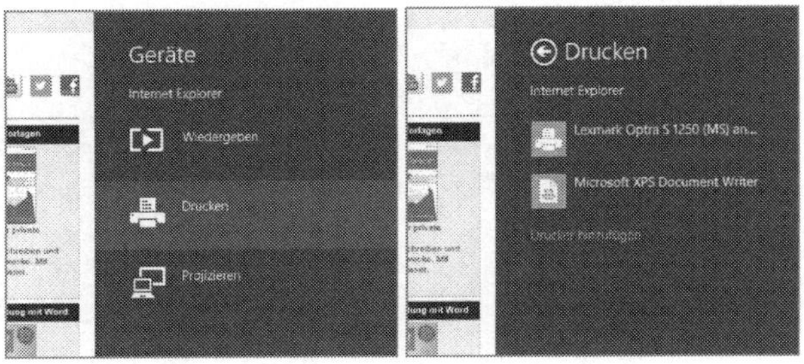


**Bild 7.39:** Die Geräteleiste im Internet Explorer.

Klicken Sie auf *Drucken* und wählen Sie auf der nächsten Seite den gewünschten Drucker aus. Sie sehen jetzt eine Vorschau der Druckseite und können noch die Ausrichtung und den Farbmodus wählen. Ein Klick auf *Drucken* druckt das Dokument.

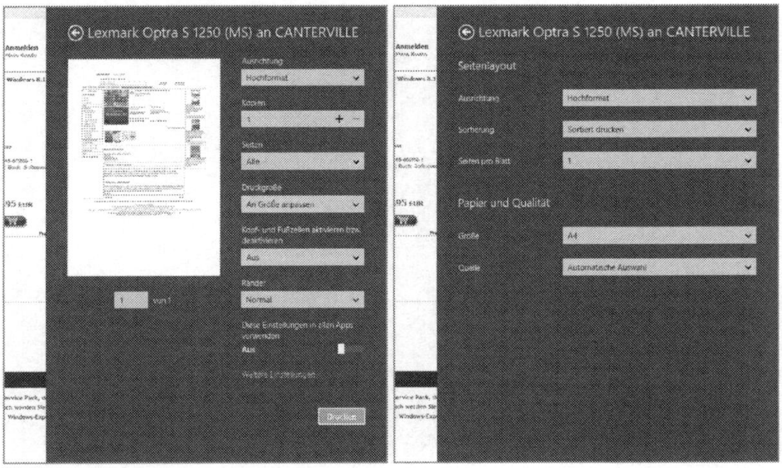


**Bild 7.40:** Einstellungen beim Drucken.

Ein Klick auf *Weitere Einstellungen* bietet zusätzliche Einstellungsmöglichkeiten für den Ausdruck. Diese hängen vom Drucker ab und können bei jedem Drucker anders aussehen.

### 7.3.5 Dokumente in eine PDF-Datei drucken

Ein Ausdruck muss nicht unbedingt auf Papier erfolgen. Druckertreiber werden auch zum Export von Daten in Fremdformate verwendet. So kann man zum Beispiel mit speziellen Druckertreibern PDF-Dokumente zur Darstellung im Adobe Reader erstellen. Gegenüber einer speziellen Exportfunktion für solche Formate bietet der Druckertreiber den Vorteil, dass nur ein Programm installiert werden muss, das dann aus jeder Windows-Anwendung heraus funktioniert.

Ein solcher Druckertreiber erscheint nach der Installation wie ein normaler Drucker in der Systemsteuerung unter *Hardware und Sound/Geräte und Drucker.* Wählt man diesen Drucker beim Drucken aus, erscheint ein weiterer Dialog, in dem noch zusätzliche Einstellungen vorgenommen werden können, unter anderem kann ein Name für die neu erstellte Datei vergeben werden. Diese lässt sich danach mit einem geeigneten Betrachter anzeigen. Windows 8 enthält zwar erstmalig einen Betrachter für PDF-Dokumente, aber standardmäßig immer noch keinen Druckertreiber, um PDF-Dokumente selbst zu erstellen. Man ist also auf externe Software angewiesen.

#### Dokumente im XPS-Format betrachten

Microsoft führte mit Windows Vista das neue Dateiformat XPS ein. Dies sollte ein plattformübergreifendes Format zur Darstellung von Dokumenten werden und ist als direktes Konkurrenzprodukt zu Adobe PDF zu sehen. XPS-Dokumente werden mit dem Windows Reader dargestellt.

## 7.4 Schutz vor Gefahren aus dem Internet

Eine Firewall schützt den eigenen Computer vor Gefahren aus dem Internet, indem nicht autorisierte Datenübertragungen blockiert werden. Windows 8.1 enthält standardmäßig eine Firewall. Außerdem ist in fast allen modernen DSL-Routern eine Firewall eingebaut.

**Firewall gleich Brandschutzmauer**
Firewall heißt übersetzt nicht etwa »Feuerwand« oder »Feuerwall«, wie manch schlecht informierte Webseite schreibt, sondern »Brandschutzmauer«. Sie dient dazu, einen privaten Bereich, hier einen Computer oder ein Netzwerk, vor Gefahren von außen zu schützen. Microsoft sprach im Windows XP Service Pack 2 konsequent von »dem Firewall«, im deutschsprachigen Raum hat sich aber der weibliche Artikel eingebürgert. Im Rahmen der allgemeinen sprachlichen Verbesserungen heißt es seit Windows 7 jetzt auch bei Microsoft »die Firewall«.

### 7.4.1 Firewall im Router oder Windows-Firewall?

Eine Firewall im Router ist immer sicherer als eine Softwarelösung auf dem PC und stört im Alltag auch weniger. Angreifer kommen gar nicht erst auf dem PC an, und Router lassen sich nicht so leicht von außen durch Malware manipulieren. Die Firewall im Router lässt normalerweise standardmäßig allen eingehenden Datenverkehr zu, ausgehender Datenverkehr wird blockiert. Wenn besondere Anwendungen laufen, die zum Beispiel Serverfunktionen zur Verfügung stellen, können Sie in der Router-Firewall entsprechende Regeln definieren, die auch diesen Datenverkehr zulassen.

Die Firewall in Windows 8.1 ist nichts grundlegend Neues. Seit der ersten Windows-XP-Version ist eine Firewall vorhanden. Doch warum hat niemand diese Firewall benutzt? Nach einem Whitepaper von Microsoft lag es daran, dass sie für den Anwender zu schwer zu finden war. Gesagt, getan! Seit dem Windows XP Service Pack 2 ist die Firewall nicht mehr auf einer der hinteren Registerkarten für jede Internetverbindung getrennt zu konfigurieren, sondern befindet sich an auffälliger Stelle in der Systemsteuerung und gilt nun für alle Verbindungen gleichzeitig. Außerdem können die Einstellungen der Windows-Firewall über das Wartungscenter aufgerufen werden.

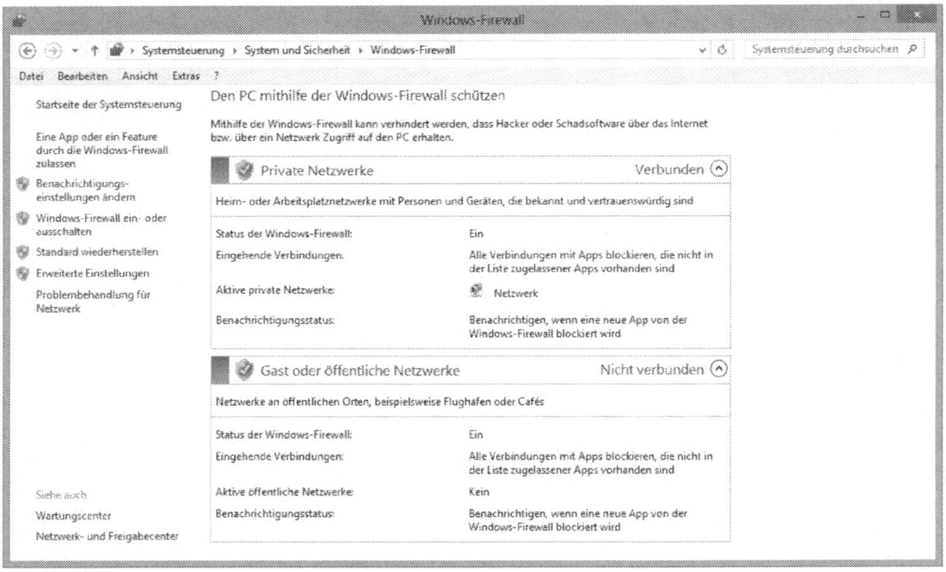


**Bild 7.41:** Die Windows-Firewall in der Systemsteuerung.

Über die Option *Windows-Firewall ein- oder ausschalten* kommt man in einen Konfigurationsdialog für die Firewall. Wer eine externe Firewall-Lösung verwendet, kann hier die Windows-Firewall deaktivieren. Alle anderen Anwender sollten sie aktiv lassen. Die Firewall wurde gegenüber früheren Windows-Versionen wesentlich verbessert, sodass es – mit Ausnahme der Verwendung einer externen Alternative – keinen Grund mehr gibt, sie abzuschalten.

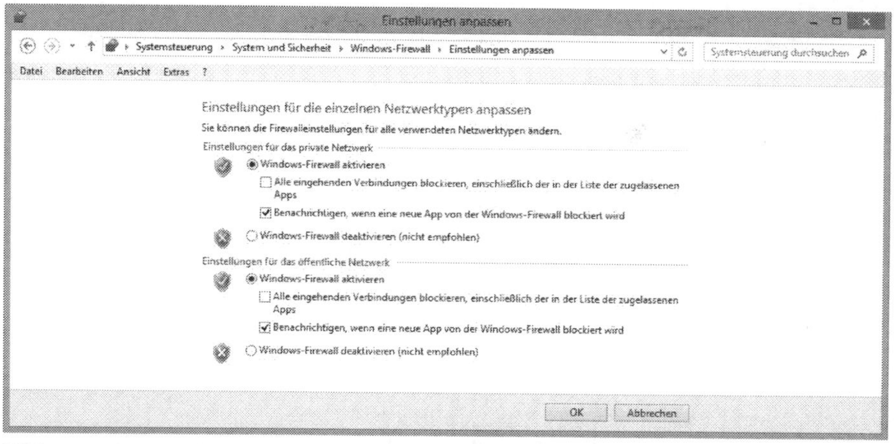


**Bild 7.42:** Der Konfigurationsdialog der Windows-Firewall.

Wird die Firewall dennoch durch den Benutzer oder auch durch ein Programm deaktiviert, erscheint sofort eine auffällige Meldung in der Taskleiste.

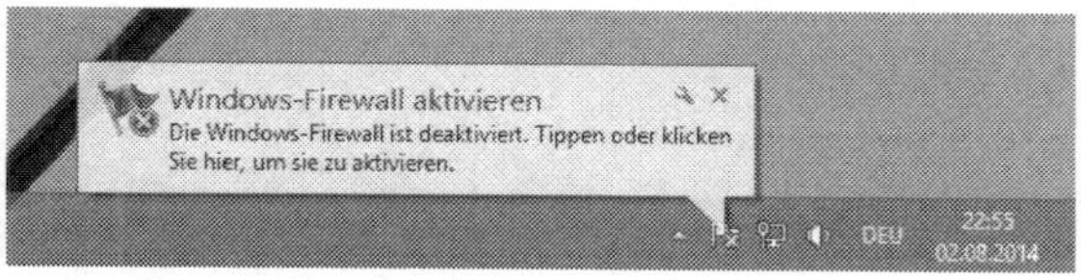


**Bild 7.43:** Meldung bei deaktivierter Windows-Firewall.

Ein Klick auf diese Meldung reicht, um die Windows-Firewall wieder zu aktivieren. Auch die Systemsteuerung und das Wartungscenter zeigen in auffälligem Rot, wenn die Firewall inaktiv ist.

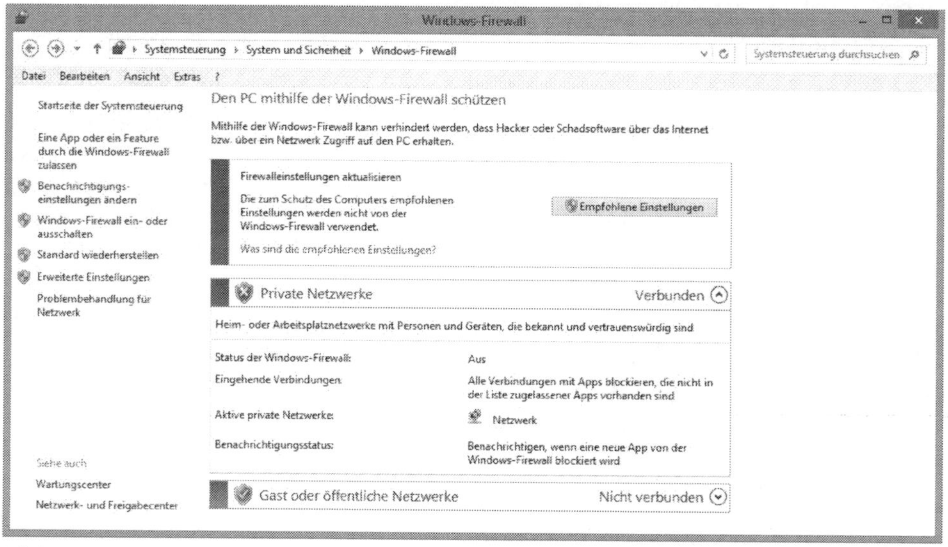


**Bild 7.44:** Meldung in der Systemsteuerung bei deaktivierter Windows-Firewall.

## 7.4.2 Regeln für die Windows-Firewall festlegen

Bemerkt die Firewall, dass ein neues Programm Daten aus dem Internet empfängt, wird dieser Datenverkehr automatisch blockiert und eine Meldung angezeigt. Microsoft-Programme sowie alle gängigen Webbrowser (Firefox, Google Chrome und Opera) sind automatisch für Internetzugriffe freigegeben. Alle anderen Programme bleiben standardmäßig so lange gesperrt, bis man sie manuell für die Internetnutzung freigibt.

Wenn ein Programm versucht, Daten aus dem Internet zu holen, erscheint eine Sicherheitswarnung. In diesem Dialog können Sie das angezeigte Programm für private Netzwerke oder auch öffentliche Netzwerke zulassen, bei jedem neuen Kommunikationsversuch wird diese Meldung dann nicht mehr eingeblendet.

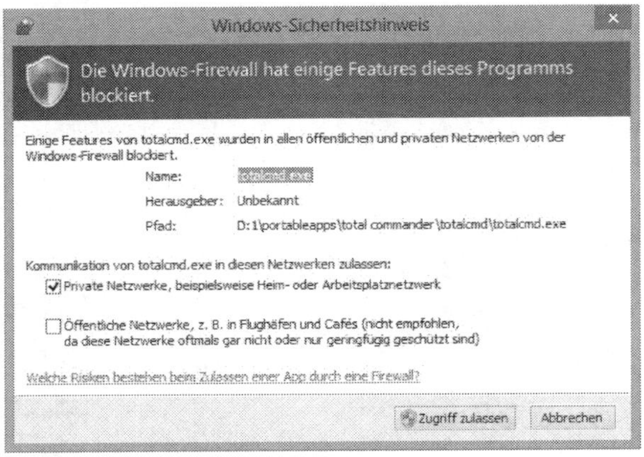
Windows-Sicherheitshinweis
Die Windows-Firewall hat einige Features dieses Programms blockiert.
Einige Features von totalcmd.exe wurden in allen öffentlichen und privaten Netzwerken von der Windows-Firewall blockiert.
Name:
Herausgeber: Unbekannt
Pfad: D:1\portableapps\total commander\totalcmd\totalcmd.exe
Kommunikation von totalcmd.exe in diesen Netzwerken zulassen:
Private Netzwerke, beispielsweise Heim- oder Arbeitsplatznetzwerk
Öffentliche Netzwerke, z. B. in Flughäfen und Cafés (nicht empfohlen, da diese Netzwerke oftmals gar nicht oder nur geringfügig geschützt sind)
Welche Risiken bestehen beim Zulassen einer App durch eine Firewall?
Zugriff zulassen
Abbrechen

**Bild 7.45:** Sicherheitswarnung der Firewall bei einem neuen Programm.

## 7.4.3 Automatische Softwarezugriffe unterbinden

Neue Software verfügt oft über Funktionen, um sich bei der Installation selbst in der Firewall freizuschalten oder die Firewall sogar ganz zu deaktivieren. Daher bot die Windows-Firewall lange Zeit nur einen begrenzten Schutz. Seit Windows 7 kann durch die Benutzerkontensteuerung der automatische Zugriff auf die Konfiguration der Firewall unterbunden werden. Ein freigegebenes Programm wird im Konfigurationsdialog der Firewall unter *Zugelassene Apps* eingetragen. Diese Liste erreichen Sie über den Link *Eine App oder ein Feature durch die Windows-Firewall zulassen* in der Systemsteuerung unter *System und Sicherheit/Windows-Firewall.*

In diesem Dialog können Sie später jederzeit ein ehemals freigegebenes Programm wieder sperren. Um hier etwas ändern zu können, müssen Sie zuerst auf *Einstellungen ändern* klicken. Mit der Schaltfläche *Andere App zulassen* werden Firewall-Regeln für weitere Programme hinzugefügt, ohne dass man diese Programme erst starten muss.

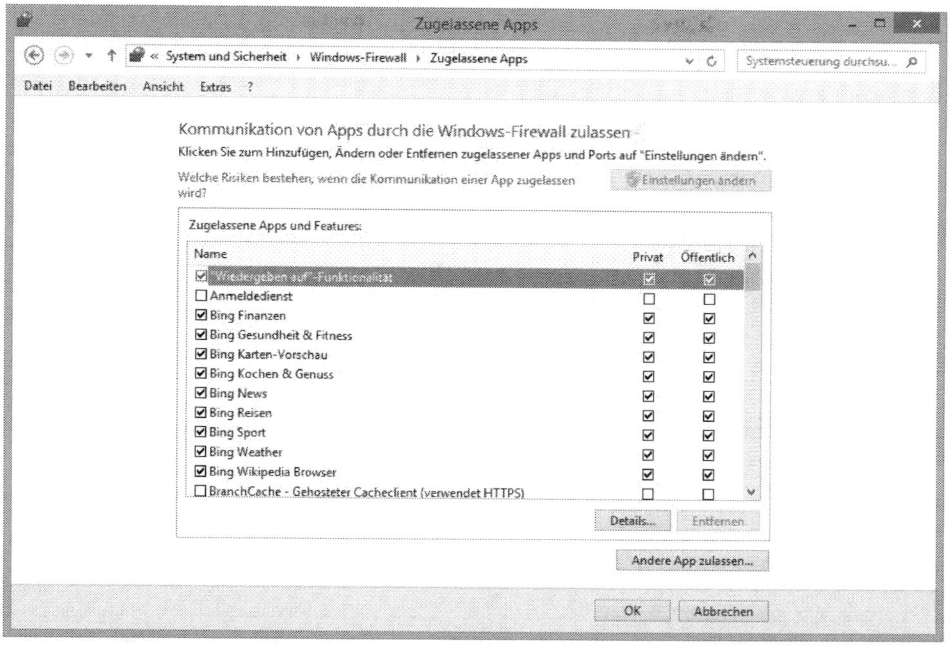


**Bild 7.46:** Zugelassene Programme in der Firewall.

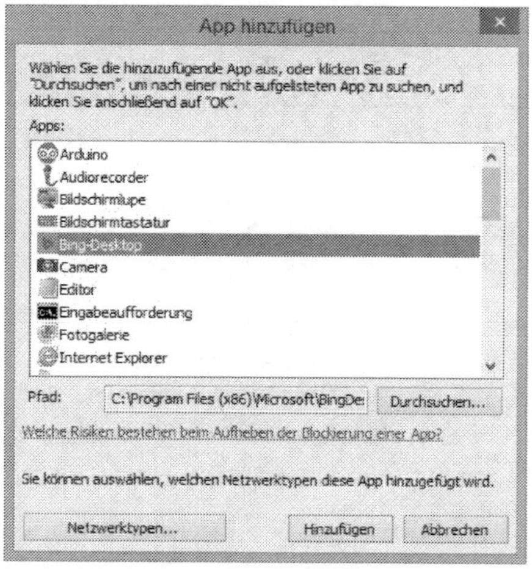


**Bild 7.47:** Neue App in der Firewall zulassen.

In der Liste sind sämtliche installierten Programme und Apps aufgeführt, nicht nur neue Windows-8.1-Apps, sondern auch die Programme auf dem klassischen Desktop. Wählen Sie das gewünschte Programm aus und bestätigen Sie mit *OK*. In der Liste erscheint dann das neu zugelassene Programm. Hier kann es für private oder öffentliche Netzwerke freigegeben oder blockiert werden. Programme, die nicht in der Liste erscheinen, finden Sie mit Klick auf *Durchsuchen*.

Deaktivieren Sie den Schalter ganz links vor einem Programm in der Liste, wird die betreffende Regel entfernt. Wenn dieses Programm wieder Daten aus dem Internet übertragen will, erscheint erneut die Abfrage der Firewall.

### 7.4.4 Verbindung bei Angriffsverdacht blockieren

Wenn Sie einen Angriffsverdacht haben oder sich mit Ihrem Notebook in einer besonders unsicheren Umgebung befinden, können Sie über den Link *Windows-Firewall ein- oder ausschalten* in den Firewall-Einstellungen mit einem Klick auf den Schalter *Alle eingehenden Verbindungen blockieren* ganz einfach alle eingestellten Firewall-Regeln auf einmal ignorieren, einschließlich der in der Liste der zugelassenen Programme, ohne die Programme jeweils einzeln sperren zu müssen. Alle Verbindungen werden dann blockiert. Deaktivieren Sie diesen Schalter wieder, gelten erneut die zuvor eingestellten Regeln.

## 7.5 Unterwegs öffentliche WLANs nutzen

An immer mehr öffentlichen Plätzen, Bahnhöfen, Hotels und Cafés kann man per WLAN mit dem Notebook eine Verbindung ins Internet herstellen. In einigen Ländern sind öffentliche WLAN-Hotspots kostenlos nutzbar und auffällig gekennzeichnet. Noch vor ein paar Jahren waren auch in Deutschland fast alle öffentlichen WLANs kostenlos. Mittlerweile hat sich hier ein riesiges Geschäft entwickelt. Mehrere Betreiber, allen voran die Telekom, eröffnen ständig neue WLAN-Hotspots und machen Hoteliers und Wirten, ehemaligen Betreibern kostenloser WLAN-Zugänge, kostenpflichtige Lösungen mit Gewinnbeteiligung schmackhaft.

Die Telekom rüstet in Großstädten und an touristisch interessanten Orten Telefonzellen mit Hotspots aus, über die man mit persönlicher Zugangskennung oder über direkte Bezahlung mit einem eigenen Notebook, Tablet oder Smartphone ins Internet kommt. Um an einem Hotspot surfen zu können, brauchen Sie eine Zugangskennung, die entweder über die Telefonrechnung abgerechnet wird oder, ähnlich wie bei Prepaid-Handys, vorab für einen bestimmten Zeitraum gekauft werden kann. Am einfachsten ist der Zugang an den Telekom-HotSpots, wenn man ein Handy von T-Mobile hat.

Um Zugangsdaten zu bekommen, schickt man von diesem Handy eine SMS mit dem Inhalt OPEN an die Nummer 9526 (»WLAN« auf der Buchstabentastatur). Kurz danach bekommt man eine SMS mit Benutzername und Passwort. Diese Daten sind für alle Telekom-HotSpots in Deutschland gültig. Wer kein Handy von T-Mobile hat, kann an Hotspot-Standorten auch Prepaid-Karten kaufen oder sich Zugangsdaten über das Internet bestellen und dabei ein Abrechnungsverfahren auswählen.

Telekom-HotSpots erscheinen in der Netzwerkliste als unsicher, da die Anmeldung über den Browser und nicht über einen Netzwerkschlüssel erfolgt. Klicken Sie hier auf *Verbinden* und starten Sie anschließend den Internet Explorer.

Wenn man den Browser an einem Hotspot startet, wird die Startseite automatisch auf eine spezielle Seite umgelenkt, auf der man seine Zugangsdaten eingeben muss. Auf dieser Startseite gibt es Informationen zu Tarifen und Standorten der Hotspots. Diese Informationen sind noch ohne Anmeldung verfügbar. Nach der Anmeldung kann man wie gewohnt im Internet surfen und auch E-Mail-Programme oder sonstige Internetanwendungen nutzen.

Nach der Anmeldung läuft im Browser eine Uhr, die die Onlinezeit zählt, nach der die Telekom die Nutzung abrechnet. Öffnen Sie zum Surfen am besten ein neues Browserfenster, um die Uhr im Blick zu behalten.

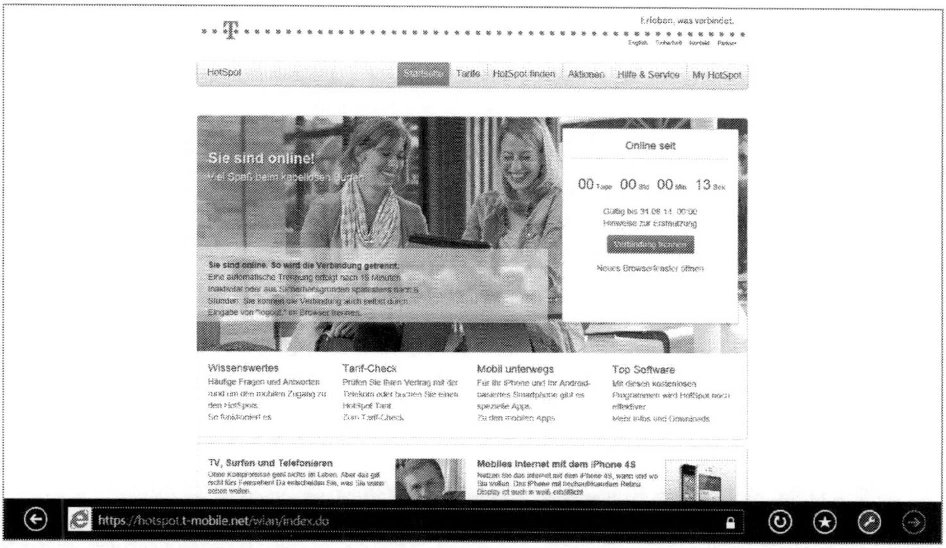


**Bild 7.48:** Am Telekom-HotSpot angemeldet.

Wenn Sie die Verbindung nicht mehr benötigen, klicken Sie auf die Schaltfläche *Verbindung trennen* oder tippen in die Adresszeile des Browsers *logout* ein.

## 7.5.1 Hier findet man alle Telekom-HotSpots

Auf der Telekom-Webseite *www.hotspot.de* findet man über ein Suchformular sämtliche HotSpots der Telekom in Deutschland. Bei den meisten HotSpots gibt es Informationen zu Öffnungszeiten und zur Adresse sowie einen Kartenausschnitt. Bei den mit *Outdoor* gekennzeichneten HotSpots handelt es sich um Telefonzellen, in deren Nähe man im Freien das WLAN nutzen kann.

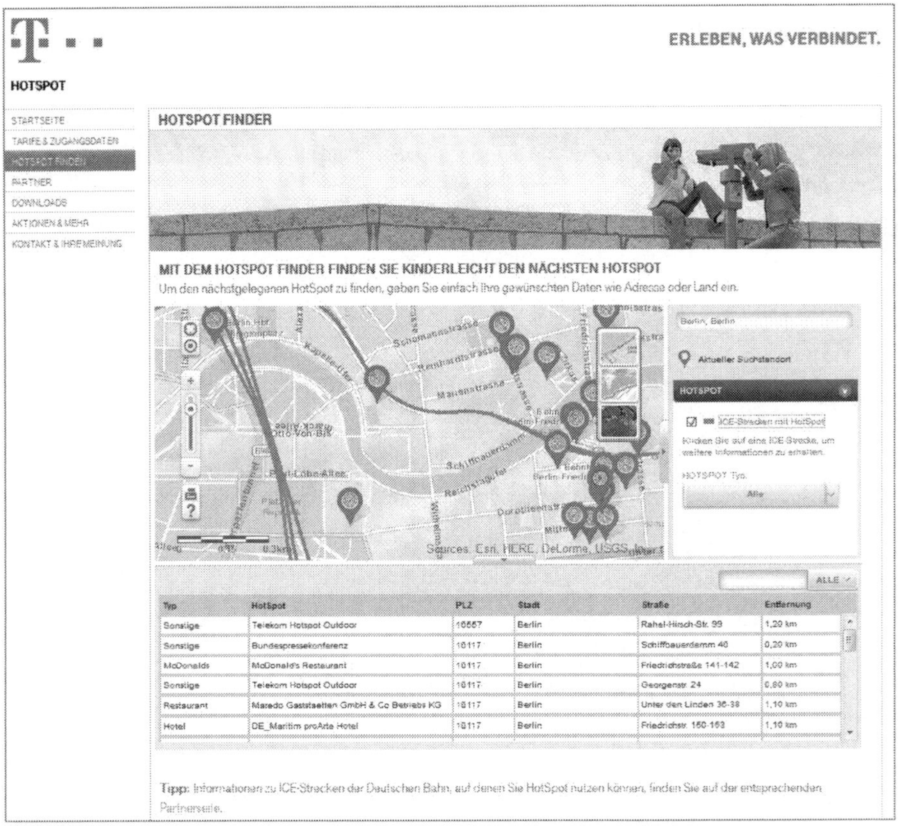


**Bild 7.49:** Die neue HotSpot-Standortsuche bei der Telekom.

Bis Ende des Jahres 2014 werden voraussichtlich alle ICE-Züge der Deutschen Bahn mit WLAN ausgestattet. Aktuelle Informationen zur Nutzung von WLAN im ICE liefert die Bahn unter *www.imICE.de.*

**Kostenloses WLAN an Telekom-HotSpots**

Die Deutsche Bahn und die Restaurantkette McDonald's bieten in Zusammenarbeit mit der Telekom ihren Gästen kostenloses WLAN an speziell eingerichteten Hotspots an. An derzeit 105 Bahnhöfen kann man eine halbe Stunde pro Tag die Telekom-HotSpots kostenlos nutzen, in den meisten McDonald's-Restaurants sogar eine ganze Stunde pro Tag. Die Konfiguration ist sehr einfach. Der HotSpot erscheint als *Telekom* in der Liste verfügbarer Drahtlosnetzwerke. Nach dem Aufbau der Verbindung öffnet man einen Browser und wird auf eine spezielle Startseite umgelenkt. Hier gibt man seine Handynummer ein und bekommt Sekunden später per SMS eine PIN zugeschickt, die man im Browser nur noch einzugeben braucht, und schon beginnt der freie Internetzugang. Besucher der DB-Lounges können die Hotspots an vielen Bahnhöfen kostenlos und ohne Anmeldung nutzen.

# 8 Kleine Systemanpassungen

Nutzer früherer Windows-Versionen verbrachten einen großen Teil ihrer Zeit damit, das System zu tunen und es mithilfe mehr oder weniger versteckter Einstellungen zu optimieren. Windows 8.1 ist in dieser Hinsicht deutlich nutzerfreundlicher geworden, ein paar technische Tricks sollte man dennoch kennen.

## 8.1 Windows-Startbildschirm – wie es beliebt

Der Startbildschirm ist die persönliche Übersicht über alle installierten Apps sowie auch die Neuigkeiten – wie E-Mails, Facebook-Nachrichten oder Wetterbericht. Jeder kann sich seinen Startbildschirm so gestalten, dass die persönlich wichtigen Dinge schnell erreichbar sind. Dass sich die Kacheln beliebig auf dem Startbildschirm verschieben und neu anordnen lassen, haben Sie sicher schon bemerkt. Aber haben Sie schon einmal mit der rechten Maustaste auf eine Kachel geklickt?

**Bild 8.1:** Symbolleiste beim Rechtsklick auf eine Live-Kachel.

Über das Kontextmenü können Sie die Kachel vom Startbildschirm entfernen oder auch die App komplett deinstallieren. Solange nur die Kachel entfernt wird, steht die App in der Liste *Apps* weiterhin zur Verfügung.

Die großen, rechteckigen Kacheln können an dieser Stelle auf zwei kleinere und ein größeres Quadratformat gebracht werden. Außerdem kann man bei Bedarf die automatische Aktualisierung der angezeigten Daten deaktivieren. Die Kachel zeigt dann stattdessen nur noch das App-Symbol. Die Farbe und das Hintergrundbild für den Startbildschirm lassen sich ebenfalls anpassen. Rufen Sie die Einstellungen über die Charms-Leiste auf dem Startbildschirm auf und wählen Sie *Anpassen*.

Bild 8.2: Startbildschirm anpassen.

Oben rechts stehen verschiedene Hintergrunddesigns zur Verfügung, die sich alle in Hintergrundfarbe und Akzentfarbe anpassen lassen. Das Hintergrundbild ganz rechts unten bringt den aktuellen Desktophintergrund auch auf den Startbildschirm. Damit wirkt der Wechsel zwischen der modernen App-Oberfläche und dem klassischen Desktop nicht mehr so hart.

Bild 8.3: Windows-8.1-Startbildschirm mit Desktophintergrundbild.

## 8.1.1 Den klassischen Desktop personalisieren

Bei der Optik des klassischen Desktops können Sie Ihrer Fantasie freien Lauf lassen. Das Aussehen kann je nach Einstellung sehr förderlich für Ihre Arbeit sein, es kann Sie aber auch ablenken und beeinträchtigen. Klicken Sie mit der rechten Maustaste auf eine leere Stelle des Desktops und wählen Sie im Kontextmenü *Anpassen*. Das Dialogfeld *Ändern der visuellen Effekte und der Sounds auf dem Computer* bietet verschiedene Möglichkeiten an, das Aussehen des klassischen Desktops zu beeinflussen.

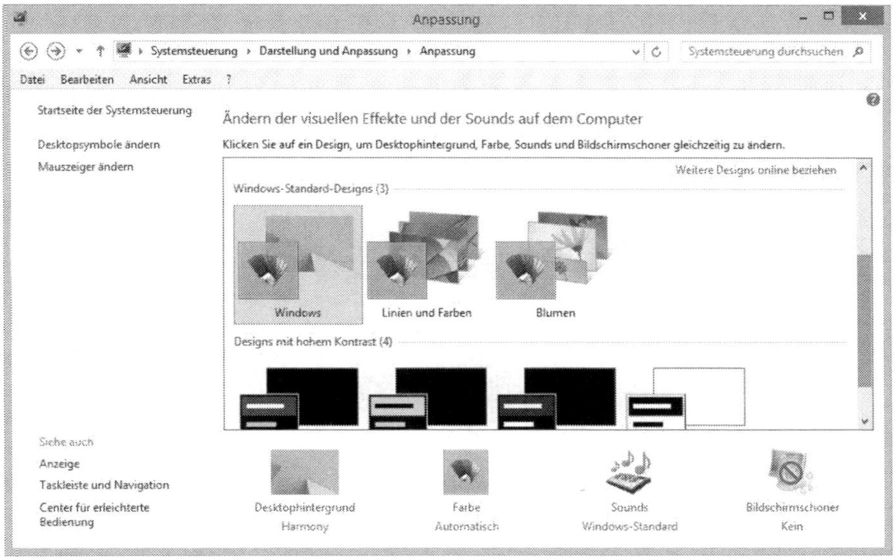


**Bild 8.4:** Einstellungen für Hintergrundbilder, visuelle Effekte und Sounds.

Alles was das Aussehen des Windows-Desktops beeinflusst, wird in sogenannten Designs gespeichert. Ein Design enthält nicht nur das Hintergrundbild, dazu gehören auch noch weitere veränderbare Einstellungen, wie der Bildschirmschoner, Sounds und die Darstellung der Fenster. Nachdem Sie sich Ihr persönliches Design zusammengestellt haben, speichern Sie es dauerhaft. Geben Sie dem Design einen unverwechselbaren Namen. Es wird dann im Bereich *Eigene Designs* angezeigt und kann nach einem Rechtsklick jederzeit auch wieder gelöscht werden. An dieser Stelle tauchen ebenfalls die von anderen PCs synchronisierten Designs auf. Auf diese Weise können Sie sehr einfach zwischen mehreren persönlichen Designs hin- und herschalten.

**Ruhe vor den Windows-Sounds**

Möchten Sie, dass sich Windows ruhig verhält, ohne aber gleich den Lautsprecher abschalten zu müssen, den Sie vielleicht zum Musikhören oder für Videos noch brauchen, wählen Sie das Soundschema *Keine Sounds*. Damit werden alle Systemklänge deaktiviert. Windows verhält sich komplett geräuschlos, alle Multimedia-Anwendungen können aber ganz normal mit Sound genutzt werden.

## 8.1.2 Vielfältige Hintergrundbilder für den Desktop

Windows liefert eine Vielzahl von Motiven für den Desktophintergrund mit, Sie können aber auch eigene Bilder verwenden. Mit dem Link *Desktophintergrund* öffnen Sie das Dialogfeld *Wählen Sie Ihren Desktophintergrund aus.* Hier können Sie im Listenfeld *Bildpfad* einige Standardordner auswählen, in denen Hintergrundbilder gesucht werden sollen. Mit der Schaltfläche *Durchsuchen* navigieren Sie zu Ihrem Wunschbild und öffnen es.

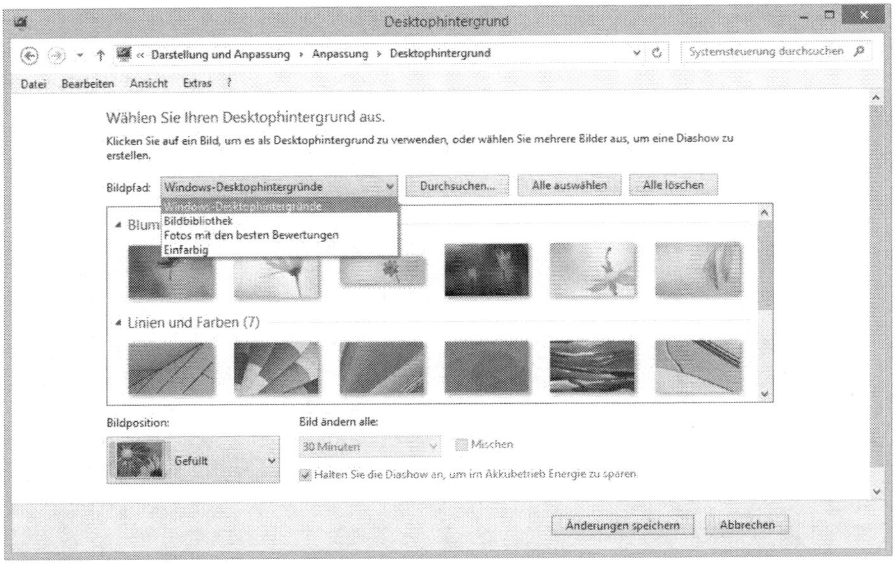


**Bild 8.5:** Ein Hintergrundbild für den klassischen Desktop auswählen.

Windows 8.1 zeigt entweder ein statisches Hintergrundbild an oder eine Diashow einer ganzen Bilderserie, bei der in bestimmten Zeitabständen das Hintergrundbild wechselt. Markieren Sie dazu alle Bilder, die verwendet werden sollen, und geben Sie unter *Bild ändern alle* den Zeitraum an, nach dem ein neues Bild angezeigt werden soll.

Ist der Schalter *Mischen* aktiviert, erscheinen die Bilder der Diashow in zufälliger Reihenfolge. Bei Notebooks, die im Akkubetrieb laufen, können Sie die Diashow automatisch anhalten lassen, da sie besonders bei häufigem Bildwechsel viel Strom verbraucht. Unter *Bildposition* finden Sie verschiedene Optionen zur Darstellung des Hintergrundbilds auf dem Desktop:

| *Option* | *Auswirkung* |
|---|---|
| Gefüllt | Zeigt das Bild formatfüllend auf dem Bildschirm. Dabei wird es so weit wie möglich vergrößert, um ohne schwarze Balken auf den Bildschirm zu passen. Je nach Seitenverhältnis können oben und unten oder rechts und links Bildteile abgeschnitten werden. |

| Option | Auswirkung |
|---|---|
| Angepasst | Zeigt das Bild formatfüllend auf dem Bildschirm. Dabei wird es so weit wie möglich vergrößert, um im Ganzen auf den Bildschirm zu passen. Je nach Seitenverhältnis ergeben sich oben und unten oder rechts und links schwarze Balken. |
| Gestreckt | Zeigt das Bild formatfüllend auf dem Bildschirm. Dabei wird es in beide Richtungen so weit wie möglich vergrößert, um im Ganzen auf den Bildschirm zu passen. Je nach Seitenverhältnis kann das Bild auf dem Bildschirm verzerrt erscheinen. |
| Nebeneinander | Wiederholt das Bild in einem regelmäßigen Raster und füllt so den Bildschirm aus. Jedes einzelne Bild bleibt dabei in seiner Originalauflösung. |
| Zentriert | Stellt das Bild in Originalgröße und Originalseitenverhältnis in der Mitte des Bildschirms dar. |

**Ressourcen sparen bei Hintergrundbildern**
Um Speicherplatz und Rechenleistung zu sparen, sollten Sie das Bild, das Sie als Hintergrund verwenden wollen, mit einem Bildbearbeitungsprogramm genau auf die Maße des Bildschirms skalieren und so speichern. Es ergibt keinen Sinn, ein 12-Megapixel-Foto von einer Digitalkamera jedes Mal vom System wieder auf die Bildschirmauflösung herunterrechnen zu lassen. Legen Sie die Hintergrundbilder auch immer auf der Festplatte ab und verwenden Sie keine Bilder von CD-ROMs oder Netzlaufwerken.

## Hintergrundbildauswahl ganz einfach

Der Windows-Explorer bietet eine einfache Methode, ein eigenes Bild als Desktophintergrund festzulegen. Klicken Sie mit der rechten Maustaste auf eine Bilddatei und wählen Sie im Kontextmenü *Als Desktophintergrund festlegen.*

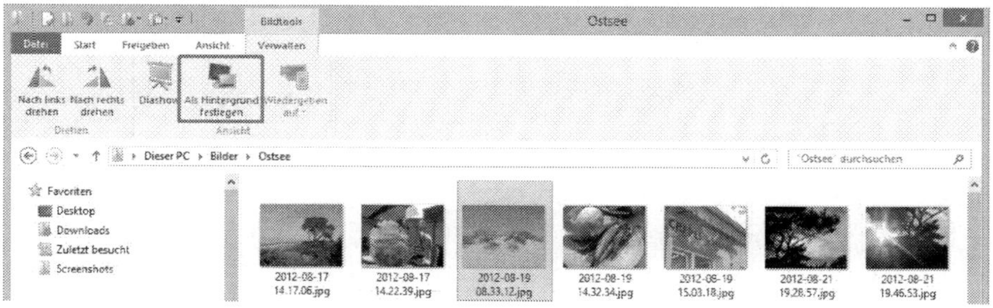


**Bild 8.6:** Hintergrundbild im Explorer wählen.

Nutzen Sie die Windows-Fotogalerie, finden Sie im Menüband unter *Erstellen* die Schaltfläche *Als Hintergrund verwenden.*

### 8.1.3 Jeden Tag ein neuer Bildhintergrund mit Bing

Immer das gleiche Hintergrundbild ist langweilig. Die Microsoft-Suchmaschine Bing (*www.bing.com*) zeigt jeden Tag ein neues Hintergrundbild. Diese Bilder sind fotografisch sehr ansprechend, es hat sich eine wahre Fangemeinde rund um diese Fotos gebildet.

Findige Bastler hatten schon vor längerer Zeit einen Weg entdeckt, die Bing-Hintergrundbilder als Desktophintergrund herunterzuladen. Inzwischen bietet Microsoft selbst ganz offiziell eine Software an, die automatisch die neuesten Fotos von Bing auf den Desktop bringt.

Der Bing Desktop zeigt ein Bing-Suchfeld direkt auf dem klassischen Desktop an. Dieses Suchfeld verschwindet bis auf einen schmalen Streifen am oberen Bildschirmrand und kann bei Bedarf ausgeklappt werden.

Laden Sie sich den Bing Desktop bei *www.bing.com/explore/desktop* kostenlos herunter. Nach der Installation wird automatisch täglich wechselnd das aktuelle Bing-Foto als Hintergrund auf dem klassischen Desktop angezeigt.

**Bild 8.7:** Bing-Suchfeld und Hintergrundbild auf dem klassischen Desktop.

Mit den Symbolen unterhalb des Suchfelds können Sie sich aktuelle Wettermeldungen, Nachrichten und Facebook-Neuigkeiten anzeigen lassen. Wählen Sie über *Optionen* für den Wetterbericht bis zu drei Orte aus. Der Bing Desktop ersetzt die ehemaligen Minianwendungen *Wetter* und *Nachrichten* für den Desktop aus Windows 7, die nicht mehr angeboten werden.

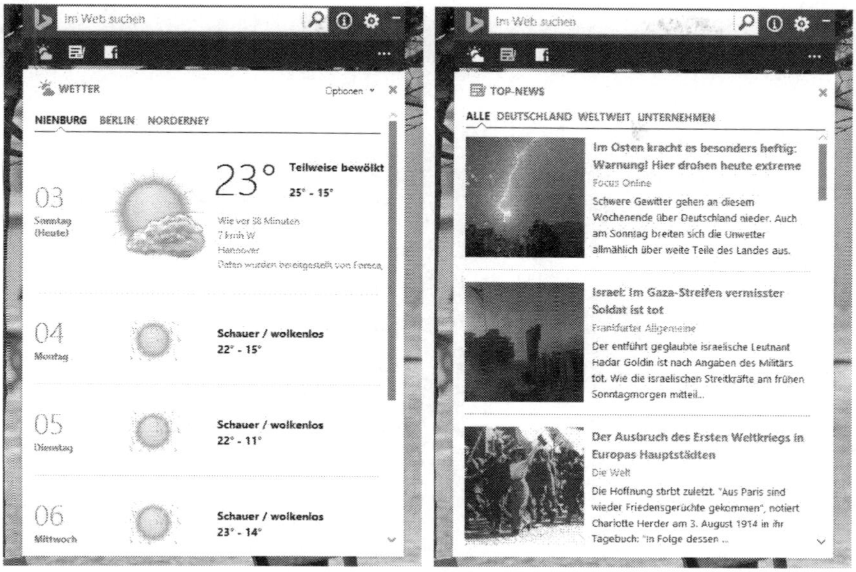
Im Web suchen
WETTER
Optionen
NIENBURG BERLIN NORDERNEY
23°
Teilweise bewölkt
25° - 15°
03
Sonntag
(Heute)
04
Montag
Schauer / wolkenlos
22° - 15°
05
Dienstag
Schauer / wolkenlos
22° - 11°
06
Mittwoch
Schauer / wolkenlos
23° - 14°
TOP-NEWS
ALLE DEUTSCHLAND WELTWEIT UNTERNEHMEN
Im Osten kracht es besonders heftig: Warnung! Hier drohen heute extreme
Focus Online
Schwere Gewitter gehen an diesem Wochenende über Deutschland nieder. Auch am Sonntag breiten sich die Unwetter allmählich über weite Teile des Landes aus.
Israel: Im Gaza-Streifen vermisster Soldat ist tot
Frankfurter Allgemeine
Der entführt geglaubte israelische Leutnant Hadar Goldin ist nach Angaben des Militärs tot. Wie die israelischen Streitkräfte am frühen Sonntagmorgen mitteil...
Der Ausbruch des Ersten Weltkriegs in Europas Hauptstädten
Die Welt
Die Hoffnung stirbt zuletzt. "Aus Paris sind wieder Friedensgerüchte gekommen", notiert Charlotte Herder am 3. August 1914 in ihr Tagebuch: "In Folge dessen ...

**Bild 8.8:** Wettervorhersage und Nachrichten mit dem Bing Desktop.

Fahren Sie mit der Maus über das *(i)*-Symbol, erhalten Sie Informationen über das aktuelle Foto. Sollte Ihnen mal ein Bing-Foto gar nicht gefallen, klicken Sie auf dieses Symbol und tauschen das Bild gegen ein Foto eines der vergangenen Tage aus.

Mit einem Klick auf das Zahnradsymbol neben dem Bing-Suchfeld können Sie sich in den Einstellungen zusätzlich ein Bing-Suchfeld in der Taskleiste einbauen.

DEU
11:11
03.08.2014

**Bild 8.9:** Bing-Suchfeld in der Taskleiste.

## 8.1.4 Designs mit besonders hohen Kontrasten

Manchen Menschen ist das moderne Windows-Design mit seinen eleganten Farben zu kontrastschwach, oder die Texte und Symbole sind unter bestimmten Lichtverhältnissen nur schwer erkennbar. Daher liefert Windows 8.1 spezielle Designs mit besonders starken Kontrasten auf weißem oder schwarzem Hintergrund. Wenn Sie diese auswählen, geht zwar einiges von der optischen Eleganz der Oberfläche verloren, eine klare Erkennbarkeit ist aber auch unter schwierigen Umständen gegeben.

Klicken Sie mit der rechten Maustaste auf den Desktop und wählen Sie im Kontextmenü *Anpassen*. Unter *Designs mit hohem Kontrast* stehen verschiedene derartige Designs zur Auswahl.

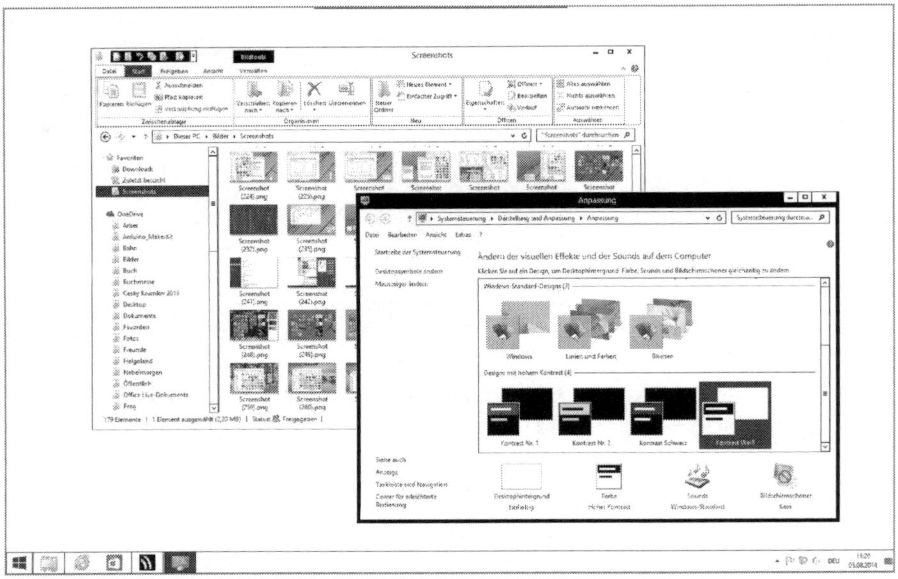

Bild 8.10: Klassischer Desktop mit hohem Kontrast.

Diese Designs beeinflussen nicht nur den klassischen Desktop, sondern auch den neuen Startbildschirm. Die meisten der neuen Windows-8.1-Apps übernehmen die Einstellung ebenfalls und werden anstatt in ihren gewohnten Farben im kontraststarken Schwarz-Weiß-Design dargestellt.

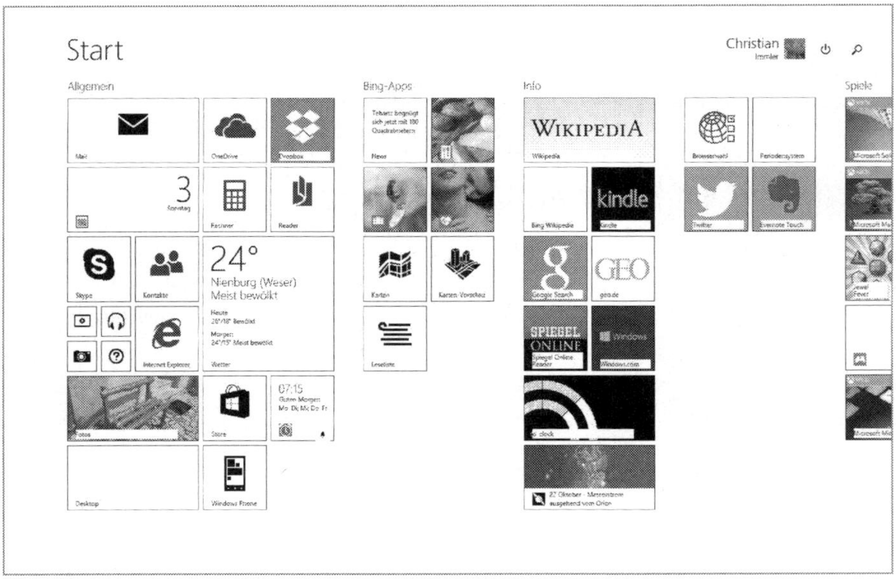


Bild 8.11: Der neue Startbildschirm in einem Design mit hohem Kontrast.

## 8.2 Ohne Umweg zu den PC-Einstellungen

Fahren Sie mit der Maus, ohne zu klicken, in eine der rechten Bildschirmecken und klicken Sie dann auf *Einstellungen* in der Charms-Leiste oder nutzen Sie das Tastenkürzel [Win]+[I]. Ein Klick auf *PC-Einstellungen ändern* ganz unten öffnet die neuen PC-Einstellungen, in denen sich die meisten für die neue Windows-8.1-Oberfläche relevanten Einstellungen vornehmen lassen.

Jeder Nutzer hat seine speziellen Einstellungen, die er häufig verändert. Um diese nicht jedes Mal suchen zu müssen, bietet die Startseite der neuen PC-Einstellungen in Windows 8.1 unten den Link *Zuletzt verwendete Einstellungen anzeigen.* Hier finden Sie die zuletzt verwendeten PC-Einstellungen, jedoch leider nicht die zuletzt verwendeten Einstellungen aus der klassischen Systemsteuerung.

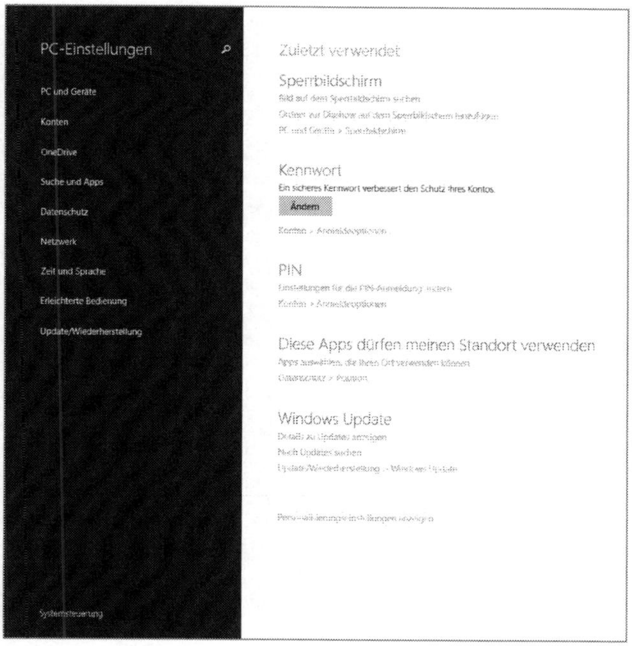


**Bild 8.12:** Die zuletzt verwendeten Einstellungen in den PC-Einstellungen.

### 8.2.1 Einstellungen für den Sperrbildschirm anpassen

Unter *PC und Geräte/Sperrbildschirm* legen Sie unter anderem das Bild fest, das auf dem Sperrbildschirm erscheinen soll. Neben den vorgegebenen Bildern können Sie natürlich eigene Bilder aus der *Bilder*-Bibliothek verwenden.

Weiter unten im Bereich *Sperrbildschirm-Apps* legen Sie fest, welche Apps auf dem Sperrbildschirm Meldungen einblenden dürfen, beispielsweise die Anzahl neuer E-Mails.

## 8.2.2 Benutzeranmeldung auf dem PC und online

In Windows 8.1 kann man sich mit einem Microsoft-Konto online und gleichzeitig am lokalen PC anmelden, was diverse Vorteile hat, wie z. B. die Möglichkeit der Synchronisation von Einstellungen zwischen mehreren PCs. Alternativ besteht aber auch wie in früheren Windows-Versionen die Möglichkeit, lokale Benutzerkonten zu verwenden. Unter *Konten* in den PC-Einstellungen können Sie sich ein Profilbild für Ihr Konto anlegen.

Mit einem Klick auf *Anmeldeoptionen* auf der Seite *Konten* der PC-Einstellungen können Sie neben der Passworteingabe noch zwischen anderen Anmeldevarianten umschalten.

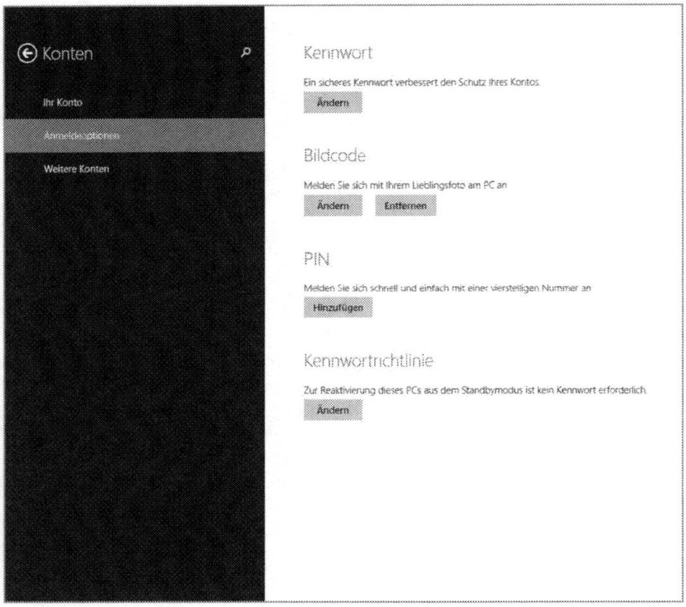


**Bild 8.13:** Einstellungen zur Benutzeranmeldung.

Unter *Kennwort* ändern Sie das Kennwort des Microsoft-Kontos oder des lokalen Benutzerkontos. Sie brauchen sich also nicht mehr wie früher mit dem Browser bei *live.com* anzumelden, um Ihr Passwort zu ändern.

Verwenden Sie Ihren PC allein und besteht keine Gefahr, dass sich ein Fremder unbemerkt Zugriff verschafft, wollen Sie sicher nicht jedes Mal, wenn der PC in den Standby-Modus verfallen ist, das Passwort eingeben müssen. Unter *Kennwortrichtlinie* wird angezeigt, ob Benutzer ihr Kennwort beim Aufwecken des PCs aus dem Stand-by-Modus angeben müssen oder nicht. Mit der Schaltfläche *Ändern* können Sie das jederzeit ändern.

### Benutzeranmeldung per Bild

Auf Geräten mit Touchscreen ist die Anmeldung über ein Passwort mühsam und umständlich. Windows 8.1 bietet eine neue, besonders Touchscreen-freundliche Art der

Benutzeranmeldung, bei der Sie mit dem Finger auf einem Foto eine vorher festgelegte Geste aus Fingerstrichen, Kreisen und Punkten zeichnen, anstatt ein Passwort einzutippen. Diese Art der Benutzeranmeldung funktioniert zwar auch mit der Maus, auf einem PC mit Tastatur ist die Passworteingabe aber deutlich schneller.

1. Klicken Sie unter *Bildcode* auf *Hinzufügen* und geben Sie danach zur Sicherheit noch einmal Ihr Passwort für die Anmeldung ein.
2. Jetzt erscheint eine kurze Erklärung dazu, wie die Anmeldung über Touchscreen-Gesten funktioniert. Klicken Sie hier auf *Bild auswählen* und wählen Sie das Foto aus, das Sie als Hintergrund für die Anmeldung verwenden möchten.
3. Jetzt zeichnen Sie auf dem Hintergrundbild einen sogenannten Bildcode, der aus drei Touchscreen-Gesten oder Mausbewegungen besteht. Jede davon kann ein Strich, ein Kreis oder ein Punkt sein, wobei Lage und Größe entscheidend sind.

**Bild 8.14:** Bildcode für die Anmeldung festlegen.

4. Sicherheitshalber müssen Sie die gleiche Geste noch ein zweites Mal zeichnen, wobei Windows geringe Ungenauigkeiten natürlich zulässt. Zu groß dürfen die Abweichungen aber nicht sein. Nutzen Sie deshalb markante Punkte auf dem Hintergrundbild.
5. Zum Schluss bestätigen Sie den Bildcode mit einem Klick auf *Fertig stellen.*

Bei der nächsten Anmeldung erscheint das Foto auf dem Anmeldebildschirm. Zeichnen Sie jetzt auf dem Touchscreen die gespeicherten Gesten nach, um sich anzumelden. Alternativ können Sie mit einem Klick auf *Zu Kennwort wechseln* auch Ihr gewohntes Passwort eintippen.

### Benutzeranmeldung per PIN

Wem das Passwort zu lang oder zu umständlich einzugeben ist, der kann stattdessen eine vierstellige PIN (persönliche Identifikationsnummer) festlegen, die zur Anmeldung auf diesem Computer dient. Das Passwort des Microsoft-Kontos bleibt erhalten und gilt online und auf anderen PCs bei der Anmeldung weiterhin.

Die PIN soll die Anmeldung an einem privaten PC erleichtern, ohne dass man generell ein kurzes, unsicheres Passwort verwendet.

Über die Schaltfläche *PIN erstellen* legen Sie eine solche PIN fest. Zur Sicherheit müssen Sie noch einmal das Passwort Ihres Benutzerkontos eingeben. Die neue PIN kann bei der nächsten Anmeldung genutzt werden.

**Bild 8.15:** PIN zur Anmeldung erstellen und bestätigen.

## 8.2.3 Wichtige Einstellungen für PC und Geräte

Die neuen PC-Einstellungen in Windows 8.1 bieten unter *PC und Geräte* die wichtigsten Hardwareeinstellungen, ohne dass dafür die klassische Systemsteuerung aufgerufen werden müsste. Alle diese Einstellungen finden Sie deutlich ausführlicher aber immer noch in der Systemsteuerung.

### Bildschirmauflösung einstellen

Normalerweise wird die optimale Auflösung eines angeschlossenen Monitors von Windows automatisch erkannt. Sollte das einmal nicht funktionieren, kann es auch schwierig werden, die Systemsteuerung aufzurufen. Hier sind die neuen PC-Einstellungen eine große Hilfe. Unter *PC und Geräte/Bildschirm* erkennen und identifizieren Sie angeschlossene Bildschirme und stellen mit einem großflächigen Regler die Auflösung ein, der auch bei unscharf eingestelltem Bildschirm noch bedienbar ist.

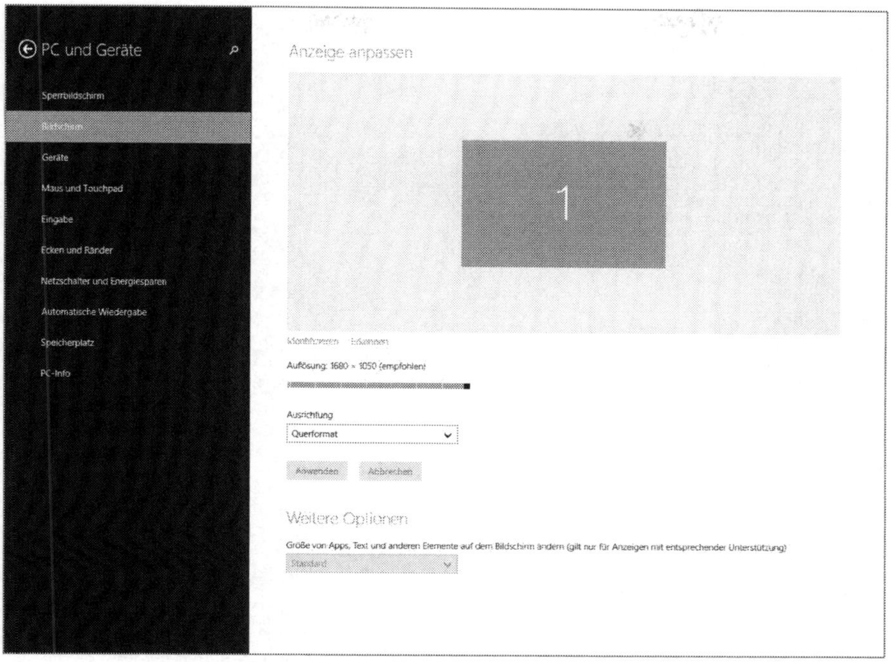


**Bild 8.16:** Bildschirmauflösung in den PC-Einstellungen anpassen.

## Die eingebaute Rechtschreibprüfung

Windows 8.1 beinhaltet eine globale Rechtschreibprüfung, die allerdings nur für die neuen Windows-8.1-Apps, nicht für Anwendungen auf dem klassischen Desktop genutzt wird. Letztere verwenden eigene Methoden zur Rechtschreibprüfung. Die automatische Korrektur und Hervorhebung der Rechtschreibfehler kann in den PC-Einstellungen unter *PC und Geräte/Eingabe* auf Wunsch abgeschaltet werden, was allerdings nur in wenigen Fällen Sinn ergibt – so zum Beispiel, wenn Sie, ohne die Eingabesprache zu verändern, häufig fremdsprachige Texte schreiben.

## Wenn die neue Navigation nervt

Klassische Windows-Nutzer fühlen sich manchmal durch die neuen Navigationselemente gestört, die auftauchen, wenn man mit der Maus in die Bildschirmecken fährt. Wer sich mit dieser Art der Steuerung nicht anfreunden kann, kann im Bereich *Ecken und Kanten* einzelne dieser Funktionen abschalten.

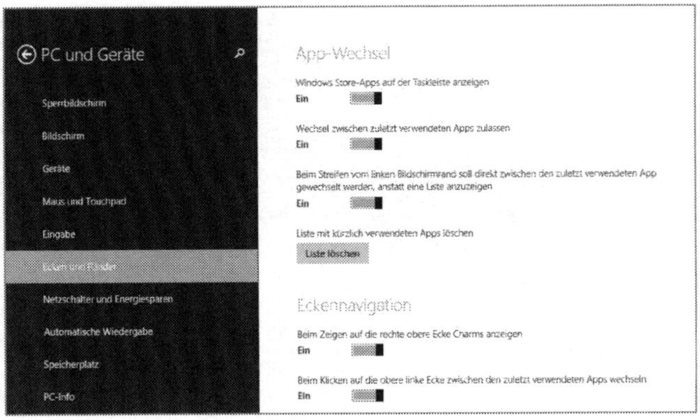


**Bild 8.17:** Steuerung über die Bildschirmecken.

## Automatische Wiedergabe

Wurde ein USB-Stick oder ein Smartphone am USB-Kabel angeschlossen, fragte Windows früher jedes Mal nach, was geschehen soll. So konnte man automatisch Fotos importieren, ein Explorer-Fenster öffnen oder ein spezielles Programm starten.

Windows 8.1 bietet in den PC-Einstellungen unter *PC und Geräte/Automatische Wiedergabe* die Möglichkeit, für jedes bekannte Gerät eigene Standardwerte anzugeben, die festlegen, wie das System reagieren soll, wenn das Gerät angeschlossen wird.

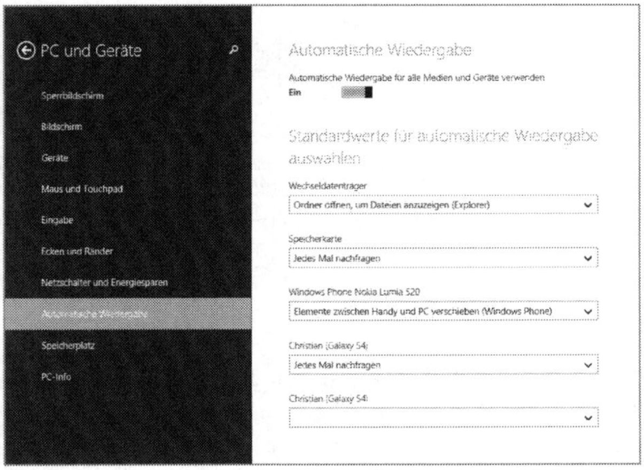


**Bild 8.18:** Einstellungen zur automatischen Wiedergabe beim Anschluss eines USB-Geräts.

## Speicherplatz

Die Anzeige *Speicherplatz* soll einen Überblick über freien und belegten Speicherplatz auf dem PC liefern, ist aber nicht besonders hilfreich.

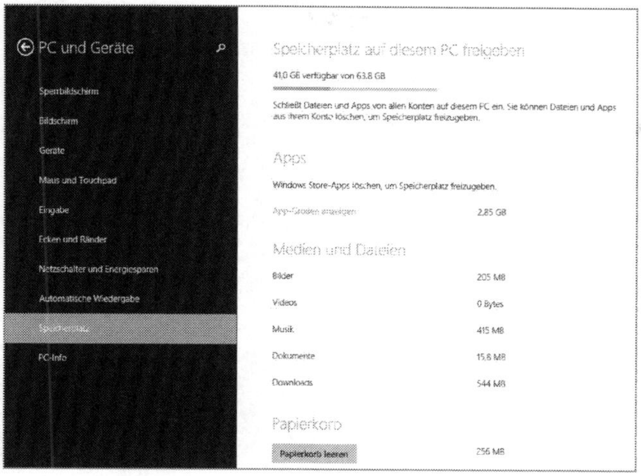


**Bild 8.19:** Die wenig hilfreiche Speicherplatzanzeige in den PC-Einstellungen.

Hier wird lediglich der auf Laufwerk C: belegte und freie Speicherplatz angezeigt. Unter *Apps* ist nur der von den neuen Windows-Store-Apps belegte Speicherplatz zu sehen. Auch die Angaben unter *Medien und Dateien* beziehen sich allein auf die Standardverzeichnisse im eigenen Benutzerprofil und berücksichtigen keine Daten in selbst angelegten projektbezogenen Verzeichnissen.

## 8.2.4 Suchvorschläge und Ergebnisse auch von Bing

Im Bereich *Suche und Apps* der PC-Einstellungen legen Sie fest, ob die neue Windows-Suche auch Suchvorschläge und Suchergebnisse von Bing anzeigen soll.

Das ist neu in 8.1 & Updates

An dieser Stelle können Sie auf Wunsch verhindern, dass Bing persönliche oder auf den Standort angepasste Ergebnisse liefert. In den meisten Fällen kann die Qualität der Suchergebnisse aber deutlich verbessert werden, wenn die Bing-Suche die Standortinformationen nutzen darf.

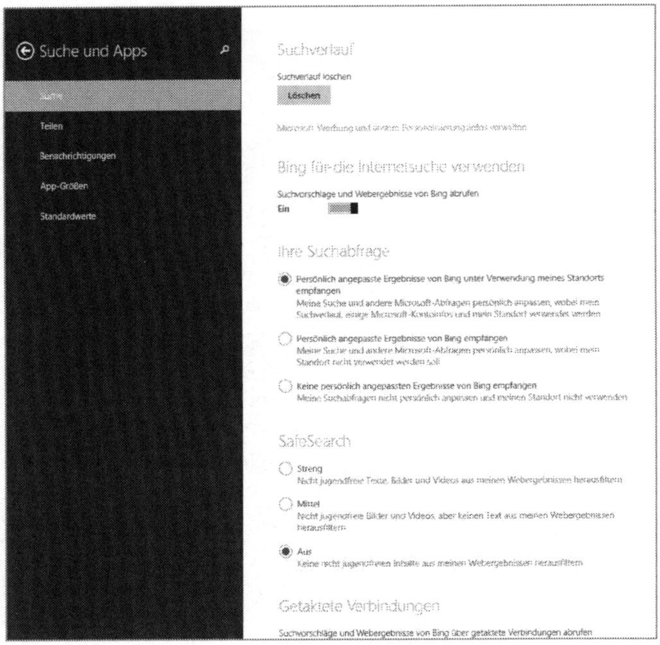


**Bild 8.20:** Einstellungen für die Suche.

## Apps zum Teilen von Inhalten

Im Bereich *Teilen* unter *Suche und Apps* legen Sie fest, welche Apps in der Liste der Apps zum Teilen aus der Charms-Leiste heraus angezeigt und genutzt werden sollen. Die Liste zeigt nur die Apps an, die eine Teilen-Funktion zumindest für einige Typen von Elementen unterstützen. Schalten Sie Apps aus, die Sie nie nutzen, um die Liste übersichtlich zu halten.

Das ist neu in 8.1 & Updates

**Bild 8.21:** Apps zum Teilen auswählen.

Häufig verwendete Apps erscheinen üblicherweise in der Liste ganz oben, damit Sie sie schneller wiederfinden können. Mit den Schaltern unter *Freigabeoptionen* können Sie dieses Verhalten abstellen. An dieser Stelle können Sie auf Wunsch auch verhindern, dass häufig geteilte Elemente bei späteren Aufrufen dieser Liste in einer Vorschlagsliste erscheinen.

### Benachrichtigungen festlegen

Weitere wichtige Einstellungen für den Umgang mit der neuen Windows-8.1-Oberfläche finden Sie im Bereich *Benachrichtigungen.* Hier wird festgelegt, welche Apps Benachrichtigungen über bestimmte Ereignisse anzeigen dürfen und welche nicht. Außerdem können Sie einstellen, ob App-Benachrichtigungen auf dem Sperrbildschirm erscheinen und ob Benachrichtigungstöne verwendet werden sollen.

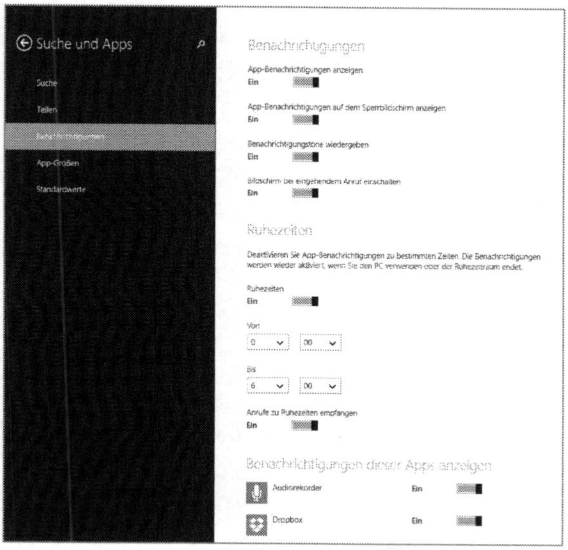


**Bild 8.22:** Einstellungen für App-Benachrichtigungen.

Gerade bei Tablets, die, ohne wirklich ausgeschaltet zu werden, 24 Stunden am Tag laufen, können die Benachrichtigungen mitten in der Nacht lästig sein. Legen Sie Ruhezeiten fest, in denen Apps keine Benachrichtigungen melden dürfen. Eingehende Anrufe über Skype können auf Wunsch auch während der Ruhezeiten gemeldet werden.

### App-Größen anzeigen

Unter *App-Größen* in den PC-Einstellungen im Bereich *Suche und Apps* zeigt Windows 8.1 den Speicherbedarf aller installierten Apps an. Wenn der Speicherplatz auf Ihrer Festplatte knapp wird, können Sie hier die größten Speicherfresser finden und deinstallieren. Dies gilt nur für die modernen Windows-Store-Apps, nicht für Anwendungen auf dem klassischen Desktop.

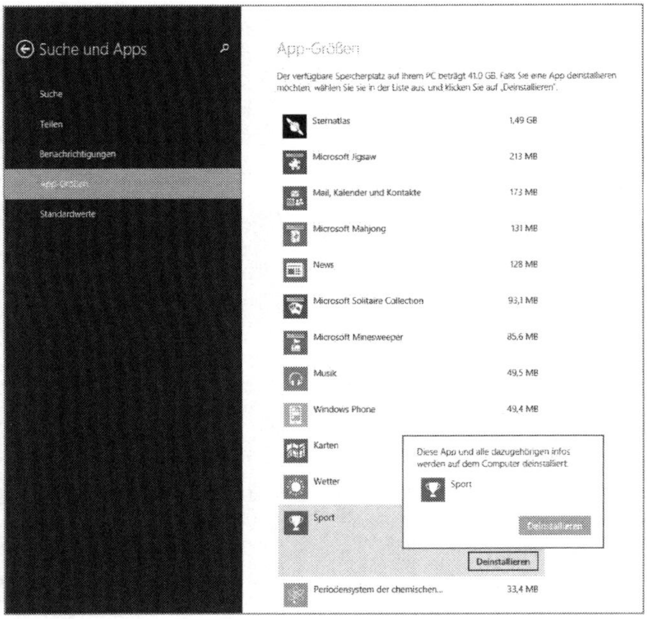


**Bild 8.23:** Durch einfaches Anklicken lassen sich nicht mehr benötigte Apps direkt aus dieser Liste heraus deinstallieren.

## Standard-Apps auswählen

Unter der Überschrift *Standardwerte* enthalten die neuen PC-Einstellungen jetzt übersichtliche Listen, um für bestimmte Inhalte oder Dateitypen Anwendungen festzulegen. Auch hierfür braucht man nicht mehr die klassische Systemsteuerung aufzurufen.

Das ist neu in 8.1 & Updates

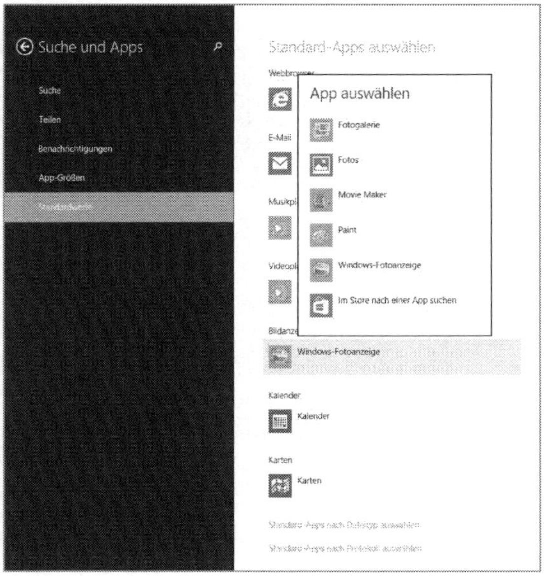


**Bild 8.24:** Standard-Apps in den PC-Einstellungen auswählen.

Über den Link *Standard-Apps nach Dateityp auswählen* legen Sie fest, welche Dateitypen beim Doppelklick auf dem klassischen Desktop oder über den OneDrive-Dateimanager auf der modernen Oberfläche mit welchen Anwendungen standardmäßig geöffnet werden sollen.

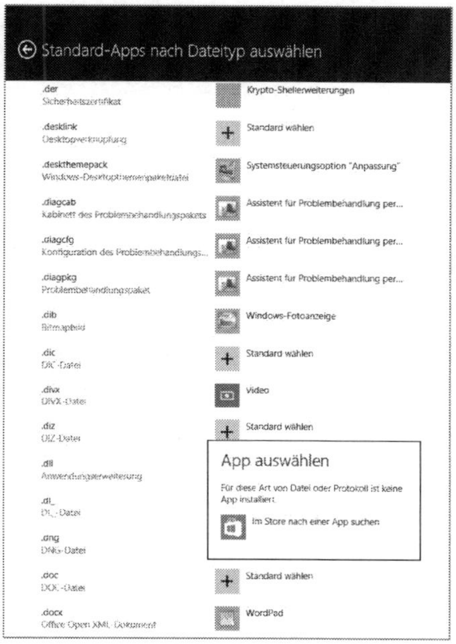


**Bild 8.25:** Standard-Apps nach Dateityp auswählen.

Hier fällt auf, dass Windows 8.1 standardmäßig keine Anwendung zum Öffnen klassischer DOC-Dateien mitliefert. In früheren Windows-Versionen konnte WordPad mit diesem Dateiformat umgehen. Diese Funktion wurde abgeschaltet, da Microsoft sein neues DOCX-Format weiter verbreiten möchte.

### 8.2.5 Zeitzone, Sprache und Datumsformate

Im Bereich *Zeit und Sprache* stellen Sie unter anderem die Uhrzeit ein, was nur noch selten nötig ist, da Windows 8.1 diese in der Standardeinstellung automatisch mit einem Zeitserver im Internet synchronisiert. Wichtig ist aber die Auswahl der richtigen Zeitzone, damit das Zeitsignal auch der tatsächlichen lokalen Uhrzeit entspricht. Lassen Sie den Schalter *Automatisch an Sommerzeit anpassen* am besten aktiviert und schalten Sie dafür im BIOS des PCs die entsprechende Einstellung ab. Windows reagiert über Updates regelmäßig auf mögliche Änderungen der Sommerzeiteinstellungen, die allerdings in Deutschland noch nie vorgekommen sind.

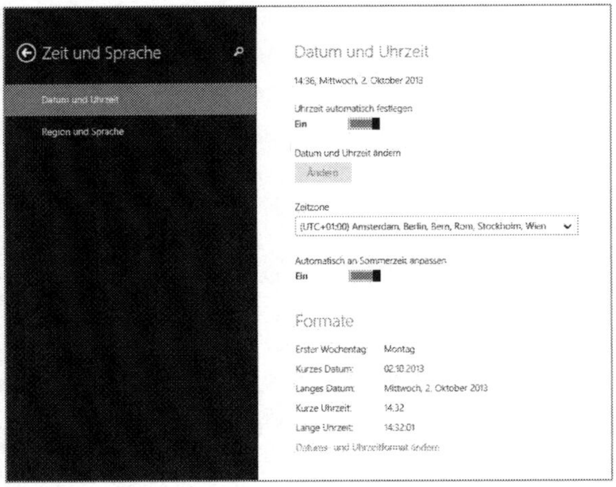


**Bild 8.26:** Der Bereich *Zeit und Sprache* in den PC-Einstellungen.

Im Bereich *Formate* legen Sie fest, wie Datum und Uhrzeit dargestellt werden sollen. Diese Formate werden standardmäßig aus der eingestellten Sprache übernommen und brauchen deshalb in den meisten Fällen nicht verändert zu werden.

### Region und Sprache

In den PC-Einstellungen von Windows 8.1 können Sie jetzt zusätzliche fremdsprachige Tastaturlayouts auch ohne den Umweg über die klassische Systemsteuerung einrichten. Klicken Sie auf das voreingestellte deutsche Layout, um bei Bedarf alternative Tastaturlayouts für Deutsch auszuwählen. Ein Klick auf *Sprache hinzufügen* öffnet eine Liste der von Windows unterstützten Sprachen, die mit jeder Windows-Version etwas länger wird.

**Sprachenvielfalt auf der Erde**
Windows 8.1 unterstützt Tastaturlayouts für 139 Sprachen. Weltweit sind etwa 6.500 Sprachen bekannt, wobei allerdings 80 % der Menschheit die 50 wichtigsten Sprachen als Muttersprache sprechen.

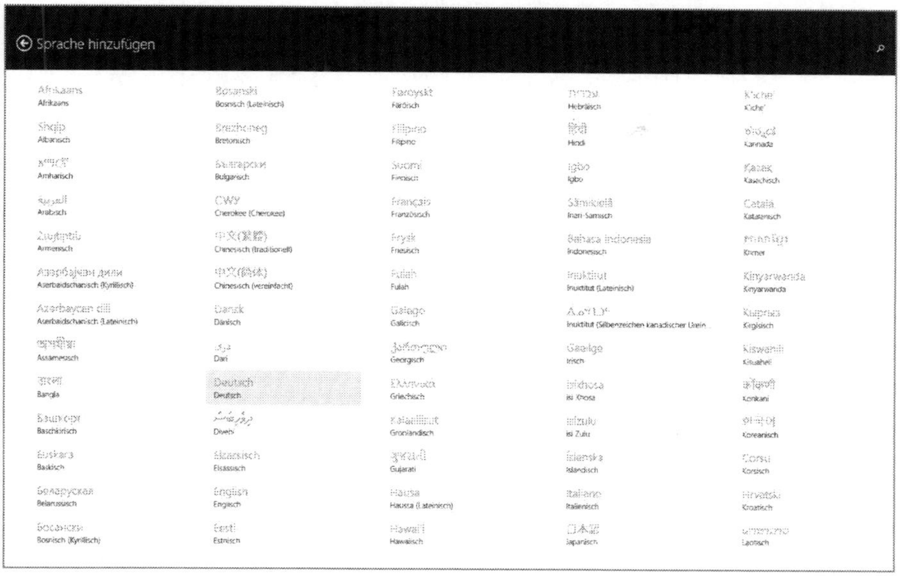


**Bild 8.27:** Ausschnitt aus der Sprachenliste in Windows 8.1.

Im Bereich *Datenschutz* der PC-Einstellungen können Sie den installierten neuen Windows-8.1-Apps einige nützliche Berechtigungen entziehen, wenn Sie in diesen eine Gefahr für Ihre Privatsphäre sehen. Das gilt nicht für Programme auf dem klassischen Desktop.

- Wenn Sie den Schalter *Apps den Zugriff auf meinen Namen, mein Bild und andere Kontaktinfos erlauben* deaktivieren, funktionieren einige Kommunikationsfunktionen nicht mehr sinnvoll, da der Empfänger nicht mehr so leicht mitbekommt, woher eine Nachricht stammt.
- Wenn Sie den SmartScreen-Filter ausschalten, besteht die Gefahr, dass ein Link in einer Nachricht, die von einer App dargestellt wird, zu schädlichen Inhalten führt.
- Wenn Sie *Websites den Zugriff auf die eigene Sprachliste gestatten* ausschalten, werden möglicherweise einige Webseiten in fremden Sprachen angezeigt, obwohl eine deutsche Version vorhanden ist.

Im Bereich *Position* legen Sie fest, welche Apps die eigenen Standortinformationen nutzen dürfen. Wenn Sie diese Schalter deaktivieren, leidet die Qualität der Suchergebnisse, da diese nicht mehr auf die eigene Umgebung optimiert werden können. Tablet-Nutzer mit GPS können ohne Standortdaten auch die Routingfunktion nicht mehr verwenden.

Weiter unten legen Sie noch fest, welche Apps Kamera und Mikrofon verwenden dürfen.

## 8.3 Auch die alte Systemsteuerung ist noch da

In der Systemsteuerung verwaltet Windows wichtige Informationen und Einstellungen zum Betriebssystem, zu Geräten und Diensten. Diese Systemsteuerung war in früheren Windows-Versionen an prägnanter Stelle im Startmenü zu finden. In Windows 8.1 erreichen Sie die Systemsteuerung mit einem Rechtsklick auf das Windows-Logo unten links. Hier erscheint das Systemmenü, in dem Sie die Systemsteuerung finden.

Auf der Startseite der PC-Einstellungen befindet sich unten links ebenfalls ein Link zur Systemsteuerung.

**Bild 8.28:** Die Startseite der Systemsteuerung in der Standardansicht.

Einige Module der Systemsteuerung sind auch an anderen Stellen der Windows-Oberfläche direkt und leichter zugänglich verlinkt. So öffnet z. B. ein Klick auf das Symbol *Wartungscenter* im Infobereich der Taskleiste das Systemsteuerungsmodul *System und Sicherheit/Wartungscenter*. Der Menüpunkt *Anpassen* beim Rechtsklick auf den Desktop öffnet das Systemsteuerungsmodul *Darstellung und Anpassung/Anpassung*.

Wenn Sie nicht genau wissen, wo sich eine bestimmte Einstellung in der Systemsteuerung verbirgt, tippen Sie einfach auf dem Startbildschirm ein Stichwort ein. Oberhalb der Bing-Suchvorschläge erscheinen passende Apps und auch Systemsteuerungsmodule, die Sie direkt aus dieser Liste heraus aufrufen können.

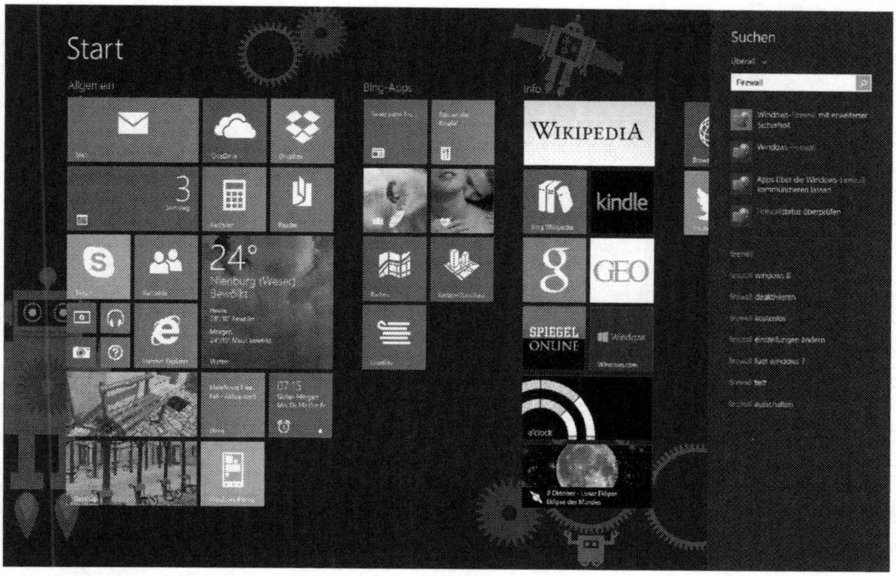


**Bild 8.29:** Systemsteuerungsmodule über die Suche auf dem Startbildschirm finden.

## 8.3.1 Standardbetriebssystem beim Booten ändern

Der neue Bootmanager von Windows 8.1 legt natürlich – wie sollte es anders sein – das neue Betriebssystem als Standardbetriebssystem fest. Das bedeutet, wenn Sie nach dem Start nicht innerhalb von 30 Sekunden ein anderes auf dem Computer installiertes Betriebssystem auswählen, wird Windows 8.1 gestartet.

Möchten Sie Windows 8.1 nur ausprobieren, im Alltag aber weiterhin das gewohnte Windows 7 nutzen, können Sie diese Standardeinstellung später wieder ändern. Rufen Sie dazu die Systemsteuerung auf dem klassischen Desktop auf. Wählen Sie hier das Modul *System und Sicherheit/Verwaltung* und im nächsten Fenster die *Systemkonfiguration.* Auf der Registerkarte *Start* wählen Sie das gewünschte Standardbetriebssystem aus und klicken auf *Als Standard.* Anschließend können Sie auch noch die *Timeout*-Zeit einstellen, nach der automatisch das Standardbetriebssystem gestartet wird.

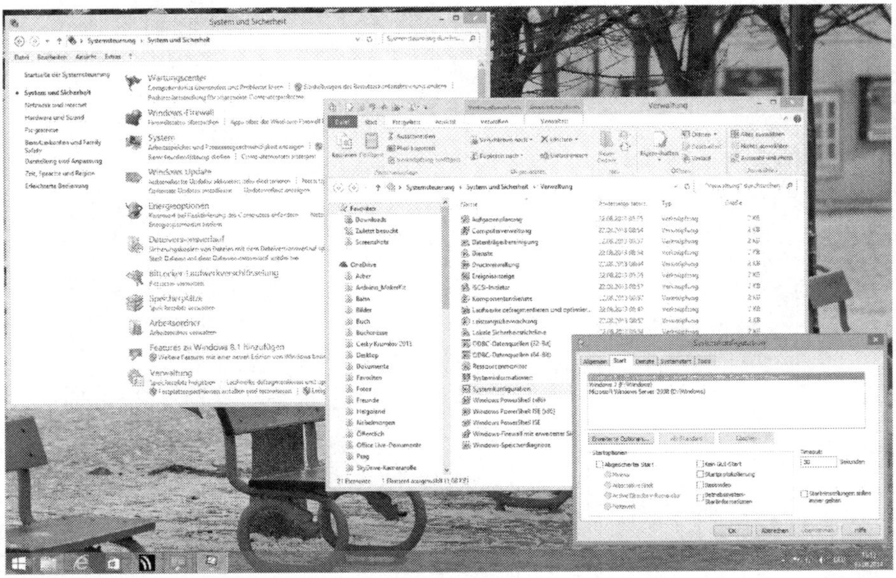


**Bild 8.30:** Auswahl eines Standardbetriebssystems für den Bootmanager.

## 8.4 Ändern der Express-Einstellungen

Viele Benutzer installieren Windows 8.1 zunächst mit den von Microsoft vorgegebenen Express-Einstellungen. Einige dieser Vorgaben sind besonders hinsichtlich des Datenschutzes nicht optimal. Nachdem Sie sich eine Weile mit Windows 8.1 beschäftigt haben, möchten Sie vielleicht das eine oder andere ändern.

### 8.4.1 Wichtige Updates automatisch installieren

Solange sich Ihr Computer in keinem großen Firmennetzwerk befindet, in dem Updates über ein eigenes System bereitgestellt werden, und solange Sie keine Software verwenden, die bekannt für Kompatibilitätsprobleme mit bestimmten Updates ist, sollten Sie diese Einstellung auf den Vorgabewerten belassen.

Das Verhalten bei wichtigen und empfohlenen Updates ist in den PC-Einstellungen unter *Update/Wiederherstellung/Windows Update* festgelegt. Klicken Sie hier auf *Installationsmethode für Updates auswählen.*

Im Listenfeld *Wichtige Updates* legen Sie fest, ob die von Microsoft als wichtig bezeichneten Updates automatisch installiert werden sollen. Mit dem Kontrollkästchen bei *Empfohlene Updates* entscheiden Sie, ob die für wichtige Updates getroffenen Einstellungen auch für die als weniger wichtig eingestuften empfohlenen Updates gelten sollen. Ist dieser Schalter deaktiviert, werden empfohlene Updates nicht automatisch installiert. Der Schalter *Microsoft Update* ganz unten legt fest, ob Updates für andere installierte Microsoft-Programme ebenfalls automatisch angeboten werden sollen. Das betrifft unter anderem Microsoft Office und das von vielen Programmen verwendete .NET Framework.

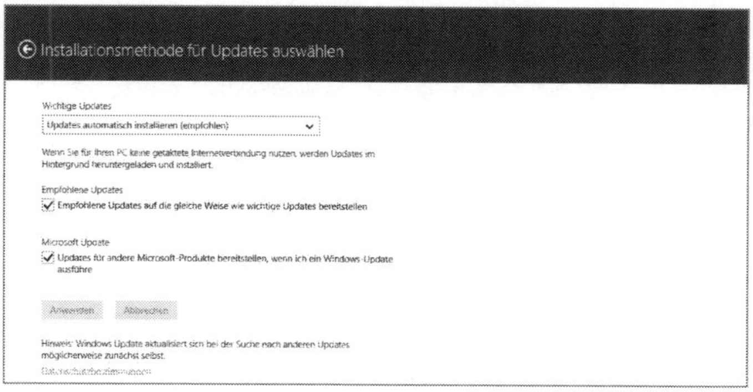
Installationsmethode für Updates auswählen
Wichtige Updates
Updates automatisch installieren (empfohlen)
Wenn Sie für Ihren PC keine getaktete Internetverbindung nutzen, werden Updates im Hintergrund heruntergeladen und installiert.
Empfohlene Updates
Empfohlene Updates auf die gleiche Weise wie wichtige Updates bereitstellen
Microsoft Update
Updates für andere Microsoft-Produkte bereitstellen, wenn ich ein Windows-Update ausführe
Anwenden
Abbrechen
Hinweis: Windows Update aktualisiert sich bei der Suche nach anderen Updates möglicherweise zunächst selbst.

**Bild 8.31:** Die Updateeinstellungen in den PC-Einstellungen.

In der Liste *Updateverlauf anzeigen* sehen Sie alle automatisch installierten Updates und können sich zu jedem zusätzliche Informationen online anzeigen lassen.

## 8.4.2 Schutz vor unsicheren Dateien und Websites

Der Windows SmartScreen-Filter soll in Windows 8.1 den PC vor unbekannten aus dem Internet heruntergeladenen Programmen wie auch vor als gefährlich eingestuften Webseiten im Internet Explorer schützen. Dieser SmartScreen-Filter liefert häufig Fehlalarme bei harmloser Software und nervt daher viele Anwender mehr, als er ihnen nutzt.

Sie können den SmartScreen-Filter für heruntergeladene Programme im Wartungscenter unter *Windows SmartScreen-Einstellungen ändern* abschalten. Das Wartungscenter erreichen Sie mit einem Klick auf das Fähnchen im Infobereich der Taskleiste auf dem klassischen Desktop.

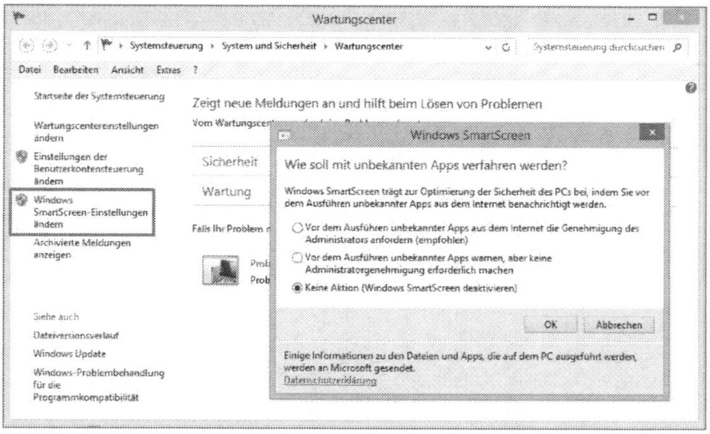
Wartungscenter
Systemsteuerung › System und Sicherheit › Wartungscenter
Datei Bearbeiten Ansicht Extras ?
Startseite der Systemsteuerung
Wartungscentereinstellungen ändern
Einstellungen der Benutzerkontensteuerung ändern
Windows SmartScreen-Einstellungen ändern
Archivierte Meldungen anzeigen
Siehe auch
Dateiversionsverlauf
Windows Update
Windows-Problembehandlung für die Programmkompatibilität
Zeigt neue Meldungen an und hilft beim Lösen von Problemen
Sicherheit
Wartung
Windows SmartScreen
Wie soll mit unbekannten Apps verfahren werden?
Windows SmartScreen trägt zur Optimierung der Sicherheit des PCs bei, indem Sie vor dem Ausführen unbekannter Apps aus dem Internet benachrichtigt werden.
Vor dem Ausführen unbekannter Apps aus dem Internet die Genehmigung des Administrators anfordern (empfohlen)
Vor dem Ausführen unbekannter Apps warnen, aber keine Administratorgenehmigung erforderlich machen
Keine Aktion (Windows SmartScreen deaktivieren)
OK
Abbrechen
Einige Informationen zu den Dateien und Apps, die auf dem PC ausgeführt werden, werden an Microsoft gesendet.
Datenschutzerklärung

**Bild 8.32:** Den Windows SmartScreen-Filter für heruntergeladene Programme abschalten.

Den Schalter für den SmartScreen-Filter für Webseiten finden Sie im Internet Explorer auf dem klassischen Desktop in den *Internetoptionen* auf der Registerkarte *Erweitert* im Bereich *Sicherheit* oder in der *Systemsteuerung* unter *Netzwerk und Internet/Internet-optionen.*

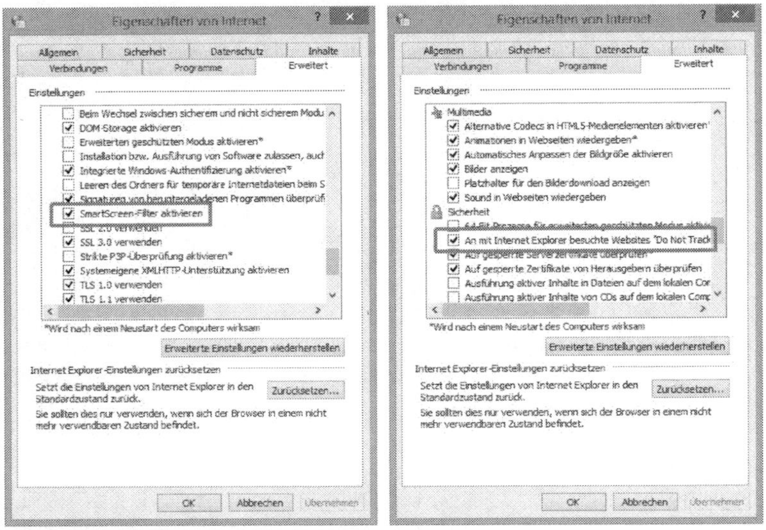


**Bild 8.33:** *SmartScreen-Filter* für Webseiten und *"Do Not Track"*-Einstellung in den *Internetoptionen.*

## 8.4.3 Do Not Track im Internet Explorer aktivieren

Der in Windows 8.1 voreingestellte Tracking-Schutz im Internet Explorer hat nicht nur Vorteile. In den *Internetoptionen* können Sie den DNT-Header auch ganz abschalten. Deaktivieren Sie dazu auf der Registerkarte *Erweitert* im Bereich *Sicherheit* den Schalter *An mit Internet Explorer besuchte Websites "Do Not Track" Request senden.*

Das ist neu in 8.1 & Updates

## 8.4.4 Verbesserung der Benutzerfreundlichkeit

Microsoft möchte gern Informationen zur Nutzung von Windows und anderer Microsoft-Software sammeln, um anhand typischer Nutzerszenarien die Software zu verbessern. Wenn Ihnen das im Hinblick auf den Datenschutz zu weit geht, schalten Sie diese Datenübertragung ab. Die Einstellungen dafür sind jedoch, wie zu erwarten, schwer zu finden.

Klicken Sie im Wartungscenter links auf *Wartungscenter-Einstellungen ändern.* Scrollen Sie im nächsten Bildschirm ganz nach unten und klicken Sie dort auf *Einstellungen für das Programm zur Verbesserung der Benutzerfreundlichkeit.*

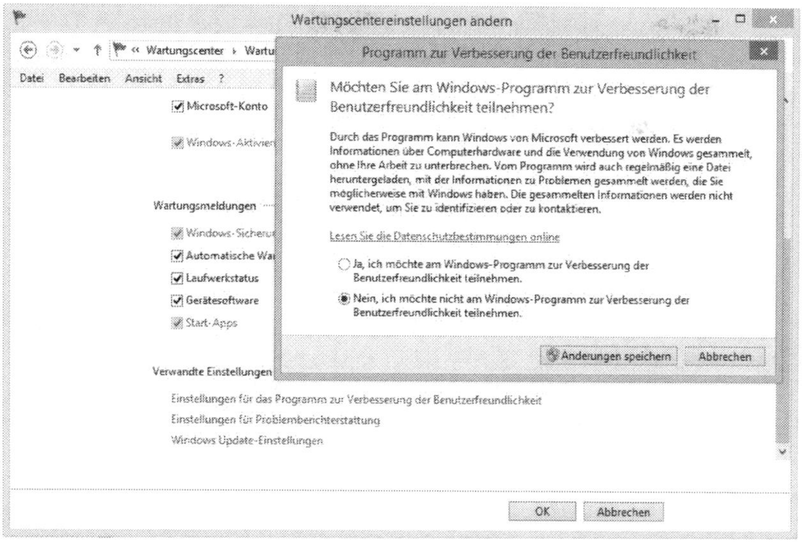
Wartungscentereinstellungen ändern
Wartungscenter
Datei Bearbeiten Ansicht Extras ?
Microsoft-Konto
Wartungsmeldungen
Laufwerkstatus
Gerätesoftware
Verwandte Einstellungen
Einstellungen für das Programm zur Verbesserung der Benutzerfreundlichkeit
Einstellungen für Problemberichterstattung
Windows Update-Einstellungen
OK
Abbrechen
Programm zur Verbesserung der Benutzerfreundlichkeit
Möchten Sie am Windows-Programm zur Verbesserung der Benutzerfreundlichkeit teilnehmen?
Durch das Programm kann Windows von Microsoft verbessert werden. Es werden Informationen über Computerhardware und die Verwendung von Windows gesammelt, ohne Ihre Arbeit zu unterbrechen. Vom Programm wird auch regelmäßig eine Datei heruntergeladen, mit der Informationen zu Problemen gesammelt werden, die Sie möglicherweise mit Windows haben. Die gesammelten Informationen werden nicht verwendet, um Sie zu identifizieren oder zu kontaktieren.
Lesen Sie die Datenschutzbestimmungen online
Ja, ich möchte am Windows-Programm zur Verbesserung der Benutzerfreundlichkeit teilnehmen.
Nein, ich möchte nicht am Windows-Programm zur Verbesserung der Benutzerfreundlichkeit teilnehmen.
Änderungen speichern
Abbrechen

**Bild 8.34:** *Programm zur Verbesserung der Benutzerfreundlichkeit* abschalten.

Wählen Sie hier die Option *Nein*, werden keine Daten mehr über die Verwendung von Windows gesammelt.

## 8.4.5 Online nach Lösungen für Probleme suchen

Wenn ein Problem auftaucht und eine Windows-Komponente »abstürzt«, sendet Windows standardmäßig einen Problembericht an Microsoft und sucht anschließend online in der Microsoft-Supportdatenbank nach einer Lösung. Wer hier Datenschutzbedenken hat, kann auch dieses Verhalten abschalten.

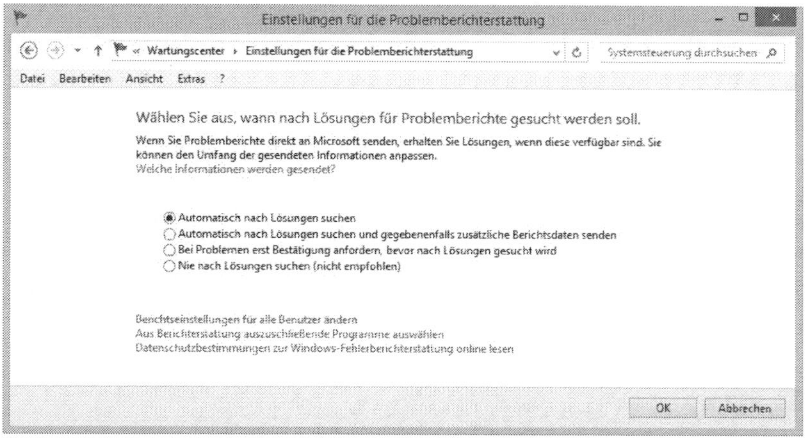
Einstellungen für die Problemberichterstattung
Wartungscenter › Einstellungen für die Problemberichterstattung
Systemsteuerung durchsuchen
Datei Bearbeiten Ansicht Extras ?
Wählen Sie aus, wann nach Lösungen für Problemberichte gesucht werden soll.
Wenn Sie Problemberichte direkt an Microsoft senden, erhalten Sie Lösungen, wenn diese verfügbar sind. Sie können den Umfang der gesendeten Informationen anpassen.
Welche Informationen werden gesendet?
Automatisch nach Lösungen suchen
Automatisch nach Lösungen suchen und gegebenenfalls zusätzliche Berichtsdaten senden
Bei Problemen erst Bestätigung anfordern, bevor nach Lösungen gesucht wird
Nie nach Lösungen suchen (nicht empfohlen)
Berichtseinstellungen für alle Benutzer ändern
Aus Berichterstattung auszuschließende Programme auswählen
Datenschutzbestimmungen zur Windows-Fehlerberichterstattung online lesen
OK
Abbrechen

**Bild 8.35:** Optionen zur Onlinesuche nach Problemlösungen.

Klicken Sie im Wartungscenter links auf *Wartungscenter-Einstellungen ändern.* Scrollen Sie im nächsten Bildschirm ganz nach unten und klicken Sie dort auf *Einstellungen für Problemberichterstattung.* Im nächsten Bildschirm haben Sie verschiedene Auswahlmöglichkeiten, um festzulegen, wie bei Problemen vorgegangen werden soll.

### 8.4.6 Einstellungen für den Datenschutz vornehmen

Das ist neu in 8.1 & Updates

Die neuen Windows-8.1-Apps haben die Möglichkeit, den eigenen Standort, den Namen und das Profilbild zu nutzen, um z. B. standortabhängige Informationen zu liefern oder das eigene Profilbild in einer Kommunikation mit Freunden zu übertragen. In den PC-Einstellungen können Sie dieses Verhalten unter *Datenschutz* beeinflussen. Bedenken Sie dabei, dass die meisten Einstellungen auch nützlich sein können, um die Ergebnisse, die Apps liefern, zu verbessern. Lediglich die Verwendung der Werbungs-ID kann ohne Komfortverlust abgeschaltet werden.

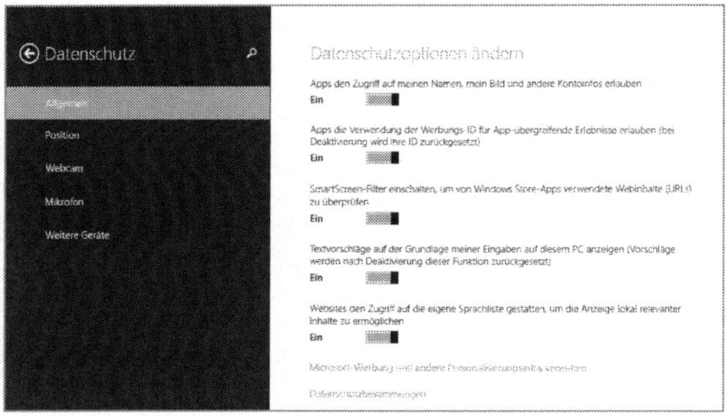


**Bild 8.36:** *Datenschutz* in den PC-Einstellungen.

**Datenschutz in den Medien**
Der Datenschutz ist immer wieder ein Thema, das Benutzer – und noch mehr die Sensationsmedien – im Zusammenhang mit Internet und Apps interessiert. Natürlich gibt es diverse Software, die das Verwenden und Verbreiten persönlicher Daten unterbindet. Allerdings nutzen viele Apps wie auch Webseiten persönliche Daten, wie z. B. den eigenen Standort, weniger aus mutmaßlichen Spionagegründen, sondern eher zur Erhöhung des Werts für den Benutzer, um z. B. lokal relevante Informationen anzubieten.

### 8.4.7 Medienstreamoptionen für Geräte festlegen

Diese Einstellung macht Remoteverbindungen und Medienstreaming im lokalen Netzwerk innerhalb der Heimnetzgruppe möglich. Solange es sich um ein privates Netzwerk einer Einzelperson oder einer Familie handelt, ist diese Einstellung nützlich und sinnvoll. In Firmennetzen kann man sie bei Bedenken wegen bestimmter Inhalte ausschalten.

Wählen Sie in den PC-Einstellungen *Netzwerk/Heimnetzgruppe* und schalten Sie dann *Streamen meiner Musik und Videos auf Geräten (wie Fernseher und Spielkonsolen) in diesem Netzwerk zulassen* ein oder aus.

Das ist neu in 8.1 & Updates

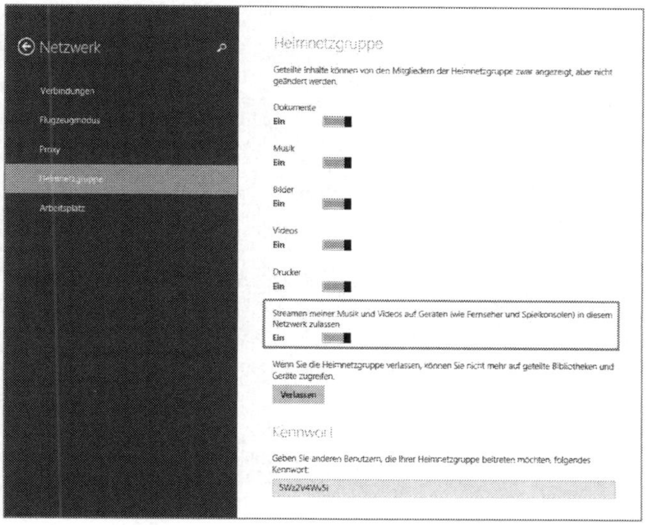


**Bild 8.37:** Medienstreaming und Remoteverbindungen zulassen oder blockieren.

## 8.5 Windows-Fenster auf einen Beamer schieben

Die meisten Notebooks haben einen Anschluss für einen externen Monitor. Dieser zweite Monitoranschluss wird gern für Präsentationen genutzt. Dabei kann auf dem zweiten Monitor oder Beamer das gleiche Bild zu sehen sein wie auf dem Notebook-Bildschirm, oder man erweitert den Windows-Desktop auf beide Bildschirme. In dem Fall können einzelne Fenster auf den Beamer geschoben werden, sodass die Zuschauer sie sehen, andere Fenster, z. B. mit persönlichen Notizen, bleiben auf dem Notebook-Bildschirm.

Das Tastenkürzel [Win]+[P] blendet rechts auf dem Bildschirm eine Seitenleiste mit vier Symbolen für die verschiedenen Konfigurationen von Computermonitor und Projektor (Beamer oder zweitem Monitor) ein. Hier können Sie die gewünschte Konfiguration auswählen. Die Symbolgrafiken erklären eindeutig, was die jeweiligen Anzeigevarianten bewirken.

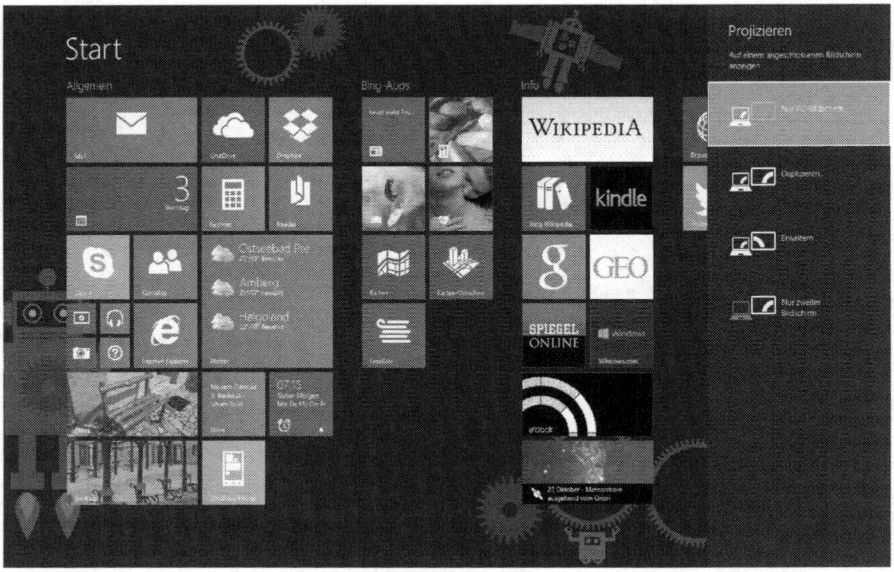


**Bild 8.38:** Vier Varianten zur Anzeige auf einem zusätzlichen Bildschirm.

## 8.6 Mittel, den Stromverbrauch zu reduzieren

Jeder Computer braucht Strom. Mit entsprechenden Einstellungen lässt sich der Stromverbrauch aber deutlich reduzieren. Diese Einstellungen sind besonders für Notebooks mit immer zu schwachen Akkus wichtig.

1. Der Infobereich der Taskleiste enthält auf Notebooks ein Batterie- oder Netzstromsymbol. Ein Klick darauf zeigt den aktuellen Batteriezustand an. An dieser Stelle können Sie direkt den gewünschten Energiesparplan auswählen.

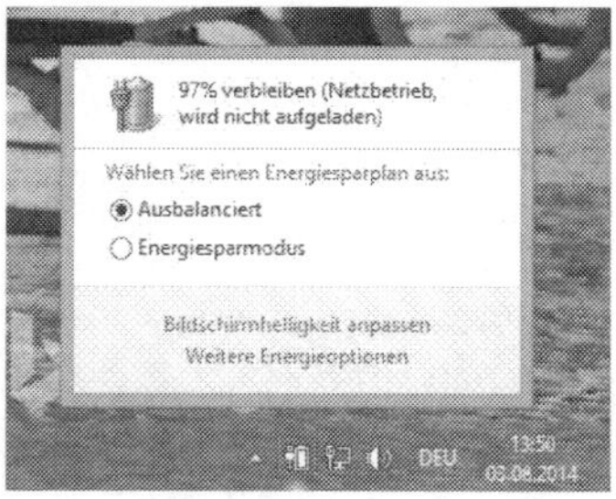


**Bild 8.39:** Klick auf das Batteriesymbol.

2. Ein Klick auf den Link *Weitere Energieoptionen* öffnet das Systemsteuerungsmodul *Energieoptionen*. Windows 8.1 gibt verschiedene sogenannte Energiesparpläne vor. Hier können Sie zwischen dem normalen Modus *Ausbalanciert*, einem speziellen *Energiesparmodus* und einem Modus *Höchstleistung*, der nur wenig Energie spart, wählen.

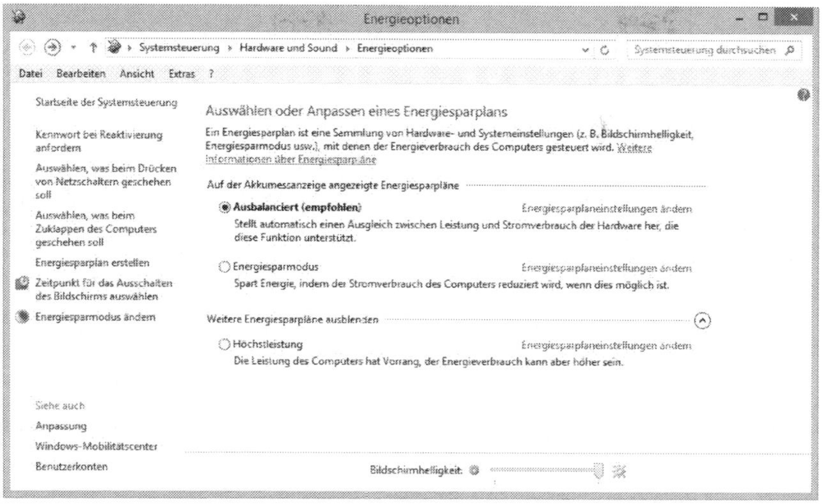


**Bild 8.40:** Auswahl eines Energiesparplans.

Ganz unten in diesem Fenster können Sie die Bildschirmhelligkeit einstellen. Standardmäßig bringt der Bildschirm im Netzbetrieb volle Helligkeit und wird im Akkubetrieb etwa auf die Hälfte abgedunkelt.

3. Mit einem Klick auf den Link *Energiesparplaneinstellungen ändern* legen Sie für jeden Energiesparplan individuelle Einstellungen fest. Dabei können Sie festlegen, nach welcher Inaktivitätszeit der Bildschirm ausgeschaltet werden und wann der Computer automatisch in den Energiesparmodus gehen soll.

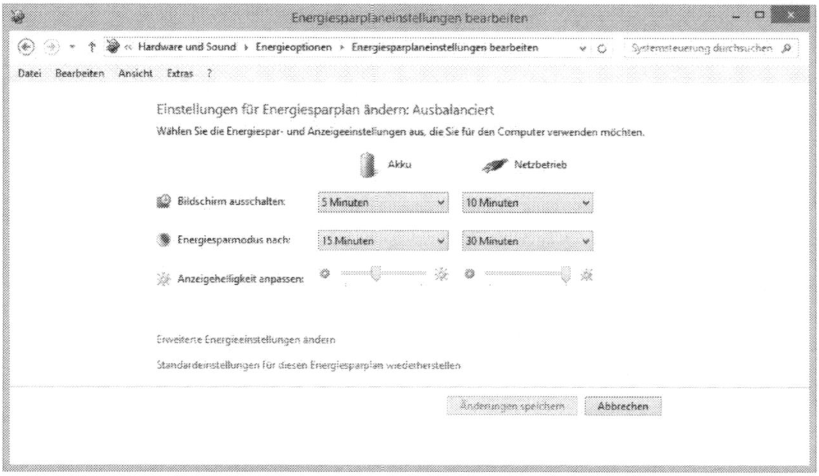


**Bild 8.41:** Einstellungen für den Energiesparplan ändern.

Hier stellen Sie auch die Bildschirmhelligkeit für Akku- und Netzbetrieb ein. Viele Notebooks haben zusätzlich Tasten zur Regelung der Bildschirmhelligkeit. Diese haben keinen Einfluss auf die in den Energieoptionen eingestellten Helligkeitswerte.

4. Noch detaillierter lassen sich die Energiespareinstellungen konfigurieren, wenn Sie auf den Link *Erweiterte Energieeinstellungen ändern* klicken. Im folgenden Dialog stehen weitere Möglichkeiten zur Verfügung, die Sie je nach verwendeter Hardware entsprechend anpassen sollten.

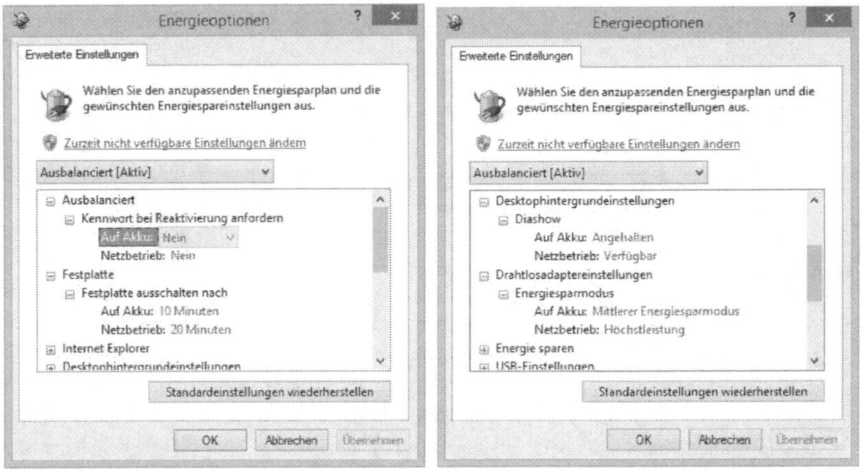


**Bild 8.42:** Erweiterte Energieeinstellungen.

5. Einige Einstellungen werden zwar angezeigt, können standardmäßig aber nicht verändert werden. Dazu müssen Sie dann zuerst auf den Link *Zurzeit nicht verfügbare Einstellungen ändern* klicken und eine Anfrage der Benutzerkontensteuerung bestätigen. Auf Notebooks kann jede Einstellung für Akkubetrieb und Netzbetrieb unabhängig voneinander festgelegt werden.

## 8.6.1 Im Ruhezustand die meiste Energie sparen

Am meisten Energie lässt sich im sogenannten Ruhezustand sparen. Hier wird der komplette Inhalt des Arbeitsspeichers auf die Festplatte gespeichert und der Computer ausgeschaltet. Wird er wieder eingeschaltet, wird der Arbeitsspeicherinhalt wiederhergestellt, sodass man sich an der gleichen Stelle wie vor dem Ruhezustand befindet. Das dauert im Gegensatz zum normalen Windows-Start nur wenige Sekunden.

**Was passiert beim Ruhezustand?**

Für den Ruhezustand wird auf der Festplatte genauso viel freier Speicherplatz benötigt, wie RAM installiert ist. Das Speicherabbild wird in der Datei *hiberfil.sys* auf dem Systemlaufwerk abgelegt. Diese Datei hat die Attribute *Versteckt* und *System*, kann also nicht auf eine andere Partition oder ein anderes Verzeichnis verschoben und auch nicht defragmentiert werden. Sie wird bei der Windows-Installation automatisch in der vollen Größe des RAM angelegt, sodass der Speicherplatz reserviert ist und die Gefahr der Fragmentierung verringert wird. Sie sollten die Datei *hiberfil.sys* auf keinen Fall löschen, da Sie sie sonst meistens nicht mehr unfragmentiert anlegen können.

*Energie sparen* ist ein mit Windows 7 eingeführter neuer Energiesparmodus, der wie beim Ruhezustand eine aktuelle Kopie des Arbeitsspeicherinhalts auf der Festplatte ablegt, dies aber nur aus Sicherheitsgründen. Um den Computer schneller wieder aufzuwecken, wird der Speicher weiterhin mit Strom versorgt. Bei dieser Methode reicht ein einfacher Tastendruck auf eine beliebige Taste der Tastatur, um den Computer aus seinem sehr energiesparenden Zustand wieder zu voller Funktionalität zu bewegen.

In den erweiterten Energieeinstellungen legen Sie fest, nach welcher Zeit ein Computer vom Energiesparmodus automatisch in den Ruhezustand versetzt werden soll. Im Ruhezustand ist der Computer dann komplett stromlos und kann nur durch Drücken der Einschalttaste wieder aufgeweckt werden.

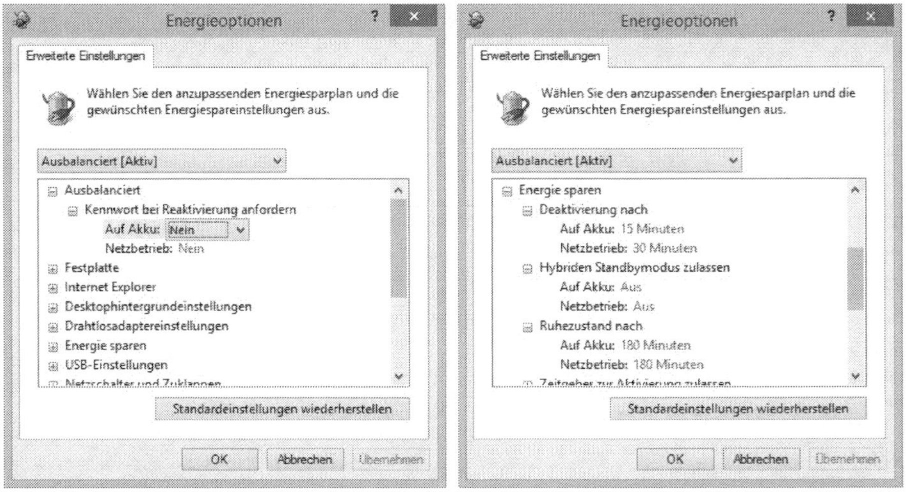


**Bild 8.43:** Einstellungen zum Aufwecken aus dem Energiesparmodus und zum automatischen Umschalten in den Ruhezustand.

Beim Aufwecken aus dem Energiesparmodus muss der Benutzer in der Grundeinstellung jedes Mal sein Passwort angeben. Die Voreinstellung hat Sicherheitsgründe. Verlässt jemand seinen PC für eine bestimmte Zeit, könnte sich ein Unbefugter daran vergreifen. Dieses Verhalten können Sie aber jederzeit abschalten. Die entsprechende

Einstellung finden Sie in den erweiterten Energieeinstellungen unter *Kennwort bei Reaktivierung anfordern.*

## 8.6.2 Notebook-Verhalten bei schwachem Akku

Was passiert, wenn der Akku eines Notebooks im laufenden Betrieb wirklich leer wird? Der Benutzer wird in der Regel vorher gewarnt und muss anschließend das System sauber herunterfahren, um keine Daten zu verlieren. In den erweiterten Energieeinstellungen bietet Windows 8.1 für jeden Energiesparplan eigene Einstellungen an, wie sich das System bei schwacher Batterie verhalten soll. Diese finden Sie ganz unten in der Liste unter *Akku.*

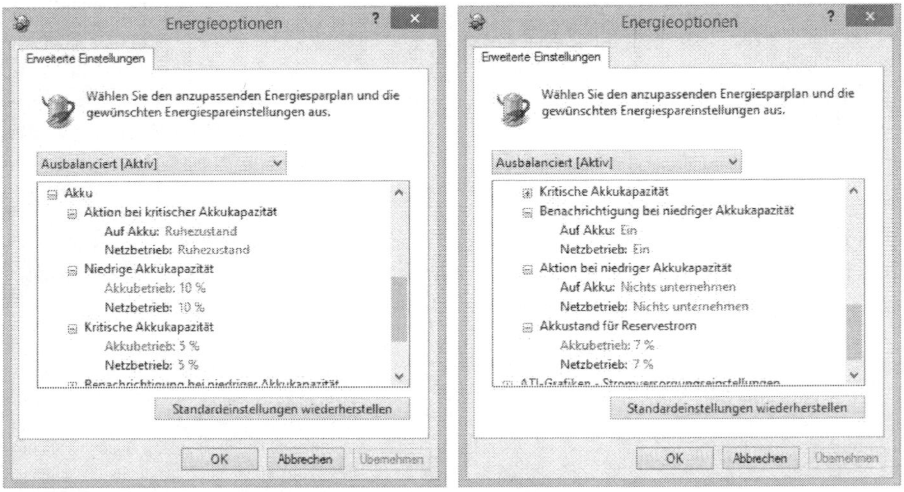


**Bild 8.44:** Einstellungen zum Verhalten bei niedriger Akkukapazität.

Alle Parameter lassen sich für Akkubetrieb und Netzbetrieb getrennt einstellen. In der Grundeinstellung erscheinen zwar auch bei Netzbetrieb Warnungen, sollte der Akku schwach sein, es werden aber keine speziellen Aktionen unternommen. Die Warnungen erinnern den Benutzer daran, das Notebook noch eine Zeit lang am Netzteil angeschlossen zu lassen, um den Akku wieder aufzuladen.

Windows 8 unterscheidet zwischen niedriger Akkukapazität und kritischer Akkukapazität. Bei niedriger Akkukapazität wird üblicherweise nur eine Warnung angezeigt, erst bei kritischer Akkukapazität sollte das System in den Ruhezustand versetzt werden. Alternativ kann man den Computer auch ganz herunterfahren lassen, wobei aber alle Programme beendet werden.

**Werte für alte Akkus höher setzen**
In der Grundeinstellung gelten 10 % der Akkuleistung als niedrige Kapazität, 5 % als kritisch. Diese Werte sind für moderne und fabrikneue Akkus ausgelegt. Bei älteren Akkus kann es notwendig werden, die Werte etwas zu erhöhen, damit genügend Zeit bleibt, die geöffneten Dateien zu sichern oder den Computer in den Ruhezustand zu versetzen. Ältere Akkus verlieren die letzten paar Prozent ihrer Kapazität deutlich schneller als neue Akkus.

## 8.6.3 Energiespartaste und andere Aktionen

Bestimmte Schalter am Computer oder an der Tastatur sowie das Zuklappen eines Notebooks lösen bestimmte Aktionen aus. Welche Aktion bei welchem Ereignis ausgelöst wird, können Sie in den Energieeinstellungen festlegen. Klicken Sie dazu in den *Energieoptionen* links auf *Auswählen was beim Drücken von Netzschaltern geschehen soll.* Je nachdem, welche Schalter der Computer verwendet, werden hier entsprechende Auswahllisten angezeigt.

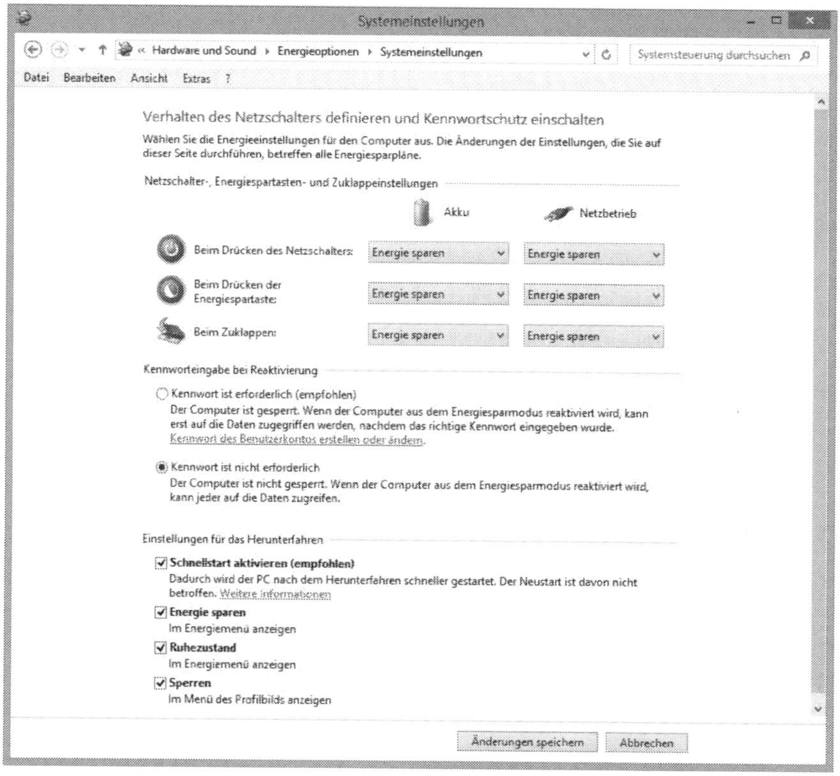
Systemeinstellungen
« Hardware und Sound › Energieoptionen › Systemeinstellungen
Systemsteuerung durchsuchen
Datei Bearbeiten Ansicht Extras ?
Verhalten des Netzschalters definieren und Kennwortschutz einschalten
Wählen Sie die Energieeinstellungen für den Computer aus. Die Änderungen der Einstellungen, die Sie auf dieser Seite durchführen, betreffen alle Energiesparpläne.
Netzschalter-, Energiespartasten- und Zuklappeinstellungen
Akku
Netzbetrieb
Beim Drücken des Netzschalters:
Beim Drücken der Energiespartaste:
Beim Zuklappen:
Energie sparen
Kennworteingabe bei Reaktivierung
Kennwort ist erforderlich (empfohlen)
Der Computer ist gesperrt. Wenn der Computer aus dem Energiesparmodus reaktiviert wird, kann erst auf die Daten zugegriffen werden, nachdem das richtige Kennwort eingegeben wurde.
Kennwort des Benutzerkontos erstellen oder ändern.
Kennwort ist nicht erforderlich
Der Computer ist nicht gesperrt. Wenn der Computer aus dem Energiesparmodus reaktiviert wird, kann jeder auf die Daten zugreifen.
Einstellungen für das Herunterfahren
Schnellstart aktivieren (empfohlen)
Dadurch wird der PC nach dem Herunterfahren schneller gestartet. Der Neustart ist davon nicht betroffen. Weitere Informationen
Energie sparen
Im Energiemenü anzeigen
Ruhezustand
Im Energiemenü anzeigen
Sperren
Im Menü des Profilbilds anzeigen
Änderungen speichern
Abbrechen

**Bild 8.45:** Aktionen beim Drücken des Netzschalters oder beim Zuklappen des Notebooks.

Das Zuklappen eines Notebooks kann ebenfalls eine Aktion auslösen. Dabei ist es nicht unbedingt erforderlich, eine Taste zu drücken. Standardmäßig wird beim Zuklappen die Funktion *Energie sparen* aufgerufen.

### 8.6.4 Energieoptionen in den PC-Einstellungen

Nur die wichtigsten Einstellungen zum Energiesparen sind auch in den PC-Einstellungen unter *PC und Geräte/Netzschalter und Energiesparen* zu finden. Hier können Sie festlegen, nach welcher Inaktivitätszeit sich der Bildschirm ausschaltet und der PC in den Energiesparmodus wechselt. Für Akkumodus und Netzbetrieb können unterschiedliche Zeiten angegeben werden.

Das ist neu in 8.1 & Updates

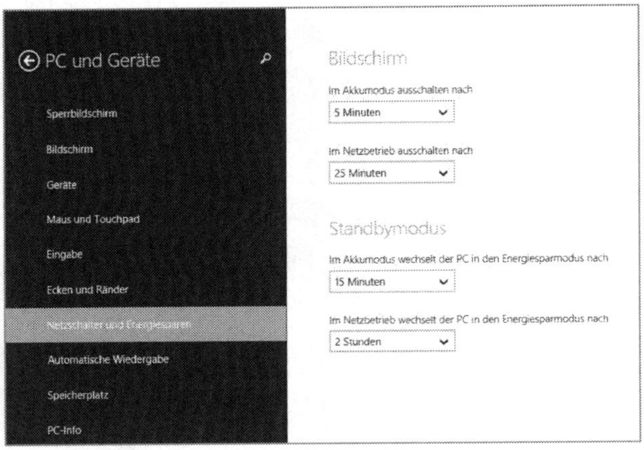


**Bild 8.46:** Energieeinstellungen in den PC-Einstellungen.

# 9 Technische Probleme beheben

Windows 8.1 informiert den Benutzer auf dem klassischen Desktop über das Wartungscenter automatisch, sollte es zu technischen oder sicherheitsrelevanten Problemen kommen.

## 9.1 Wichtige Meldung vom Wartungscenter

**Bild 9.1:** Meldung des Windows-Wartungscenters in der Taskleiste.

Mit einem Klick auf das Fähnchen im Infobereich der Taskleiste öffnen Sie das Wartungscenter. Dieses zeigt den Status aller wichtigen Sicherheitskomponenten an. Sollte hier etwas nicht in Ordnung sein, wird eine auffällig rote oder gelbe Meldung angezeigt. Diese Meldungen geben auch direkt Hinweise dazu, wie das jeweilige Problem behoben werden kann.

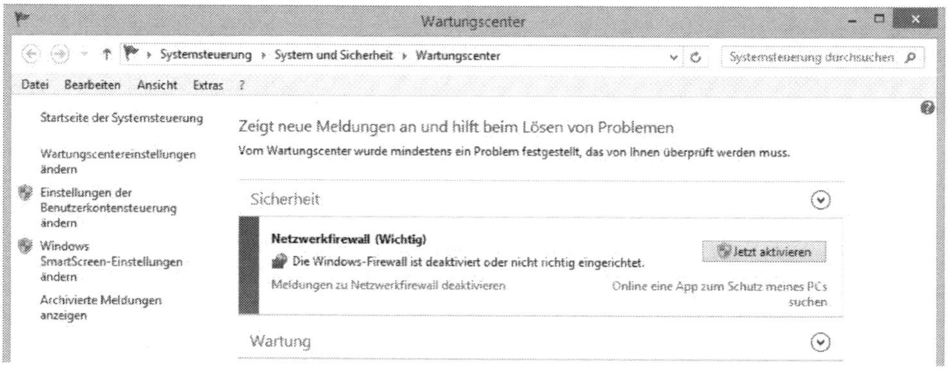


**Bild 9.2:** Meldung bei einem Problem im Wartungscenter.

## 9.2 Wirksamer Schutz vor Spyware und Viren

Der Windows Defender schützt den Computer vor Spyware, die mit Software installiert oder aus dem Internet heruntergeladen wurde. Das Programm ist seit einiger Zeit in Windows integriert, wurde für Windows 8 und 8.1 zusätzlich zum Spywareschutz noch um einen Virenschutz erweitert und ersetzt damit die aus Windows 7 bekannte Sicherheitslösung Microsoft Security Essentials. Der Virenschutz des Windows Defender ist nur aktiv, wenn auf dem Computer keine andere Virenschutzsoftware gefunden wird.

Der Windows Defender ist in Windows 8.1 allerdings nicht mehr so leicht zu finden wie früher, weil die Programmverknüpfung auf dem klassischen Desktop fehlt. Da der Windows Defender in Windows 8.1 automatisch im Hintergrund läuft, ist ein manueller Aufruf auch nicht mehr so wichtig. Sie finden das Programm aber in der Liste *Apps* unter *Windows-System* auf dem Startbildschirm.

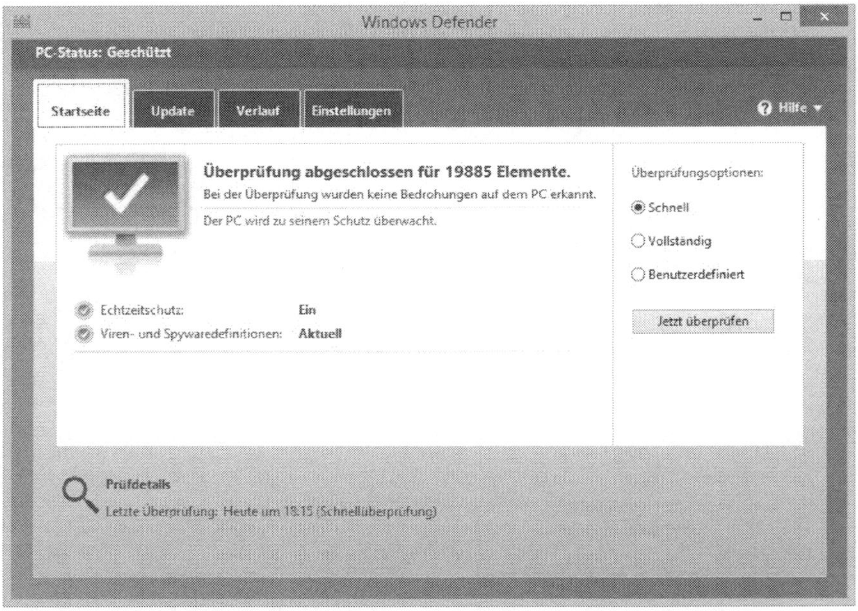


**Bild 9.3:** Der Windows Defender hat die Überprüfung des PCs abgeschlossen.

**Updates der Virendefinitionen**
Da ständig neue Schadsoftware auftaucht, ist es absolut notwendig, dass ein Virenscanner regelmäßig aktualisiert wird. Dabei sind nur selten Updates des Programms erforderlich. Die Hersteller von Virenscannern liefern teilweise mehrmals täglich aktuelle Virendefinitionsdateien. Diese Virendefinitionen enthalten die typischen Erkennungsmerkmale der neuesten Schadsoftware, damit der Virenscanner diese auch finden kann.

So läuft ein ständiges Wettrennen zwischen Virenprogrammierern und Herstellern von Virenscannern. Manche Viren scheinen sogar einzig den Sinn zu haben, dieses Rennen anzuheizen, da sie keinerlei schädliche Funktionen enthalten, sich aber möglichst schnell und über noch wenig ausgetretene Wege verbreiten.

Der Windows Defender lädt automatisch vor jeder geplanten Überprüfung aktuelle Virendefinitionen herunter. Zusätzlich können Sie jederzeit mit der Schaltfläche *Aktualisieren* auf der Registerkarte *Update* die neuesten Virendefinitionen herunterladen.

Jede ausführbare Datei kann theoretisch einen Virus enthalten. Deshalb prüft der Windows Defender diese Dateien automatisch im Hintergrund, bevor sie ausgeführt werden. Achten Sie darauf, dass auf der Registerkarte *Einstellungen* der Echtzeitschutz aktiv ist. Auf der Startseite können Sie auch jederzeit eine manuelle Überprüfung starten.

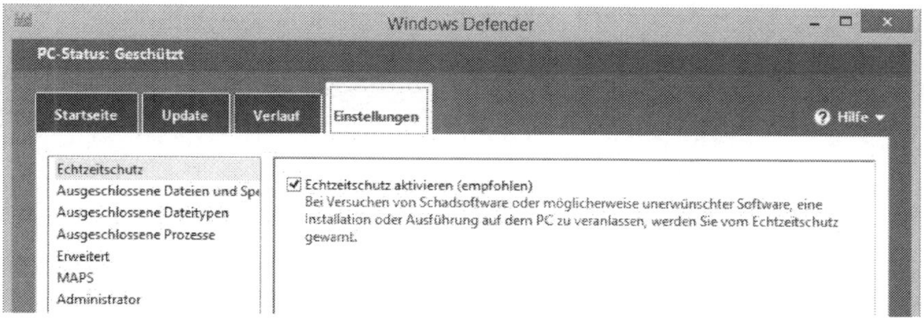


**Bild 9.4:** Die Empfehlung lautet: *Echtzeitschutz aktivieren.*

## 9.2.1 Verschiedene Überprüfungsmethoden

Bei der Systemüberprüfung bietet der Windows Defender die Wahl zwischen einer schnellen Überprüfung, die meist in wenigen Minuten erledigt ist, und einer vollständigen Überprüfung, die mehrere Stunden dauern kann.

- Bei der schnellen Überprüfung werden nur die Systembereiche geprüft, die mit hoher Wahrscheinlichkeit von Schadsoftware befallen werden, wie unter anderem die persönlichen Verzeichnisse und das Windows-Verzeichnis.
- Bei der vollständigen Überprüfung werden alle Dateien auf lokalen Festplatten einer Überprüfung unterzogen.

Neben der schnellen und vollständigen Überprüfung können Sie mit der Einstellung *Benutzerdefiniert* auch beliebige Laufwerke oder Verzeichnisse auswählen, die überprüft werden sollen.

## 9.2.2 Was tun bei einem Virusfund?

Wenn Sie eine Datei, die einen Virus enthält, herunterladen, öffnen oder kopieren wollen, versucht der Windows Defender, dieses Problem selbstständig zu beheben. Sollte das nicht funktionieren, schlägt er sofort Alarm. In den meisten Fällen ist nur eine kurze Meldung oben rechts zu sehen, und der Windows Defender verschiebt die gefährliche Datei in Quarantäne.

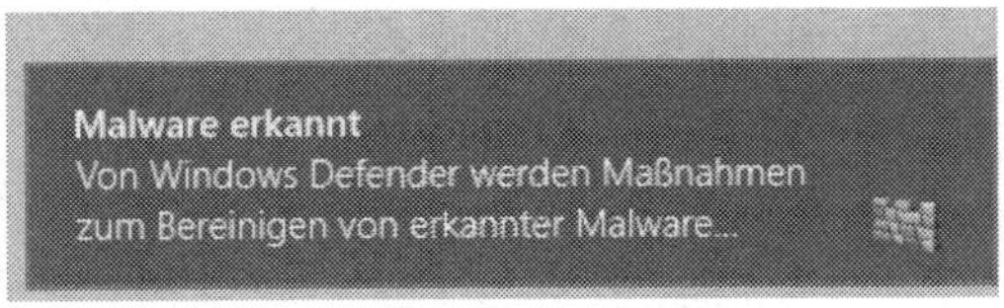
Malware erkannt
Von Windows Defender werden Maßnahmen zum Bereinigen von erkannter Malware...

**Bild 9.5:** Meldung bei erkannter Malware.

Der Versuch, die gefährliche Datei auf der Festplatte zu speichern, schlägt fehl, da der Windows Defender den Zugriff auf diese Datei verweigert.

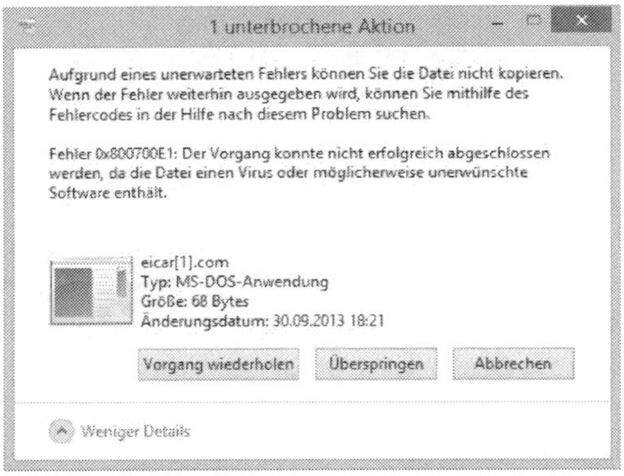
1 unterbrochene Aktion
Aufgrund eines unerwarteten Fehlers können Sie die Datei nicht kopieren. Wenn der Fehler weiterhin ausgegeben wird, können Sie mithilfe des Fehlercodes in der Hilfe nach diesem Problem suchen.
Fehler 0x800700E1: Der Vorgang konnte nicht erfolgreich abgeschlossen werden, da die Datei einen Virus oder möglicherweise unerwünschte Software enthält.
eicar[1].com
Typ: MS-DOS-Anwendung
Größe: 68 Bytes
Änderungsdatum: 30.09.2013 18:21
Vorgang wiederholen
Überspringen
Abbrechen
Weniger Details

**Bild 9.6:** Gefährliche Dateien können nicht gespeichert werden.

Zwischendurch sollten Sie immer mal wieder in das Protokoll des Windows Defender sehen, um den Überblick darüber zu behalten, was auf Ihrem Computer an gefährlichen Dateien gefunden wurde. Klicken Sie dazu auf der Registerkarte *Verlauf* auf *Details einblenden*. Die Liste zeigt alle Aktionen des Windows Defender.

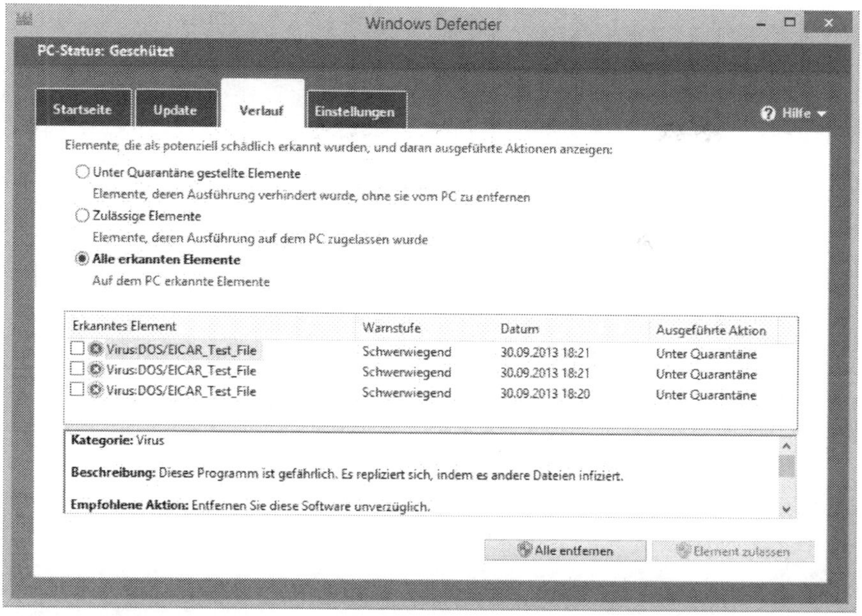


**Bild 9.7:** Auflistung der gefundenen Schadsoftware.

Fehlalarme kommen bei allen Virenscannern immer wieder vor. Wenn Sie sich ganz sicher sind, was es mit einer gemeldeten Datei auf sich hat, können Sie die Datei aus der Quarantäne holen und die Verwendung der Datei in Zukunft sogar zulassen. Der Windows Defender meldet in diesem Fall die gleiche Datei in Zukunft nie wieder als gefährlich. Schalten Sie dazu das Kontrollkästchen vor dem erkannten Element ein und klicken Sie dann unten rechts auf *Element zulassen*. Anschließend muss nur noch ein Sicherheitshinweis bestätigt werden.

**Virenscanner auf Zuverlässigkeit prüfen**

Wenn Sie einen Virenscanner installiert haben, wollen Sie natürlich wie bei jedem anderen Programm wissen, ob er zuverlässig funktioniert. Besonders wichtig ist zum Beispiel, ob die im Hintergrund laufenden Funktionen beim Öffnen oder Kopieren einer infizierten Datei sofort Alarm schlagen. Um das nicht mit einem wirklichen Virus ausprobieren zu müssen, hat das »European Institute for Computer Antivirus Research« (EICAR – *www.eicar.org*) einen Teststring veröffentlicht, der sich gegenüber Antivirenprogrammen wie ein Virus verhält, aber keinerlei Wirkung hat.

Ist Ihr Virenscanner richtig installiert, muss er die Datei als infiziert erkennen, was auch bedeutet, dass Sie schon Schwierigkeiten haben müssten, überhaupt eine COM-Datei mit diesem Inhalt herunterzuladen oder diese zu kopieren. Der darin enthaltene Virus vervielfältigt sich aber nicht und hat auch sonst keine nachteilige Wirkung auf Ihr System. Sie können die Datei nach dem Test einfach wieder löschen oder von Ihrem Virenscanner automatisch löschen lassen.

## 9.3 Windows Update hält das System aktuell

Windows Update ist ein Onlinedienst von Microsoft, über den Sie immer die neuesten Betriebssystemupdates, Sicherheitspatches und Updates für Microsoft-Softwarekomponenten wie Internet Explorer oder Windows Defender bekommen können. Diese Funktion ist seit Windows 98 vorhanden, aber erst seit Windows XP fest ins System integriert. Seit dem Service Pack 2 für Windows XP und dem damals neuen Sicherheitscenter warnt Windows sogar, wenn die Update-Funktion nicht auf automatisch gesetzt ist.

In Windows 7 wurde die Update-Funktion noch weiter optimiert. Der Benutzer braucht sich kaum mehr selbst darum zu kümmern, sein System aktuell und sicher zu halten.

**»Never touch a running system!« – das gilt, mit Einschränkungen, auch für Updates**
Führen Sie nie ein Update durch, wenn Windows nicht mehr einwandfrei läuft. Die Updates korrigieren nur Sicherheitslücken, keine instabilen Systeme.
Es kommt in seltenen Fällen vor, dass Windows nach einem Update nicht mehr einwandfrei läuft. Um dieses Risiko zu verringern, setzt Windows automatisch einen Systemwiederherstellungspunkt, bevor es systemkritische Updates installiert. Einige wenige Updates zerstören allerdings sämtliche vorhandenen Wiederherstellungspunkte.
Manche Updates sind zu nicht zertifizierten Gerätetreibern nicht kompatibel. Eventuell müssen Sie diese Treiber nach einem Update neu installieren. Kopieren Sie also sicherheitshalber die Installationsdateien aller verwendeten, nicht zertifizierten Treiber in ein Verzeichnis auf der Festplatte, um sie im Notfall wieder griffbereit zu haben.

### 9.3.1 Windows Update automatisch ausführen

Microsoft bemüht sich, für bekannt gewordene Sicherheitslücken so schnell wie möglich ein Patch zu entwickeln, das die Lücke schließt. Diese Patches werden über die Windows-Update-Funktion zum Download angeboten, damit sich Benutzer um die Installation nicht mehr selbst kümmern müssen.

**Systemauslastung durch die Update-Funktion**
Windows 8.1 bietet ein intelligentes Update-System an, das die Updates nur dann herunterlädt, wenn die Internetverbindung nicht von einer anderen Anwendung benötigt wird. So bemerken Sie also kaum noch Geschwindigkeitsverluste durch Updates. Wenn Sie einen Router und ein Netzwerk verwenden, geht die vom Update belegte Bandbreite trotzdem den anderen Computern im Netz verloren. Sollte es hier zu spürbaren Geschwindigkeitseinbußen kommen, wählen Sie für die Downloadzeit für automatische Updates einen Zeitraum geringer Nutzung, zum Beispiel, wie voreingestellt, nachts um 03:00 Uhr.

Windows 8.1 lädt in der Standardeinstellung alle sicherheitsrelevanten Updates automatisch herunter und installiert sie. Das Wartungscenter warnt mit einem Symbol im Infobereich der Taskleiste, wenn ein Sicherheitsrisiko besteht. Eines der möglichen Risiken, die hier angezeigt werden, ist eine deaktivierte automatische Update-Funktion.

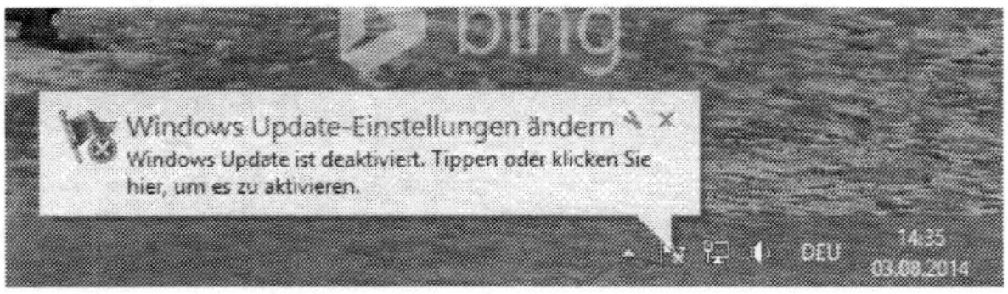
bing
Windows Update-Einstellungen ändern
Windows Update ist deaktiviert. Tippen oder klicken Sie hier, um es zu aktivieren.
DEU
14:35
03.08.2014

**Bild 9.8:** Sicherheitswarnung bei ausgeschalteten automatischen Updates.

1. Mit einem Klick auf diese Meldung können Sie die Updateeinstellungen direkt ändern, um wichtige Updates automatisch zu installieren. Optionale Updates müssen weiterhin manuell installiert werden.

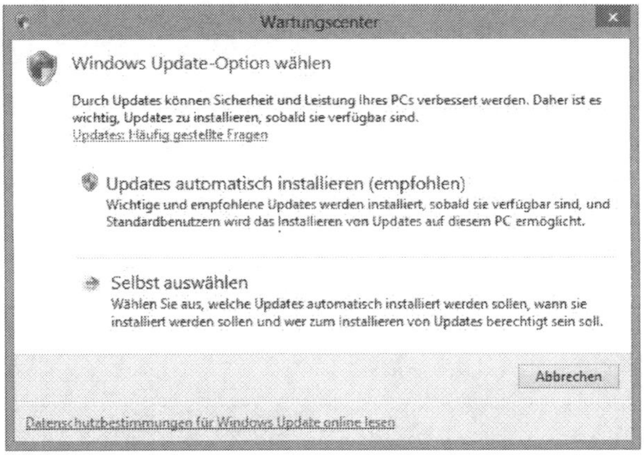
Wartungscenter
Windows Update-Option wählen
Durch Updates können Sicherheit und Leistung Ihres PCs verbessert werden. Daher ist es wichtig, Updates zu installieren, sobald sie verfügbar sind.
Updates: Häufig gestellte Fragen
Updates automatisch installieren (empfohlen)
Wichtige und empfohlene Updates werden installiert, sobald sie verfügbar sind, und Standardbenutzern wird das Installieren von Updates auf diesem PC ermöglicht.
Selbst auswählen
Wählen Sie aus, welche Updates automatisch installiert werden sollen, wann sie installiert werden sollen und wer zum Installieren von Updates berechtigt sein soll.
Abbrechen
Datenschutzbestimmungen für Windows Update online lesen

**Bild 9.9:** *Windows Update-Optionen* im *Wartungscenter* einstellen.

2. Die Einstellungen für Windows-Updates finden Sie in der Systemsteuerung im Modul *System und Sicherheit/Windows Update.*

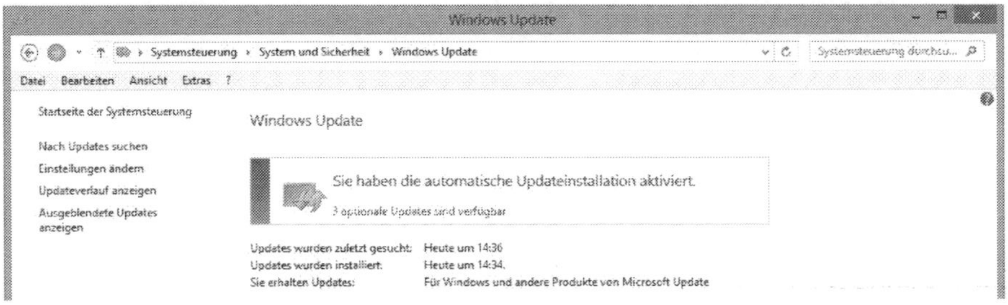
Windows Update
Systemsteuerung › System und Sicherheit › Windows Update
Systemsteuerung durchsu...
Datei Bearbeiten Ansicht Extras ?
Startseite der Systemsteuerung
Nach Updates suchen
Einstellungen ändern
Updateverlauf anzeigen
Ausgeblendete Updates anzeigen
Windows Update
Sie haben die automatische Updateinstallation aktiviert.
3 optionale Updates sind verfügbar
Updates wurden zuletzt gesucht: Heute um 14:36
Updates wurden installiert: Heute um 14:34.
Sie erhalten Updates: Für Windows und andere Produkte von Microsoft Update

**Bild 9.10:** Updates stehen zur Installation auf dem Computer bereit.

3. In der Standardeinstellung werden wichtige Updates automatisch installiert, bei optionalen Updates klicken Sie auf den Link, der dann eine Liste verfügbarer

Updates zeigt, in der Sie wählen können, welche davon installiert werden sollen. Die Updates werden heruntergeladen und anschließend automatisch installiert, was je nach Größe einige Minuten oder auch Stunden dauern kann. Verlegen Sie das Herunterladen dieser Updates also nach Möglichkeit in Zeiten schwacher Internetnutzung, also auf Sonntage oder spät in die Nacht.

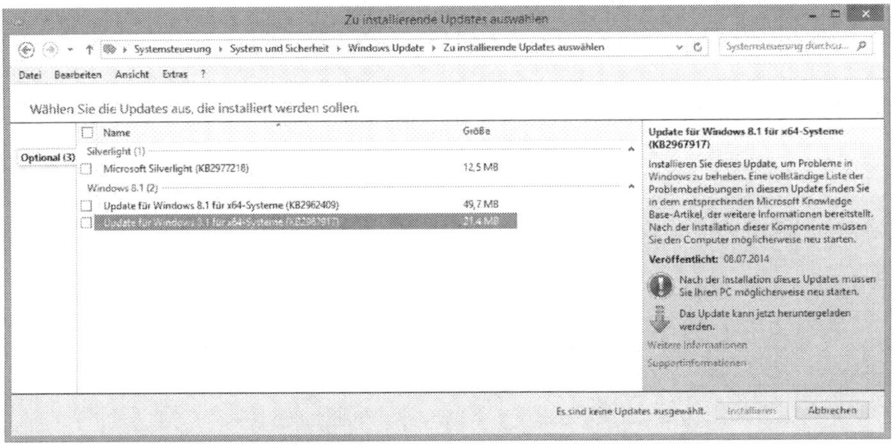
Zu installierende Updates auswählen
Systemsteuerung › System und Sicherheit › Windows Update › Zu installierende Updates auswählen
Datei Bearbeiten Ansicht Extras ?
Wählen Sie die Updates aus, die installiert werden sollen.
Optional (3)
Name
Größe
Silverlight (1)
Microsoft Silverlight (KB2977218)
12,5 MB
Windows 8.1 (2)
Update für Windows 8.1 für x64-Systeme (KB2962409)
49,7 MB
Update für Windows 8.1 für x64-Systeme (KB2967917)
Installieren Sie dieses Update, um Probleme in Windows zu beheben. Eine vollständige Liste der Problembehebungen in diesem Update finden Sie in dem entsprechenden Microsoft Knowledge Base-Artikel, der weitere Informationen bereitstellt. Nach der Installation dieser Komponente müssen Sie den Computer möglicherweise neu starten.
Veröffentlicht: 08.07.2014
Nach der Installation dieses Updates müssen Sie Ihren PC möglicherweise neu starten.
Das Update kann jetzt heruntergeladen werden.
Weitere Informationen
Supportinformationen
Es sind keine Updates ausgewählt.
Installieren
Abbrechen

**Bild 9.11:** Optionale Updates auswählen.

4. Mit einem Klick auf *Einstellungen ändern* können Sie die automatische Update-Funktion nach Bedarf einstellen. Bei vollautomatischen Updates brauchen Sie sich im Regelfall um nichts mehr zu kümmern. Hier finden Sie auch Optionen, um die Updates nur herunterzuladen, ohne sie gleich zu installieren, oder einfach nur eine Benachrichtigung zu erhalten, wenn Updates vorliegen.

> **Gerätetreiberupdates**
> Die Windows-Update-Funktion bietet auch Gerätetreiberupdates zum Download an. Diese sind allerdings oftmals nicht so aktuell wie die von den Herstellern angebotenen Treiber, da sie erst eine zeitraubende Qualitätskontrolle bei Microsoft durchlaufen müssen. Die Treiberupdates gelten als optionale Updates. Das System durchsucht automatisch die Treiberdatenbank nach passenden Treibern für angeschlossene Hardwarekomponenten. Diese werden aber nicht automatisch installiert. Hier müssen Sie jeden Treiber manuell markieren und können ihn dann herunterladen und installieren.

## 9.3.2 Windows Updates manuell installieren

Wurden die Updates nur heruntergeladen und nicht automatisch installiert, haben Sie anschließend die Auswahl zwischen der automatischen und der benutzerdefinierten Installation. Wählen Sie die benutzerdefinierte Installation, können Sie selbst einstellen, welche der heruntergeladenen Updates installiert werden sollen und welche nicht.

Damit können Sie Updates verhindern, zu denen Inkompatibilitäten bekannt wurden oder die in Bezug auf den Datenschutz bedenklich sind.

### 9.3.3 Installierte Updates anzeigen

Die installierten Updates können in der Liste *Updateverlauf anzeigen* aufgelistet werden. Hier sehen Sie auch eventuelle Fehler bei einer Update-Installation.

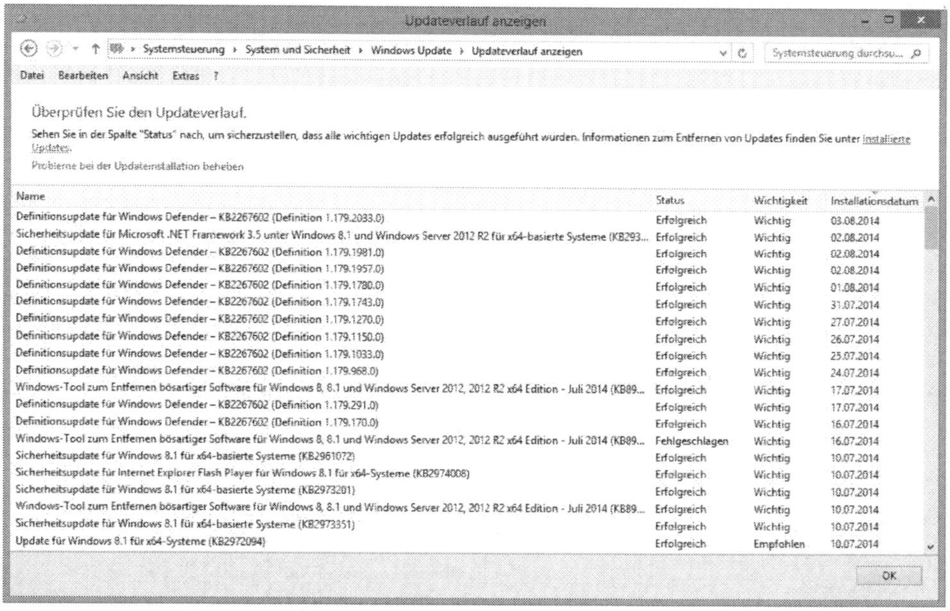


**Bild 9.12:** Installierte Updates im Updateverlauf.

In der Systemsteuerung gibt es noch eine weitere Update-Liste unter *Programme und Features/Installierte Updates.* Diese Liste zeigt nur wirkliche Systempatches, keine Updates für Treiber und auch keine Definitionsupdates für den Windows Defender. Dafür können an dieser Stelle fehlerhafte Updates einzeln deinstalliert werden.

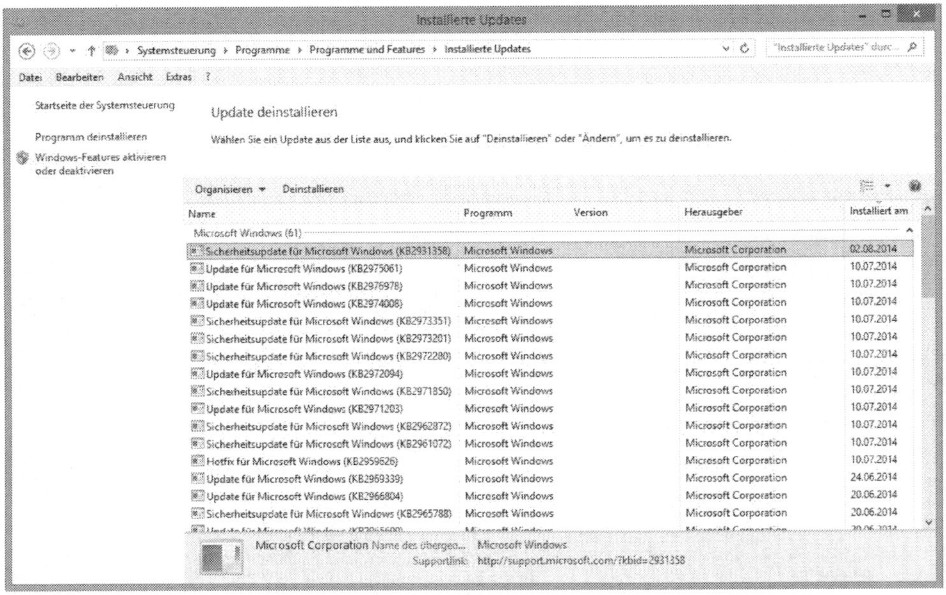

**Bild 9.13:** Hier können Updates bei Problemen einzeln deinstalliert werden.

Diese Liste ist auch über den Link *Installierte Updates* oben im Text im Fenster *Updateverlauf anzeigen* zu erreichen.

## 9.3.4 Die Microsoft-Supportdatenbank

Microsoft gibt jedem Update-Patch eine Nummer, unter der es in der Microsoft-Supportdatenbank zu finden ist. Diese Nummern werden bei den installierten Updates im Update-Verlauf sowie auch in der Systemsteuerung unter *Programme und Funktionen/Installierte Updates* angezeigt. Zur genauen Beschreibung des Updates kommen Sie über die Internetadresse *support.microsoft.com/kb/xxxxxx*. Ersetzen Sie dabei das *xxxxxx* am Ende durch die jeweilige Nummer des Updates. Leider sind diese Links in der Systemsteuerung nicht direkt anklickbar.

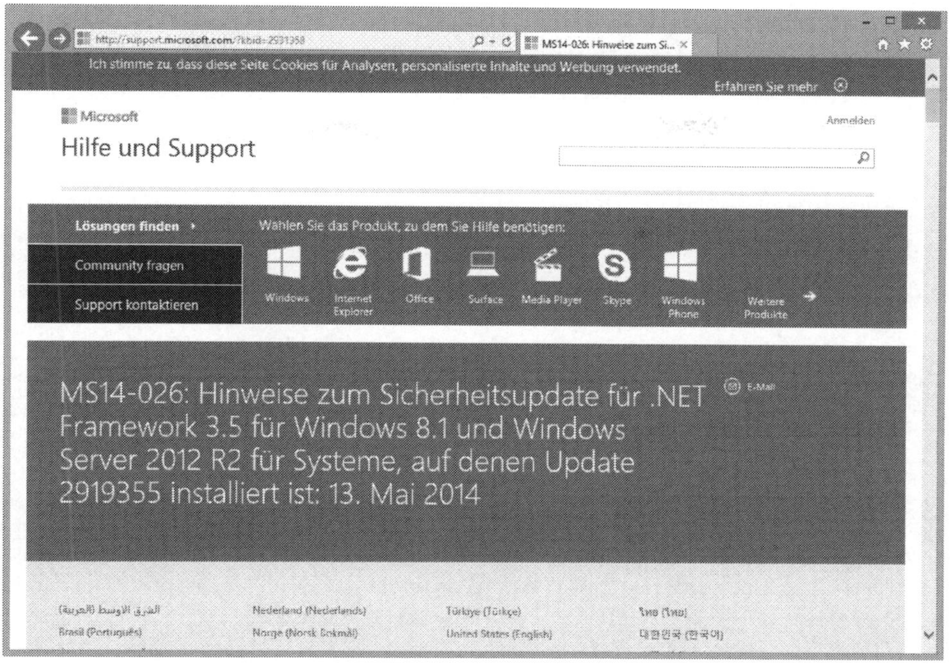


**Bild 9.14:** Die Microsoft-Supportdatenbank zeigt Informationen zu allen Updates.

## 9.4 Daten mit dem Dateiversionsverlauf sichern

Datensicherung ist heute nicht mehr nur ein Thema für große Firmen oder Behörden. Private Anwender speichern ihr ganzes Leben auf riesigen Festplatten. Schriftwechsel, Dokumente, Verträge, aber auch Zigtausende von Fotos mit unwiederbringlichen Erinnerungen liegen heute nicht mehr in Papierform, sondern nur noch digital vor. Man mag es sich gar nicht vorstellen – aber was wäre, wenn?

Keine Festplatte lebt ewig, und kein Computer ist fehlerfrei. Dazu kommen äußere Einflüsse, gegen die man sich nur schwer schützen kann, die aber für Daten wie auch für anderes Hab und Gut tödlich sein können. Zerstört ein Blitzschlag, Feuer, Wasserschaden oder Frost den Raum, in dem der Computer steht, ist nicht nur die Hardware kaputt, sondern die Daten sind ebenfalls weg. Seit die eigene Fotosammlung nicht mehr ganze Regalmeter belegt, sondern auf einem Notebook oder einer handlichen USB-Festplatte liegt, kann sie auch schnell Opfer eines Diebs werden. Kaum ein Einbrecher wird Schrankwände nach Erinnerungsstücken durchsuchen, die sich schwer zu Geld machen lassen. Dagegen ist das Formatieren der Festplatte eines geklauten Notebooks sehr schnell erledigt, um den Verkauf bei eBay unauffälliger erscheinen zu lassen.

Die regelmäßige Datensicherung ist aus diversen Gründen wichtig, allerdings haben viele Benutzer sie bisher aus Bequemlichkeit ignoriert. Microsoft hat anhand von

Telemetriedaten ermittelt, dass auf weniger als 5 % aller Windows-PCs die bisher mit dem Betriebssystem gelieferte Datensicherung aktiv ist.

Windows 8.1 liefert mit dem Dateiversionsverlauf eine neuartige Datensicherung, die ohne jeden Aufwand im Hintergrund läuft und sich auch bei Bedienungsfehlern als nützlich erweist. Dazu wurde nicht nur das Sichern, sondern auch das Wiederherstellen von Daten aus der Sicherung deutlich verbessert.

## 9.4.1 Dateiversionsverlauf einrichten

Der neue Dateiversionsverlauf speichert in regelmäßigen Abständen und bei Veränderungen alle Dateien in den eigenen Bibliotheken sowie auf dem Desktop bei den Favoriten und Kontakten auf einem externen Laufwerk. Dies schützt nicht nur vor Verlusten durch Festplattenfehler oder Viren, sondern auch bei Bedienungsfehlern, da man später immer noch Zugriff auf ältere Dateiversionen und frühere Änderungen hat.

Für die Sicherung ist ein externes USB-Laufwerk oder ein Netzlaufwerk erforderlich. Eine Sicherung auf der lokalen Festplatte wäre bei einem Hardwareausfall auch sinnlos. Beim Anschluss einer externen Festplatte erscheint eine Auswahl an Aktionen, die damit erledigt werden können.

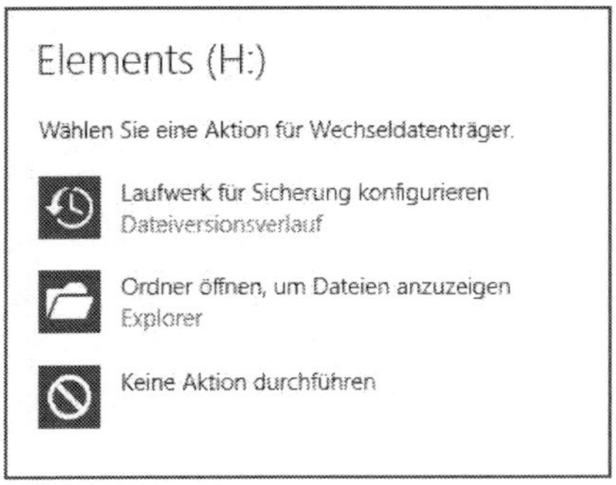


**Bild 9.15:** Anzeige beim Anschluss einer externen Festplatte.

Wählen Sie hier *Laufwerk für Sicherung konfigurieren*. Damit öffnet sich automatisch die App *PC-Einstellungen* mit dem *Dateiversionsverlauf*. Schalten Sie diesen hier ein.

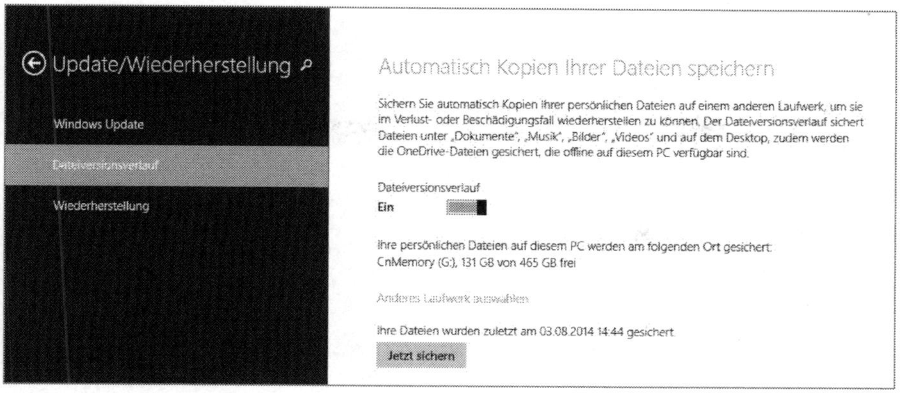
Update/Wiederherstellung
Windows Update
Dateiversionsverlauf
Wiederherstellung
Automatisch Kopien Ihrer Dateien speichern
Sichern Sie automatisch Kopien Ihrer persönlichen Dateien auf einem anderen Laufwerk, um sie im Verlust- oder Beschädigungsfall wiederherstellen zu können. Der Dateiversionsverlauf sichert Dateien unter „Dokumente", „Musik", „Bilder", „Videos" und auf dem Desktop, zudem werden die OneDrive-Dateien gesichert, die offline auf diesem PC verfügbar sind.
Dateiversionsverlauf
Ein
Ihre persönlichen Dateien auf diesem PC werden am folgenden Ort gesichert:
CnMemory (G:), 131 GB von 465 GB frei
Anderes Laufwerk auswählen
Ihre Dateien wurden zuletzt am 03.08.2014 14:44 gesichert
Jetzt sichern

**Bild 9.16:** Einstellungen zum *Dateiversionsverlauf* in den PC-Einstellungen.

Jetzt wird der Dateiversionsverlauf aktiviert und beginnt sofort mit dem Kopieren von Daten auf das Sicherungslaufwerk. Um die Sicherung der Daten in Bibliotheken, Kontakten, Favoriten und auf dem Desktop brauchen Sie sich nun nicht weiter zu kümmern.

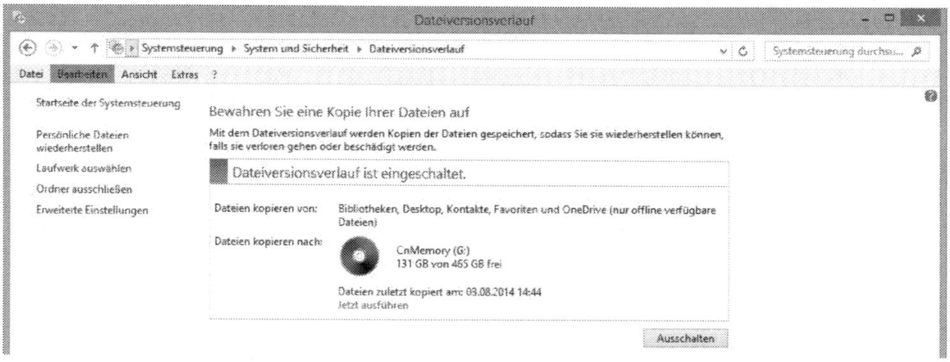
Dateiversionsverlauf
Systemsteuerung › System und Sicherheit › Dateiversionsverlauf
Systemsteuerung durchsu...
Datei Bearbeiten Ansicht Extras ?
Startseite der Systemsteuerung
Persönliche Dateien wiederherstellen
Laufwerk auswählen
Ordner ausschließen
Erweiterte Einstellungen
Bewahren Sie eine Kopie Ihrer Dateien auf
Mit dem Dateiversionsverlauf werden Kopien der Dateien gespeichert, sodass Sie sie wiederherstellen können, falls sie verloren gehen oder beschädigt werden.
Dateiversionsverlauf ist eingeschaltet.
Dateien kopieren von:
Bibliotheken, Desktop, Kontakte, Favoriten und OneDrive (nur offline verfügbare Dateien)
Dateien kopieren nach:
CnMemory (G:)
131 GB von 465 GB frei
Dateien zuletzt kopiert am: 03.08.2014 14:44
Jetzt ausführen
Ausschalten

**Bild 9.17:** Der *Dateiversionsverlauf* kann auch in der klassischen Systemsteuerung unter *System und Sicherheit/Dateiversionsverlauf* ein- und ausgeschaltet werden.

## 9.4.2 Bestimmte Ordner sichern oder auch nicht

Der Dateiversionsverlauf sichert ganz gezielt die wertvollen eigenen Dateien, die bei einem Verlust nicht wiederherzustellen wären, aber keine Programme oder Betriebssystemdateien.

Auch in den Bibliotheken und persönlichen Verzeichnissen liegen auf vielen Computern Dateien, die nur dorthin kopiert wurden und nicht selbst gemacht sind, dafür aber sehr viel Speicherplatz benötigen. Im Besonderen gilt das für Musik und Videos, die sich im Falle eines Falles von den Originaldatenträgern wiederherstellen ließen. Solche Ordner lassen sich vom Dateiversionsverlauf ausschließen, um Speicherplatz auf dem Sicherungslaufwerk zu sparen. Bedenken Sie, dass auch schon beim Umbenennen von

Dateien diese im Dateiversionsverlauf erneut gesichert werden, was bei großen Foto-, Video- und Musikbibliotheken schnell zu enormen Datenmengen führen kann.

Klicken Sie im Fenster *Dateiversionsverlauf* links auf *Ordner ausschließen* und wählen Sie dann über die Schaltfläche *Hinzufügen* ganze Bibliotheken oder einzelne Ordner aus, die nicht gesichert werden sollen.

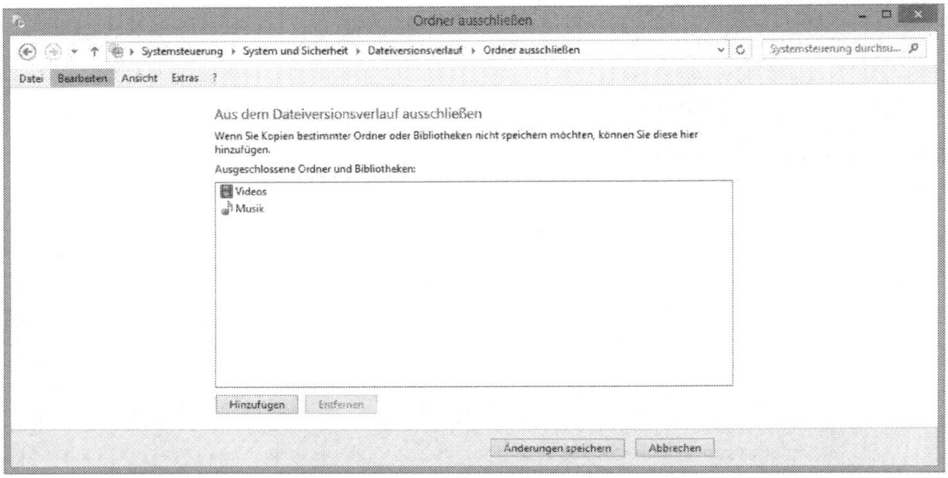


**Bild 9.18:** Ordner aus dem Dateiversionsverlauf ausschließen.

Der Dateiversionsverlauf bietet keine Möglichkeit, gezielt zusätzliche Ordner zu sichern. Nutzen Sie hierfür die Bibliotheksfunktionen von Windows 8. Allerdings zeigt Windows 8.1 diese Bibliotheken standardmäßig im Explorer nicht mehr an. Klicken Sie im Menüband *Ansicht* des Explorers auf das Symbol *Navigationsbereich* und schalten Sie hier *Bibliotheken anzeigen* ein.

Das ist neu in 8.1 & Updates

Wählen Sie im Explorer eine der Bibliotheken aus und klicken Sie im Menüband unter *Bibliothektools* auf *Bibliothek verwalten.* Hier können Sie dann der Bibliothek beliebige Ordner hinzufügen, die nun ebenfalls vom Dateiversionsverlauf gesichert werden.

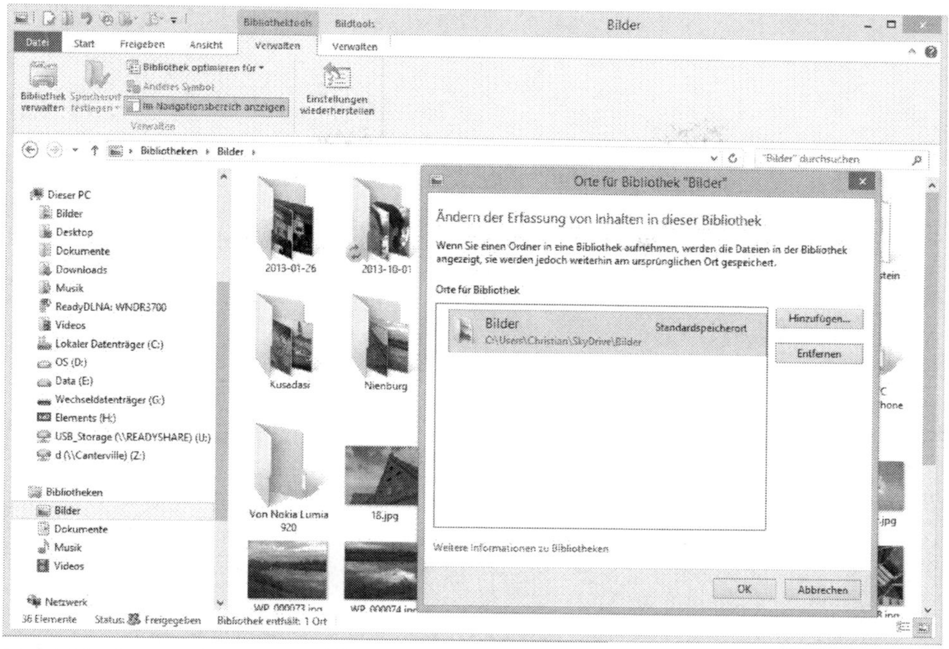


Bild 9.19: Neue Ordner einer Bibliothek hinzufügen.

### 9.4.3 Ältere Daten wiederherstellen

Frühere Versionen automatisch gesicherter Dateien über den Dateiversionsverlauf wiederherzustellen, ist einfacher als bei jedem Windows-Datensicherungsprogramm zuvor.

1. Markieren Sie im Explorer die Datei, von der Sie ältere Versionen suchen möchten, und klicken Sie im Menüband auf das Symbol *Verlauf*.

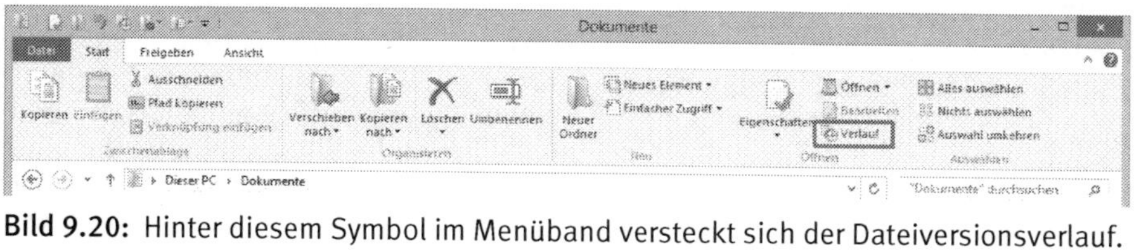


Bild 9.20: Hinter diesem Symbol im Menüband versteckt sich der Dateiversionsverlauf.

2. Es öffnet sich ein neues Fenster, das die zuletzt gesicherte Version dieser Datei anzeigt. Mit den Pfeilsymbolen nach links und rechts am unteren Fensterrand können Sie zwischen älteren Dateiversionen hin- und herblättern. Auf diese Weise finden Sie leicht den gewünschten Änderungsstand der Datei.

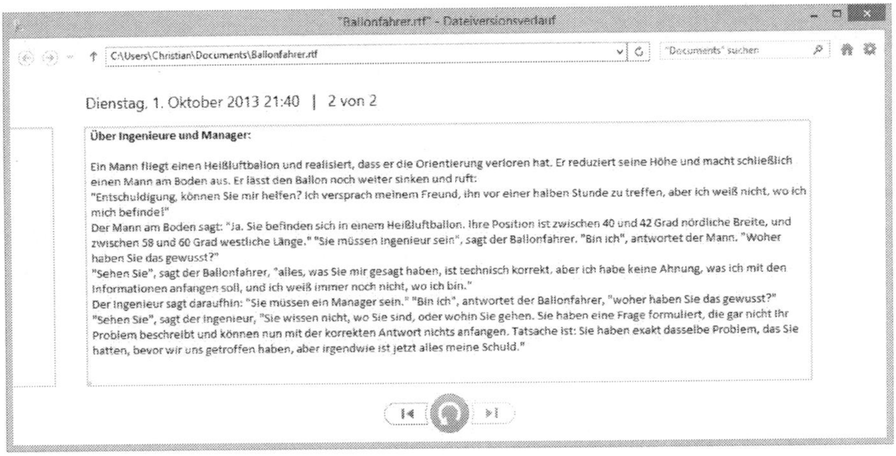
"Ballonfahrer.rtf" - Dateiversionsverlauf
C:\Users\Christian\Documents\Ballonfahrer.rtf
"Documents" suchen
Dienstag, 1. Oktober 2013 21:40 | 2 von 2
Über Ingenieure und Manager:
Ein Mann fliegt einen Heißluftballon und realisiert, dass er die Orientierung verloren hat. Er reduziert seine Höhe und macht schließlich einen Mann am Boden aus. Er lässt den Ballon noch weiter sinken und ruft:
"Entschuldigung, können Sie mir helfen? Ich versprach meinem Freund, ihn vor einer halben Stunde zu treffen, aber ich weiß nicht, wo ich mich befinde!"
Der Mann am Boden sagt: "Ja. Sie befinden sich in einem Heißluftballon. Ihre Position ist zwischen 40 und 42 Grad nördliche Breite, und zwischen 58 und 60 Grad westliche Länge." "Sie müssen Ingenieur sein", sagt der Ballonfahrer. "Bin ich", antwortet der Mann. "Woher haben Sie das gewusst?"
"Sehen Sie", sagt der Ballonfahrer, "alles, was Sie mir gesagt haben, ist technisch korrekt, aber ich habe keine Ahnung, was ich mit den Informationen anfangen soll, und ich weiß immer noch nicht, wo ich bin."
Der Ingenieur sagt daraufhin: "Sie müssen ein Manager sein." "Bin ich", antwortet der Ballonfahrer, "woher haben Sie das gewusst?"
"Sehen Sie", sagt der Ingenieur, "Sie wissen nicht, wo Sie sind, oder wohin Sie gehen. Sie haben eine Frage formuliert, die gar nicht Ihr Problem beschreibt und können nun mit der korrekten Antwort nichts anfangen. Tatsache ist: Sie haben exakt dasselbe Problem, das Sie hatten, bevor wir uns getroffen haben, aber irgendwie ist jetzt alles meine Schuld."

**Bild 9.21:** Ältere Versionen einer Datei suchen.

3. Ein Klick auf das Symbol mit dem runden Pfeil unten in der Mitte stellt diese Version der Datei wieder her. Dabei wird die aktuell vorhandene Dateiversion überschrieben.

### Dateien an einem anderen Ort wiederherstellen

Manchmal möchten Sie die vorhandene Datei aber nicht unbedingt durch eine ältere Version überschreiben, sondern lieber zwei Versionen miteinander vergleichen, um z. B. nur eine bestimmte Änderung in die neueste Version zu übernehmen.

In solchen Fällen können Sie die alte Dateiversion in ein anderes Verzeichnis zurücksichern, um dann beide Dateien öffnen zu können.

1. Klicken Sie anstatt unten auf das Symbol mit dem runden Pfeil oben rechts in der Ecke auf das Zahnrad und wählen Sie im Menü *Wiederherstellen in.*
2. Jetzt können Sie ein beliebiges Verzeichnis auswählen, in das die alte Dateiversion kopiert werden soll. Sollte in diesem Verzeichnis bereits eine gleichnamige Datei vorhanden sein, zeigt Windows 8.1 die neue Abfrage beim Kopieren, in der Sie auswählen können, ob die vorhandene Datei ersetzt werden soll.

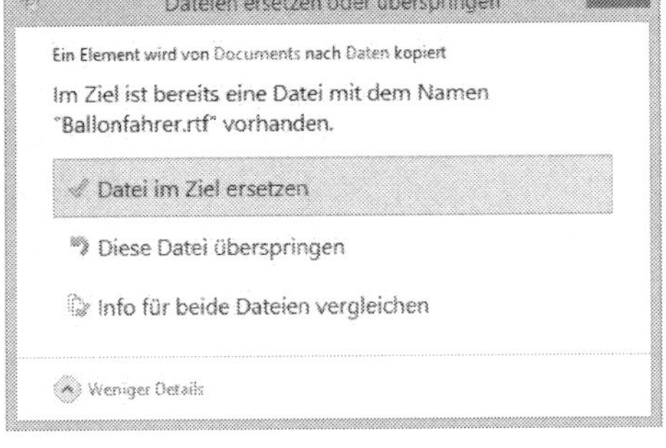
Dateien ersetzen oder überspringen
Ein Element wird von Documents nach Daten kopiert
Im Ziel ist bereits eine Datei mit dem Namen "Ballonfahrer.rtf" vorhanden.
Datei im Ziel ersetzen
Diese Datei überspringen
Info für beide Dateien vergleichen
Weniger Details

**Bild 9.22:** Vorhandene Datei ersetzen?

3. Die gesicherte Datei wird kopiert, die Originaldatei, über die Sie den Dateiversionsverlauf aufgerufen haben, bleibt erhalten.

### Dateien wiederherstellen, die auf der Festplatte nicht mehr existieren

Der Dateiversionsverlauf speichert auch Dateien, deren Originale längst gelöscht wurden. Allerdings können Sie auf diese Dateien nicht ganz so leicht zugreifen, da Sie nicht einfach im Explorer wie bei einer vorhandenen Datei auf *Verlauf* klicken können.

Markieren Sie im Navigationsbereich des Explorers die Bibliotheken, wählen Sie aber keine Datei aus und klicken Sie auf *Verlauf*. Das Fenster *Dateiversionsverlauf* zeigt alle gesicherten Unterordner. Wenn Sie hier in der Zeit zurückgehen, tauchen auch Ordner auf, die früher gesichert wurden, jetzt aber schon nicht mehr vorhanden sind.

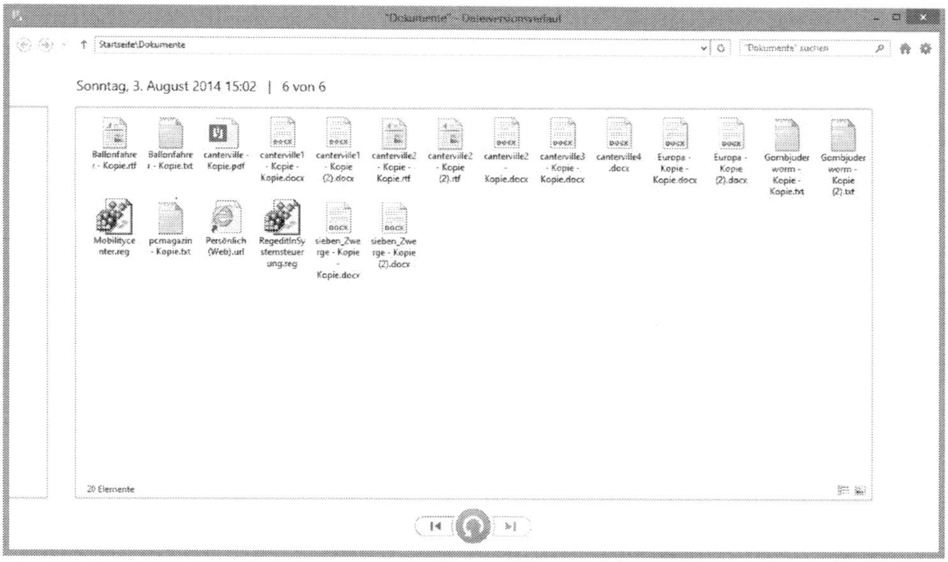


**Bild 9.23:** Startseite im Dateiversionsverlauf.

Wechseln Sie in den gewünschten Ordner und suchen Sie die Datei. Stellen Sie diese mit dem Symbol mit dem runden Pfeil wieder her. Der entsprechende Ordner wird, falls er nicht mehr vorhanden ist, an der Originalposition im Dateisystem der Festplatte erneut angelegt und in Zukunft auch wieder über den Dateiversionsverlauf gesichert.

## 9.4.4 Sicherungslaufwerk wechseln

Ist das Sicherungslaufwerk irgendwann voll oder brauchen Sie die externe Festplatte für andere Zwecke, können Sie mit der Sicherung auf ein anderes Laufwerk umziehen. Dabei werden die gesicherten Daten vom alten Sicherungslaufwerk auf das neue übertragen, sodass sie wie gewohnt weiterverwendet werden können.

Klicken Sie dazu in der Systemsteuerung unter *System und Sicherheit/Dateiversionsverlauf* links auf *Laufwerk auswählen.* Jetzt können Sie ein anderes externes Laufwerk oder einen freigegebenen Netzwerkordner hinzufügen.

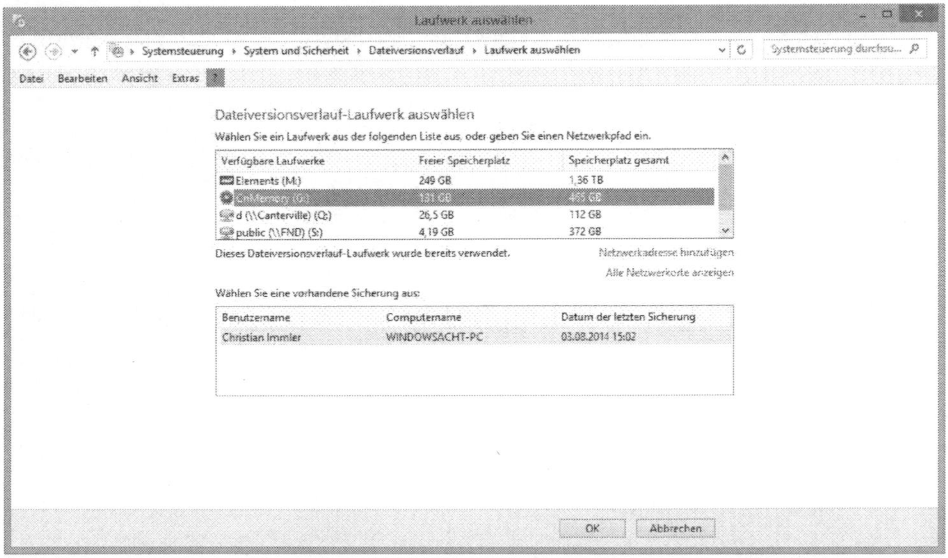


**Bild 9.24:** Neues Laufwerk für den Dateiversionsverlauf auswählen.

Schalten Sie danach auf das neue Sicherungslaufwerk um und beantworten Sie die nächste Frage mit *Ja.* Damit werden die bereits gesicherten Dateien auf das neue Laufwerk verschoben. Der Dateiversionsverlauf kann genutzt werden wie bisher. Alle neu gesicherten Dateien kommen ebenfalls auf das neue Laufwerk. Das ehemalige Sicherungslaufwerk wird vom Dateiversionsverlauf abgemeldet und kann anderweitig verwendet werden.

## 9.4.5 Speicherplatz alter Sicherungen freigeben

Die Sicherungen des Dateiversionsverlaufs belegen mit der Zeit einiges an Speicherplatz auf dem Sicherungslaufwerk. Üblicherweise brauchen Sie alte Dateiversionen aber nicht ewig. Deshalb sollten Sie von Zeit zu Zeit aufräumen, entweder automatisch oder manuell. Dazu können Sie in den erweiterten Einstellungen festlegen, wie lange die Dateikopien des Dateiversionsverlaufs aufbewahrt werden sollen. In der Grundeinstellung bleiben sie für immer auf dem Sicherungslaufwerk, was aber meistens nicht nötig ist. In der Regel braucht man alte Datensicherungen spätestens nach ein paar Monaten nicht mehr, besonders wenn es bis dahin neuere Sicherungen gibt.

Über den Link *Versionen bereinigen* können Sie manuell Dateiversionen, die ein bestimmtes Alter überschritten haben, aus dem Dateiversionsverlauf entfernen. Die Dateien und Ordner werden auf dem Sicherungslaufwerk gelöscht.

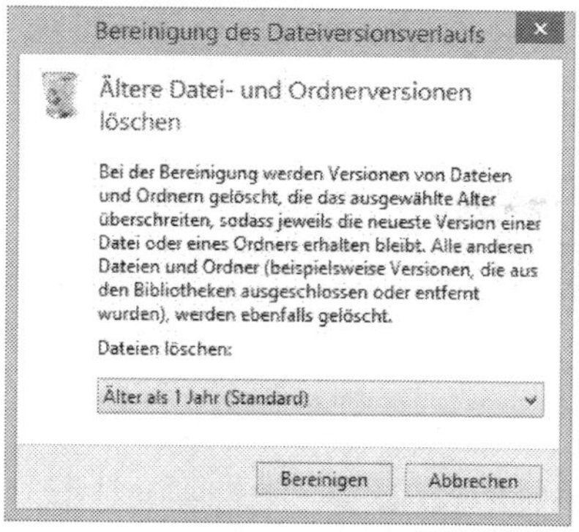
Bereinigung des Dateiversionsverlaufs
Ältere Datei- und Ordnerversionen löschen
Bei der Bereinigung werden Versionen von Dateien und Ordnern gelöscht, die das ausgewählte Alter überschreiten, sodass jeweils die neueste Version einer Datei oder eines Ordners erhalten bleibt. Alle anderen Dateien und Ordner (beispielsweise Versionen, die aus den Bibliotheken ausgeschlossen oder entfernt wurden), werden ebenfalls gelöscht.
Dateien löschen:
Älter als 1 Jahr (Standard)
Bereinigen
Abbrechen

**Bild 9.25:** Bereinigen älterer Dateiversionen.

Beim Bereinigen älterer Dateiversionen ist nur zu bedenken, dass im Dateiversionsverlauf auch Dateien enthalten sein können, deren Originale mittlerweile von der Festplatte gelöscht wurden. Diese gehen beim Bereinigen natürlich ebenfalls verloren.

## 9.4.6 Dateiversionsverlauf und Heimnetzgruppe

Wenn Sie ein Sicherungslaufwerk für den Dateiversionsverlauf einmal eingerichtet haben, können Sie dieses auch auf anderen Computern der Heimnetzgruppe für den Dateiversionsverlauf nutzen.

1. Aktivieren Sie in den erweiterten Einstellungen für den Dateiversionsverlauf auf dem Computer, an dem das Laufwerk angeschlossen ist, unter *Heimnetzgruppe* das Kontrollkästchen *Dieses Laufwerk empfehlen.* Wenn Sie die Empfehlung bereits beim Einrichten des Dateiversionsverlaufs eingeschaltet haben, ist das Kästchen schon aktiviert.

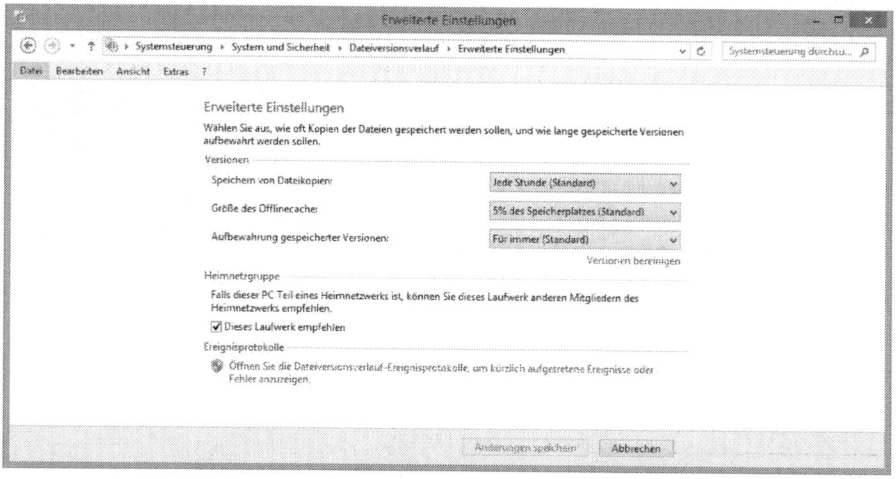
Erweiterte Einstellungen
Systemsteuerung › System und Sicherheit › Dateiversionsverlauf › Erweiterte Einstellungen
Datei Bearbeiten Ansicht Extras ?
Erweiterte Einstellungen
Wählen Sie aus, wie oft Kopien der Dateien gespeichert werden sollen, und wie lange gespeicherte Versionen aufbewahrt werden sollen.
Versionen
Speichern von Dateikopien:
Jede Stunde (Standard)
Größe des Offlinecache:
5% des Speicherplatzes (Standard)
Aufbewahrung gespeicherter Versionen:
Für immer (Standard)
Versionen bereinigen
Heimnetzgruppe
Falls dieser PC Teil eines Heimnetzwerks ist, können Sie dieses Laufwerk anderen Mitgliedern des Heimnetzwerks empfehlen.
Dieses Laufwerk empfehlen
Ereignisprotokolle
Öffnen Sie die Dateiversionsverlauf-Ereignisprotokolle, um kürzlich aufgetretene Ereignisse oder Fehler anzuzeigen.
Änderungen speichern
Abbrechen

**Bild 9.26:** Erweiterte Einstellungen für den Dateiversionsverlauf.

2. Öffnen Sie jetzt auf einem zweiten Computer der Heimnetzgruppe in der Systemsteuerung unter *System und Sicherheit* das Modul *Dateiversionsverlauf.*

3. Im unteren Teil des Fensters sehen Sie die vorhandene Sicherung auf dem ersten PC. Wählen Sie diese aus, aktivieren Sie *Ich möchte eine vorhandene Sicherung auf diesem Dateiversionsverlauf-Laufwerk verwenden* und klicken Sie auf *Aktivieren.*

4. Der Dateiversionsverlauf wird auf diesem zweiten Computer ebenfalls aktiviert. Zur Sicherung der Dateikopien wird das Sicherungslaufwerk des ersten Computers verwendet. Die Dateien der beiden Computer werden aber unabhängig voneinander gesichert. Auf die gleiche Weise können noch weitere Computer der Heimnetzgruppe ein gemeinsames Sicherungslaufwerk nutzen.

## 9.5 Tools für ganz besondere Fälle

Windows wird mit jeder Version benutzerfreundlicher. Im Alltag muss man kaum mehr besondere Einstellungen vornehmen und braucht nur noch in seltenen Fällen spezielle Systemtools. Dennoch gibt es auch in Windows 8.1 einige Situationen, in denen man auf die Hilfe spezieller Werkzeuge, sprich Tools, angewiesen ist.

### 9.5.1 Programme als Administrator ausführen

Programme, die über den Startbildschirm bzw. über die Taskleiste oder eine Desktopverknüpfung auf dem klassischen Desktop aufgerufen werden, haben normalerweise keine Möglichkeit, systemkritische Änderungen vorzunehmen. Möchten Sie ein Programm mit vollen Administratorrechten starten, sodass Sie damit jede (auch noch so gefährliche) Änderung am System durchführen können, klicken Sie mit der rechten Maustaste auf das Programmsymbol und wählen dann im Kontextmenü die Option *Als Administrator ausführen.*

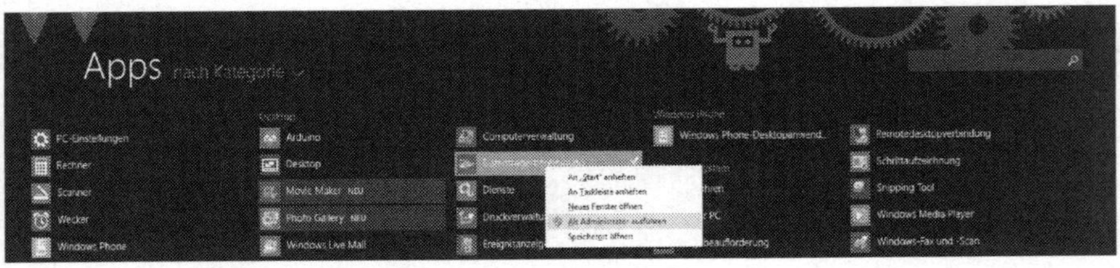


**Bild 9.27:** App als Administrator ausführen.

Noch einfacher geht es mit einem Tastenkürzel. Halten Sie die Tasten `Strg`+`Umschalt` gedrückt, während Sie auf das Programmsymbol auf dem klassischen Desktop klicken, starten Sie das Programm ebenfalls als Administrator.

Damit verdunkelt sich der Bildschirm, und eine Abfrage der Benutzerkontensteuerung erscheint. Sogar wenn Sie selbst als Administrator auf dem Computer angemeldet sind, müssen Sie diese Anfrage bestätigen. Als eingeschränkter Benutzer müssen Sie ein Administratorpasswort eingeben, um das Programm in diesem Modus starten zu können.

## 9.5.2 Kennwort für das Microsoft-Konto ändern

Windows 8.1 bietet einen einfachen Weg, das eigene Kennwort zu ändern. Das funktioniert sowohl bei Microsoft-Konten, die zur Anmeldung verwendet werden, wie auch bei lokalen Benutzerkonten.

Klicken Sie in den PC-Einstellungen im Bereich *Konten* unter *Anmeldeoptionen* auf *Kennwort ändern*. Hier werden Sie aufgefordert, Ihr bestehendes Kennwort einzugeben. Danach können Sie ein neues Kennwort festlegen und müssen dieses, um Tippfehler zu vermeiden, noch einmal bestätigen.

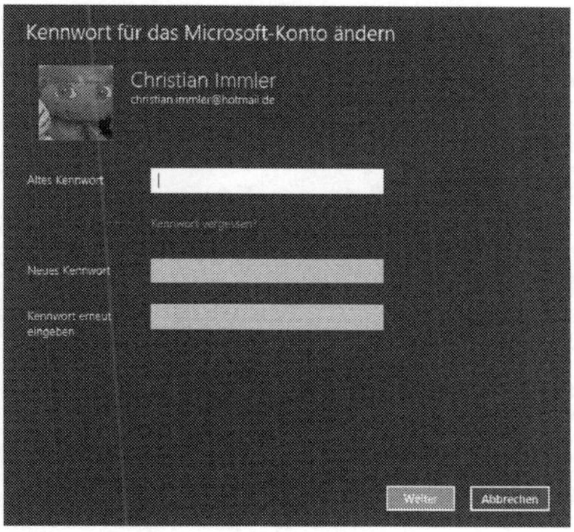


**Bild 9.28:** Kennwort für das Microsoft-Konto ändern.

**Neues Kennwort für Microsoft-Konten**
Bedenken Sie, dass ein geändertes Passwort eines Microsoft-Kontos automatisch für alle Onlinedienste und auch alle PCs gilt, die sich mit diesem Microsoft-Konto anmelden. Verwenden Sie ein Microsoft-Konto auf mehreren eigenen PCs, Notebooks oder Tablets und gerät eines der mobilen Geräte in fremde Hände, brauchen Sie nur auf einem der anderen Geräte das Passwort des Microsoft-Kontos zu ändern, und ein Dieb, der möglicherweise das Passwort herausgefunden hat, kann sich auf dem gestohlenen Gerät nicht mehr anmelden. Passwörter lokaler Benutzerkonten gelten immer nur für das jeweilige Gerät.

## 9.5.3 Kennwort für das Microsoft-Konto vergessen?

Wenn Sie ein Microsoft-Konto zur Anmeldung verwenden und das Passwort vergessen haben, können Sie mithilfe eines anderen Computers oder eines anderen Benutzers auf dem gleichen Computer das Passwort zurücksetzen.

Die Informationen zum Zurücksetzen des Passworts werden aus Sicherheitsgründen nicht direkt an die E-Mail-Adresse des Microsoft-Kontos geschickt, da ein Unbefugter darauf möglicherweise Zugriff haben könnte. Für solche Fälle sollten Sie rechtzeitig – am besten jetzt gleich – im Microsoft-Konto eine zweite E-Mail-Adresse und/oder eine Handynummer hinterlegen.

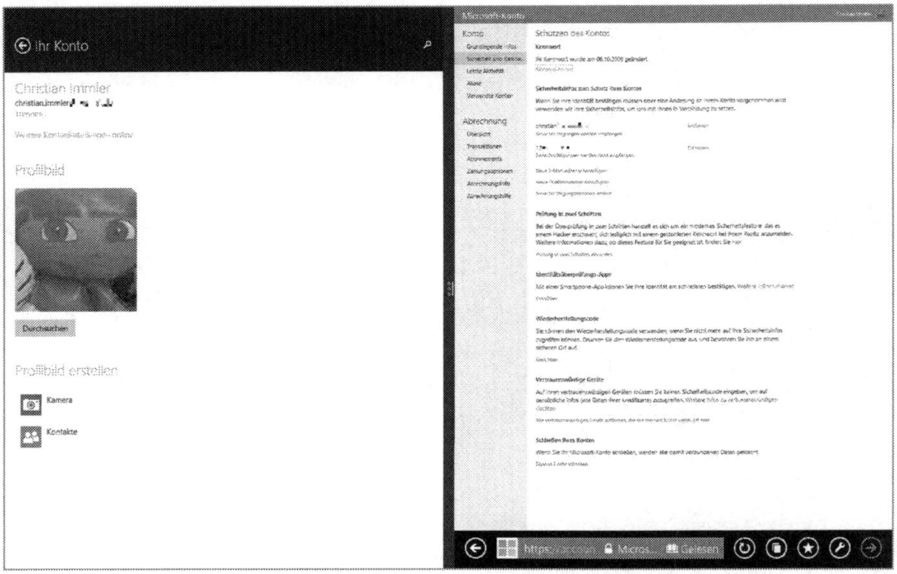


**Bild 9.29:** Sicherheitsinfos für das Microsoft-Konto online bearbeiten.

Klicken Sie dazu in den PC-Einstellungen unter *Ihr Konto* auf den Link *Weitere Konto-einstellungen online*. Hier können Sie unter *Sicherheitsinfos bearbeiten* eine alternative E-Mail-Adresse und eine Handynummer hinterlegen.

1. Haben Sie das Passwort für Ihr Microsoft-Konto vergessen, brauchen Sie nur einen Computer mit Internetzugang. Dies kann auch derselbe PC sein, aber angemeldet unter einem anderen Benutzerkonto.

2. Geben Sie auf der Webseite *account.live.com* den Namen Ihres Microsoft-Kontos ein und klicken Sie auf den Link *Können Sie nicht auf Ihr Konto zugreifen?*.

3. Wählen Sie im nächsten Schritt die Option *Ich habe mein Kennwort vergessen*. Hier können Sie das Kennwort dann zurücksetzen.

4. Auf der folgenden Seite müssen Sie noch mal Ihr Microsoft-Konto eintragen und anschließend einen Sicherheitscode abtippen zur Bestätigung, dass Sie ein Mensch und kein automatisch ablaufendes Skript sind.

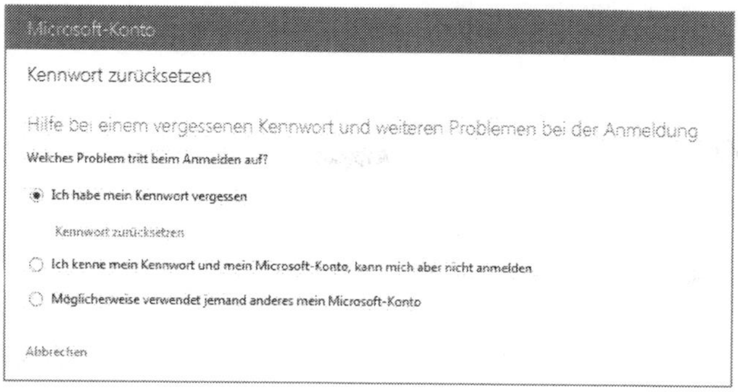
Microsoft-Konto
Kennwort zurücksetzen
Hilfe bei einem vergessenen Kennwort und weiteren Problemen bei der Anmeldung
Welches Problem tritt beim Anmelden auf?
Ich habe mein Kennwort vergessen
Kennwort zurücksetzen
Ich kenne mein Kennwort und mein Microsoft-Konto, kann mich aber nicht anmelden
Möglicherweise verwendet jemand anderes mein Microsoft-Konto
Abbrechen

**Bild 9.30:** Vergessenes Kennwort zurücksetzen.

5. Bestimmen Sie jetzt, ob der Code zum Zurücksetzen des Kennworts an eine im Microsoft-Konto gespeicherte alternative E-Mail-Adresse oder per SMS an eine gespeicherte Handynummer gesendet werden soll.

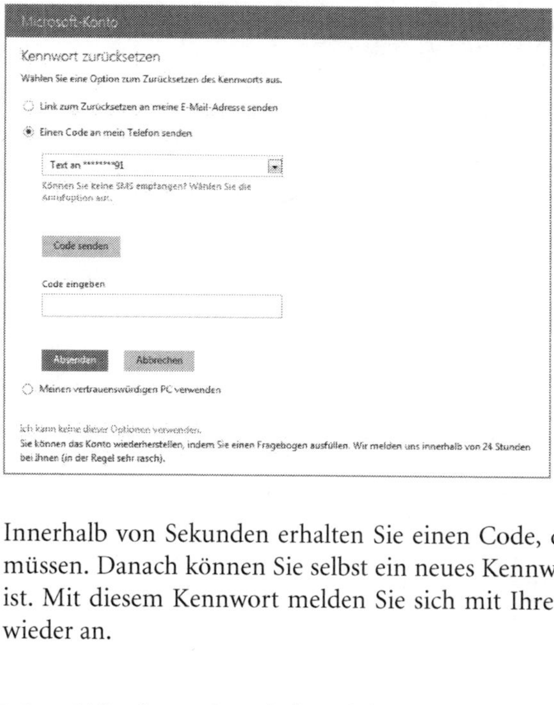
Microsoft-Konto
Kennwort zurücksetzen
Wählen Sie eine Option zum Zurücksetzen des Kennworts aus.
Link zum Zurücksetzen an meine E-Mail-Adresse senden
Einen Code an mein Telefon senden
Text an ********91
Können Sie keine SMS empfangen? Wählen Sie die Anrufoption aus.
Code senden
Code eingeben
Absenden
Abbrechen
Meinen vertrauenswürdigen PC verwenden
Ich kann keine dieser Optionen verwenden.
Sie können das Konto wiederherstellen, indem Sie einen Fragebogen ausfüllen. Wir melden uns innerhalb von 24 Stunden bei Ihnen (in der Regel sehr rasch).

**Bild 9.31:** Code zum Zurücksetzen des Kennworts anfordern.

6. Innerhalb von Sekunden erhalten Sie einen Code, den Sie auf dieser Seite eingeben müssen. Danach können Sie selbst ein neues Kennwort festlegen, das ab sofort gültig ist. Mit diesem Kennwort melden Sie sich mit Ihrem Microsoft-Konto auf dem PC wieder an.

### 9.5.4 Windows-Produktschlüssel ändern

Windows 8 war die erste Windows-Version, die sich nicht mehr installieren ließ, ohne einen Produktschlüssel einzugeben. Auch für Test- und Vorabversionen liefert Microsoft Schlüssel, die bei der Installation eingetragen werden müssen. Ein großer Nachteil dieser Schlüssel ist: Sie laufen nach einer mehr oder weniger langen Testzeit ab, und Windows lässt sich nicht mehr aktivieren.

Möchten Sie von einer solchen zeitlich begrenzten Windows-Version auf eine echte Vollversion umsteigen, bedeutet dies normalerweise eine komplette Neuinstallation, was mit einer Datensicherung und hohem Installationsaufwand für verwendete Programme verbunden ist.

Ähnliche Probleme kann es geben, wenn Sie Windows 8.1 als Update installieren, dabei aber nicht eine vorhandene Windows-7-Installation überschreiben, sondern 8.1 in einer neu formatierten Partition installieren – was ja eigentlich die empfehlenswerteste Installationsvariante ist.

In all diesen Fällen kann es sein, dass ein neuer Produktschlüssel, den Sie beim Kauf erhalten haben, in eine vorhandene Windows-Version eingetragen werden muss.

Das ist neu in
8.1 & Updates

Windows bot schon immer eine versteckte Möglichkeit, den Produktschlüssel zu ändern. Jetzt ist diese Funktion offiziell in den PC-Einstellungen zu finden. Klicken Sie dazu auf der Seite *PC und Geräte* unten links auf *PC-Info* und dann auf die Schaltfläche *Product Key ändern.*

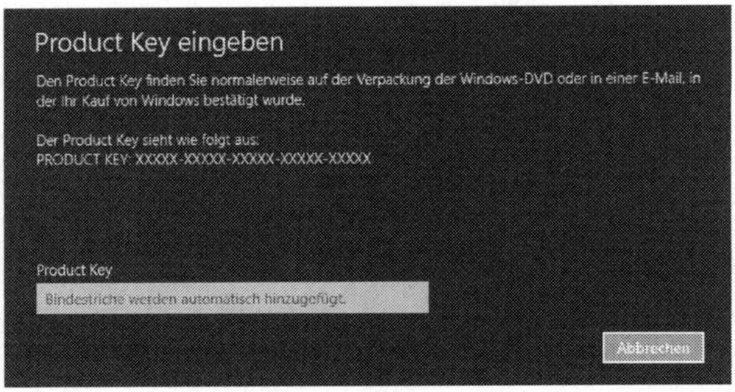
Product Key eingeben
Den Product Key finden Sie normalerweise auf der Verpackung der Windows-DVD oder in einer E-Mail, in der Ihr Kauf von Windows bestätigt wurde.
Der Product Key sieht wie folgt aus:
PRODUCT KEY: XXXXX-XXXXX-XXXXX-XXXXX-XXXXX
Product Key
Bindestriche werden automatisch hinzugefügt.
Abbrechen

**Bild 9.32:** Hier können Sie einen neuen Produktschlüssel eintragen, ohne Windows neu installieren zu müssen.

## 9.5.5 Programm zur Systemwiederherstellung

Zu DOS-Zeiten wusste jeder Anwender noch genau, welche Dateien davon betroffen waren, wenn er etwas am System verändert hat. Ist irgendetwas nicht mehr gelaufen, konnte man manuell den vorherigen Zustand leicht wiederherstellen. Diese Zeiten sind lange vorbei. Niemand kennt mehr alle Dateien auf seinem Computer, noch weiß man deren Aufgaben auswendig aufzusagen. Bei vielen schwer erklärbaren Fehlern ist es die einfachste Lösung, den Systemstatus vom Tag zuvor wiederherzustellen. Auch diverse Gerätetreiber lassen sich nicht sauber deinstallieren. Spult man aber sozusagen die Zeit zurück vor den Zeitpunkt der Treiberinstallation, sollte alles wieder laufen.

Windows 8.1 enthält ein Programm zur Systemwiederherstellung. Damit lässt sich das System auf einen früheren Zeitpunkt zurücksetzen, vorausgesetzt, dieser wurde damals gespeichert.

**Keine Gefahr für eigene Dateien**
Die Systemwiederherstellung betrifft nur Systemeinstellungen. Eigene Dateien, die in der Zwischenzeit angelegt oder gelöscht wurden, werden nicht verändert.

Sie finden das Tool zur Systemwiederherstellung im Wartungscenter ganz unten rechts unter *Wiederherstellung*.

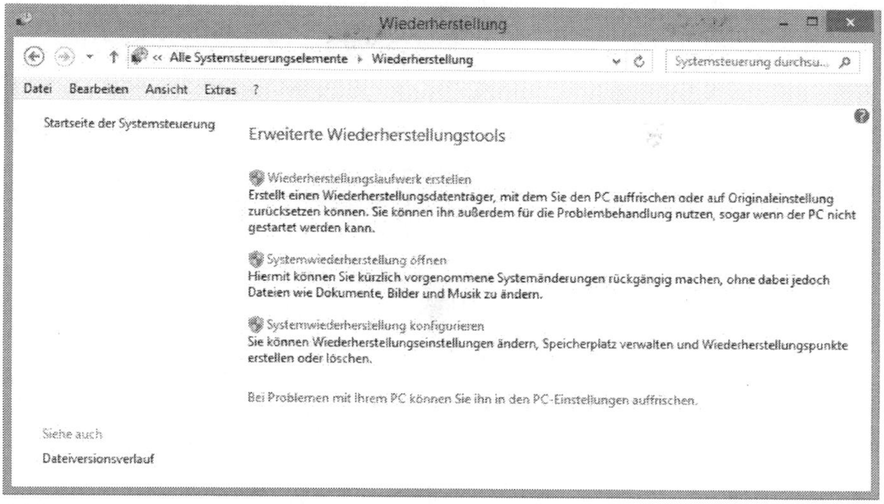
Wiederherstellung
« Alle Systemsteuerungselemente › Wiederherstellung
Systemsteuerung durchsu...
Datei Bearbeiten Ansicht Extras ?
Startseite der Systemsteuerung
Erweiterte Wiederherstellungstools
Wiederherstellungslaufwerk erstellen
Erstellt einen Wiederherstellungsdatenträger, mit dem Sie den PC auffrischen oder auf Originaleinstellung zurücksetzen können. Sie können ihn außerdem für die Problembehandlung nutzen, sogar wenn der PC nicht gestartet werden kann.
Systemwiederherstellung öffnen
Hiermit können Sie kürzlich vorgenommene Systemänderungen rückgängig machen, ohne dabei jedoch Dateien wie Dokumente, Bilder und Musik zu ändern.
Systemwiederherstellung konfigurieren
Sie können Wiederherstellungseinstellungen ändern, Speicherplatz verwalten und Wiederherstellungspunkte erstellen oder löschen.
Bei Problemen mit Ihrem PC können Sie ihn in den PC-Einstellungen auffrischen.
Siehe auch
Dateiversionsverlauf

**Bild 9.33:** Erweiterte Wiederherstellungstools in der Systemsteuerung.

### 9.5.6 System auf früheren Zeitpunkt zurücksetzen

1. Um das System auf einen früheren Zeitpunkt zurückzusetzen, klicken Sie auf *Systemwiederherstellung öffnen*. Hier wird der letzte Systemwiederherstellungspunkt für die Wiederherstellung empfohlen. Wenn Sie die Option *Anderen Wiederherstellungspunkt auswählen* markieren, können Sie das System auch auf einen früheren Wiederherstellungspunkt zurücksetzen.

2. Das nächste Dialogfeld zeigt eine Liste von Wiederherstellungspunkten, auf die das System zurückgesetzt werden kann. Wiederherstellungspunkte werden unmittelbar vor der Installation von Software oder Treibern automatisch angelegt. Leider unterstützen nicht alle Programme diese Option. Außerdem kann der Benutzer zu einem beliebigen Zeitpunkt selbst manuelle Wiederherstellungspunkte anlegen. Wählen Sie hier den gewünschten Wiederherstellungspunkt aus.

3. Klicken Sie auf *Nach betroffenen Programmen suchen*. Die Systemwiederherstellung zeigt an, welche Programme und Treiber seit dem ausgewählten Wiederherstellungspunkt neu installiert wurden. Diese gehen bei der Wiederherstellung des Computerzustands auf diesen Zeitpunkt verloren.

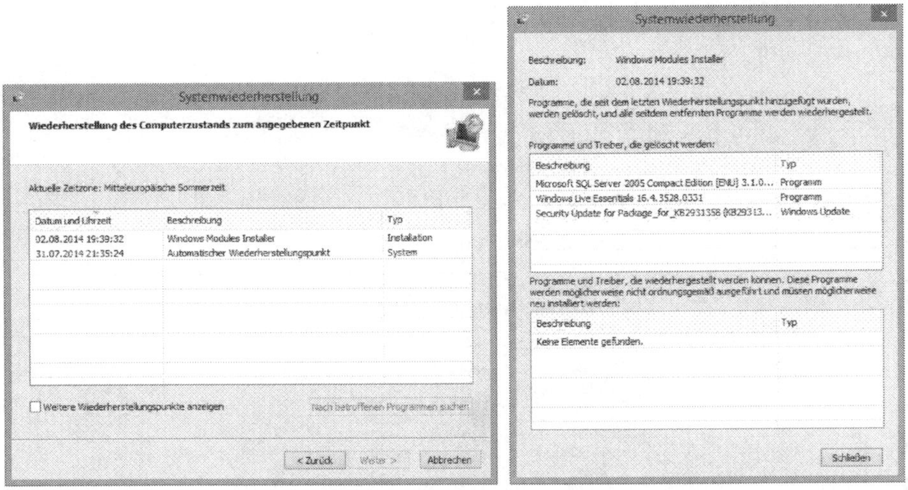


**Bild 9.34:** Auswahl eines Systemwiederherstellungspunkts und Anzeige der betroffenen Programme.

4. Wenn Sie sich sicher sind, das System auf diesen Zustand zurücksetzen zu wollen, klicken Sie auf *Weiter*. Spätestens jetzt sollten Sie alle anderen Programme beenden und offene Dateien speichern.
5. Nach einer Warnmeldung wird der Computer heruntergefahren und mit den alten wiederhergestellten Systemeinstellungen neu gestartet, was etwas länger dauert als ein normaler Neustart.
6. Sollte die Systemwiederherstellung nicht zum gewünschten Ergebnis führen, können Sie die letzte Wiederherstellung natürlich wieder zurücknehmen, Windows legt auch dazu einen speziellen Wiederherstellungspunkt an.

## 9.5.7 Wiederherstellungspunkte selbst anlegen

Bevor Sie größere Installationen oder Umbauten an Ihrem System vornehmen, sollten Sie, solange noch alles läuft, selbst einen Wiederherstellungspunkt anlegen.

1. Klicken Sie in der Systemsteuerung unter *Erweiterte Wiederherstellungstools* auf *Systemwiederherstellung konfigurieren.*
2. Im nächsten Dialogfeld sehen Sie für jede Festplatte den Status der Systemwiederherstellung. Hier werden nur NTFS-Festplatten angezeigt. Auf anderen Dateisystemen lassen sich keine Wiederherstellungspunkte anlegen. Außerdem müssen Festplatten, auf denen die Systemwiederherstellung verwendet wird, größer als 1 GB sein und mindestens 300 MB freien Speicherplatz haben.

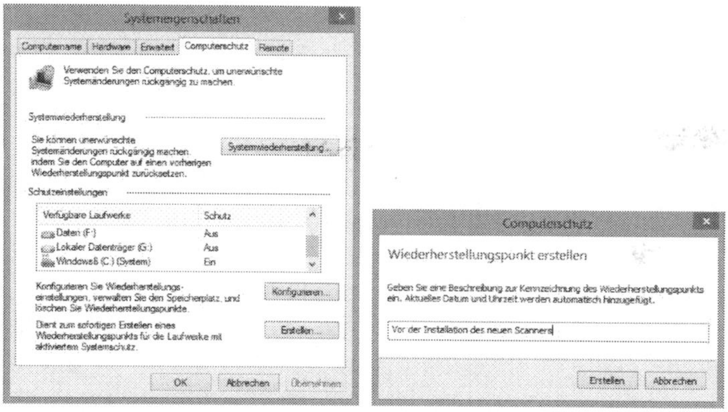
Systemeigenschaften
Computername
Hardware
Erweitert
Computerschutz
Remote
Verwenden Sie den Computerschutz, um unerwünschte Systemänderungen rückgängig zu machen.
Systemwiederherstellung
Sie können unerwünschte Systemänderungen rückgängig machen, indem Sie den Computer auf einen vorherigen Wiederherstellungspunkt zurücksetzen.
Systemwiederherstellung...
Schutzeinstellungen
Verfügbare Laufwerke
Schutz
Daten (F:)
Aus
Lokaler Datenträger (G:)
Aus
Windows8 (C:) (System)
Ein
Konfigurieren Sie Wiederherstellungseinstellungen, verwalten Sie den Speicherplatz, und löschen Sie Wiederherstellungspunkte.
Konfigurieren...
Dient zum sofortigen Erstellen eines Wiederherstellungspunkts für die Laufwerke mit aktiviertem Systemschutz.
Erstellen...
OK
Abbrechen
Übernehmen
Computerschutz
Wiederherstellungspunkt erstellen
Geben Sie eine Beschreibung zur Kennzeichnung des Wiederherstellungspunkts ein. Aktuelles Datum und Uhrzeit werden automatisch hinzugefügt.
Vor der Installation des neuen Scanners
Erstellen
Abbrechen

**Bild 9.35:** Neuen Systemwiederherstellungspunkt erstellen.

3. Klicken Sie auf die Schaltfläche *Erstellen*, wird ein Systemwiederherstellungspunkt für alle Festplatten angelegt, die in der Liste eingeschaltet sind.

4. Geben Sie dem neuen Wiederherstellungspunkt einen eindeutigen Namen. Das Anlegen kann je nach Datenmenge einige Minuten dauern. Der Systemwiederherstellungspunkt wird anschließend automatisch in die Liste eingetragen, sodass Sie später den Computer auf diesen Zustand zurücksetzen können.

### 9.5.8 PC auffrischen ist nicht die Ideallösung

Windows-PCs werden im Laufe der Zeit immer langsamer, und immer mehr Fehlermeldungen tauchen im alltäglichen Betrieb auf. Oftmals bestand die einzige Lösung darin, Windows neu zu installieren. Danach mussten alle Programme neu installiert und alle Einstellungen neu vorgenommen werden. Außerdem brauchte man eine aktuelle Datensicherung, um keine eigenen Dateien zu verlieren. So dauerte eine solche Aktion schon mal einen ganzen Tag.

Windows 8.1 verfügt über die neue Funktion *PC auffrischen*, bei der (fast) alle Daten erhalten bleiben. Diese Daten werden automatisch gesichert, Windows wird neu installiert, und anschließend wird die Datensicherung wiederhergestellt. Dieses Verfahren dauert je nach installierten Apps etwa zehn Minuten. Zur Neuinstallation ist die Original-Windows-8.1-DVD erforderlich.

**Klassische Apps werden gelöscht**
Vorsicht! Das Auffrischen ist nicht so harmlos, wie es auf den ersten Blick aussieht. Alle Anwendungen auf dem klassischen Desktop und deren Einstellungen werden beim Auffrischen gelöscht.

Sie finden das Auffrischen in den PC-Einstellungen unter *Update/Wiederherstellung*. Klicken Sie hier auf *Los geht's* unter *PC ohne Auswirkungen auf die Dateien auffrischen.*

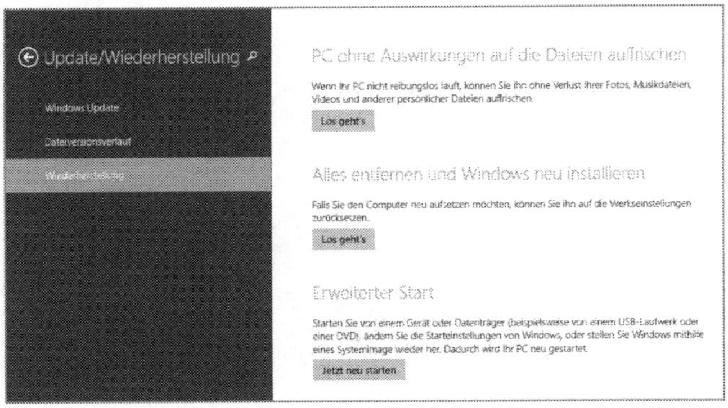
Update/Wiederherstellung
Windows Update
Dateiversionsverlauf
Wiederherstellung
PC ohne Auswirkungen auf die Dateien auffrischen
Wenn Ihr PC nicht reibungslos läuft, können Sie ihn ohne Verlust Ihrer Fotos, Musikdateien, Videos und anderer persönlicher Dateien auffrischen.
Los geht's
Alles entfernen und Windows neu installieren
Falls Sie den Computer neu aufsetzen möchten, können Sie ihn auf die Werkseinstellungen zurücksetzen.
Los geht's
Erweiterter Start
Starten Sie von einem Gerät oder Datenträger (beispielsweise von einem USB-Laufwerk oder einer DVD), ändern Sie die Starteinstellungen von Windows, oder stellen Sie Windows mithilfe eines Systemimage wieder her. Dadurch wird Ihr PC neu gestartet.
Jetzt neu starten

**Bild 9.36:** PC auffrischen in den PC-Einstellungen.

Die persönlichen Dateien sowie Benutzerkonten und deren Passwörter bleiben bestehen. Auch einige andere Einstellungen, wie z. B. das Hintergrundbild auf dem klassischen Desktop sowie die Zuordnung von Laufwerkbuchstaben und WLAN-Einstellungen, bleiben erhalten.

Apps auf der neuen Windows-8.1-Oberfläche werden mittels des neuen APPX-Paketformats deinstalliert, gesichert und nach der Neuinstallation des Betriebssystems automatisch wieder installiert. Bei Anwendungen auf dem klassischen Desktop ist dieses Verfahren nicht möglich. Microsoft behauptet außerdem, klassische Programme seien häufig die Ursache schwer lokalisierbarer Windows-Fehler. Deshalb werden alle diese Programme entfernt. Nach dem Auffrischen erscheint auf dem klassischen Desktop lediglich eine Liste der entfernten Programme. Jetzt können Sie sich selbst wieder an die Installation und Einrichtung dieser Software begeben.

### 9.5.9 PC auf den Originalzustand zurücksetzen

Soll ein PC verkauft oder für einen ganz anderen Zweck als vorher benutzt werden, setzt man ihn am besten auf den Originalzustand zurück, wobei alle persönlichen Daten und Einstellungen entfernt werden. Dieser Vorgang entspricht dem Formatieren der Festplatte und einer anschließenden Neuinstallation des Betriebssystems. In Windows 8 wurden diese Schritte zu einem zusammengefasst, den Sie in den PC-Einstellungen bei *Update/Wiederherstellung* unter der Überschrift *Alles entfernen und Windows neu installieren* finden.

Bevor der PC endgültig und unwiderruflich auf seine Originaleinstellungen zurückgesetzt wird, muss der Benutzer noch eine weitere Sicherheitsabfrage bestätigen. Die Festplatte wird formatiert und Windows 8.1 neu installiert. Dazu sind die Original-DVD und auch der Produktschlüssel erforderlich, da Windows neu lizenziert und aktiviert werden muss. Vor dem Zurücksetzen können Sie noch wählen, ob die Festplatte einfach nur formatiert oder zusätzlich mit Zufallswerten überschrieben werden soll. Dieses gründliche Löschen ist nur erforderlich, wenn der Computer streng vertrauliche Unternehmensdaten enthält, und kann viele Stunden dauern. Im Normalfall reicht das einfache Formatieren völlig aus.

# Stichwortverzeichnis